中国绿色金融发展报告

（2017）

主　　编　马　中　周月秋　王　文
执行主编　蓝　虹　殷　红

中国金融出版社

责任编辑：董　飞
责任校对：李俊英
责任印制：张也男

图书在版编目（CIP）数据

中国绿色金融发展报告. 2017（Zhongguo Lüse Jinrong Fazhan Baogao. 2017）/ 马中，周月秋，王文主编. —北京：中国金融出版社，2018. 1

ISBN 978－7－5049－9335－9

Ⅰ. ①中…　Ⅱ. ①马…②周…③王…　Ⅲ. ①金融业—经济发展—研究报告—中国—2017　Ⅳ. ①F832

中国版本图书馆CIP数据核字（2017）第296109号

出版发行　中国金融出版社
社址　北京市丰台区益泽路2号
市场开发部　（010）63266347，63805472，63439533（传真）
网上书店　http://www.chinafph.com
（010）63286832，63365686（传真）
读者服务部　（010）66070833，62568380
邮编　100071
经销　新华书店
印刷　保利达印务有限公司
尺寸　210毫米×285毫米
印张　21.75
字数　476千
版次　2018年1月第1版
印次　2018年1月第1次印刷
定价　78.00元
ISBN 978－7－5049－9335－9

本书编委会

高级学术顾问

刘　伟　谷　澍

学术顾问

张红力　王利明　马　骏

专家咨询组（以姓氏笔画为序）

于晓东　马险峰　王　华　王金南　方　仪　方　莉　刘瑞霞
李明奎　张　虹　周茂清　夏　光　郭建伟　梅德文　蔡　宇
魏学坤

主　编

马　中　周月秋　王　文

执行主编

蓝　虹　殷　红

编委（以姓氏笔画为序）

于晓龙　马素红　王　克　王晓霞　韦　巍　石　磊　乐　宇
冯　乾　吕振艳　刘　洋　刘　援　安树民　许光清　李建涛
杨　荇　邱牧远　宋　玮　宋　科　张静文　陈　明　昌敦虎
罗　宁　罗　宇　郑　竟　胡桂斌　袁祥飞　翁智雄　郭可为
黄英俊　曹明弟　龚亚珍　葛察忠

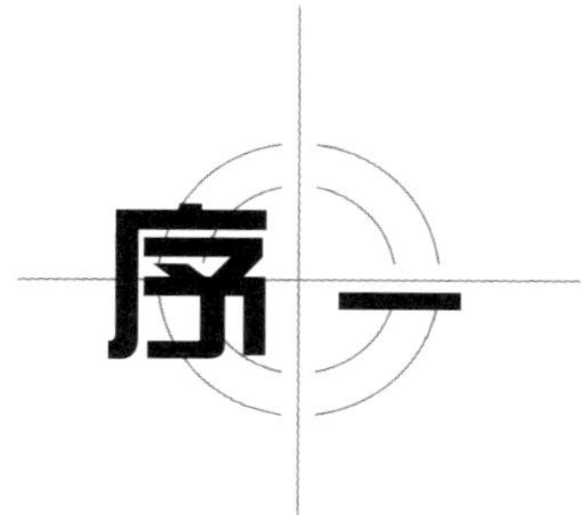

序一

绿色金融是推动生态文明建设的重要手段，通过绿色金融制度和技术的共同作用，能够将青山绿水转化为金山银山，因此，绿色金融发展受到党中央和国务院的高度重视。国家“十三五”规划纲要明确提出了“构建绿色金融体系”的宏伟目标。李克强总理在2016和2017年的《政府工作报告》中都要求“大力发展绿色金融”。2016年8月，经国务院同意，人民银行等七部委共同发布了《关于构建绿色金融体系的指导意见》。2016年9月，中国人民银行发布《G20绿色金融报告》，作为G20的东道主，中国首次将绿色金融列入核心议题，而且通过G20领导人杭州峰会公报成为全球共识。2017年6月，国务院第176次常务会议审议通过了浙江、广东、贵州、江西、新疆五省（区）的绿色金融改革创新试验区总体方案。2017年10月，习近平总书记在党的十九大报告中明确提出发展绿色金融。至此，发展绿色金融成为中国生态文明建设的核心战略。

坚定不移地推进生态文明建设是中国国情的必然选择。近现代以来，工业文明给世界带来了翻天覆地的变化，人类生产规模空前膨胀，既带来高度物质文明享受，也导致了生态环境的严重破坏。根据2017年12月4日召开的联合国环境大会发布的报告，生态退化和环境污染每年导致大约1 260万人死亡，占全球死亡人数的四分之一。生态文明是文明发展的一个新阶段，是对工业文明的反思与发展。生态文明建设的关键是既强调发展，又强调生态环境的保护，努力协调生态环境保护与经济增长之间的关系，实现人与自然的和谐发展。习主席关于生态文明建设的理论和思想，从根本上扭转了以往只顾发展而不顾及生态环保的思路，挽救了中华文明，并将中国经济纳入到绿色发展的现代化道路。

基于工业文明而建立的西方经济学，目前已经成为西方国家治国理政的理论基础。但是，在西方经济学建立之时，经济规模还远远小于自然资源和生态环境的承载力，所以，它是以生态环境资源的绝对充裕作为基本假设，整个宏观经济理论都在鼓励过度消费，以过度消费来带动飞速的经济增长。但是，这种过度消费带动经济增长的模式已经让地球无法承受。各种生态环境危机的呈现，气候异常、灾难频发、污染加剧甚至蔓延到南极和北极、濒危物种灭绝数量迅速上升、全球森林面积的急剧减少、沙漠化面积增加、严重缺水干旱区域扩大等，已经鲜明地显示，地球的生态环境资源是有限的，是有绝对稀缺阀值的。党的十九大提出的新时代坚持和发展中国特色社会主义的基本方略中，强调坚持人与自然和谐共生，坚定走生产发展、生活富裕、生态良好的文明发展道路，本质就是要将生态环境的稀缺价值纳入到经济增长模型中，实现“绿水青山就是金山银山”，“保护生态环境就是保护生产力，改善生态环境就是发展生产力”。

绿色金融是推进生态文明建设的有力手段。生态文明建设需要解决的核心问题是实现生态环境保护与经济增长的协调发展，不但要将生态环境价值纳入经济增长，还要实现代际公平，这就需要构建绿色金融体制机制作为支撑。金融是现代社会的核心，金融在经济增长中扮演着中心枢纽的角色。从社会角度来看，金融的核心功能就是实现更高层次的资源优化配置。绿色金融就是通过将生态与环境资源纳入金融的资源配置范围，促进生态产品的有效供给。

因为生态环境资源处于经济增长产业链的最顶端，经济增长所需要的一切物质都依托于生态环境系统供给，当生态环境资源出现刚性稀缺时，经济增长各要素的有效组合和配置就必须以生态环境资源的最有效利用作为考核的基准，以生态环境红线作为经济增长路径选择的最基本约束条件。金融作为促进经济增长的最主要经济工具，其在发挥更高效、更高层次资源配置功能时，必须以生态环境资源的最有效配置为其考核的主要依据，以实现生态环境资源跨期跨代有效配置为其运作的重要目标之一。以这样的模式和内涵运作的金融系统，就是绿色金融。因此，绿色金融是实现生态文明建设目标的有力手段和工具。

金融是要通过支持实体经济才能展示作用，而绿色金融就是通过支持节能环保等绿色产业，将青山绿水转化为金山银山。目前支撑绿色发展的各类绿色产业急需大量资金的支持，根据中国人民大学牵头的国合会“绿色金融改革与绿色经济转型研究”课题组的估算，到2030年，低方案下中国绿色金融的资金需求是40.3万亿元，中方案下绿色金融资金需求为70.1万亿元，高方案下绿色金融资金需求为123.4万亿元。与绿色金融资金需求形成鲜明对比的，是我国绿色金融资金供给上的匮乏，当前的绿色金融供给体系还远远不能满足生态环境保护的需求，在绿色金融需求与供给之间，存在着巨大的资金缺口。因此，为了推进生态文明建设，必须大力发展绿色金融。

绿色金融是一种全新的金融模式。传统金融与财政的分工是非常明晰的，公共物品由财政来融资，私人物品由金融来融资，但绿色金融，却是用金融手段来为绿色公共物品融资，而且这种绿色公共物品还冲破原有的国家公共物品和地方公共物品的理念，扩展到全球公共物品，例如碳金融就是为全球气候治理融通资金。因为原来认为这些绿色公共物品只能由财政来供给资金，所以，并没有形成现成的商业模式和资金流可以直接与金融资金对接。但科斯的灯塔案例使大家了解到，只要解决付费机制和资金流，公共物品的灯塔也是可以由市场来供给的，从而为金融进入公共物品融资打开了理论之门。

绿色金融是环境经济学与金融学的交叉学科，它的迅猛发展来自环境经济学和金融学的共同推动。最早推动绿色金融的是联合国环境署，生态环境问题越来越严重，并从局部走向全球，生态环境治理行动需要的资金越来越多，仅靠各国财政已经难以负担，特别是公共事业民营化浪潮将很多生态环保项目推向了市场，例如污水和垃圾处理等。在这种背景下，要解决生态环保的资金瓶颈问题，必须让金融界理解环境，必须与金融界对话，同时必须将生态环保项目设计包装成符合金融要求具有收益回报的项目，介绍给金融机构，吸引金融机构将资金投入到生态环保的行动中，这就需要金融与环境的融合，从而产生了对绿色金融的强烈需求。

同时，各国越来越严格的生态环境立法，越来越严峻的生态环境危机，也深刻影响着各金融机构的业务和业绩。例如，气候变化导致的各种自然灾害影响金融机构投资项目的回报，环境污染事故的发生使金融机构因为连带责任或者直接责任而卷入法律诉讼，不仅投资无法回收，甚至还要承担治理污染修复环境及赔偿的责任，使金融机构的资金流受到严重影响。金融机构开始关注环境风险，纷纷成立绿色金融事业部，审核投资项目的环境风险并给出风险管理方案。绿色金融事业部在管理环境风险的同时，发现环境危机和严格的环境法律法规带给金融机构的不仅仅是风险，还有机遇，因为当传统污染产业被限制时，绿色产业脱颖而出占领了市场，金融机构的绿色金融事业部因为及时识别了这些新的经济增长热点而大为获利，因此，绿色信贷、绿色债券、绿色保险、绿色基金等这些绿色金融工具得到迅猛发展，绿色金融市场逐渐创建。

中国人民大学在绿色金融研究和学科建设方面有独特的优势。中国人民大学的金融学和环境经济学都在全国处于领先地位，这为作为金融学和环境经济学交叉学科的绿色金融发展奠定了雄厚的学科发展基础。中国人民大学很早就创建了绿色金融团队，2014年，成立了中国第一个专门的绿色金融研究机构：生态金融研究中心；2015年该中心在环境学院和财政金融学院教授们的支持下，完成了中国第一个官方绿色金融项目：中国环境与发展国际合作委员会委托的项目《绿色金融改革与绿色经济转型》，该项目报告直接报送给了李克强总理和张高丽副总理，推动了2016年以人民银行和环保部为核心的七部委联合印发《关于构建绿色金融体系的指导意见》。2016年，考虑到绿色金融领域人才的匮乏，已在很大程度上制约了我国绿色金融的发展，中国人民大学研究决定在2016年级设立我国第一个绿色金融方向的金融学硕士，由环境学院和财政金融学院教师共同承担授课任务，开出了绿色金融概论、绿色金融市场与信贷、绿色金融市场与保险等系列课程，35名绿色金融方向硕士开始接受绿色金融课程教学，成为中国首批绿色金融专业硕士，使绿色金融从理论和实践研究，进入到学科建设，开创了中国绿色金融学科建设。2017年，生态金融研究中心联合中国工商银行，并得到人民银行和环保部的支持，撰写了中国第一部绿色金融发展年度报告，对绿色金融发展进行分析和反思，展望和预测了未来发展趋势，并基于大量实证数据，提出了十条政策建议，该报告以后将会每年发布，为中国政府和从事绿色金融的各金融机构及其他相关部门提供丰富信息和决策参考。

坚定不移地推动生态文明建设是中国发展的基本国策，中国人民大学将义不容辞地承担科学研究和人才培养重任。培育绿色金融教学和研究团队，开展绿色金融研究和教学，就是其中重要内容之一。

是为序。

刘　伟

中国人民大学校长

2017年12月10日

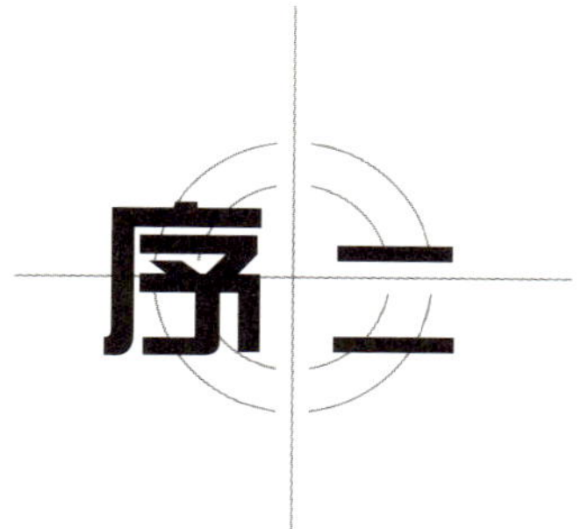

序二

为应对气候变化，保护生态环境，世界各国从20世纪70年代开始就开展了一系列研究与合作，中国是世界上较早将绿色发展上升为国家战略的国家之一。十九大报告对生态文明、环境保护、绿色发展、绿色金融的着墨之多、占位之高、决心之大和视野之宽，彰显了我国在改善环境、实现可持续发展问题上的决心和信念。十九大报告明确指出，我国已“成为全球生态文明建设的重要参与者、贡献者、引领者”，未来还将继续致力于构建人类命运共同体，“坚持环境友好”，推动全球绿色发展，建设“清洁美丽的世界”，“保护好人类赖以生存的地球家园”。

经济的绿色可持续发展，需要金融的大力支持。绿色金融作为引导社会资本进行绿色投资的桥梁，不仅是促进经济绿色转型、培育新增长点的源泉，也是金融业发展的重要方向。当前，我国正处于经济结构调整和发展方式转变的关键时期，构建绿色金融体系，增加绿色金融供给，是贯彻落实“五大发展理念”和发挥金融服务供给侧结构性改革作用的重要举措，是国家发展战略中的优先事项。2016年8月，中国人民银行、财政部等七部委联合发布了《关于构建绿色金融体系的指导意见》，提出了35项发展绿色金融的具体措施，构筑了新形势下中国绿色金融发展的顶层设计，为各级政府部门、金融机构以及投资者参与绿色金融建设提供了明确指引。

在顶层设计的指引下，中国的绿色金融市场迅速发展。一是绿色信贷规模持续增长，对环境效益贡献显著。根据银监会提供的数据，截至2017年2月末，国内21家主要银行机构绿色信贷余额达7.5万亿元，占各项贷款的9.0%，预计可年节约标准煤1.93亿吨，减排二氧化碳当量4.49亿吨，减排化学需氧量410.86万吨、氨氮44.88万吨、二氧化硫412.83万吨、氮氧化物207.22万吨，节水6.44亿吨；二是绿色债券市场呈爆发式增长，未来发展前景光明。我国绿色债券发行规模从2015年的几乎空白，升至2016年的2 400亿元，占全球总量的近40%，2017年上半年发行总量达到115.2亿美元，同比增长33.6%，全球占比达到20.6%。预计到2020年，我国绿色债券存量有望达到5.7万亿元。三是全国统一的碳金融市场即将启动。我国碳金融市场即将结束七省市试点的过渡期，进入全国统一阶段，预计初期碳价格年平均水平将在30元至40元/吨，第一个履约期内碳排放配额现货约为2亿至5亿吨，交易额约为60亿至100亿元。此外，绿色产业发展基金、绿色保险、绿色信托等产品也开始加速发展。

在绿色金融逐步上升为国家战略的背景下，中国系统化地推进绿色金融制度建设、市场和工具创新，为20国集团（G20）的新兴市场和发展中国家提供了重要的示范。在2016年G20轮值主席国中国的倡议和推动下， G20首次将绿色金融列为核心议题，并成立了由中国人民银行和英格兰央行共同发起的绿色金融研究小组，以鼓励各方根据各国国情特点，深入研究讨论如何通过绿色金融调动更多资源用于绿色投资。这不仅体现了中国经济向绿色低碳可持续发展方向转型的决心，也为中国积极参与全球治理、承担国际义务提供了途径，为推动实现气候、环境方面的全球合作提供了平台。鉴于发展绿色金融已成为G20共识且绿色金融研究小组取得了积极成果，2017年德国G20延续了对绿色金融的关注，将环境风险量化和环境信息披露作为两个重点研究主题，并发布了《2017年G20绿色金融综合报告》。2018年阿根廷G20目前确定的三个主题包括确保经济稳定性、改善可持续性、负责任地发展，也将绿色可持续理念放在重要的位置。

作为全球最大的金融机构，工商银行长期以来积极响应党和国家的号召，不断推动绿色金融实践，助力我国经济可持续发展。在绿色信贷发行方面，截至2017年6月末，工商银行在节能环保项目与服务领域贷款余额为11 490.4亿元，贷款余额较年初增加1 704.8亿元，增速为17.4%，高于同期境内公司贷款增速8.62个百分点。在绿色债券发行方面，工商银行于今年9月28日在卢森堡发行了“一带一路”气候绿色债券，计价货币为美元、欧元双币种，发行金额为21.5亿美元，该绿色债券是第一笔同时满足国际和国内最新绿色债券标准的债券，也是单笔发行欧元金额最大的中资绿色债券，得到了全球投资者的高度认可和超额认购，进一步展示了工商银行落实“一带一路”倡议、促进绿色金融发展的社会形象，进一步彰显了中国金融机构的市场影响力。此外，工商银行还是我国最大的绿色债券承销商。2016年，工商银行累计承销各类绿色债券8只（募集资金总量883亿元人民币），募集资金总量居境内银行类机构第一。

除了积极推动绿色金融实践，工商银行也十分注重前瞻性地开展绿色金融领域的研究创新。一是在中国金融学会绿色金融专业委员会的指导下，工商银行开展了《环境因素对商业银行信用风险影响的压力测试》课题研究。此项研究填补了中国商业银行环境风险量化和传导机制研究的空白，在全球处于领先地位，引起了国际国内绿色金融业界的高度关注和广泛认可。二是完成了《ESG绿色评级与绿色指数研究报告》并在2017年7月由工商银行主办，绿金委指导的环境风险分析国际讨论会上正式发布。工商银行ESG绿色指数采用先进的方法，并将工行大数据纳入其中，能够较好地反映企业绿色表现。三是牵头绿金委多家单位，编撰了《中国绿色金融发展与案例研究》、《国际绿色金融发展与案例研究》、《金融机构环境风险分析案例研究》等系列丛书，其中前两本案例教材已经付梓出版并获得业界的一致好评。

工商银行在环境信息披露方面也走在了同业前列。目前，工商银行已连续十年发布了社会责任报告，并于2017年6月签署了支持气候相关金融信息披露工作组（TCFD）披露建议的声明。2017年12月16日，中国国务院副总理马凯和英国财政大臣菲利普·哈蒙德共同主持的第九次中英经济财金对话中，中英两国在金融机构环境信息技露方面取得重要进展，宣布工商银行等六家中方金融机构和汇丰银行等四家英国金融机构将开展环境信息披露试点工作。受绿金委委托，工商银行将作为中方牵头人与试点金融机构一起研究金融机构环境信息披露框架、标准和方法，并制定行动方案推进环境信息披露工作。

在中国绿色金融迅速发展并已成为全球关注热点的背景下，由工商银行与人民大学等单位合作推出的这本《2017中国绿色金融发展报告》具有重要意义：其一，这是中国绿色金融发展系列报告的第一份，不仅对2016年中国绿色金融的发展进行了全面的梳理和总结，而且对绿色金融市场供需分析、G20与绿色金融、一带一路与绿色金融等当年重点和热点问题进行了深入探讨；其二，这本报告集合了业界、学术界共同智慧的研究成果，执笔专家来自人民大学、工商银行、环保部、北京环交所、中节能等多家机构；其三，研究方式多样化，报告将综述、总结、分类研究、模型运算、案例分析等研究方法有机结合，为读者呈现了理论与实践紧密结合的思想盛宴。本书在编写过程中经历了多次专家小组的讨论，在各个机构多名专家的共同努力下，通过初审和专家复审环节的反复修改与校订，最终形成了这本书。在此，我向所有参与及关注绿色金融事业的同仁们推荐此书，希望2016年中国绿色金融的前沿成果能够为政策制定部门、金融机构、企业、学术界等提供重要参考和宝贵借鉴。

作为《2017中国绿色金融发展报告》的顾问，我在为此成果感到欣喜的同时，也对其未来充满了期待。首先，我希望此报告能够成为跟踪中国绿色金融发展的权威报告，不仅要在学术上做到严谨、全面、真实，而且能够支持政府部门政策制定和金融机构业务实践，为引领和支持我国生态文明建设作出突出贡献。其次，我希望此系列报告的广度和深度能不断提升，既能全面记录我国绿色金融发展进程，又能深度探讨当年焦点问题，真实地呈现金融支持美丽中国建设的历程。最后，我希望此系列报告能够持之以恒，向政府、金融机构、学术界提供连续、可比的绿色金融宝贵信息及数据，做成绿色金融报告中的精品。

在未来，绿色金融将成为全球经济可持续转型的重要推动力量，也将成为全球经济发展的新动力。我充满信心地期待着，包括工商银行在内的全球金融机构将不断深化合作，持续加强绿色能力建设，在参与环境治理、促进结构转型和可持续发展中发挥更加重要的作用。

谷　澍

中国工商银行行长

2017年12月17日

前言

2016年是绿色金融迅猛发展的一年。各项重要的绿色金融政策和指引相继发布。8月，中国人民银行等七部委联合发布《关于构建绿色金融体系的指导意见》，提出要大力发展绿色信贷、推动证券市场支持绿色投资、设立绿色发展基金及支持在绿色产业中引入PPP模式、发展绿色保险和完善环境权益市场等。9月，人民银行发布《G20绿色金融报告》。作为G20的东道主，中国首次将绿色金融列入核心议题，而且通过G20 领导人杭州峰会公报成为全球共识。

绿色金融在中国的飞速发展，是国际形势和国内绿色发展需求共同作用的结果。绿色金融发展首先来自于中国绿色发展的内生需求。2012年11月，党的十八大提出生态文明建设目标，确立了实现经济绿色转型的重要战略。2015年10月，党的十八届五中全会将“绿色”发展作为五大发展理念之一，提升到一个新的战略高度。绿色发展的核心理念是绿色化和发展的统一，实现的基础是绿色产业的市场化、规模化和集约化的整合发展。只有产业绿色化不再是财政的负担，而是成为经济增长的新动力，才能真正实现绿色与发展的共赢，才能真正实现绿色发展目标。而要实现这一转换，绿色金融是重要手段。因此，党的十八届五中全会通过的《中共中央关于制定国民经济和社会发展第十三个五年规划的建议》中提出：发展绿色金融，设立绿色发展基金。

国际上，对生态环境危机的忧虑和对可持续发展的强烈需求，呼吁着金融系统的全面绿化。自从进入工业革命以来，我们好像踏上了生产和消费的跑步机，神话般的经济增长带给了人们日新月异的享受和福利，凯恩斯的消费拉动经济增长的宏观管理政策，不断将经济由低潮推向高潮，但经济增长的最上游支撑是环境与自然资源。环境危机的加剧和各种自然资源的逐渐耗竭，警示着我们所生存的地球已不堪承载之重。所有生态环境问题其实都是经济问题，来自经济系统本身发展的不平衡，要解决生态环境问题，只有靠经济增长模式的改变。而作为国家宏观调控重要手段的金融，其政策的绿色化和市场运作的绿色化，就是保障可持续发展的最根本支撑。金融政策在很大程度上决定了资金流的流向和利益的趋势，只有绿化整个金融系统，才能最终改变市场的选择和人们行为的选择，才能从消费端满足绿色的需求，才能真正形成绿色供给的经济增长模式。

绿色产业的发展和生态环境危机治理的需求，推动了绿色金融政策的颁布和执行，刺激了绿色投融资市场的发展。根据中国人民大学绿色金融研究团队的核算和测算，2015—2016

年，我国绿色投融资资金总量分别达到1.66万亿元人民币（下同）和1.76万亿元，两年间增长了6%。2017年，我国绿色投融资资金总需求量预计达2.35万亿元，较2016年增长34%，占2017年预期GDP的3%。2017年我国绿色投融资资金需求量最大的行业为可再生与清洁能源发电行业，资金需求量为6 430亿元，占当年绿色投融资资金需求总量的27%；其次是绿色交通和工业废气治理，分别为5 520亿元和2 680亿元，占当年绿色投融资资金需求总量的24%和11%。2017年我国绿色投融资资金需求量的大幅增长，是2016年中后期我国绿色发展领域“十三五”规划全面正式发布、绿色投融资资金预期更为明朗的结果；同时，要真正实现绿色投融资快速增长，需要以完善相关的政策体系作为保障，包括严格的环境监管与执法、合理的环境资源价格、税费政策、对金融机构绿色化实施激励的财政和金融政策等。

尽管中国金融市场直接融资比例在不断增长，但目前绿色信贷仍然是我国最重要的绿色融资方式之一。我国绿色信贷已经形成了较为完善的政策制度体系，风险管理方法不断完善，绿色信贷市场持续稳健发展，截至2016年6月末，21家主要银行机构绿色信贷余额达7.26万亿元，占各项贷款的9.0%。这些信贷产生的效果预计可年节约标准煤1.87亿吨，减排二氧化碳当量4.35亿吨，减排化学需氧量397.73万吨、氨氮43.45万吨、二氧化硫399.65万吨、氮氧化物200.60万吨，节水6.23亿吨。

2016年可以说是绿债元年。在绿色金融债方面，2015年12月22日，人民银行发布第39号文，对银行间债券市场发行绿色金融债券有关事宜进行规范引导，人民银行绿色金融专业委员会制定的《绿色债券项目支持目录》随同39号文一起发布。39号文和《绿色债券项目支持目录》是我国首个对绿色债券发行制定的正式规则，是重要的基础性指导文件。2015年12月31日，国家发展改革委发布了《绿色债券发行指引》，明确了对其监管的企业债发行主体发行绿色债券的规则，并出台了一系列激励机制。在这些政策的推动下，中国绿色债券的发行在2016年迅速增长，从几乎为零增长到2 380亿元，占全球发行规模的39%。

绿色基金作为直接融资的主要工具之一，随着各种绿色新兴产业的发展而发展。我国从2010年开始大力推行绿色基金的建立，出台了一系列的激励政策，促进了绿色基金的迅速发展。截至2016年末，全国已设立并在中国基金业协会备案的绿色基金共265只，其中59只由地方政府或地方融资平台公司参与发起设立，占比达到22%。2016年共成立121只，发展迅猛。但这些基金基本都是绿色产业基金，或者都是按照绿色产业基金的模式构建，只规定了绿色投资领域，并没有与具体绿色发展目标或者环境目标相挂钩。绿色发展基金分为绿色产业基金和绿色区域PPP基金，绿色产业基金主要运用于全国范围内绿色产业的培养和扶持，而绿色区域PPP基金则主要适用于为实现区域绿色发展目标或者环境目标而建立的集融资、产业链整合和技术创新整合为一体的产融结合的投融资平台，政府通过规定绿色发展指标或者环境绩效考核指标来对基金的运作进行监督管理。区域环境治理和绿色发展目标的实现，需要各种产业的综合配合，基于特定绿色发展目标和环境目标而构建的绿色区域PPP基金，就可以在基金平台上通过运用多种金融工具支持产业链的整合实现环境污染的源头治理。未来的环境管理发展趋势将是以绩效管理为主导、以综合治理为模式、以地区行政长官统一监管为特色，而绿色区域PPP基金是支撑这种环境管理模式转换的重要金融支持平台，因此，在未来的地方绿色金融试点中，需要关注绿色区域PPP基金的设计和运用。

为推动低碳发展转型，我国在顶层设计中提出了不同的经济政策和市场化工具机制以拓宽低碳融资渠道，初步建立了多样化的低碳融资渠道和方式，支撑了低碳项目发展。但也存在着缺乏稳定的碳价格机制、信息披露制度不健全、政府主导、私人资本参与较少、低碳金融产品有待进一步丰富等问题。中国人民大学绿色金融研究团队的模拟结果发现，中国为实现国家自主贡献（INDC）目标，2015年至2030年的年均增量投资将达到2 100亿元，2030年达到峰值后为了实现碳减排持续下降，年均增量投资更将达到5 000亿美元。

为了促进低碳转型，我国建立了7个试点的碳交易市场。2016年试点的碳市场稳步发展，并新增四川和福建两个碳市场，全年碳交易额超过10亿元。截至2016年末，中国碳市场累计交易额超过25亿元。2016年碳金融方面不断创新，除期货外相继推出远期、场外期权、场外掉期等碳配额衍生产品，在碳配额融资方面继续开展配额回购、配额质押融资业务，同时开展跨市场交易，推出结构化产品如电热碳等。

2016年中国碳市场建设准备工作也取得重大进展。国家层面研究制定了碳排放权交易市场总体设计方案，确定了全国碳市场的范围，涵盖石化、化工、建材、钢铁、有色、造纸、电力、航空八大行业18个子行业。编制了全国碳排放权配额总量设定与分配方案，并已获国务院批准。全国碳排放交易体系中的政策法规标准不断完善，《全国碳排放权交易管理条例》被国务院法制办列入优先立法计划。截至2016年底，全国碳排放历史数据报告和核查工作基本完成，为2017年启动全国碳市场奠定了坚实的基础。

本报告预测了2017—2019年全国碳市场发展规模。初步预测，这一阶段的现货交易市场规模，保守情景下（碳价20元/吨、年度换手率5%）在30亿～80亿元；乐观情景下（碳价150元/吨、年度换手率20%）在900亿～2 400亿元，中值为250亿～600亿元。

总体来看，2016年在绿色金融政策的激励下，中国绿色金融各种融资工具迅速发展，为国家实现绿色转型提供了强大的金融支撑，也为金融机构自身发展开拓了新的投资领域。但是，绿色金融发展是机遇与风险并存。为了更好地发展绿色金融，在国际上，金融机构的环境风险管理已经成为金融机构风险管理的重要内容。从国际银行业来看，西方发达国家的金融机构目前已经出台了各种针对环境风险的管理体系，主要包含总体原则、行业指引、IFC绩效标准、赤道原则、责任投资原则等。2016年，中国金融机构在环境风险压力测试、绿色指数编制、绿色评级等方面取得了很大的进展。其中，两方面特色值得关注。一是越来越多的中国金融机构参与到环境风险量化体系、模型和方法的研究中，如工商银行的压力测试工作在电力、水泥、钢铁、铝等行业取得了新进展；二是环境量化工具和模型的开发越来越注重与中国自身发展特征和政策环境的结合。

“一带一路”建设为中国绿色金融的发展开拓了新领域，带来了新机遇，也要求更全面的环境风险管理来保驾护航。

"一带一路"建设从无到有、由点及面，进度和成果超过预期。2015年和2016年，中国累计向"一带一路"沿线国家进行非金融直接投资293亿美元。2015年，中国对"一带一路"沿线各地区的投资流量中，77.3%流向了东南亚地区，规模突破了146亿美元。截至2015年底，中国对"一带一路"沿线各地区的投资存量几乎都有不同程度的增长，其中，增速最快的是中欧和东欧地区，投资存量增长了约54%。"一带一路"的投资机遇主要集中在基础设施建设、产能合作、能源资源合作等领域。综合工商银行和标普、穆迪、惠誉三大评级机构的主权评级，新加坡、卡塔尔属于低风险国家，阿联酋、捷克、马来西亚、泰国等国属于较低风险国家，俄罗斯、土耳其、越南等国属于中等风险国家，伊朗、伊拉克等国属于较高风险国家。

绿色丝绸之路是"一带一路"建设的一个重要目标，这就要求在"一带一路"投融资过程中加强环境风险管理，从政策体系、技术体系、资金保障和组织结构等四个方面开展。对"一带一路"基础设施投资来说，森林采伐所带来的森林面积减少和沙漠化扩展是主要的环境风险。森林具有涵养和清洁水源、固土防沙的作用。大量森林的砍伐将导致区域气候失调，洪水和旱灾交替，水源流失，最终导致河流的消失和沙漠国家绿洲的沙漠化，而绿洲是沙漠国家居民生存的基础。因此，在基础设施建设中要注意管理森林风险，例如，在林木采伐中要注意按照林木的自然生长情况规划和设计采伐计划、在30度以上坡面禁止采伐，主要林木的采伐应不要破坏森林的自然生态系统的完整性等。

本报告全面回顾了绿色金融各领域2016年的发展状况，展望和预测了未来发展趋势，并基于以上分析和预测，提出了如下主要政策建议：

建议1：构建系统性的绿色金融政策，加强金融政策、财政政策、环保政策、产业政策相互配合，形成绿色金融政策体系，促进绿色经济转型。

建议2：落实绿色贷款贴息等优惠政策。一方面通过金融杠杆撬动民间资本，支持绿色产业；另一方面提高银行业发放绿色信贷的积极性，进一步扩大绿色信贷规模。

建议3：实施有效政策促进中国绿色债券市场更快速发展，包括简化审批流程，拓宽绿色债券的担保和增信渠道，统一绿色债券标准和信息披露等。

建议4：在地方绿色金融试点中要关注绿色区域PPP基金的运作和设计，要将地区绿色发展目标或环境治理目标与基金的运作相挂钩，发挥绿色基金在实现区域绿色发展目标和环境治理目标中的金融支撑作用。

建议5：建议中国保险监督管理委员会和环境保护部积极推动高污染风险领域的"环境污染强制责任保险"方案尽快落地。在总结试点经验的基础上，加快设立统一的环境污染责任保险业务承保机构或信息共享平台，建立一系列配套机制促进强制性环境责任保险的发展。

建议6：为了满足低碳融资需求，应建立稳定的碳价格机制，发挥市场机制作用，推动全社会逐渐形成稳定的碳价格预期。在融资过程中，政府应积极引导金融机构不断创新，开发出丰富多样的碳金融产品，从而构建更加完善的低碳融资体系。

建议7：继续完善碳市场制度建设，在借鉴国际经验基础上自主创新，尤其在市场过渡和市场连接机制上加大自主创新力度，将中国碳市场建设成为全球碳交易中心。

建议8：从风险识别、风险监测、风险处置、责任追究方面，进一步加强商业银行环境与社会风险的框架管理，提高量化工具在风险识别方面的运用。由相关部委牵头，总结国内先进银行的经验与做法，引导推动更多商业银行进行环境因素压力测试的探索和实践。

建议9：G20应重点推动绿色金融基础设施建设和能力建设。

建议10：金融机构应认真研究“一带一路”发展战略中环境风险的独特性，完善差异化的全球风险管理体系。从政策体系、技术体系、资金保障和组织结构四个方面加强环境风险管理，特别要关注“一带一路”基础设施投资中的森林风险。

目录

第一章 | 绿色金融市场供需现状分析与预测

根据中国绿色发展和环境保护规划，中国的绿色投融资资金来自六个领域：即可持续能源、基础设施建设、环境修复、工业污染治理、能源与资源节约、绿色产品。生态保护、气候变化适应（如森林碳汇）等领域缺少发展目标和明确标准，未纳入绿色投融资的资金量测算之中。

表1-1列示了2015—2016年中国绿色投融资资金总量情况，各年绿色投融资资金量的测算方法如下：

2015年绿色投融资资金量直接来自相关领域的官方统计数据，或者根据国家制定的2015年绿色发展目标和2015年实际达到的环境保护水平，计算得到的绿色投融资资金量；

2016年绿色投融资资金量直接来自相关领域的官方统计数据，或者根据国家制定的2016年环境保护标准和2016年绿色发展目标、结合2015—2016年的绿色发展实际趋势，估算得到的绿色投融资资金量；

2017年绿色投融资资金量是达到国家制定的2017年绿色发展目标和2017年应达到的环境保护标准，测算得到的绿色投融资资金量见表1-1。

表1-1　　中国绿色投融资资金总量

单位：亿元

领域	类别	2015年	2016年	2017年
可持续能源	清洁和可再生能源（电力）	4 215	4 913	6 430
	生物质能（非电力）	560	600	700
工业污染治理	工业废水治理	184	160	390
	工业废气治理	1 866	1 800	2 680
	工业固体废物治理	16	17	200
基础设施建设（环境保护）	城镇供水	1 237	1 296	1 340
	城镇排水	450	477	780
	城市生活垃圾处理	34	120	70
	城市轨道交通	3 683	3 847	5 520
环境修复	工商业场地修复	17	23	300
	耕地土壤修复	2	3	20
	地下水修复	3	20	100
能源与资源节约	节能	2 332	1 986	2 120
	节水	1 433	1 684	1 920
绿色产品	绿色建筑	227	336	310
	新能源汽车	320	277	570
合计		16 579	17 559	23 450

1.1 清洁和可再生能源（电力）投融资

2015 年，我国清洁和可再生能源发电投资4 215亿元，装机容量共计5.31亿千瓦。2016年我国清洁和可再生能源投资为4 913亿元，比2015年增加了16.6%；2016年清洁和可再生能源发电装机容量较2015年增加13.6%，达到6.03亿千瓦。

2017年，我国清洁和可再生能源发电投融资的总资金需求将达到6 430亿元，较2016年增加30.9%；装机容量6.61亿千瓦，较2016年增加9.6%。

2015—2017年，我国清洁和可再生能源发电投融资资金持续快速增长，主要源于太阳能发电与核电的快速发展。在投资规模上，太阳能发电与风电依然是最主要的投资领域。

1.1.1 清洁和可再生能源（电力）投融资现状

根据国家能源局局长努尔·白克力2016年3月21日的发言，我国光伏发电在“十三五”期间将以每年1 500万～2 000万千瓦的速度新增。根据《2016—2017年度全国电力供需形势分析预测报告》，2016年太阳能发电装机容量及发电量高速增长，设备利用小时比上年下降。受光伏发电上网电价限期下调等政策影响，全年净增并网太阳能发电装机0.34亿千瓦，同比增加一倍，在国家相关规划及政策引导下，超半数净增装机位于中、东部各省。2016年底，并网太阳能发电量662亿千瓦时，同比增长72.0%；并网太阳能发电设备利用1 125小时，同比下降99小时，降幅比上年扩大88小时，西北地区部分省份弃光情况较为突出。①

2016年，风电投资完成896亿元，同比下降25.3%。2016年底，全国并网风电装机1.49亿千瓦，同比增长13.7%。2016年，我国风电投资回落，风电投资首次出现下降。风电投资下降的地区集中在西部和东北地区，同比分别下降49.7%和46.8%，而中、东部地区同比分别增长35.1%和13.1%。西北、东北等地区弃风情况仍然突出。

2016年底，全国核电装机0.34亿千瓦，同比增长25.9%。2016年核电完成投资为565亿元，同比增长11.7%。2016年核电发电量同比增长24.4%；设备利用7 042小时，同比下降361小时，已连续3年下降。

水电开发由于成本增加、弃水严重等问题，投资速度放缓，整体进入稳定发展期或成熟期。2016年全年水电投资为612亿元，水电投资同比下降22.4%，已连续四年下降。2016年底，全国全口径水电装机3.32亿千瓦，同比增长3.8%。全国全口径水电发电量同比增长6.2%，受来水形势变化等因素影响，全年水电生产呈现前高后低的特征。设备利用3 621小时，比上年提高31小时，为近20年来的年度第三高水平。

我国2015—2016年清洁和可再生能源发电投资与装机容量如表1–2所示。

① http://news.bjx.com.cn/html/20170126/805815-2.shtml.

表1–2 我国2015—2016年清洁和可再生能源发电投资与装机容量[①]

利用能源类别	2015年		2016年	
	完成投资（亿元）	装机容量（亿千瓦）	完成投资（亿元）	装机容量（亿千瓦）
水电（含抽水蓄能）	789	3.20	612	3.32
风电	1 200	1.31	896	1.49
核电	506	0.27	565	0.34
太阳能发电	1 360	0.43	2 720	0.77
生物质能发电	360	0.10	120	0.11
合计	4 215	5.31	4 913	6.03

1.1.2 2017年清洁和可再生能源（电力）投融资资金需求

根据国家发展改革委2016年12月发布的《可再生能源发展“十三五”规划》，中国2020年太阳能发电装机容量将达到1.1亿千瓦，预计2017年太阳能发电装机容量在9 000万千瓦左右。而2015年光伏电站单位造价水平基本在7 500 ~ 9 000元/千瓦范围内波动[②]，按照单位投资8 000元/千瓦计算，所需投资为1 050亿元。

根据《可再生能源发展“十三五”规划》，中国2020年生物质能发电装机容量将达到1.5亿千瓦，2017年装机容量为1.2亿千瓦。生物质能发电建设投资成本12 000元/千瓦[③]。因此预计2017年生物质能发电投资为120亿元。

到2020年，中国风电总装机容量将达到2.1亿千瓦，预计2017年风电总装机容量为1.65亿千瓦。2015年，风电场单位造价在8 356元/千瓦左右[④]，因此2017年风电投资需求为1 340亿元。

2014年，国家发展改革委印发《国家应对气候变化规划（2014—2020年）》，到2020年，核电总装机容量达到5 800万千瓦。5 月，国家发展改革委发布了《能源行业加强大气污染防治工作方案》，要求贯彻落实核电安全规划和核电中长期发展规划，在确保安全的前提下，高效推进核电建设，并做出了核电发展的中短期规划，力争 2017 年底运行核电装机达到 5 000 万千瓦、在建 3 000 万千瓦，年发电量超过 2 800 亿千瓦时[⑤]。根据最新出台的核电“十三五”规划，核电投资成本约为20 000元/千瓦，按照此成本计算，2017年，核电需投资3 200亿元。

到2020年，常规水电与抽水蓄能电站装机共达到3.8亿千瓦，其中抽水蓄能电站装机容量达到约4 000千瓦。2017年，中国水力发电装机容量将达到3.44亿千瓦，按照平均6 000 ~ 8 000元/千瓦计算，中国水电投资至少需要720亿元。

综上所述，2017年我国清洁和可再生能源发电投融资的总资金需求为6 430亿元，总装机容

---

① 数据来源：《2016年全国电力工业统计快报一览表》。

② https://sanwen8.cn/p/19eY5Yv.html.

③ 参考：http://www.docin.com/p-994033771.html，2015年，我国生物质能发电投资成本已达1.2万元/千瓦。

④ 数据来源：《2015年中国风电建设统计评价报告》。

⑤ http://www.chyxx.com/industry/201702/498596.html.

量达到6.61亿千瓦，如表1–3所示。

表1–3 我国2017年清洁和可再生能源发电投融资的资金需求以及装机容量

利用能源类别	资金需求（亿元）	装机容量（亿千瓦）
水电	720	3.44
风电	1 340	1.65
核电	3 200	0.50
太阳能发电	1 050	0.90
生物质能发电	120	0.12
合计	6 430	6.61

1.2 生物质开发利用（非电力）投融资

2015 年，我国生物质能开发利用（非电力）投资约560亿元。2016年我国生物质能开发利用（非电力）投资为600亿元，比2015年增加了7.1%。

2017年，我国生物质能开发利用（非电力）投融资的总资金需求将达到700亿元，较2016年增加16.7%。

2015—2017年，我国生物质能开发利用（非电力）投融资资金将持续快速增长，主要源于生物天然气和成型燃料供热技术和商业化运作模式基本成熟，逐渐成为生物质能重要发展方向。

1.2.1 生物质（非电力）投融资现状

2016年，我国生物质能继续向多元化发展，各类生物质能年利用量约3 500 万吨标准煤。除生物质发电外，生物质能开发项目累计投资约为600亿元。

1.2.2 生物质开发利用（非电力）投融资资金需求

根据《生物质能发展“十三五”规划》，2015年生物质成型燃料年利用量约800万吨；到2020年，生物质成型燃料年利用量3 000万吨①。由于目前国家规划中未给出生物质成型燃料的投资成本数据，根据相关文章推算，当前的投资成本为260元/吨②，预计2017年发展生物质成型燃料的资金需求将达到8.2亿元。

生物质液体燃料包括生物燃料乙醇及生物柴油。截至2015年，燃料乙醇年产量约210万吨，生物柴油年产量约80万吨。到2020年，生物质液体燃料年利用量将达600万吨。其中，生物燃料乙醇的投资成本为6 000元/吨。2014—2020年，生物燃料乙醇产能增加792万吨，2017年预计乙醇产能增加132万吨，资金需求为79.2亿元。

① 《生物质能发展“十三五”规划》。

② http://www.doc88.com/p-7794045131779.html.

当前，生物柴油的生产设备投资成本约为1 800元/吨，原材料收购价格为6 000元/吨，2014—2020年生物柴油产能需增加90万吨，2017年产能增加预计为15万吨，则资金需求为12亿元。因此，2017年生物质液体燃料资金需求为91.2亿元。

根据《生物质能发展“十三五”规划》，截至2015年，规模化沼气年产气量约50亿立方米。到2020年，生物天然气年利用量将达80亿立方米。基于当前技术水平，单位立方米生物燃气投资7～13元，若按照折中投资成本10元/立方米计算，2017年我国生物燃气所需资金为600亿元。

综上所述，我国2017年生物质（非电力）的资金需求为700亿元。我国2015—2017年生物质能（非电力）产量与投融资的资金需求如表1–4所示。

表1–4　　我国2015—2017年生物质能（非电力）产量与投融资资金需求

生物质能分类	2015年	2016年	2017年
生物质成型燃料（万吨）	800	1 042	1 357
生物质液体燃料（万吨）	290	437	584
生物天然气（亿立方米）	50	55	60
投资总额（亿元）	560	600	700

1.3　中国工业废水治理投融资

2015 年，我国工业废水治理投资约184亿元。2016年我国工业废水治理投资为160亿元，比2015年减少了13%。

2017年，我国工业废水治理投融资的总资金需求将达到390亿元，较2016年增加144%。

2016—2017年，我国工业废水治理投融资资金将持续快速增长，主要原因在于目前工业废水处理水平较低，而《水污染防治行动计划》中对于工业废水处理提出了更高的要求。

1.3.1　工业废水治理投融资现状

2015年，我国新增工业废水处理能力256.1万吨/日，当年完成投资184亿元[①]。根据我国2011—2015年工业废水处理投资变化趋势，我国2016年工业废水治理完成投资160亿元。

1.3.2　工业废水治理投融资资金需求

根据《2015年国民经济和社会发展统计公报》，中国2015年万元工业增加值用水量58立方米（含电厂冷却水用量）[②]。根据国务院于2015年4月发布的《水污染防治行动计划》，到2020

① 数据来源：《2015年中国环境统计年报》。

② http://www.stats.gov.cn/tjsj/zxfb/201602/t20160229_1323991.html.

年，全国用水总量控制在6 700亿立方米以内；供水管网漏损率控制在10%以内，全国万元工业增加值用水量比2013年下降30%以上。也就是说，2020年，中国万元工业增加值用水量降至47立方米以下。如果保持年减少率4%不变，2017年中国万元工业增加值用水量约为53立方米。依此计算，2017年中国工业用水量（不含电厂冷却用水量）将达到803亿立方米[①]。

若2017年工业用水的消耗率和漏损率与当前相同，即分别为23%和15%，则2017年中国工业废水产生量达到526亿立方米。根据《水污染防治行动计划》，2016年底前，中国取缔小型造纸等“十小”企业。至2017年，如果中国工业废水产生量的90%得到处理后排放，工业废水处理量为473亿吨，比2015年新增28亿吨，即767万吨/日。按照2015年工业废水治理投资水平，2016—2017年工业废水治理资金需求为550亿元，其中，2016年实际完成投资160亿元，2017年工业废水治理投融资的资金需求为390亿元。

我国2015—2017年工业废水治理投资如表1–5所示。

表1–5 我国2015—2017年工业废水排放量治理投资

	2015年	2016年	2017年
工业废水排放量（亿吨）	199	198	53

1.4 工业废气治理投融资

2015 年，我国工业废气治理投资约1 866亿元。2016年，我国工业废气治理投资约1 860亿元，比2015年减少了3%。

2017年，我国工业废气治理投融资的总资金需求将达到2 680亿元，较2016年增加44%。

2016—2017年，我国工业废气治理投融资资金将持续快速增长，主要原因在于目前我国近一半废气处理设施不能达到大气污染物排放标准要求，需要投入大量资金用于淘汰落后设备。

1.4.1 燃煤电厂废气治理投融资

1.4.1.1 燃煤电厂废气治理投融资现状

2015年，我国火电行业装机容量10亿千瓦，较2014年增加0.8亿千瓦；2014年燃料煤发电消耗量18.5亿吨，较2013年下降1亿吨，2015年燃料煤消耗量18.4亿吨，较2013年下降0.1亿吨[②]。

2015年，火电行业废气治理设施处理能力达到46.9亿立方米/小时，新增处理能力1.1亿立方

① 近年，中国工业增加值年均增加7%；2015年，中国实现工业增加值23万亿元。照此增长速度，2017年中国工业增加值约26万亿元。以此计算，2017年中国工业用水量（含电厂冷却水用量）为1 404亿立方米，加上《水污染防治行动计划》中提出的到2017年，全国公共供水管网漏损率控制在12%以内，扣除35%的电厂冷却水用量以及12%的供水管网漏损，得到803亿立方米的工业用水量（不含电厂冷却用水量）。

② http://www.chinapower.com.cn/zhxw/20160525/27924.html.

米/小时，废气治理投资水平达到380元/立方米/小时[①]。2015年火电行业废气治理投资约为420亿元。2016年火电行业废气治理投资达到400亿元。

1.4.1.2 燃煤电厂废气治理投融资资金需求

根据2015年中国环境与发展国际合作委员会绿色金融研究报告，我国2014—2020年火电行业新增工业废气处理能力13亿立方米/小时，据此，结合2013—2015年火电行业变化趋势，2017年新增废气处理能力可达1.5亿立方米/小时。

基于当前投资水平和污染物排放水平，燃煤电厂在2017年仅新增发电机组，即新增1.5亿立方米/小时工业废气治理的资金需求为570亿元。

1.4.2 钢铁厂废气治理投融资

1.4.2.1 钢铁厂废气治理投融资现状

2013年，我国钢铁行业废气排放量5.2万亿立方米。2014年，我国钢铁行业废气排放量5.6万亿立方米。2015年，我国钢铁行业废气排放量5.4万亿立方米，年间变化整体趋于缓慢下降。废气治理设施处理能力为12.2亿立方米/小时[②]。2015年，在我国钢铁行业排放的工业废气中，50%（即2.7万亿立方米废气）未得到处理[③]。

2015年，全国粗钢产量为8亿吨。2016年，全国粗钢产量为8.08亿吨，预计2017年粗钢产量为8亿吨[④]。2016年，我国工业废气排放量5.3万亿立方米。2016年我国钢铁厂废气治理投资约为80亿元。

1.4.2.2 钢铁厂废气治理投融资需求

《大气污染防治行动计划》中提出，2017年所有钢铁企业的烧结机都要安装脱硫设施，因此新增的0.1万亿立方米废气得到处理，在废气处理率不变的情况下，当前未得到处理的2.7万亿立方米废气中，0.4亿立方米也得到处理，共需要新增废气处理能力2.2亿立方米/小时，按照当前投资水平和二氧化硫排放水平，废气治理投资水平达到55元/立方米/小时[⑤]，则2017年钢铁行

---

① 根据《2013—2014年中国环境统计年报》，2014年电力、热力生产和供应业排放工业废气21.5万亿立方米，其废气治理设施处理能力为53.6亿立方米/小时，当年，火电行业工业废气排放量为18.5万亿立方米，按比例推测其废气治理设施处理能力为46.1亿立方米/小时；2013年，电力、热力生产和供应业排放工业废气22.5万亿立方米，其废气治理设施处理能力为51.4亿立方米/小时，当年，火电行业工业废气排放量为19.6亿立方米，按比例推测其废气治理设施处理能力为44.8亿立方米/小时。因此2014年较2013年火电行业增加了废气处理能力1.3亿立方米/小时。又参考：http://www.cec.org.cn/yaowenkuaidi/2015-03-10/134972.html，中国电力企业联合会在2015年发布的《中国电力工业现状与展望》报告，煤电企业2014年脱硫、脱硝、除尘建设和改造费用超过500亿元。所以，废气治理投资水平为380元/立方米/小时。

② 根据《2015年中国环境统计年报》，2015年黑色金属冶炼和压延加工业废气排放总量为17.4万亿立方米，废气治理设施处理能力为39.4亿立方米/小时，按此比例，钢铁工业废气治理设施处理能力为12.2亿立方米/小时。

③ 根据《2015年中国环境统计年报》，我国钢铁企业仍有38%的烧结机和69%的球团生产线未配套脱硫设施，可以认为有平均50%的钢铁行业工业废气未得到处理。

④ http://bond.jrj.com.cn/2017/01/13200321967657.shtml.

⑤ 参考：http://www.caofeidian.gov.cn/index.php?m=content&c=index&a=show&catid=8&id=70，首钢京唐钢铁联合有限责任公司在2014年的一套活性焦烟气脱硫脱硝装置投资1.1亿元，设计烟气处理能力198.8万立方米/小时，折合投资水平为55元/立方米/小时。

业废气治理资金需求为120亿元。

1.4.3 工业燃煤锅炉废气治理投融资

1.4.3.1 工业燃煤锅炉废气治理投融资现状

2013年，我国燃煤工业锅炉约47万台，占锅炉总量的80%左右，燃煤消耗量为4亿吨标准煤。总功率300万MW，其中容量小于10吨的工业燃煤锅炉占总容量的35.59%，达106万MW，耗煤量占20%；35吨以上工业燃煤锅炉的总容量达到156万MW，耗煤量占50%；10吨以上燃煤工业锅炉中，有40%污染治理设施达不到大气污染物排放标准要求，另有30%未安装废气治理设施①。2016年我国工业燃煤锅炉废气治理投资约为200亿元。

1.4.3.2 工业燃煤锅炉废气治理投融资资金需求

国家能源局发布的《煤炭清洁高效利用行动计划（2015—2020年）》提出，到2020年，淘汰落后燃煤锅炉60万蒸吨（即42万MW）。

燃煤电厂以外，《工业领域煤炭清洁高效利用行动计划》提出，到2020年，力争节约煤炭消耗1.6亿吨以上。

《大气污染防治行动计划》提出，到2017年，除必要保留的以外，地级及以上城市建成区基本淘汰每小时10蒸吨及以下的燃煤锅炉，禁止新建每小时20蒸吨以下的燃煤锅炉；其他地区原则上不再新建每小时10蒸吨以下的燃煤锅炉。

国家发展改革委等七部委于2014年发布的《燃煤锅炉节能环保综合提升工程实施方案》中提出，到2018年，新生产和安装使用的20吨及以上燃煤锅炉应安装高效脱硫和高效除尘设施，淘汰落后燃煤锅炉40万蒸吨；完成40万蒸吨燃煤锅炉的节能改造；在用10吨及以上的燃煤锅炉要开展烟气高效脱硫、除尘改造，积极开展低氮燃烧技术改造示范，实现全面达标排放；推广高效锅炉50万蒸吨。2014—2015年淘汰20万吨（14万MW）落后锅炉。

综上所述，预计到2017年底我国淘汰30万蒸吨落后蒸炉。其中，10吨以下锅炉容量为75万MW，需完成10万蒸吨（7万MW）燃煤锅炉的节能改造，新建废气治理设施投资成本为14万元/MW②，这部分资金需求达到98亿元。

另外，10吨以上燃煤锅炉将有8万MW以及新建6万MW燃煤锅炉，共计14万MW需要安装废气治理设施，投资水平为14万元/MW，这部分资金需求为196亿元。

因此，2017年，工业燃煤锅炉废气治理投融资的资金需求为290亿元。

综合对火电、钢铁、工业锅炉三个主要工业大气污染物排放的行业的计算，到2017年，我国工业废气治理投融资达到当前投资水平和污染物排放水平的资金需求为2 680亿元。

我国2015—2017年工业废气治理投资如表1-6所示。

---

① 数据来源：http://www.chinadaily.com.cn/hqgj/jryw/2014-01-21/content_11080736.html。

② http://www.chinadaily.com.cn/hqgj/jryw/2014-01-21/content_11080736.html.

表1-6 我国2015—2017年工业废气治理投资

单位：亿元

	2015年	2016年	2017年
火电	420	400	570
钢铁	80	80	120
工业锅炉	200	200	290
工业废气治理总额	1 866	1 800	2 680

1.5 工业固体废物投融资

2015 年，我国工业固体废物治理投资约16.1亿元。2016年，我国工业固体废物治理投资约17亿元，比2015年增加了6%。

2017年，我国工业固体废物治理投融资的总资金需求将达到200亿元，较2016年增加1 000%。

2016—2017年，我国工业固体废物治理投融资资金将持续快速增长，主要原因在于2016年底出台《“十三五”节能减排综合工作方案》，“十三五”期间我国工业固体废物治理水平提高到综合利用的水平上，使得单位投资成本快速上升。

1.5.1 工业固体废物治理投融资现状

2015年，全国一般工业固体废物产生量32.7亿吨，其中综合利用量19.9亿吨，综合利用率60.3%；处置量7.3亿吨；贮存量5.8亿吨；倾倒丢弃量0.006亿吨[①]。2015年新增治理固体废物能力116.9万吨/日，完成工业固体废物治理投资16.1亿元。

2016年工业固体废物治理投资与2015年相比，波动不大，为17亿元。

1.5.2 工业固体废物治理投融资资金需求

根据国务院2016年12月出台的《“十三五”节能减排综合工作方案》，到2020 年，工业固体废物综合利用率达到73%以上。

2012—2015年，我国工业固体废物产生量稳定在32.9亿吨以内，且各年度之间差别不大，可以判断，2017—2020年，我国工业固体废物产生量也将维持在33亿吨。为使2020年的工业固体废物综合利用率达到73%以上，2020年的工业固体废物利用量需达到24.1亿吨。因此，2017年新增的工业固体废物治理能力为23万吨/日。根据《大宗工业固体废物综合利用“十二五”规划》，达到国家规划要求的工业固体废物投资水平为8.8万元/吨/日，则我国2017年工业固体废物治理投融资的资金需求将达到200亿元。

我国2015—2017年工业固体废物治理投资如表1-7所示。

① 数据来源：《2015年中国环境统计年报》。

表1–7 我国2015—2017年工业固体废物治理投资与产生量

	2015年	2016年	2017年
工业固体废物产生量（亿吨）	32.7	33	33
投资金额（亿元）	16.1	17	200

1.6 城镇排水投融资

2015年，我国城镇污水处理厂污水处理能力为18 736万吨/日，比2014年新增1 008万吨/日，新增投资450亿元；2016年，我国城镇污水处理厂污水处理能力为19 804万吨/日，比2015年新增1 068万吨/日，新增投资477亿元，较2015年增加6%。

2017年，全国污水处理能力为20 932万吨/日，比2016年新增1 128.8万吨/日。我国城镇排水投资需求达780亿元，较2016年增加63.5%。

2015—2017年我国城镇排水投融资资金需求快速增长，主要是由于需要治理的污水总量扩大且城镇排水的标准增严。

1.6.1 城镇排水投融资现状

2015年，城镇生活污水排放量535.2亿吨，比2014年增加4.9%，占废水排放总量的72.8%，比2014年增加1.5个百分点。

2015年末，全国共有城镇生活污水处理厂6 910座，比2014年增加879座；设计处理能力为18 736万吨/日，比2014年新增1 008万吨/日；年运行费用为477亿元，比2014年增加37亿元。全年共处理废水523.3亿吨，比2014年增加38.0亿吨。其中处理生活污水470.6亿吨，占总处理水量的88.4%。

城镇生活污水排放量535.2亿吨，处理生活污水470.6亿吨，因此城镇生活污水收集处理率为87.9%。

2015年我国城镇人口为77 116万人①，2016年我国城镇常住人口79 298万人②，比上年末增加2 182万人，增加了2.83%，2016年城镇生活污水产生量为550.34亿吨，城镇生活污水处理量为483.7亿吨。

2015年城镇污水处理能力较上年增加1 008万吨/日，新增投资450亿元③，因此，2015年因新增处理能力而增加的污水处理投资成本为4 464元/吨/日（含设施及管网）。2016年城镇污水处理能力较上年增加1 068万吨/日，新增投资477亿元。

① 《中国统计年鉴2016》。

② http://finance.sina.com.cn/roll/2017-01-20/doc-ifxzutkf2122186.shtml.

③ 《2015中国环境统计年报》。

1.6.2 2017年城镇排水投融资资金需求

2017年城镇人口将达到80 542万人，在人均生活排水水平保持不变的情况下，2017年城镇生活污水产生量将达565.91亿吨；城镇生活污水收集处理率为87.9%，预计2017年城镇生活污水处理量将为497.4亿吨。按照污水处理能力每年5.7%的增量进行计算[①]，2017年全国污水处理能力为20 932万吨/日，比2016年新增1 128.8万吨/日。

在达到2015年污染物排放标准的前提下，按照2015年的投资水平4 464元/吨/日，城镇污水处理因设施规模扩大而需要投资504亿元。

2015年我国排水管道长度54万公里，增速约5.6%[②]。2016年我国排水管道长度57.024万公里，增加了3.024万公里；预测2017年我国排水管道长度60.22万公里，增加3.19万公里。

城镇排水管网建设投资成本为70万元/公里[③]，则管网投资如下：

2017年，我国排水管道长度增加3.19万公里，按照城镇排水管网建设投资成本为70万元/公里，我国新增城镇排水管网的建设成本为223.3亿元。

2017年，我国城镇排水管网漏损超标率达到12%，即7.2万公里[④]。2017年管网漏损率降低2%，则改造的资金需要49亿元。

因此，2017年达到2015年投资水平和排放标准的资金需求，城镇排水投资共计780亿元。

我国2015—2017年城镇排水投资如表1-8所示。

表1-8 我国2015—2017年城镇排水投资与处理能力

年份	污水处理能力（万吨/日）	新增污水处理能力（万吨/日）	新增投资（亿元）
2015	18 736	1 008	450
2016	19 804	1 068	477
2017	20 932	1 128.8	780

1.7 城镇供水投融资

2015年，我国供水管道长度92.4万公里，年供水总量为667.4亿立方米，城镇供水完成投资1 237.166亿元。2016年，城镇供水总量为694.6亿立方米，城镇供水投资1 295.7亿元，较2015年增加4.1%。

2017年，我国城镇供水总量预计达到721.5亿立方米，管网漏损率控制在12%以内，中国城

---

① http://huanbao.bjx.com.cn/news/20161202/793433-2.shtml.

② http://www.chyxx.com/industry/201612/474065.html.

③ 参考：http://wenku.baidu.com/link?url=zh4MCMB_KCFenS8BA6aSwGPnZ82_hzccjUo4vCSa-kx5MY8rd-VCCgbNgyKISDhJYyIH42GQda8KxkNQaa-BE4Q-xrGv424RhPfMayVl86K，工程总投资3 986.57万元，新建排水管网58公里，则排水管网投资成本为69万元/公里；参考：http://www.shehong.gov.cn/xxgk/zbcg/201507/t20150708_49418.html，金华镇城区污水管网改造建设工程投资为1 600万元，建设生活污水收集管网23公里，投资成本为70万元/公里。

④《水污染防治行动计划》。

镇供水投融资的资金需求为1 340亿元，较2016年增加3.4%。

2015—2017年我国城镇供水投融资资金需求以4%左右的增速平稳增长，主要是由于城镇人口增加、供水需求量增大所导致的。

1.7.1 城镇供水投融资现状

2015年末，中国城镇供水服务人口5.92亿人，年末供水管道长度92.4万公里。全年供水总量为667.4亿立方米，供水安全系数为1.88①。城镇公共供水管网漏损率较高，城市为15.5%，县城为13.6%②。

2015年，我国城镇人口达7.7亿人③，其中城镇供水服务人口5.92亿人，占比为76.88%；2016年我国城镇人口为7.9亿人④，供水服务人口6.2亿人，城镇供水总量为694.6亿立方米。

2015年，中国城镇供水完成投资1 237.166亿元⑤，2015年中国城镇供水新增设施与管网的投资水平为6 992.5元/立方米/日，水源地的投资水平为1 132.5元/立方米/日。2016年，中国城镇供水投资1 295.7亿元。

1.7.2 2017年城镇供水投融资资金需求

2017年，我国城镇供水将发生以下变化：

（1）供水总量增加

2017年，预计中国城镇人口为8.1亿人，城镇供水服务人口6.4亿人。按照每人每日用水量不变的原则，2017年城镇供水总量为721.5亿立方米，比2016年新增26.9亿立方米，新增供水量0.074亿立方米/日。

（2）饮用水水源地水质达标比例和监测指标覆盖率提升

2017年，水质达标的水源地比例要由2007年的80.26%增至92%，常规监测指标覆盖率由2007年的85.44%增至96.64%，113个环保重点城市水源的特定监测项目完成比例由2007年的12.15%增至79.73%。到2017年，地级及以上城市集中式饮用水水源水质达到或优于Ⅲ类比例总体高于91%⑥。

（3）减少供水管网漏损

需要对使用超过50年和材质落后的供水管网进行更新改造，到2017年，全国公共供水管网漏损率控制在12%以内。

---

① 《2015年城乡建设统计年鉴》。

② 数据来源：http://www.water8848.com/news/201411/27/22296.html。住建部水务处处长曹燕进在2014年撰文称：2013年底我国城镇的公共供水管网漏失率比较高，城市为15.5%，县城为13.6%。

③ http://news.xinhuanet.com/politics/2017-02/12/c_1120451243.html.

④ http://www.chyxx.com/industry/201701/489712.html.

⑤ 《2015年城乡建设统计公报》。

⑥ 根据《水污染防治行动计划》（2015年4月国务院发布），通过2020年需求估计2017年要求。

2017年相比于2016年新增供水总量26.9亿立方米，需要新增供水量0.074亿立方米/日。按照当前投资水平，需要新建水厂及管网投资517.4亿元，水源投资83.8亿元。

按照《水污染防治行动计划》要求，到2017年，进一步确保管网漏损率降低至10%，则至少需将管网改造任务扩展到2015年供水管网长度的1/12，即7.7万公里。按照管网改造投资水平为管网建设投资水平的1/2，即50万元/公里①，2017年管网改造资金需求将至少为385亿元。

加上自来水厂水质改造投资需求357.5亿元，2017年，中国城镇供水投融资的资金需求为1 340亿元。

我国2015—2017年城镇供水投资如表1-9所示。

表1-9 我国2015—2017年城镇供水投资与供水量

年份	城镇供水总量（亿立方米）	新增供水量（亿立方米）	新增投资（亿元）
2015	667.4	26.4	1 237.166
2016	694.6	27.2	1 295.7
2017	721.5	26.9	1 340

1.8 城镇生活垃圾处理投融资

2015年全国当年产生城镇生活垃圾（不包括建筑垃圾）3.66亿吨，城镇生活垃圾处理投资为34亿元；2016年全国产生城镇生活垃圾（不包括建筑垃圾）4.36亿吨，城镇生活垃圾处理投资为120亿元，较2015年增加了253%。

2017年，预计全国产生城镇生活垃圾（不包括建筑垃圾）4.36亿吨，即119.5万吨/日。预计投资额为70亿元，较2016年减少41.7%。

2015—2016年城镇生活垃圾处理投资增长幅度很大，2016—2017年城镇生活垃圾处理投资有所回落，原因在于生活垃圾处理率目前已经比较高，生活垃圾处理投资未来会有一定萎缩。

1.8.1 城镇生活垃圾处理投融资现状

2015年城镇生活垃圾产生量为0.475吨。按照2015年城镇居民数7.7亿人计算，全国当年产生

① 参考：http://gd.people.com.cn/n/2015/1125/c123932-27176832.html，可知深圳市于2013年开始的老旧供水管网改造涉及1 000公里管网，累计投资4.1亿元，投资水平为41万元/公里；又参考：http://wenku.baidu.com/view/1fe08c3583c4bb4cf7ecd150.html?re=view，山西某县城老旧供水管网改造涉及60公里管网，总投资2 428亿元，投资水平为41万元/公里。因此，将供水管网改造投资水平定在当前管网建设投资水平（100万元/公里）的1/2（约为50万元/公里）是合理的。

城镇生活垃圾（不包括建筑垃圾）3.66亿吨，即100.2万吨/日[①]。2016年城镇人均可支配收入为33 616元[②]，城镇生活垃圾产生量为0.512吨，按照2016年城镇居民数7.9亿人计算，2016年全国产生城镇生活垃圾（不包括建筑垃圾）4.04亿吨，即110.8万吨/日。

2015年，全国设市城市生活垃圾清运量为1.91亿吨，清运率为52.19%。在清运的垃圾中，进行无害化处理的为1.8亿吨，处理率为94.24%。2015年，中国城镇生活垃圾清运中60%为卫生填埋，焚烧占32.5%，堆肥占比不到2%。

2015年，中国城镇生活垃圾处理投资为34亿元[③]。当年，中国城镇生活垃圾无害化处理能力达到49.3万吨/日，较2014年增加4.38万吨/日。因此，2015年中国城镇生活垃圾处理投资水平为7.8万元/吨/日。按多年平均水平估算，2016年，中国城镇生活垃圾处理投资为120亿元。

1.8.2 2017年城镇生活垃圾处理的资金需求

2017年城镇人均可支配收入为35 801元[④]，因此预计2017年城镇生活垃圾产生量为0.545吨，按照2017年城镇居民数8.0亿人计算，2017年全国产生城镇生活垃圾（不包括建筑垃圾）4.36亿吨，即119.5万吨/日，较2016年增加8.7万吨/日。

基于当前7.8万元/吨/日的城镇生活垃圾处理投资水平，2017 年增加8.7万吨/日的城镇生活垃圾需投资70亿元。

我国2015—2017年城镇生活垃圾处理投资如表1–10所示。

表1–10 我国2015—2017年城镇生活垃圾处理投资与处理量

年份	垃圾处理总量（亿吨）	垃圾处理新增量（万吨/日）	新增投资（亿元）
2015	3.66	4.38	34
2016	4.04	10.6	120
2017	4.36	8.7	70

1.9 城市轨道交通投融资

2015年，全国城市轨道交通完成投资3 683亿元，同比增长27%；在建线路总长4 448公里[⑤]。

2015—2016年，全国城市轨道交通完成投资额略有上升，但变化不大；2017年投资将大幅度上升，主要源自《交通基础设施重大工程建设三年行动计划》的出台，城市轨道交通投融资

① 由于2015年城镇人均可支配收入为31 194.8元，2007年我国城镇生活垃圾人均产生量为0.21吨，当年城镇人均可支配收入为13 785.8元，假设人均可支配收入与人均生活垃圾产生量呈正比。

② http://www.chyxx.com/industry/201702/496643.html.

③ 《2015中国环境统计年报》。

④ 根据http://news.cctv.com/2016/12/19/ARTIMUvaLOmqwDwOc97xUzLc161219.shtml，2017年中国GDP增速将达6.5%，据此估算人均可支配收入。

⑤ 数据来源：《城市轨道交通2015年度统计和分析报告》。

的资金需求趋于明朗。

1.9.1 城市轨道交通投融资现状

截至2016年末，我国累计30个城市建成投运城轨交通线路134条，运营线路4 153公里，较2015年新增轨道交通长度535公里①。2015年末，我国城市轨道交通完成投资3 683亿元，在建城市轨道交通总长度为4 448公里②。

中国城市轨道交通协会在2017年3月25日发布的《城市轨道交通2016年度统计和分析报告》中指出，2016年，我国城市轨道交通完成投资3 847亿元，在建线路总长5 636.5公里。2016年城市轨道交通完成投资是国家发展改革委、交通运输部于2016年3月联合印发的《交通基础设施重大工程建设三年行动计划》中预计当年投资水平9 100亿元的40%。

1.9.2 2017年城市轨道交通投融资资金需求

《交通基础设施重大工程建设三年行动计划》提出，建成京津冀、长三角、珠三角三大城市群城际铁路网，推进长江中游、中原地区、成渝地区、山东半岛等城市群城际铁路建设，形成以轨道交通、高速公路为主骨架的城际交通网。推进国家已批复规划的城市轨道交通项目实施，完善北京、上海、广州等超大城市的城市轨道交通网络，加快特大城市和大城市中心城区轨道交通建设，构建多层次、多模式、一体化的城市轨道交通系统。2016—2018年，重点推进103个城市轨道交通项目前期工作，新建城市轨道交通2 000公里以上。

根据《交通基础设施重大工程建设三年行动计划》，2017年城市轨道交通预计新增投资里程为695公里。考虑到2016年完成投资里程为规划里程1 274公里的40%，预计2017年将完成投资里程为2016年规划里程与2017年规划里程之和的40%，达到788公里。按《交通基础设施重大工程建设三年行动计划》中的规划投资水平7亿元/公里，2017年城市轨道交通投融资的资金需求共计5 520亿元。

我国2015—2017年城市轨道交通投资如表1-11所示。

表1-11 我国2015—2017年城镇城市轨道交通投资

年份	轨道交通线路（公里）	在建城市轨道交通（公里）	新增投资（亿元）
2015	3 618	4 448	3 683
2016	4 153	5 636.5	3 847
2017	4 941	7 636	5 520

① 数据来源：中国城市轨道交通协会。

② 数据来源：http://www.chinairn.com/news/20160614/171148677.shtml。

1.10 工商业场地修复投融资

2015年，我国工商业场地修复投资为17亿元，2016年，我国用于工商业场地修复的投资为23亿元，较2015年增加了35.3%。

2017年，我国将修复1%的工商业场地，投融资的资金需求约300亿元，高达2016年的13倍。

由于2016年之前对于工商业场地修复投资非常少，需要修复的场地面积大且修复难度大，因此2017年修复资金量将产生一个巨大的增长。

1.10.1 工商业场地投融资现状

2014年4月17日，环保部和国土资源部联合公布了《全国土壤污染状况调查公报》，引起了社会各方对于我国土壤污染状况的广泛关注。根据该调查公报，全国土壤总的超标率为16.1%，其中轻微、轻度、中度和重度污染点位比例分别为 11.2%、2.3%、1.5%和 1.1%[①]。

在受调查的690家重污染企业用地及周边的5 846个土壤点位中，超标点位占36.3%；在调查的 81 块工业废弃地的775个土壤点位中，超标点位占34.9%；在调查的 146 家工业园区的2 523个土壤点位中，超标点位占29.4%。

2015年，我国工商业场地修复投资为17亿元[②]；2016年，我国用于工商业场地修复的投资为23亿元。[③]2015年1月14日，环保部公布了《建设用地土壤污染风险筛选指导值》草案的征求意见稿，其中包括118种土壤污染物的风险筛选指导值，以及监测、实施、监督等要求，适用于筛查建设用地土壤污染风险、启动建设用地土壤污染风险评估。

1.10.2 2017年工商业修复投融资资金需求

根据国务院2016年5月发布的《土壤污染防治行动计划》，到2020年，我国污染地块安全利用率达到90%以上。当前，我国城市棕色地块至少有30万块[④]，待修复的场地会越来越多。从目前的项目情况来看，平均每块场地的修复规模在8万～12万立方米，因此，我国待修复的工商业场地共计300亿立方米。

按照目前的投资成本，修复重金属污染场地的水平约为100元/立方米[⑤]。当前，具有修复潜力的工商业场地多集中在大城市，占待修复工商业场地的比重并不高；同时，根据《土壤污染防治行动计划》，2017年内，工商业场地修复的重点任务在于制定土壤污染治理与修复规划，

---

① http://www.chyxx.com/industry/201612/482750.html.

② http://www.hjxf.net/2016/0608/2436.html.

③ http://www.qianzhan.com/analyst/detail/329/151230-09b829ca.html.

④ http://www.legaldaily.com.cn/index_article/content/2014-04/14/content_5443524.htm?node=5955.

⑤ 根据http://www.ocn.com.cn/chanye/201511/oeeaq17101553.shtml中的信息推算出来：单个项目修复投资为1 000万元，每个项目平均规模在10万立方米，则每立方米的修复投资为100元。

明确重点任务、责任单位和分年度实施计划，建立项目库。因此，按照到2017年能修复1%的工商业场地来计算①，则2017年度我国工商业污染场地修复投融资的资金需求为300亿元。

我国2015—2017年工商业污染场地修复投资如表1-12所示。

表1-12 我国2015—2017年工商业污染场地修复投资

年份	2015	2016	2017
工商业场地修复投资（亿元）	17	23	300

1.11 耕地和地下水修复投融资

1.11.1 耕地土壤修复投融资

2015年，全国土壤修复类项目主要分布在11个省（区）、直辖市，且主要集中在江浙沪、鄂湘粤地区，耕地修复的项目总投资为2.3亿元；2016年，耕地修复的项目总投资为2.5亿元，较2015年增加了8.7%。

2017年，我国有330公顷耕地土壤需要得到修复，按当前的主要治理技术修复，2017年中国重金属污染耕地修复资金将达20亿元，比2016年增加700%。

2015—2017年，我国耕地土壤修复投资量产生巨大飞跃，主要原因是国家政策要求全面提升农田质量。

1.11.1.1 耕地土壤修复投融资现状

根据2014年环保部和国土资源部发布的《全国土壤污染状况调查公报》，中国耕地土壤点位超标率为19.4%，其中轻微、轻度、中度和重度污染点位比例分别为13.7%、2.8%、1.8%和1.1%，主要污染物为镉、镍、铜、砷、汞、铅、滴滴涕和多环芳烃。②

第二次全国土地调查结果显示，我国已有333.33万公顷耕地因遭受污染而不宜耕种。目前，我国约有1 600万公顷农业耕地遭受农药污染，污水灌溉耕地216.7万公顷。我国待修复的耕地为5 000万亩（330万公顷），其中1 000万亩（67万公顷）实施修复，4 000万亩（263万公顷）实施风险管控③。

2015年，全国土壤修复类项目主要分布在11个省、直辖市地区，且主要集中在江浙沪、鄂湘粤地区，耕地修复的项目总投资为2.3亿元。④

2016年，江浙沪、鄂湘粤仍旧是土壤修复的主力市场，耕地修复的项目总投资为2.5亿元。

① 到2020年能修复5%的工商业场地，按照每年修复同样多的工商业场地来计算得出。

② 2014年环保部和国土资源部发布的《全国土壤污染状况调查公报》。

③ http://www.china-esi.com/News/60203.html。根据2016年3月5日提交全国人大审查的中国第十三个五年规划纲要草案全文，我国“十三五”期间开展1 000万亩受污染耕地治理修复和4 000万亩受污染耕地风险管控。

④ https://sanwen8.cn/p/15aCDvr.html.

1.11.1.2 2017年耕地土壤修复投融资资金需求

2015年1月14日，环保部公布了《农用地土壤环境质量标准》修订草案的征求意见稿。根据征求意见稿的内容，铅的浓度调整到80mg/kg以下；土壤中六六六和滴滴涕含量限值收紧至0.1mg/kg；镉的含量限值按照 pH 值从小到大为 0.3mg/kg、0.4mg/kg、0.5mg/kg 和0.6mg/kg。

在《全国土地整治规划（2016—2020年）》中，要求经整治的基本农田质量平均提高1个等级；通过土地整治补充耕地2 000万亩，通过农用地整理改造中低等耕地2亿亩左右，耕地数量质量保护水平全面提升。因此2017年，有330公顷耕地土壤需要得到修复。

按照当前我国耕地土壤修复普遍采取的石灰治理方法，每年的成本为40元/亩①，2017年，治理成本为600元/公顷。以此计算，2017年中国重金属污染耕地修复资金将达20亿元。由于石灰治理的方法是在目前以最低成本使得重金属污染物不致对农业生产构成风险，因此该方法也可看作风险管控的手段。

我国2015—2017年耕地土壤修复投资如表1-13所示。

表1-13 我国2015—2017年耕地土壤修复投资

年份	2015	2016	2017
耕地土壤修复投资（亿元）	2.3	2.5	20

1.11.2 地下水修复投融资

2015年，我国地下水修复投资共计3.0亿元，2016年投融资资金估计为20亿元，较2015年增加了566.7%。

2017年，我国优先修复水质为极差的18.8%的地下水，地下水修复投融资的资金需求为100亿元，较2016年增长400%。

2015—2017年，我国地下水水质综合变化趋势以稳定为主，呈变好趋势和变差趋势的监测点比例相当，因此投资量的增加主要来自监管的需要。到2020年，地下水质量极差的比例将下降到15%左右。

1.11.2.1 地下水修复投融资现状

2015年，全国202个地市级行政区开展了地下水水质监测工作，监测点总数为5 118个，其中国家级监测点1 000个。依据《地下水质量标准》（GB/T 14848—93），综合评价结果为：水质呈优良级的监测点466个，占监测点总数的9.1%；水质呈良好级的监测点1 278个，占25.0%；水质呈较好级的监测点236个，占4.6%；水质呈较差级的监测点2 174个，占42.5%；水质呈极差级的监测点964个，占 18.8%。主要超标组分为总硬度、溶解性总固体、铁、锰、“三氮”（亚硝酸盐氮、硝酸盐氮和氨氮）、氟化物、硫酸盐等，个别监测点水质存在砷、铅、六价铬、镉等

① http://www.nbd.com.cn/articles/2014-08-07/854400.html.

重（类）金属超标现象[①]。

与2014年度比较，有连续监测数据的水质监测点总数为4 552个，其中水质综合变化呈稳定趋势的监测点有2 837个，占监测点总数的62.3%；呈变好趋势的监测点有795个，占17.5%；呈变差趋势的监测点有920个，占20.2%。总体来看，在全国有连续监测数据的水质监测点中，地下水水质综合变化趋势以稳定为主，呈变好趋势和变差趋势的监测点比例相当。

2015年，我国地下水修复投资共计3.0亿元[②]。2016年，我国地下水修复投融资资金估计在20亿元左右。

1.11.2.2 2017年地下水修复投融资资金需求

2017年，我国要全面完成市县两级行政区水资源承载能力评价工作。完成20条跨省江河流域水量分配和10 298个地下水监测站点建设任务，基本建成国家地下水监测系统。积极开展江河湖库水系连通，完成5.4万平方公里水土流失综合治理、坡耕地综合整治和生态清洁小流域建设任务，新增农村水电装机100万千瓦；做好全面推行河长制工作，协调推进各项水利改革。[③]

根据国务院在2016年11月发布的《“十三五”生态环境保护规划》，我国地下水质量极差的比例将下降到2020年的15%左右。2015年，我国地下水资源量7 807.4亿立方米，其中，与地表水不重复量为1 061.8亿立方米[④]。按照地下水与地表水不重复量中水质为极差的18.8%的地下水优先得到修复，则2017年需要修复的地下水量为1.4亿立方米。按照70元/立方米的修复成本[⑤]，我国在2017年地下水修复投融资的资金需求为100亿元。

我国2015—2017年地下水修复投资如表1-14所示。

表1-14 我国2015—2017年地下水修复投资

年份	2015	2016	2017
地下水修复投融资（亿元）	3	20	100

1.12 节能投融资

2015年我国万元国内生产总值能耗为0.62吨标准煤，节能3.45亿吨标准煤，节能投资为2 332.2亿元。2016年我国万元GDP能耗水平为0.59吨标准煤/万元，比2015年下降4.8%，节能2.232亿吨标准煤，比上年下降35%，节能投资1 986亿元，比2015年下降14.84%。

2017年我国万元GDP能耗水平将达到0.56吨标准煤/万元，比2016年下降4.8%，需节能2.382

---

① 《2015年中国国土资源公报》http://www.mlr.gov.cn/zwgk/tjxx/201604/P020160421532279160618.pdf.

② http://www.hjxf.net/2016/0608/2436.html.

③ http://www.h2o-china.com/news/252149.html. 2017年1月5日召开的全国水利厅局长会议上陈雷部长的介绍。

④ 《2015年中国水资源公报》。

⑤ 美国于1980年创立“超级基金”联邦计划，截至2004年底，该基金总计约投入960亿元人民币用于地下水修复工作，共修复地下水、地表水约14亿立方米，折合70元/立方米。

亿吨标准煤，节能投融资资金需求达到2 120亿元，较2016年增加6.7%。

2015—2017年，我国节能投融资资金先减少后增加，主要原因在于，2015年之前我国万元GDP能耗值较高，国务院出台《能源发展战略行动计划（2014—2020年）》后，我国加快构建清洁、高效、安全、可持续的现代能源体系，能源结构不断优化，节能减排取得成效，节能投资资金量较大。2017年，节能投资需求在2016年下降的基础上缓慢增长，主要来自政策上对节能技术支持力度的加大。

1.12.1 节能投融资现状

2015年我国全年能源消费总量43.0亿吨标准煤，比上年增长0.9%。煤炭消费量下降3.7%，原油消费量增长5.6%，天然气消费量增长3.3%，电力消费量增长0.5%。煤炭消费量占能源消费总量的64.0%，水电、风电、核电、天然气等清洁能源消费量占能源消费总量的17.9%[①]。全年国内生产总值689 052亿元，万元国内生产总值能耗为0.62吨标准煤，比2014年下降5.6%。

2016年我国全年能源消费总量43.6亿吨标准煤，比上年增长1.4%，煤炭消费量下降4.7%，原油消费量增长5.5%，天然气消费量增长8.0%，电力消费量增长5.0%。煤炭消费量占能源消费总量的62%，比上年下降2.0个百分点；水电、风电、核电、天然气等清洁能源消费量占能源消费总量的19.7%，上升1.7个百分点[②]。2016年全年国内生产总值744 127亿元，万元GDP能耗水平为0.59吨标准煤/万元，比2015年下降4.8%。

2015年我国节能3.45亿吨标准煤[③]，节能投资为2 332.2亿元[④]。2016年我国节能2.232亿吨标准煤[⑤]，节能投资为1 986亿元[⑥]。

1.12.2 2017年节能投融资资金需求

在GDP按2016年增速6.7%的水平下，2017年我国GDP将达到79.398万亿元。根据国家能源局印发的《2017年能源工作指导意见通知》中的目标，2017年我国万元国内生产总值能耗下降比率维持在2016年的4.8%，则2017年万元GDP能耗水平达到0.56吨标准煤/万元，2017年我国需节

① 《2015年国民经济和社会发展统计公报》。

② 《2016年国民经济和社会发展统计公报》。

③ 根据2015年和2014年国民经济和社会发展统计公报，2015年万元GDP能耗水平为0.62吨标准煤/万元，2014年万元GDP能耗水平为0.67吨标准煤/万元，2015年全年国内生产总值689 052亿元。

④ 根据国家发展改革委2014年12月颁布的《国家重点节能低碳技术推广目录（节能部分）》，2014年节能技术共有200多种，据测算，未来五年预计总投入为6 087亿元，平均每年投资为1 217亿元，预计每年可节能1.8亿吨标准煤 。折合节能投资成本为676元/吨标准煤。

⑤ 根据2015年和2016年国民经济和社会发展统计公报，2015年万元GDP能耗水平为0.62吨标准煤/万元，2016年万元GDP能耗水平为0.59吨标准煤/万元，2016年全年国内生产总值744 127亿元。

⑥ 根据国家发展改革委2016年12月颁布的《国家重点节能低碳技术推广目录（2016年本，节能部分）》，2016年重点节能技术未来五年预计总投入为11 574亿元，平均每年投资为2315亿元，预计每年可节能2.6亿吨标准煤 ，折合节能投资成本为890元/吨标准煤。

能2.382亿吨标准煤，节能投资需求达到2 120亿元。

我国2015—2017年节能投融资及节能量如表1–15所示。

表1–15 我国2015—2017年节能投融资与节能量

指标	2015年	2016年	2017年
万元GDP能耗值（吨标准煤）	0.62	0.59	0.56
节能量（亿吨标准煤）	3.45	2.23	2.38
投资（亿元）	2 332	1 986	2 120

1.13 节水投融资

2015 年，我国工业节水和农业节水投资1 433.14亿元，工业节水70.36亿立方米，农业节水123.85亿立方米。2016年我国工业节水和农业节水投资1 684亿元，比2015年增加17.52%，工业节水84.21亿立方米，比2015年增加19.68%，农业节水123.23亿立方米，比上年减少0.50%。

2017年我国工业和农业节水投融资的总资金需求将达到1 920亿元，较2016年增加14.01%；工业节水量为102.2亿立方米，比2016年增加21.36%，农业节水量为107.84亿立方米，比2016年减少12.49%。

2015—2017年，我国工业和农业投融资资金将持续快速增长，主要源于工业节水量不断增加、节水装备和技术不断发展的需要。在投资规模上，工业节水是最主要的投资领域。

1.13.1 节水投融资现状

2015年全国总用水量6 180亿立方米，比上年增长1.4%。其中，生活用水增长3.1%，工业用水增长1.8%，农业用水增长0.9%，生态补水增长1.7%。万元国内生产总值用水量104立方米，比上年下降5.1%。万元工业增加值用水量58立方米，下降3.9%。人均用水量450立方米，比上年增长0.9%。全年新增耕地灌溉面积158万公顷，新增节水灌溉面积254万公顷①。

2015年我国工业节水70.36亿立方米②，农业节水123.85亿立方米③，我国工业节水投资达到

① 《2015年国民经济和社会发展统计公报》。

② 根据《2014年国民经济和社会发展统计公报》，2014年我国工业增加值为227 991亿元，比2013年增长7.0%，若2015年工业增加值与2014年相同为7.0%，且工业需水量按工业增加值的增速同比例增长，则2015年工业需水量为1 447.81亿立方米，2015年实际工业用水量为1 377.45亿立方米。

③ 根据《2014年国民经济和社会发展统计公报》，2014年我国第一产业增加值比2013年增长4.1%。若按2015年的农业用水量保持2014年第一产业增加值4.1%的增速计算，则2015年的农业需水量为4 029.01亿立方米，实际2015年农业用水量为3 905.16亿立方米。

1 055.40亿元[①]，农业节水投资达到377.74亿元[②]，因此，2015年工业节水投资和农业节水投资共1 433.14亿元。

2016年全年总用水量6 150亿立方米，比2015年增长0.8%。其中，生活用水增长2.7%，工业用水减少0.4%，农业用水增长0.7%，生态补水增长1.9%。万元国内生产总值用水量84立方米，比上年下降5.6%。万元工业增加值用水量53立方米，比上年下降6.0%。人均用水量446立方米，比上年增长0.2%。全年新增耕地灌溉面积118万公顷，新增节水灌溉面积211万公顷，新增高效节水灌溉面积2 182万亩。[③]

2016年我国工业节水84.21亿立方米[④]，农业节水123.23亿立方米[⑤]，我国工业节水投资达到1 307.78亿元[⑥]，农业节水投资达到375.85亿元[⑦]，因此，2016年工业节水投资和农业节水投资共1 684亿元。

1.13.2 2017年节水投融资资金需求

按照《全国农业可持续发展规划（2015—2030年）》中提出的目标，2017年我国农业用水量将达到3 902.09亿立方米[⑧]；若2017年农业用水量的增长率与2016年相同，为0.7%，则2017年我国农业用水量将达到3 905.22亿立方米。

按农业用水量保持2016年第一产业增加值3.4%的增速计算，2017年的农业需水量为4 009.93亿立方米。若按照2017—2020年，每年农业用水量的增长比率相同来测算，2017年我国农业用水量为3 902.09亿立方米，农业节水应为107.84亿立方米，农业节水投资成本3.05元/吨[⑨]，因此，农业节水资金需求为329亿元。

---

① 根据工业和信息化部、水利部、全国节约用水办公室于2014年发布的《国家鼓励的工业节水工艺、技术和装备目录（第一批）》，工业节水投资平均成本为15元/吨。

② 根据《2013年全国水利发展统计公报》，2013年，国家投入节水灌溉工程的投资达到350.6亿元，农业节水115亿吨，农业节水投资成本折合3.05元/吨。

③ 《2016年国民经济和社会发展统计公报》。

④ 根据《2015年国民经济和社会发展统计公报》，2015年我国工业增加值为228 974亿元，比2014年增长5.9%，若2016年工业增加值与2015年相同为5.9%，且工业需水量按工业增加值的增速同比例增长，则2016年工业需水量为1 415.46亿立方米，实际2016年工业用水量为1 331.25亿立方米。

⑤ 根据《2015年国民经济和社会发展统计公报》，2015年我国第一产业增加值比2014年增长3.9%。若按2016年的农业用水量保持2015年第一产业增加值3.9%的增速计算，则2016年的农业需水量为4 001.31亿立方米，实际2016年农业用水量为3 878.08亿立方米。

⑥ 根据工业和信息化部、水利部、全国节约用水办公室2016年发布的《国家鼓励的工业节水工艺、技术和装备目录（第二批）》测算，项目总投资为201 146.6万元，预计年节水量总量为12 951.3万立方米，折合工业节水投资成本为15.53元/吨。

⑦ 根据《2013年全国水利发展统计公报》，2013年，国家投入节水灌溉工程的投资达到350.6亿元，农业节水115亿吨，农业节水投资成本折合3.05元/吨。

⑧《全国农业可持续发展规划（2015—2030年）》中提出，到2020年全国农业灌溉用水量保持在3 720亿吨；参考：沈莹莹，吉晔，张绍强. 我国农业用水量统计工作面临的问题及建议[J].中国水利，2016（7）:50-52. 其中提出2014年农业灌溉用水量占农业总用水量的93.67%，因此2020年全国农业用水量应保持在3 971.39亿立方米；假设2017—2020年，每年农业用水量的增长比率相同，为0.596%。

⑨ 《2013年全国水利发展统计公报》：2013年，国家投入节水灌溉工程的投资达到350.6亿元，农业节水115亿吨，农业节水投资成本折合3.05元/吨。

根据工业和信息化部、水利部、全国节约用水办公室2016年发布的《国家鼓励的工业节水工艺、技术和装备目录（第二批）》，所包括的工业节水工艺、技术和装备共有72项，据测算，项目总投资为201 146.6万元，预计年节水量总量为12 951.3万立方米，折合工业节水投资成本为15.53元/吨。

2016年全年全部工业增加值247 860亿元，比上年增长6.0%①。若2017年工业增加值保持在6.0%，且工业需水量按工业增加值的增速同比例增长，则2017年我国工业需水量为1 411.13亿立方米。按照2017年万元工业增加值用水量的下降比率与2016年相同来测算，2017年我国万元国内生产总值用水量应为49.82立方米，工业用水量应为1 308.93亿立方米（不含用电厂冷却水用量），2017年我国工业节水量为102.2亿立方米，2017年工业节水投资需求达到1 587亿元。

综上所述，2017年我国节水投融资的资金需求为1 920亿元。

我国2015—2017年工业和农业节水投融资及节水量如表1-16所示。

表1-16 我国2015—2017年节水投融资与节水量

节水类别	2015年		2016年		2017年	
	完成投资（亿元）	节水量（亿立方米）	完成投资（亿元）	节水量（亿立方米）	资金需求（亿元）	节水量（亿立方米）
工业	1 055.40	70.36	1 307.78	84.21	1 587	102.2
农业	377.74	123.85	375.85	123.23	329	107.84
合计	1 433	194	1 684	208	1 920	210

1.14 绿色建筑投融资

2015 年，我国绿色建筑投资226.88亿元，新增绿色建筑面积2.79亿平方米。2016年我国绿色建筑投资为336.20亿元，比2015年增加了48.18%，新增绿色建筑面积4亿平方米。

2017年我国绿色建筑投融资的总资金需求将达到310亿元，较2016年减少7.79%，新增绿色建筑4亿平方米。

2015—2016年，我国绿色建筑投融资资金快速增长，主要源于绿色住宅建筑和绿色公共建筑新增面积的增加，2016—2017年，绿色建筑新增面积基本相同，但2017年三星级绿色建筑面积增量有所下降，因而投融资资金需求相应减少。

1.14.1 绿色建筑投融资现状

“十二五”期间，全国省会以上城市保障性安居工程、政府投资公益性建筑、大型公共建筑开始全面执行绿色建筑标准，推广绿色建筑面积超过10亿平方米。截至2015年底，全国累计

① 《2016年国民经济和社会发展统计公报》。

有4 071个项目获得绿色建筑评价标识，其中2015年新增1 098项①，累计城镇绿色建筑占新建建筑比重为50%②。全国绿色建筑中，住宅建筑占比48.6%，公共建筑占比50.6%，工业建筑占比0.8%；一星级建筑占比39.7%，二星级建筑占比40.6%，三星级建筑占总比19.6%③。2015年，我国新增绿色建筑2.70亿平方米④，用于新增绿色建筑的投资额达226.88亿元⑤。

据测算，2015年新增的2.70亿平方米绿色建筑，每年可节约39.75万吨标准煤，减排99.59万吨二氧化碳⑥。

2016年，我国新增绿色建筑4亿平方米⑦，用于新增绿色建筑的投资额达336.20亿元⑧。

据测算，2016年新增的4亿平方米绿色建筑，每年可节约125.43万吨标准煤，减排314.28万吨二氧化碳⑨。

1.14.2 2017年绿色建筑投融资资金需求

根据《建筑节能与绿色建筑发展“十三五”规划》的目标，到2020年，我国城镇新建建筑能效水平比2015年提升20%，城镇新建建筑中绿色建筑面积比重超过50%，绿色建材应用比重超过40%，新增绿色建筑面积20亿平方米以上，全国城镇既有居住建筑中节能建筑所占比例超过60%⑩。2017年，我国需新增绿色建筑4亿平方米⑪，其中，住宅面积1.96亿平方米（49%），公共建筑面积2.04亿平方米（51%）。

根据《2015年度绿色建筑评价标识统计报告》对合理项目进行的绿色建筑增量成本统计分析得出，一星级住宅、公建增量成本分别为25.14元/平方米和33.8元/平方米，二星级住宅、公建增量成本分别为64.23元/平方米和111.47元/平方米，三星级住宅、公建增量成本分别为135.92元/平方米和233.92元/平方米。

---

① http://huanbao.bjx.com.cn/news/20160203/706809.shtml.

② 住房和城乡建设部2017年出台的《建筑节能与绿色建筑发展“十三五”规划》。

③ http://huanbao.bjx.com.cn/news/20160203/706809.shtml.

④ 按照2015年新增绿色建筑评价标识数量占总数的比例，估计2015年新增绿色建筑占总面积的比例。

⑤ 增量成本参考《2015年度绿色建筑评价标识统计报告》。

⑥ 参考http://baike.baidu.com/link?url=SP1LXKYqBbxOJjcc708-Bym-2yfJjQDcJ-XnrZj3Rm6qsPDaAz_thMDPDm397SJcNVN-XD9UlNR3HHu1NGZrXksmWIyV7mY9UHOOo0sL6bi，青岛开发区累计竣工节能建筑项目150个，实施既有居住建筑节能改造项目9个，开工建设可再生能源建筑应用项目34个，每年可节约标准煤7万吨，减排二氧化碳17.5万吨，则一项节能建筑项目可节约0.0362万吨标准煤、减排0.0907万吨二氧化碳。

⑦ “十三五”规划提出，到2020年我国新增绿色建筑面积20亿平方米以上，按照每年新增绿色建筑面积相同计算。

⑧ 假设住宅、公共建筑占比与2015年相同，一星、二星、三星级建筑占比与2015年相同，增量成本参考《2015年度绿色建筑评价标识统计报告》。

⑨ 参考http://baike.baidu.com/link?url=SP1LXKYqBbxOJjcc708-Bym-2yfJjQDcJ-XnrZj3Rm6qsPDaAz_thMDPDm397SJcNVN-XD9UlNR3HHu1NGZrXksmWIyV7mY9UHOOo0sL6bi，青岛开发区累计竣工节能建筑项目150个，实施既有居住建筑节能改造项目9个，开工建设可再生能源建筑应用项目34个，每年可节约标准煤7万吨，减排二氧化碳17.5万吨，则一项节能建筑项目可节约0.0362万吨标准煤、减排0.0907万吨二氧化碳；2015年4 071个绿色建筑项目面积为4.7亿平方米，2016年新增4亿平方米绿色建筑，约为3 465个项目。

⑩ 住房和城乡建设部2017年出台的《建筑节能与绿色建筑发展“十三五”规划》。

⑪ 根据“十三五”规划，2016—2020年新增绿色建筑20亿平方米以上，假设每年新增绿色建筑面积相同。

与2015—2016年水平一致[①]，新增绿色建筑为一星级的占45%，对于住宅建筑的投资达到25.14元/平方米，对于公共建筑的投资达到33.8元/平方米，因此2017年用于一星级绿色建筑的投资达到54亿元；新增绿色建筑为二星级的占40%，对于住宅建筑的投资达到64.23元/平方米，对于公共建筑的投资达到111.47元/平方米，因此2017年用于二星级绿色建筑的投资达到140亿元；新增绿色建筑为三星级的占15%，对于住宅建筑的投资达到135.92元/平方米，对于商业建筑的投资达到233.92元/平方米，因此2017年用于三星级绿色建筑的投资达到111亿元。

综上所述，我国2017年绿色建筑投融资的资金需求为310亿元。

我国2015—2017年绿色建筑投融资及新增面积如表1–17所示。

表1–17 我国2015—2017年绿色建筑投融资及新增面积

绿色建筑星级	2015年		2016年		2017年	
	完成投资（亿元）	新增面积（亿平方米）	完成投资（亿元）	新增面积（亿平方米）	资金需求（亿元）	新增面积（亿平方米）
一星级	32.81	1.11	46.99	1.59	54	1.80
二星级	64.60	1.13	143.08	1.62	140	1.60
三星级	129.47	0.54	146.13	0.79	111	0.60
合计	226.88	2.78	336.20	4.0	310	4.0

1.15 新能源汽车投融资

2015 年，我国新能源汽车投资320.36亿元，新能源汽车产能达42.29万辆，新增产能32.26万辆，新建1.9万个公共充电桩。2016年我国新能源汽车投资为277.09亿元，比2015年减少13.51%；2016年新能源汽车产能62.53万辆，比2015年增加47.72%，新增产能20.18万辆；新建成10.1万个公共充电桩。

2017年，我国新能源汽车投融资的总资金需求将达到570亿元，较2016年增加105.71%；新能源汽车产能达92.53万辆，比2016年增加47.98%，新增产能30万辆；新建公共充电桩10万个。

2016—2017年，我国新能源汽车投融资资金将大幅上升，主要源于新能源汽车产能增长，新能源汽车及充电桩投资成本增加。

1.15.1 新能源汽车投融资现状

2015年，我国新能源汽车产量达34.05万辆，销量33.11万辆，同比分别增长3.3倍和3.4倍。

① http://huanbao.bjx.com.cn/news/20160607/740409.shtml.

其中，纯电动车型产销量分别完成254 633辆和24 782辆，同比分别增长4.2倍和4.5倍；插电式混合动力车型产销量分别完成85 838辆和83 610辆，同比分别增长1.9倍和1.8倍①。截至2015年底，我国共建成4.9万个公共充电桩，2015年新增公共充电桩1.9万个②。

2014年，我国新能源汽车产能达9.99万辆③，2015年我国新能源汽车产能达42.25万辆④，因此，2015年我国新增的32.26万辆新能源汽车产能的投资达到304.21亿元，建成的1.9万个公共充电桩的投资达到16.15亿元，所以2015年我国新能源汽车总的投资额为320.36亿元⑤。

2016年，新能源汽车生产51.7万辆，销售50.7万辆，分别占同期我国汽车产销量的1.84%和1.81%，同比分别增长51.7%和53%。其中纯电动汽车产销分别为41.7万辆和40.9万辆，分别比2015年增长63.9%和65.1%，插电式混合动力汽车产销分别为9.9万辆和9.8万辆，分别比2015年增长15.7%和17.1%；新能源乘用车产销量分别为34.4万辆和33.6万辆，新能源商用车分别为17.2万辆和17.1万辆⑥。2016年底，我国累计公共充电桩数量已达15万个⑦。

2016年，新能源汽车产能为62.53万辆⑧，2016年我国新增的20.28万辆新能源汽车产能的投资达到191.24亿元，新建的10.1万个公共充电桩的投资达到85.85亿元，所以2016年我国新能源汽车总的投资额为277.09亿元⑨。

据环保部核算，2015年时汽车保有量每增加1%，会使石油需求量增加0.912%⑩，因此，2016年销售的50.7万辆新能源汽车，相当于减少进口石油需求量0.27个百分点⑪，同时相当于使排气排放一氧化碳减少8.87万吨，碳氢化合物减少1.06万吨，氮氧化物减少1.57万吨，颗粒物减少

---

① http://mt.sohu.com/20160114/n434537559.shtml.

② 根据http://wenku.baidu.com/link?url=cai1fmlAkcJAZd8SjTOSWyY6C4m9bHjaN86VF0vRWTkzD0KV0DrnfnfJzugyeh4WD33UO-W3bAX_eubDzyLwZN1KEH9G5rsDPk0z-ONFk4O，截至2014年底，中国新能源汽车建成的充电桩为3万个。

③ 根据http://finance.ifeng.com/a/20160511/14378144_0.shtml，2014年我国汽车产能为3 122万辆，2014年新能源汽车销量占汽车销量比例为0.32%，假设新能源汽车产能占汽车总产能的比例也为0.32%。

④ 根据http://inf.315che.com/n/2010_03/108439/，2015年我国汽车产能为3 250万辆，2015年新能源汽车销量占汽车销量比例达到1.3%，因此假设新能源汽车产能占汽车总产能的比例也为1.3%。

⑤ http://auto.sohu.com/20120820/n351013078.shtml，“十二五”期间，一汽集团投入98亿元用于新能源汽车产品开发、能力建设、生产筹备等方面，并投资43.48亿元用于建设新能源汽车工厂改造项目，届时将形成单班年产10万辆、双班年产20万辆的生产能力，平均新能源汽车的投资成本为9.43万元/辆；http://hsb.hsw.cn/2015-05-06/content_8571867.htm，一个普通充电桩成本为1万～3万元，一个快速充电桩成本为10万～20万元，平均一个充电桩投资成本为8.5万元。

⑥ http://www.d1ev.com/48462.html?winzoom=1.

⑦ 郑栅洁：《推动充电设施基础建设工作的六大重点任务》，载《汽车纵横》，2017（3）。

⑧ 根据http://www.chinabgao.com/freereport/72763.html，到2020年全国新能源汽车产能将超过300万辆，假设2016—2020年，每年新能源汽车产能增加的比例相同，为47.99%。

⑨ http://auto.sohu.com/20120820/n351013078.shtml，“十二五”期间，一汽集团投入98亿元用于新能源汽车产品开发、能力建设、生产筹备等方面，并投资43.48亿元用于建设新能源汽车工厂改造项目，届时将形成单班年产10万辆、双班年产20万辆的生产能力，平均新能源汽车的投资成本为9.43万元/辆；http://hsb.hsw.cn/2015-05-06/content_8571867.htm，一个普通充电桩成本为1万～3万元，一个快速充电桩成本为10万～20万元，平均一个充电桩投资成本为8.5万元。

⑩ 白雪、张祥:《新能源汽车“十三五”开局回顾及未来展望》，载《北京理工大学学报（社会科学版）》，2017（2）:39-44。

⑪ 根据公安部交通管理局官方网站发布数据，2015年底，全国汽车保有量为17 228万辆，2016年销售新能源汽车占汽车保有量的0.294%。

0.15万吨[①]。

1.15.2 2017年新能源汽车投融资资金需求

根据我国新能源汽车的发展趋势，2017年我国新能源汽车的生产能力应达92.53万辆[②]。国家能源局出台的《2017年能源工作指导意见通知》中指出，2017年我国计划建成公共电动汽车充电桩10万台。

新能源汽车生产投资成本为14.15万元/辆，2017年我国增加的30万辆新能源汽车产能的资金需求为424.5亿元；充电桩投资成本为15万元/台[③]，2017年我国充电桩的资金需求为150亿元。因此，2017年我国新能源汽车投融资的资金需求为570亿元。

我国2015—2017年新能源汽车投融资及新增产能和公共充电桩如表1-18所示。

表1-18　我国2015—2017年新能源汽车投融资及新增汽车产能和充电桩数量

绿色建筑星级	2015年		2016年		2017年	
	完成投资（亿元）	新增量	完成投资（亿元）	新增量	资金需求（亿元）	新增量
新能源汽车产能（万辆）	304.21	32.26	191.24	20.28	424.5	30
新增公共充电桩（万个）	16.15	1.9	85.85	10.1	150	10
合计	320.36		277.09		570	

① 2015年底，汽车保有量为17 228万辆，根据《2015年中国环境统计年报》，2015年全国汽车排气排放一氧化碳3 009.2万吨，碳氢化合物357.7万吨，氮氧化物537.5万吨，颗粒物53.3万吨，折合排气排放一氧化碳0.175吨/辆、碳氢化合物0.021吨/辆、氮氧化物0.031吨/辆、颗粒物0.003吨/辆。

② 根据http://www.chinabgao.com/freereport/72763.html，到2020年全国新能源汽车产能将超过300万辆，假设2016—2020年，每年新能源汽车产能增加的比例相同，为47.99%。

③ http://hsb.hsw.cn/2015-05-06/content_8571867.htm，一个快速充电桩成本为10万～20万元。

第二章 | 绿色金融市场与产品

2.1 绿色信贷

绿色信贷是指以信贷等金融资源支持绿色经济、低碳经济、循环经济，推动经济和社会的可持续发展，同时优化信贷结构、降低银行业金融机构的环境与社会风险①。2013年，中国银监会制定的《绿色信贷统计制度》又通过归纳分类，明确了绿色信贷支持的12类节能环保项目，包括绿色农业开发项目、绿色林业开发项目、自然保护、生态修复剂灾害防控项目、资源循环利用项目、垃圾处理及污染防治项目、可再生能源及清洁能源项目、农村及城市水项目、建筑节能及绿色建筑、绿色交通运输项目、节能环保服务，以及采用国际惯例或国际标准的境外项目。

2.1.1 中国绿色信贷市场发展状况

2016年，中国绿色金融实践取得了明显进展，可持续发展理念逐步建立，绿色产品不断创新，绿色金融市场也在逐步完善。其中，中国银行业在绿色金融领域发展较早，在政策、流程、监管等方面的实践进展较快。因此，绿色信贷也成为目前我国最为成熟和最为重要的绿色融资方式之一。

（一）中国绿色信贷市场持续增长

近年来，我国绿色信贷市场规模持续稳步增长，截至2016年6月末，21家主要银行机构绿色信贷余额达7.26万亿元，占各项贷款的9.0%。近年来，绿色信贷余额占各项贷款比例持续提高，2013—2015年末分别为8.7%、9.3%和9.7%。各家银行积极推进绿色信贷建设，为经济转型提供绿色融资方面成绩显著。以工商银行为例，截至2016年底，工商银行投向绿色项目的贷款余额为9 785.61亿元，占同期公司贷款的比重为14.2%，贷款余额较2015年增长7.0%，高于同期公司贷款余额增速约6.8个百分点（见图2-1）。

（二）中国绿色信贷资产质量较好

一方面，由于考虑了环境与社会风险，我国绿色信贷资产风险较低。截至2016年6月末，21家主要银行机构节能环保项目和服务贷款不良率仅为0.41%，低于同期各项贷款不良率1.35个百分点；另一方面，绿色信贷支持了优质的节能环保项目，环境效益显著。按照2016年6月末节能环保项目和服务贷款支持资金比例测算，绿色信贷的投放预计可年节约标准煤1.87亿吨，减排二

① 中国银监会印发的《绿色信贷指引》中关于绿色信贷的内涵表述。

氧化碳当量4.35亿吨，减排化学需氧量397.73万吨、氨氮43.45万吨、二氧化硫399.65万吨、氮氧化物200.60万吨，节水6.23亿吨，为我国经济绿色转型作出了重要贡献。

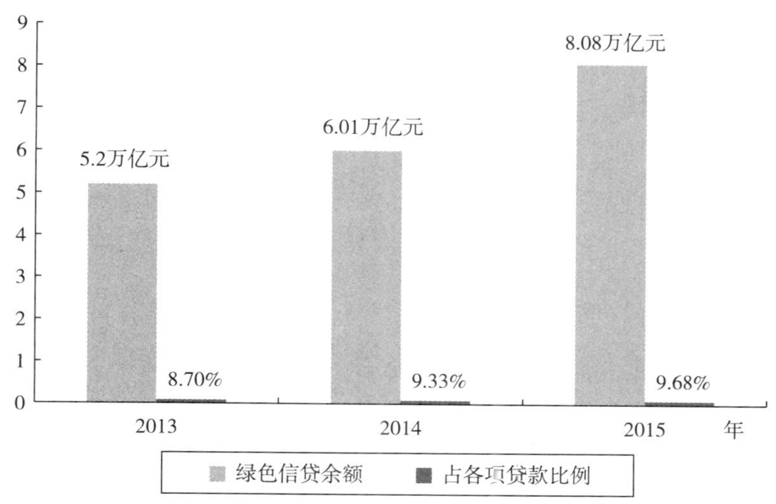

图2–1　2013—2015年21家主要银行机构绿色信贷余额及其占各项贷款比例

（三）中国绿色信贷支持了多领域的绿色项目

从资金投放来看，2015年我国绿色信贷主要投放的领域为绿色交通、战略性新兴产业贷款和可再生能源及清洁能源，其中绿色交通项目贷款2.65万亿元，占全部绿色信贷的36.6%。节能环保、新能源、新能源汽车等战略性新兴产业贷款余额共1.69万亿元，占比23.34%，可再生能源及清洁能源项目贷款1.47万亿元，占比20.3%。其余投放领域如图2–2所示：

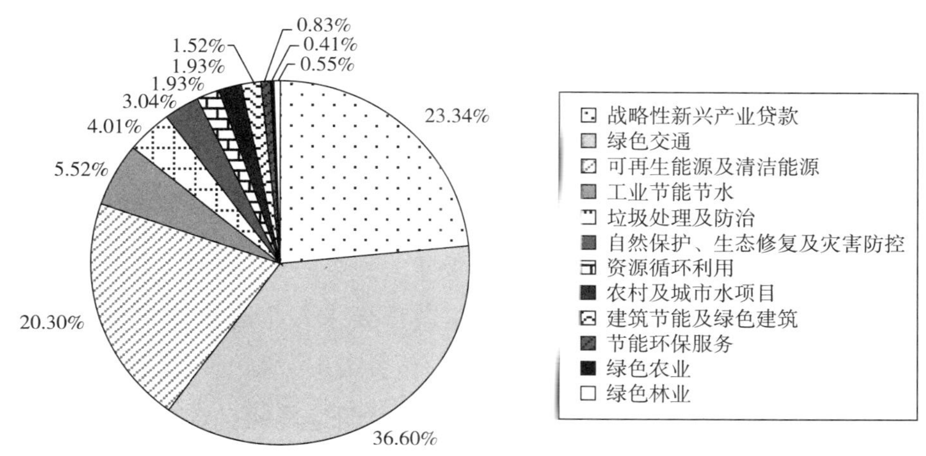

图2–2　2015年我国绿色信贷的其余投放领域

2.1.2　中国绿色信贷政策体系

（一）中国绿色信贷政策发展回顾

绿色信贷政策在中国的发展是随着经济体制的改革以及环境管理的发展而逐步建立和完善

的。大致可分为以下三个阶段。

1. 起步阶段

早在1995年，人民银行就下发了《关于贯彻信贷政策与加强环境保护工作有关问题的通知》，对金融部门在信贷工作中落实国家的环境政策问题做出规定。要求各级金融部门在信贷工作中要重视自然资源和环境的保护，把支持生态资源的保护和污染的防治作为银行贷款的考虑因素之一。这是我国首次采用金融手段来限制和引导企业投资活动，也是绿色信贷政策的雏形。

2. 引导推动阶段

2007年，为加强环保和信贷管理工作的协调配合，强化环境监督管理，严格信贷环保要求，促进污染减排，防范信贷风险，原国家环保总局、人民银行和银监会联合下发了《关于落实环境保护政策法规防范信贷风险的意见》（环发〔2007〕108号），严格指出对企业和建设项目的环境监管和信贷管理已经成为一项紧迫的任务。金融机构应依据国家建设项目环境保护管理规定和环保部门通报情况，严格贷款审批、发放和监督管理。各商业银行要将支持环保工作、控制对污染企业的信贷作为履行社会责任的重要内容。这是一项全新的信贷政策，与当前倡导的绿色信贷理念高度契合。

同年，为配合国家节能减排战略的顺利实施，督促银行业金融机构把调整和优化信贷结构与国家经济结构紧密结合，有效防范信贷风险，银监会下发了《节能减排授信工作指导意见》（银监发〔2007〕83号），要求银行业金融机构从落实科学发展观、促进经济社会全面可持续发展、确保银行业安全稳健运行的战略高度出发，从战略规划、内部控制、风险管理、业务发展着手，防范高耗能、高污染带来的各类风险，切实做好与节能减排有关的授信工作。

3. 全面发展阶段

2012年2月，为落实各项宏观调控政策、监管政策与产业行业政策，推动银行业金融机构以绿色信贷为抓手，积极调整信贷结构，更好地服务实体经济，促进经济发展方式转变和经济结构调整，银监会下发了《绿色信贷指引》（银监发〔2012〕4号，以下简称《指引》），从多个方面对银行业金融机构发展绿色信贷提出了具体要求。

《指引》下发后，银行业金融机构积极落实各项要求，牢固树立绿色信贷理念，并将其作为自身经营战略的重要组成部分，加强绿色信贷相关组织、制度、流程和能力建设，逐步完善绿色信贷政策制度，不断增强以绿色信贷促进生态文明建设的自觉性、主动性。按照风险可控、商业可持续的原则，加大对战略性新兴产业、文化产业、生产性服务业、工业转型升级等重点领域的支持力度，主动防范因产能过快扩张带来的信贷风险，严防环境和社会风险引发的风险损失及不利影响，多措并举共同推动绿色信贷的蓬勃发展。

（二）绿色信贷政策体系框架

为引导社会经济的良性发展，我国近年来先后制定出台了一系列重大政策和文件，以鼓励和倡导金融机构积极开展绿色信贷。目前已经基本形成由绿色信贷指引、绿色信贷统计制度、绿色信贷考核评价体系、银行自身的绿色信贷政策组成的绿色信贷政策体系。作为全球最早制定绿色信贷政策的国家之一，我国绿色信贷一直在国际上起到引领作用，蒙古、肯尼亚、俄罗斯等多个国家纷纷前来学习与交流。

1. 绿色信贷指引

《指引》是我国银行业绿色信贷政策体系的重要组成部分，也是境内所有银行业金融机构发展绿色信贷的纲领性文件。《指引》对绿色信贷的内容进行了界定，提出绿色信贷应包括：（1）对绿色经济、低碳经济、循环经济的支持；（2）防范环境和社会风险；（3）提升自身的环境和社会表现等基本内容。此外，还从组织及流程管理、政策和制度制定、内控管理与信息披露等方面对银行业金融机构节能减排、环境保护、防范环境与社会风险提出了具体要求，督促银行业金融机构从战略高度推进绿色信贷工作。《指引》不仅具有导向作用，更具有现实意义。

2. 绿色信贷统计制度

2013年，银监会制定了《绿色信贷统计制度》，要求银行业金融机构对所涉及的环境、安全重大风险企业贷款和节能环保项目及服务贷款进行统计。通过归纳分类，明确了12类节能环保项目及服务的绿色信贷统计口径，在此基础上不仅对节能环保项目及服务贷款的变化和五级分类情况进行了统计，还对其形成的年度节能减排能力进行了统计，包括标准煤、二氧化碳减排当量、化学需氧量、氨氮、二氧化硫、氮氧化物、节水等7项指标。《绿色信贷统计制度》的出台，对银行业金融机构开展绿色信贷业务有了进一步的规范。

3. 绿色信贷考核评价体系

2012年6月，银监会印发了《银行业金融机构绩效考评监管指引》（银监发〔2012〕34号），要求银行业金融机构在绩效考评中设置社会责任类指标，对银行业金融机构提供金融服务、支持节能减排和环境保护等方面的业务进行考评，同时要求银行业金融机构在社会责任报告中对绿色信贷相关情况予以披露。

此外，银监会还研究制定了《绿色信贷实施情况关键评价指标（试行）》，拟将考核评价结果作为银行业金融机构准入、工作人员履职评价和业务发展的重要依据，探索将绿色信贷实施成效纳入机构监管评级的具体办法，逐步完善绿色信贷考核评价体系。

4. 银行自身的绿色信贷政策

在银监会和银行业协会的指导和推动下，银行业金融机构针对环境和社会风险，逐步构建并完善自身的绿色信贷政策体系，既包括从全局出发、整体统筹的绿色信贷总体政策，也包括针对国家重点调控的限制类行业以及存在重大环境和社会风险行业制订的行业信贷政策，从而加大对节能环保等绿色经济领域的信贷支持力度，严控“两高一剩”行业授信和贷款，建立绿色信贷发展的长效机制。

2.1.3 中国银行业绿色信贷的管理与创新

在多年践行绿色信贷的过程中，我国部分商业银行已经探索并积累了一套开展绿色信贷的经验，将绿色信贷理念融入到银行的信贷文化、发展战略、信贷政策、管理流程和产品创新等各个环节之中，形成了一套行之有效的绿色信贷建设和发展的长效机制。

（一）绿色信贷战略与目标

绿色信贷战略是从长期发展的战略高度，统一全集团对环境和社会风险的认识，制定全集团环境与社会风险管理相关政策以及配套措施的指导性原则。目前，我国的部分银行已经将绿色信贷战略融入企业的发展战略中，例如工商银行在2007年就提出了“绿色信贷”建设的理念，建立了政策体系，将绿色发展作为企业未来发展的重要方向；兴业银行在2008年加入了赤道原则，成为我国第一家“赤道银行”，将绿色发展作为企业战略，赢得了广泛的国际赞誉。

绿色信贷目标是战略的分解与细化，目标的明确将为绿色信贷工作的顺利推进以及实施绩效考核提供有效的制度保障。国内商业银行设置的绿色信贷发展目标与其业务指标密切相关。例如工商银行，将环境敏感行业作为当前阶段全行环境和社会风险管理的重点，在《关于加强绿色信贷建设工作的意见》中设置了环境敏感行业占公司贷款比重、环境友好及合格类客户贷款余额以及客户数占比等指标作为绿色信贷发展目标。再如民生银行，该行提出严控“两高一剩”行业贷款，提出其贷款增速要远低于全行贷款总量增速的目标。

（二）绿色信贷组织管理

绿色信贷关乎银行的发展战略和经营决策，需要董事会、管理层到部门、基层分行自上而下的传导和践行。

董事会是银行经营的最高决策机构，在绿色信贷实施中其承担的职责包括：推进全行绿色信贷理念与发展战略和经营管理的融合；董事会战略委员会审议和批准本行绿色信贷工作重大事项，包括绿色信贷战略和目标、绿色信贷报告，评估全行绿色信贷发展战略执行情况，向董事会提出相关建议；董事会审计委员会通过聘请第三方审计机构、委托内部审计（分）局等方式对环境和社会风险管理情况进行专项审计；董事会薪酬委员会加强监督，确保绿色信贷实施情况在高管人员和其他员工绩效考核中得到恰当体现。

高级管理层负责组织银行的经营管理活动，其在绿色信贷工作中的管理目标主要是制定绿色信贷战略及目标，通过建立完善的工作机制，确保绿色信贷战略实施所需要的高层管理制度得到有效的确立。高级管理层的管理职责主要有：制定绿色信贷发展战略、确立绿色信贷目标、明确职责分工、定期向董事会汇报绿色信贷战略实施情况及重要事项。

归口管理及协调部门是指银行中牵头及配合开展绿色信贷工作的部门。从国内银行实施情况来看，绝大多数银行采用将绿色信贷工作嵌入到现有工作流程的模式。所以，这项工作往往很难由一个部门来独立完成，必然会涉及公司业务、授信审批、风险管理、法律事务、内控合规、办公室等相关条线的共同参与配合。归口部门主要牵头全行绿色信贷工作，并协调各相关部门和机构开展绿色信贷工作。参与部门应在各银行自身的组织架构和工作机制、流程管理基础上，在各自工作职能范围内按照本行战略方向推动绿色信贷落到实处；同时就专业领域内重大绿色信贷问题，制定应对措施，并及时、完整地向高级管理层汇报；就绿色信贷工作相关重要事项与信息及时与牵头部门沟通。

（三）绿色信贷政策

目前我国商业银行的绿色信贷政策主要包括两方面的核心内容：

（1）准入政策。鼓励信贷支持资源节约、环境友好的项目和企业，如果客户及其重要关联方在建设、生产、经营活动中可能给环境和社会带来危害及相关风险，存在包括与能耗、污染、土地、健康、安全、移民安置、生态保护、气候变化等有关的环境与社会问题，则对该项目和企业不予信贷支持。

（2）退出政策。退出政策是银行实现信贷结构调整、加强高风险领域风险防控的重要措施。对存量客户和已发放的贷款，如项目和企业出现环保违法违规行为或环境和社会风险加大等情况，银行应积极采取措施加速信贷退出。

（四）绿色信贷分类管理

我国商业银行的绿色信贷分类管理，一般从行业、客户、项目等多个维度开展。

（1）行业维度。按照行业维度进行绿色信贷分类，是相对简单易行、容易操作的方式。2013年银监会发布的《绿色信贷实施情况关键评价指标（试行）》吸收借鉴了赤道原则的分类标准，结合我国的实际国情，对A类、B类项目（客户）的行业做出了界定（即分别具有高、中级别的环境或社会风险）。

（2）客户维度。交通银行根据银监会《节能减排授信工作指导意见》指导原则，按照授信客户对环境的影响程度，对所有建立信贷关系的授信客户，实行分类标识。标识分类为红色（环保风险）、黄色（环保关注和警示）、绿色（环保合格及以上）等三色共7类。招商银行对全部对公贷款进行了“四色”分类，即环保绿色贷款（环境友好型）、环保蓝色贷款（环保合格型）、环保黄色贷款（环保关注型）以及环保红色贷款（环保缺失型），并运用贷款限额、风险权重以及经济资本占用比率等手段，不断推动环保绿色和环保蓝色贷款所占比重的上升。

（3）多重维度。考虑到目前业务多元化已成为很多企业的发展模式，企业的主营业务可能跨越多个行业领域，因此有的银行采用了客户、项目相结合的多重维度进行分类管理。例如，工商银行吸收借鉴了赤道原则以及IFC绩效标准，从客户维度、项目、贷款维度建立四级、十二类分类标准及管理办法（四级包括环境友好类、环境合格类、环境观察类和环境整改类等）；将绿色信贷分类嵌入银行流程管理过程中，建立了绿色信贷分类与企业评级的关联，并提出了相应的绿色信贷分类管理要求。

（五）绿色信贷流程管理

目前，我国多家商业银行已经将环境风险因素纳入信贷管理流程，在客户准入、贷前调查、授信审批、合同签订、贷款支付及贷后管理等方面落实绿色信贷相关要求，将节能、环保、生态、安全与社会风险纳入客户及项目风险管理的重要评价内容，确保项目节能环保方面的合规性、完整性和相关程序的合法性。

1. 尽职调查阶段

尽职调查阶段的环保与社会风险的调查与识别是银行防范风险的重中之重，该阶段环保及社会风险信息的收集和初步判断对于后续流程中的决策具有至关重要的作用。尽职调查阶段主要由客户经理或前台业务部门发起完成，必要时还需要法律部门出具法律审查意见，涉及的主要工作包括：全面了解客户信息、进行绿色信贷分类、形成尽职调查报告、重点风险要点调查等。

2. 审查审批阶段

银行应根据客户面临的环境和社会风险的性质和程度，确定合理的授信审批流程和权限。除了审查客户的信用风险外，还需关注环境和社会风险对其信用风险的影响程度，并依据总体风险大小确定是否授信或授信多少，同时在贷款条件中落实风险释缓措施。如对于潜在环境和社会风险较大的企业（项目），即使其资产负债率等与授信相关的指标，经测算可给予授信或可给予较大的授信额度，银行可基于自身的风险偏好，确定小于授信测算值的最终授信额度，甚至施行“一票否决”不予授信。

3. 贷后管理阶段

贷后管理是银行整个信贷风险管理的重要环节，对贷款能否按期收回本息有着十分重要的作用。银行应采取综合措施，尤其要加强对环境敏感行业或存在重大潜在环境和社会风险客户的贷后管理。贷款发放后，银行应加强和当地政府环保部门、工信部、安全生产部门的沟通，了解分管企业的环保及安全生产依法合规情况，对存在较大环境和社会风险以及发生环境违法违规或重大安全生产事故事件的客户，应及时进行风险预警，并通知分支机构采取相关的风险处置措施。

（六）绿色信贷的创新

近年来，中国银行业对于绿色经济领域的支持力度不断加强，产品创新持续深化，风险管理继续加强，多家银行业金融机构积极开展绿色信贷创新，为推动我国经济转型作出了重要贡献。例如，工商银行通过业务模式创新，加大网上银行、手机银行等新兴业态的业务占比，在国内率先建立了“亿”级电子银行客户群体，目前电子银行业务占比达到80%以上，减少银行业务运营及客户业务办理过程中产生的碳排放量。兴业银行在安排信贷专项规模支持节能减排、适用赤道原则等绿色信贷项目的基础上，还开发形成了企业节能技术改造项目贷款模式、节能服务商或能源合同管理公司融资模式等绿色产品，并在2016年发行了我国首单信贷资产支持绿色证券。民生银行通过提高授信额度、实行审批绿色信贷通道等方式，加大对资源消耗小、环境友好型行业的信贷投放，在绿色信贷流程优化领域进行了有益的探索和实践。

2.1.4 中国绿色信贷发展中存在的问题及展望

（一）存在的问题

（1）由于部分绿色项目不同程度地存在前期投入大、技术尚不成熟、投资回收期长等特点，对市场资金的吸引力仍不足，而目前对银行业金融机构开展绿色信贷业务尚无实质性的激励和支持政策，部分银行业金融机构出于成本效益以及风险等因素的考虑，对风险收益评估不能满足要求的较难介入。

（2）国内银行业对环境和社会风险重要性的认识及风险识别能力仍有待提高。在盈利压力较大的情况下，环境与社会风险容易被忽视，这是全球银行业普遍存在的问题；同时对环境与社会风险的识别，尚未建立专家咨询队伍，大多依靠项目的环境批文，这对项目面临复杂环境与社会风险时易存在因评估不足可能出现的风险隐患；另外，对环境风险的评估大多没有进行定量分析。

（3）环境信息披露是发展绿色信贷的基础，同西方发达国家相比，我国尚未建立起完善的绿色信息披露机制，即使信息透明度最好的上市公司中，也少有企业披露二氧化碳、二氧化硫排放量等环境数据，对外披露的环境信息中也是定性多定量少。银行业金融机构在评估企业环境风险、为企业和项目的信贷资产定价、制定行业信贷政策时，由于环境信息的缺乏，上述工作常常存在一定的盲目性，无法做到定量化，这对绿色信贷乃至我国绿色金融的发展形成了阻碍。

（二）未来展望

1. 法律体系日渐完善，配套激励有望落地

为了激励银行业积极践行绿色信贷，将发行绿色信贷由“政策拉动”的公益活动变为“市场选择”的主动行为，目前，我国的政策制定机构正在致力于完善相关制度，有效激励银行业发行绿色信贷。在未来，绿色信贷专项的产业、财税、采购方面的鼓励政策有望出台，绿色信贷实施的法制环境将会持续改善。

2. 方法和工具不断创新，银行业开展绿色信贷的能力得到提升

压力测试、绿色评级和绿色指数等方法的不断推广为银行业金融机构管理绿色信贷提供了有效工具，银行业金融机构将有能力建立起科学、精确的企业绿色评级机制，对企业、行业、不同领域的公司进行有效的风险识别，同时发掘具有可持续发展潜力的价值客户予以支持。此外，随着绿色信贷理念与经营结合更加紧密，银行业金融机构将会建立起一支能够胜任环境与社会风险评估及授信审查能力的复合型人才，提高绿色信贷的独立评审能力。

3. 银行业金融机构将在完善绿色信息披露机制方面发挥作用

建立健全绿色信息披露机制，除了加强立法，制定统一的环境风险评估标准，强制性要求上市公司和发债企业披露环境信息外，还应当考虑让银行业金融机构参与进来，尤其是商业银行拥有广泛的客户资源，并在多年经营信贷中形成了一套完善的客户调查和审核流程，也有能力为建立健全我国绿色信息披露机制作出贡献。例如，工商银行目前正在进行客户环境数据采集系统的开发，该数据系统由信贷经理获取企业环境数据并纳入工商银行大数据系统，工行可在其基础上研发相关指数产品，在保护客户经营信息安全的前提下，由银行向社会披露环境信息。

2.2 绿色债券

2.2.1 中国绿色债券发展的背景与相关政策

2.2.1.1 绿色债券的内涵与主要特征

作为一种新型的绿色融资方式，绿色债券近年来得到了国际机构、监管部门、学术团体的广泛关注，国际资本市场协会（ICMA）在2015年3月联合全球130多家金融机构共同出台了绿色债券原则，其中对绿色债券做出的定义得到了国际业界的广泛认可。2015年12月，中国人民银行和国家发展改革委也颁布了相关政策，对绿色债券进行了明确界定。此外，部分国际机构、学术团体也对绿色债券进行了深入的研究和探索。全球主要机构对绿色债券这一新型融资产品的定义如表2–1所示。

表2–1 部分主要机构发布的绿色债券定义

发布机构	定义内容
国际资本市场协会	任何将所得资金专门用于资助符合规定条件的绿色项目或为这些项目进行再融资的债券工具。
中国人民银行	绿色金融债券是指金融机构法人依法发行的、募集资金用于支持绿色产业并按约定还本付息的有价证券。
国家发展改革委	募集资金主要用于支持节能减排技术改造、绿色城镇化、清洁能源高效利用、新能源开发利用、循环经济发展、水资源节约和非常规水资源开发利用、污染防治、生态农林业、节能环保产业、低碳产业、生态文明先行示范实验、低碳试点示范等绿色循环低碳发展项目的企业债券。
气候债券倡议组织（CBI）	绿色债券的目的在于为具有积极的环境效益或气候变化效益的项目提供资金，绿色债券本身是由发行人的所有资产作为支撑的，除此之外，绿色债券还包括资金具有指定用途的绿色收益债券、绿色项目债券和绿色证券化债券。

根据各家机构对绿色债券的定义，结合我国绿色债券理论研究及业务实践现状，本报告中的绿色债券是指：政府、金融机构、企业等发行方依法向投资者发行，并将募集资金投向符合规定的绿色项目的固定收益类债务债权凭证。绿色债券的本质是一种债券，但又因为其募集资金投向的严格限制而区别于普通债券。“绿色标签”“债券属性”以及与大型可持续基础设施建设项目的高度契合共同构成了绿色债券特有的产品优势。

（一）“绿色标签”：绿色债券是一种主题鲜明的新兴绿色融资产品

中国政府已将绿色发展提升至国家战略层面，必须进一步在金融领域坚持节约资源和保护环境的基本国策。绿色债券是将募集资金专门用于支持包括转变落后生产技术、提高能效、降低污染、清洁能源等绿色项目的融资方式，对这些项目的支持，有利于环境、资源和能源的保护，有助于我国经济结构的转型，也有益于引导市场参与者关注环境问题，形成生态文化。绿色债券与我国坚持可持续发展的理念高度契合，是我国建设生态文明的重要实践。

与关注投资收益最大化的传统投资者相比，一些责任投资者还同时关注环境保护、社会责任、环境与社会风险防控等一系列“绿色”责任。这一类的投资者以公共机构投资者最具代表性，例如瑞典国家养老基金AP2、AP3、AP4和加利福尼亚教师退休基金等。此外，随着环境与社会风险事件高发，污染企业将面临更为严厉的监管和处罚，资本市场上也开始出现了越来越多的“绿色金主”，这类绿色投资者有很强的投资偏好，会拿出相当一部分资金投入于绿色债券、绿色股票、绿色基金等绿色资产，用以保证资金的安全和长期可持续的收益。这其中就包括微软、福特、黑岩（black rock）和高盛私人资产管理公司等大型机构投资者。绿色债券的环保属性，符合责任投资者投资理念，能够在长期降低其投资风险，较好地满足责任投资者的投资需求。

（二）“债券属性”：绿色债券具有债券的产品优势

绿色债券首先是债券，具备所有普通债券的特点和功能。第一，债券发行成本较低，债券利息可以在税前列支，起到抵税的作用，且与股权融资相比，债券需支付的收益率也较低。第二，债券产品期限较长、风险较低，收益稳定，在机构投资者的资产组合中占有较大比重。第三，债券产品收益率高于银行存款、可在二级市场中方便地流动，以及具有可分割、可组合等特性，可以满足投资者灵活调整投资策略的需求。绿色债券的上述产品特点可以与绿色信贷互相补充，满足绿色投资者和资金需求方的多元化需求。

（三）绿色债券与大型可持续基础设施建设项目具有较高的契合度

基础设施建设是经济发展的“主动脉”，是支撑经济发展的物质基础和基本条件。但基础设施项目具有极强的外部性，多数项目的开展会对生态环境、能源资源、居民生活等各方面产生重大影响，部分项目的实施还涉及历史文化遗迹和自然风景区的保护。因此，基础设施对环境社会的可持续，是人类对绿色、健康、稳定的生存环境的要求。可持续基础设施建设项目具有规模大、周期长、前期投入资金多的特点，根据相关部门估计，我国可持续基础设施投资建设在2020年前还需要投入10万亿元，如此大规模的资金需求仅靠财政资金尚不足以覆盖，还需要通过市场化途径解决。

绿色债券作为一种环保主题鲜明、长期、稳定的融资产品，其发行成本低，收益较稳定的特性能够较好地契合绿色投资项目，尤其是资金需求量大、融资期限较长的基础设施建设项目，能够较好地弥补绿色信贷融资期限较短带来的期限错配问题。在当今绿色发展已成为国家战略、“一带一路”倡议不断推进的背景下，绿色债券在中国，乃至在全球范围内，都具有巨大的发展空间。

2.2.1.2 绿色债券的发展背景及发展历程

气候变暖、环境污染、能源危机已成为世界各国面临的共同挑战，日益凸显的环境和气候问题，威胁着人类的生存，制约了经济和社会的可持续发展。实现经济绿色转型需要大量的资本，中国及其他各国都面临着巨大的资金缺口。巨额的资金需求无法通过财政资金得到满足，亟须通过市场化的途径来解决融资问题，绿色债券的出现，为全球绿色融资提供了新的选择。

（一）国际绿色债券的发展历程

国际金融组织是发行绿色债券的先驱。2007年6月，总部位于卢森堡的欧洲投资银行（European Investment Bank，EIB）发行了全球首只绿色债券，募集金额为6亿欧元，期限为5

年，评级为AAA级。首支美元绿色债券则到2009年4月才由世界银行（World Bank）发行，募集金额为3亿美元，期限为3年。在2013年之前，绝大部分绿色债券均由国际金融组织发行，活跃的发行人包括世界银行、欧洲投资银行、国际金融公司（International Finance Corporation，IFC）、亚洲开发银行（Asian Development Bank，ADB）和非洲开发银行（African Development Bank，AfDB）等。

从2012年开始，国际绿色债券市场取得了快速的发展，其内容得到丰富。2012年3月，法国法兰西岛大区（Île-de-France）发行了首支绿色市政债券，募集金额为3.5亿欧元，期限为12年。2012年8月，南非莱利银行（Nedbank）成为首家发行绿色债券的商业银行，共募集了40亿兰特。2013年11月，法国电力公司（Électricité de France）和瑞典地产企业Vasakronan则成为最早发行绿色企业债券的公司。除投资级债券之外，首只高收益绿色债券也于2014年8月由美国电力企业NRG Yield发行。

（二）我国绿色债券的发展历程

2015年12月22日，人民银行发布39号文，对发行绿色金融债券的有关事宜进行了公布。同日，人民银行绿色金融专业委员会（绿金委）发布了《绿色债券项目支持目录（2015年版）》（以下简称《目录》）明确了绿色债券募集资金投放范围。39号文和《目录》是我国首个对绿色债券发行制定的正式规则，也是世界上第一个针对绿色债券发布的国家政策。

其实早在绿色债券政策推出之前，我国企业在绿色债券领域的实践就已经开始。2014年5月，中广核风电发行了5年期人民币“碳债券”——中国广核风电有限公司附加碳收益中期票据，被视为国内绿色债券实践第一单。2015年10月中国农业银行在伦敦发行了“美元+人民币”双币种计价的绿色债券，是我国企业首次在海外发行绿色债券。2016年1月27日，浦发银行和兴业银行率先获准在全国银行间债券市场公开发行不超过500亿元和200亿元人民币的绿色金融债券，国内首单绿色金融债券的落地，标志着绿色标签金融债正式登上中国资本市场的舞台。

2.2.1.3 绿色债券政策

在国际市场中，投资者的价值判断和市场实践推动产生了国际债券标准，这是一种“自下而上”的模式，而中国的绿色债券标准是由政策层推动制定的，具有鲜明的“自上而下”特征。目前，在我国的绿色债券市场中，绿色金融债和绿色企业债是发展较快的两只债券品种，绿色政府债券、绿色非金融企业债务融资工具、绿色熊猫债券等债券类别尚在酝酿之中。在各家监管机构中，人民银行和国家发展改革委率先对绿色金融债和绿色企业债的发行制定了政策。

在绿色金融债方面，2015年12月22日，人民银行发布39号文，对发行绿色金融债券的有关事宜进行了公布，随同绿金委制定的《绿色债券项目支持目录（2015年版）》一同发布。39号文和《目录》是我国首个对绿色债券发行制定的正式规则，是一项重要的基础性和指导性工作。在绿色企业债方面，2015年12月31日，国家发展改革委公布了《绿色债券发行指引》，对其监管的企业债发行主体发行绿色债券确定了规则，并出台了一系列激励措施。两项政策间既有重合，也有差异，同国际标准相比也有所差异：

（一）两项政策间有所差异：国家发展改革委重视“激励”，人民银行重视“管制”

受债券市场长期“划疆而治”的格局影响，绿债市场上也存在着多个监管机构。国家发展改革委此次制定的绿债指引针对的发行主体是企业，人民银行则主要规范金融机构的发债行为，两部门发布的政策指引对比如表2-2所示：

表2-2 人民银行39号文与国家发展改革委《绿色债券发行指引》对比

	人民银行39号文	《绿色债券发行指引》
发行主体	金融机构	企业
担保方式	无	差额担保、专项担保、新型担保
激励机制	允许分期发行；鼓励政府出台优惠政策措施；鼓励各类金融机构投资	加快和简化审核流程；放宽募集资金用途；灵活设计发行方案
后期监督	开立专门账户或建立专项台账进行资金管理	鼓励商业银行进行债券和贷款统筹管理
信息披露	按季度向市场披露募集资金使用情况；按年度向市场披露由独立的专业评估或认证机构出具的评估报告	无

从对比中可以看出，人民银行偏重监管和信息披露，激励措施多为鼓励性质，激励机制不足，国家发展改革委则侧重于激励企业发行绿债的积极性，但监管力度相对薄弱，尤其是信息披露要求极少。此外，两部门文件中包含了绿色项目的目录，但国家发展改革委规定中的分类较为宽泛，绿金委发布的绿债支持目录较为详细，但二者都强调了支持项目类别的动态性和开放性。

（二）与国际标准有所差异：绿色项目范畴大致重合、略有不同

如前文中所述，GBP准则是目前国际绿色债券市场的主要共识性准则，其列举了绿色债券支持的8个典型项目类别，主要包括可再生能源、能效、废弃物处理、可持续的土地利用、生物多样性、清洁交通、水处理、气候变化适应。CBI准则是目前市场上细分程度最高的标准体系，它规定了能源、建筑、工业、废物处理、交通、农林、信息技术、气候变化适应等绿色行业。我国标准与国际标准相比大体相同，但存在差异，如图2-3所示，为CBI根据GBP标准对中国绿债市场的统计与中债—中国绿色指数成分债券（绿金委标准）的对比。2016年，按国内标准统计的中国绿债市场规模为3 430亿美元，按国际标准统计的为2 460亿美元，重合部分约为2 200亿美元。

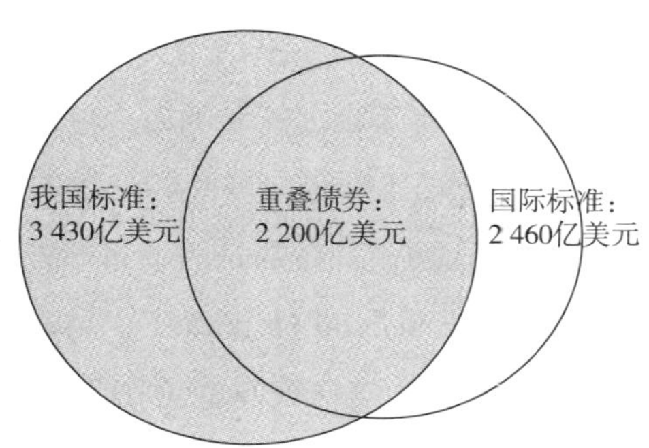

图2-3 GBP标准及我国标准下的2016年中国绿色债券市场规模比较情况

产生上述差异的原因主要有：第一，对于化石能源项目的认定不同。国际标准排除了一切与煤炭等化石能源有关的项目，而我国考虑到自身能源结构的特征在短期内无法改变的国情，将清洁能源纳入了绿色债券支持名录。第二，对于新能源汽车的认定不同。国际标准中，审慎对待新能源汽车等行业门类，但我国目录中明确表示对此予以支持。第三，国际标准对绿色项目的认定主要依据项目所处行业，我国标准除了行业外，还对项目本身进行了约束，例如，新能源汽车行业发行绿债还需要达到光电转化效率、衰减率等标准。

案例1：兴业银行发行绿色金融债券

1. 基本情况

发行人	兴业银行股份有限公司
发行时间	2016年1月28日，2016年7月14日，2016年11月15日
发行额	100亿元，200亿元，200亿元
币种	人民币
信用评级	主体AAA级，债项AAA级
评级机构	上海新世纪资信评估投资服务有限公司
债权性质	金融债
期限	3年，3年，5年
票面利率	2.95%，3.2%，3.4%
承销商	中国工商银行，中国农业银行，中国银行，中国建设银行
绿色认证机构	中央财经大学气候与能源中心
交易市场	银行间
募集资金投向	环保、节能、清洁能源和清洁交通灯支持环境改善、应对气候变化的绿色项目
发行人	北京汽车股份有限公司

2. 标志性特征

兴业银行发行的绿色债券，是自2015年底我国绿债标准正式出台后，首单贴标绿色金融债券，是我国绿色债券发展历程中的里程碑。

3. 案例启示

（1）对于银行来说，发行绿色金融债券可促进绿色金融业务创新，为发放绿色项目贷款提供资金来源，提升中长期绿色项目信贷投放能力，推动信贷结构调整。在境外发行还可以吸引国际投资者的关注，进一步提升其在国际资本市场上的影响力。

（2）贴标绿色债券的出现是绿债市场不断走向成熟和规范的标志。为了使债券的“绿色”属性具有更高的可信度和说服力，国际上通用的做法是聘请第三方专业认证机构出具对募集资金使用方向的绿色认证，即“第二意见”（Second Opinion）。第二意见中对绿色债券募集资金的投向具有详细说明，从而可以增强绿色债券信息披露的透明性，吸引更多投资者。目前有超过60%的绿色债券在发行前进行了国际绿色认证。

（3）绿色债券同普通的债券相比，发行过程中需要进行绿色认证，发行成本较高，而绿色项目的周期过长，技术风险较大往往使投资者望而却步，如何推进绿债的市场化进程，让绿债脱去“情怀债”的帽子，是未来我们需要认真研究的问题。

案例2：北京汽车发行绿色企业债券

1. 基本情况

发行时间	2016年4月22日
发行额	25亿元
币种	人民币
信用评级	主体AAA级，债项AAA级
评级机构	大公国际资信评估公司
债权性质	企业债
期限	7年期，第5年末附设发行人调整票面利率选择权或投资者回售选择权
票面利率	固定利率。在债券存续期内前5 年票面年利率为Shibor 基准利率加上基本利差
承销商	海通证券，中国工商银行
绿色认证机构	无
募集资金投向	15亿元用于北京汽车株洲基地技改扩能建设项目，主要用于技术改造、扩大产能，10亿元用于补充营运资金

2. 标志性特征

该笔债券是国内市场首支绿色企业债券，也是首支H股上市公司发行的境内企业债券，实现了绿色债券从制度框架到产品落地，拓展了新的绿色融资渠道，在我国绿色金融体系建设中具有重要的意义。

3. 案例启示

（1）国家发展改革委规定“允许企业使用不超过50%的债券募集资金用于偿还银行贷款和补充营运资金”，这为企业发行绿色债券改善融资结构提供了政策红利。这一规定在绿色市场构建初期能够起到刺激企业发行绿色债券，激活市场的作用。

（2）2016年我国共发行绿色企业债、公司债和中期票据27只，金额405亿元，这部分企业是实际进行绿色项目建设的主体。在绿色债券刚刚起步的一年中，我国企业能够积极参与绿色债券发行，取得令人瞩目的发展成就，一方面说明了我国企业对绿色金融的认可和支持，另一方面也证明了绿色债券独特的产品魅力。

（3）企业发行绿色债券，同样面临发行成本高、信息披露要求严格等问题，为了提高企业发债积极性，国家和地方的政策制定机构可以考虑推出贴息和担保等手段，降低绿色债券的融资成本。

2.2.2 中国绿色债券发展现状与最新进展

2.2.2.1 绿色债券的发展状况

绿色债券正成为调动全球债券市场满足绿色投资需求的有力工具。目前绿色债券只占全球债券市场的不到0.2%（在中国的比例为2%），具有巨大的扩张潜力[①]。绿色债券市场规模需要迅速扩大。

（1）国际绿色债券的市场发展状况

①全球绿色债券的起步阶段（2007～2012年）

2007年至2012年的六年间，全球绿色债券累计发行量仅100亿美元左右。欧洲投资银行（EIB）于 2007年发行的“气候意识债券”为全球第一只绿色债券，之后的绿色债券市场较为平静，总融资额每年都不超过10亿美元。在此期间，全球绿色债券市场主要由欧洲投资银行、国际金融公司和世界银行等开发银行所主导。

②全球绿色债券的快速发展阶段（2013年至今）

2013年以来，全球绿色债券市场呈现快速发展的势头，发行方多以国际金融机构和政府为主。国际金融公司与纽约摩根大通共同发行了IFC绿色债券，各国的公司与地方政府也于2013年正式进入该市场。2013年11月，法国电力公司开了企业发行绿色债券之先河，发行了19亿欧元的绿色债券。美国能源署推行住房清洁能源机制，通过发行绿色债券筹集资金，以推动居民住房及商用住房的绿色化改造；瑞典的哥德堡于2013年9月发行了市政绿色债券，募集资金指定用于环保项目，包括公共交通、水资源管理、能源和废物管理项目。2014年底，全球绿色债券市场累计余额高达532亿美元（2014年全年发行了164笔，当年总融资额366亿美元），发行量比2013年上升了两倍，而且发行主体呈现多元化，除了国际多边金融机构，非金融企业大量发行绿色债券；绿色债券也从发达经济体走向像中国这样的新兴经济体。

全球绿色债券的年度发行规模从2012年的30亿美元（约人民币210亿元）增加到2016年的810亿美元（约人民币5 590亿元），如图2-4所示[②]，这一巨大的发行规模在很大程度上得益于中国绿色债券发行数量的推动。在20国集团（G20）的成员国中，已有14个国家的市场上出现绿色债券发行。

随着市场规模的增长，绿色债券的发行人和投资者也呈现出多样化的趋势。绿色债券存量主要来自政府部门的发行，包括地方政府、多边开发银行、政府部门或国有企业。企业正在扮演越来越重要的角色。2016年企业的绿色债券发行量占总规模的16%。这组发行人包含了市场中最大的发行人——中国铁路总公司、英国国营铁路公司（Network Rail）、欧洲投资银行（European Investment Bank）、欧洲铁路车辆设备融资公司（EUROFIMA）及纽约大都会运输署

① 气候债券倡议组织、中央国债登记结算有限责任公司：《中国绿色债券市场现状报告2016》。

② 气候债券倡议组织、中央国债登记结算有限责任公司：《中国绿色债券市场现状报告2016》。

（New York Metropolitan Transportation Authority）。作为中国三家政策性银行之一的中国进出口银行，2016年12月初发行了第一只政策性银行绿色债券。

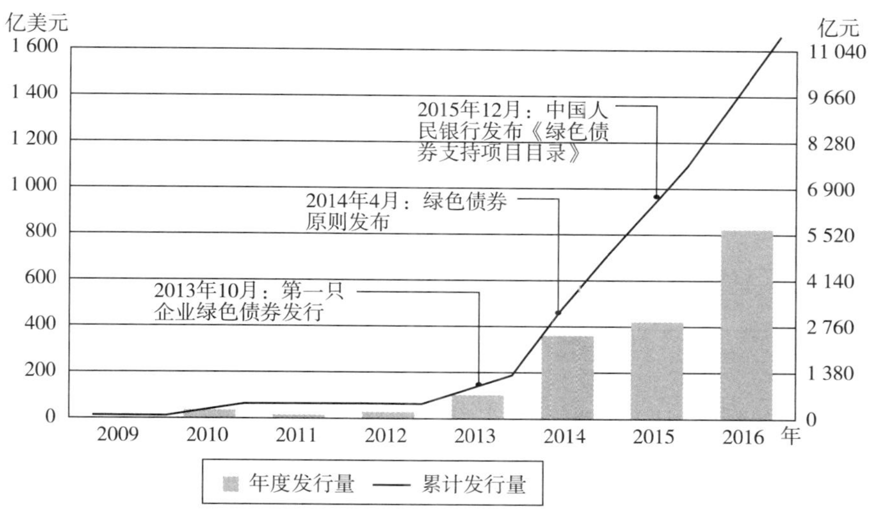

图2–4 全球绿色债券年度发行量和累计发行量

国际绿色债券的发行货币种类也逐渐增多，贴标绿色债券的发行货币中美元和欧元依旧占比较大，同时还存在着以人民币、加拿大元、英镑、卢比、卢布、韩元等25种货币标价的债券。2016年，中国成为全球最大的绿色债券发行市场，未来将会出现更多的以人民币计价发行的绿色债券。

保险投资者及养老基金已是贴标绿色债券市场的主要驱动力，扮演着国际投资者这一重要角色，它们将会在各个国家刺激绿色债券发行量增长。

（2）中国绿色债券的市场发展状况

中国的“绿色债券”起步相对较晚。直到 2015年，中国才着手正式建立绿色债券的制度框架。2015年下半年，在监管层的推动下，绿色债券在中国开始加速发展。2015年7月14日，北京市金融局、中国人民银行营业管理部、北京节能环保中心等16家企业共同签署了《绿色债券联盟发起成员单位合作备忘录》。各单位将据此在各自职责范围内密切合作，助推北京辖内企业在境内外资本市场发行绿色债券。2015年7月，新疆金风科技发行了企业绿色债券。2015年底中国农业银行在伦敦发行绿色债券。2015年12月中国人民银行发布公告称，在银行间债券市场推出绿色金融债券，即金融机构法人依法在银行间债券市场发行的、募集资金用于支持绿色产业项目并按约定还本付息的有价证券。

2016年，35个新的中国绿色债券发行人进入市场，其中两个最大的发行人是上海浦东发展银行和兴业银行，其绿色债券占中国发行规模的43%，它们也成为2016年全球范围内最大的绿色债券发行人。当上海浦东发展银行、兴业银行分别发行境内首批绿色金融债券且全部实现超额认购后，各金融机构和企业纷纷参与。中国绿色债券市场呈现出快速增长态势，全年发行规模达2 000亿元，占全球绿色债券发行规模的近40%，已成为全球最大的绿色债券发行市场，如图2–5所示[①]。随着发行规模的增长，绿色债券的种类也愈加多样，比如绿色资产支持债券（ABS）和中国银行的绿色担保债券（见表2–3）。

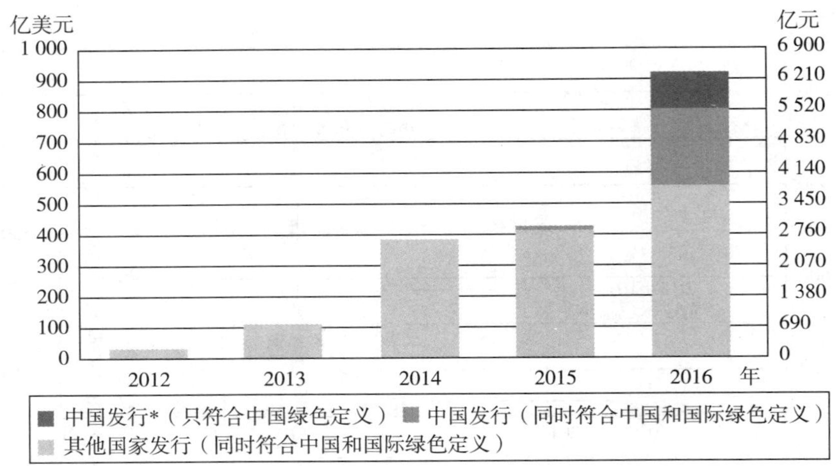

注：*来自中国注册机构的发行。

图2–5 中国和全球绿色债券的发行

表2–3 2016年中国发行的绿色债券

发行人	发行数量（只）	发行规模（亿元）	发行主体类型
兴业银行	8	530	商业银行
上海浦东发展银行	3	500	商业银行
交通银行	2	300	商业银行
中国银行	6	253	商业银行
中国长江三峡集团	2	60	企业
国家电网公司	2	100	企业
江西银行	4	80	商业银行
青岛银行	4	80	商业银行
中国农业发展银行	1	60	政策性银行
北控水务（中国）投资有限公司	2	56	企业
中国节能环保集团公司	4	50	企业
新开发银行	1	30	开发银行
新疆金风科技	3	28	企业
浙江吉利控股	1	28	企业
北京汽车集团公司	2	25	企业
大唐新能源	3	20	企业
武汉地铁	1	20	企业
无锡市交通产业集团	1	20	企业
华能新能源	1	11	企业
清新环境	1	11	企业

① 气候债券倡议组织、中央国债登记结算有限责任公司：《中国绿色债券市场现状报告2016》。

续表

发行人	发行数量（只）	发行规模（亿元）	发行主体类型
京能清洁能源	1	10	企业
盾安控股集团	1	10	企业
中国进出口银行	1	10	政策性银行
广东华兴银行	1	10	商业银行
北控水务集团	1	7	企业
格林美	1	5	企业
乌鲁木齐银行	1	5	商业银行
江苏南通农业银行	1	5	商业银行
云南能源投资集团	1	5	企业
浙江嘉华能源	1	3	企业
博天环境集团	1	3	企业
协和风电投资	1	2	企业
江苏国信资产管理有限公司	1	2	企业

数据来源：气候债券倡议组织、中央国债登记结算有限责任公司：《中国绿色债券市场现状报告2016》。

根据中国人民银行的《绿色债券支持项目目录》中的六个领域进行划分，如图2–6所示[①]，在中国所有的绿色债券中，清洁能源是发行绿色债券最多的领域。其次是清洁交通和能源节约，生态保护和气候变化适应是发行量最少的领域。

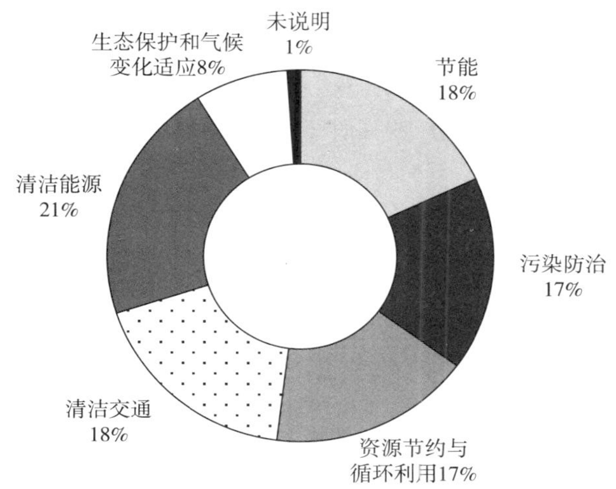

图2–6 中国绿色债券募集资金的用途分析

2.2.2.2 绿色债券的创新和风险

（一）绿色债券的创新

1. 注重绿色债券创新的示范效应

公共机构及银行发行示范性的国内绿色债券。这样做的目的是为了让国内投资者的需求浮

① 气候债券倡议组织、中央国债登记结算有限责任公司：《中国绿色债券市场现状报告2016》。

出水面，为其他投资者发行提供指导并为一个初期市场带来流动性。

2. 对绿色债券的信用增级

由政府设立专项基金，对较低评级的绿色债券新品种提供担保，实现外部增信，提升绿色资产价值。2016年5月，浙江吉利以增强型评级（A1/A/A）发行了一只绿色债券，并提供了来自中国银行伦敦分行开出的备用信用证担保。

3. 对绿色债券的经济激励

由于绿色项目周期长且前期具有较高的成本，建议对绿色项目实施价格补贴、财政贴息和投资补助等优惠措施。在中国，对贴标绿色债券的税收激励于2015年3月由中国人民银行提出。在国外，2015年12月，印度证券及交易委员会（SEBI）为印度可再生能源项目的500亿卢比债券提出了税收激励。

4. 对绿色债券的制度创新

与普通债券相比，绿色债券具有一些特殊制度安排，如国家发展改革委《绿色债券发行指引》明确规定绿色债券比照国家发展改革委“加快和简化审核类”债券审核程序，提高审核效率，债券募集资金占项目总投资比例放宽至 80%，发行绿色债券的企业不受发债指标限制等；这次证监会发布的《中国证监会关于支持绿色债券发展的指导意见》中提出建立审核绿色通道，适用“即报即审”政策等。这些制度安排有助于提升绿色债券发行的便利性，降低融资成本。

（二）绿色债券的风险

1. 投资者及债券承销机构缺乏足够激励

在社会责任投资理念相对欠缺的情况下，若绿色债券不能较其他类别债券提供更高的财务投资收益，则绿色债券并不享有比较优势。对于承销机构亦然，若绿色债券发行程序更繁琐，则其承销绿色债券的动力更弱。

2. 环境信息披露机制不完善

由于相关环境信息披露机制不健全，难以确保发行人将募集资金用于绿色项目，从而难以充分保障绿色债券发挥其支持绿色产业发展的作用。

3. 可能产生监管套利

在给绿色债券“绿色通道”的情况下，若监管不跟上，很容易导致非绿色项目套上绿色项目的外衣，从而背离发行绿色债券的初衷。

4. 不良率的风险

绿色债券现在格外受到政府的重视，但脱掉其“绿色”的外衣，其仍然是“债券”，不会因为披上绿色的外衣就免去其偿还债券本息的义务。作为债务融资工具，仍然需要募集资金的企业或项目具有正常的现金流以保障债券本息的安全。虽然金风科技和中国农业银行的绿色债券均获得了国际投资者数十倍甚至上百倍的超额认购，但华锐风电债券与无锡尚德电力债券一度因面临违约，让债券市场焦躁不安，天威英利债券虽有央企作为后盾，但还是暴露了到期无法还本付息的信用风险。金融机构发行的绿色金融债券虽然是由金融机构作为偿债主体，但仍然面临其发放的绿色信贷的不良率的影响。

2.2.2.3 绿色债券的发展评价

“尽管绿色债券的市场前景较佳，但在我国现行条件下，绿色债券的长足发展也面临一定的挑战。”“首先是监管层如何制定完善的政策以引导绿色债券的顺利发展问题。我国债券市场是多头监管市场，而目前已有人民银行和国家发展改革委出台了相关指引，其他监管部门的相关政策还有待完善。此外，资金如何能够有效地投入到绿色项目中，投资者如何能够积极参与到绿色债券中来，也是绿色债券市场发展面临的重要问题。”

与采用自愿披露信息方式的海外市场相比，我国绿色债券市场的信息披露目前还需依靠制度约束。为保证绿色债券市场的公开和透明，消除投资者对这一新兴融资工具的疑虑，确保资金确实流入那些合规的绿色项目，监管层应尽快推进信息披露机制的完善，“目前，人民银行规定发行人应当按季度披露募集资金使用情况，并鼓励发行人按年度向市场披露由独立评估机构或认证机构出具的评估报告，国家发展改革委对此却并无规定。而根据人民银行第9号文件，由国家发展改革委核准的绿色企业债券无须审批即可直接进入银行间交易市场，未来监管层应考虑完善绿色企业债信息披露监管规定，避免在同一市场中存在两种监管标准的情况出现”。

2.2.3 对绿色债券市场发展的预测和展望

1. 法治化与规范化

市场的发展一定要相关法律制度先行，包括建立绿色债券发行、交易、信息披露监管、做市商制度、投资者保护等各项制度，为投资者创造一个健康有序的市场环境，从而在市场创新的同时有效防范金融风险。“加强绿色债券市场的规范和监管，关键是使绿色债券成为真正的绿色债券，降低‘漂绿’或虚假绿色项目产生的风险，起到保护和改善环境、促进经济结构调整的作用，也吸引更多投资者。”绿色债券市场的规范和监管，关键在于两个方面：一是管住募集资金用途，“严禁名实不符，冒用、滥用绿色项目名义套用、挪用资金”。二是确保发行人信息披露的真实性、准确性和完整性。

绿色债券市场的发展要以法制为基础，通过政府和市场的双轮驱动、监管与市场的统筹沟通、环保理念的推广、责任投资者的培育以及绿色金融体系的建设，共同推动绿色化发展进程。

2. 共推绿色债券标准一致化

绿色债券标准的统一问题是绿色债券市场的核心问题之一，作为在全球绿色债券方面处于创新前沿的欧洲投资银行，其对绿色债券标准制定经验为中国统一标准提供了借鉴。

“目前，中国发行的绿色债券还主要是针对国内市场。如果要国际化，就需要设立一个统一标准。这个标准首先指的是对绿色债券确切并且统一的定义；其次是在资本市场，如何对项目进行筛选，筛选标准也需要统一；最后是如何衡量资本投资达到了预期。”通过推进绿色债券标准的国际一致化，来推动跨境绿色资本流动。

3. 利用债券通推进跨境资本流动

中国已成为全球最大的绿色债券市场。数据显示，2016年中国机构在境内发行了2 000亿元的绿色债券，在境外发行了价值约300亿元的绿色债券，中国发行的绿色债券占全球的40%。在这一背景下，推进绿债市场互联互通及跨境绿色资本流动尤为重要。各企业和金融机构应研究如何利用债券通引入更多国际资金到中国的绿色债券市场。为促进绿色债券的跨境合作，应推动境内绿色债券指数尽快被纳入MSCI、美银美林等国际指数，这有助于扩大中国绿色债券的国际影响力，吸引更多的境外投资者。

2.3 绿色基金

2.3.1 绿色基金的种类和特征

绿色基金成为绿色项目融资中的重要手段，是因为绿色基金种类的多样性，可以满足不同的绿色项目融资需求。在绿色基金平台上，可以集合各种融资手段和工具，形成各种融资组合来降低绿色项目的融资成本和融资风险，并最大化地聚合社会资本。另外，绿色基金作为重要的资金平台，还可以集合技术创新和商业模式创新，使绿色项目通过技术创新、产业链的延伸和商业模式创新，增强盈利能力，在这个基础上，结合融资成本的降低，将原来盈利空间达不到市场化要求的绿色项目推向市场。

从20世纪70年代开始，大量的绿色基金出现，而且从1994年到1997年间，全球绿色基金数量增长迅速。这从某种程度上可以归因于1992年在里约召开的联合国环境与发展会议。在里约峰会前后，绿色基金被视为推动国际环境行动计划和日程具体实施的一项重要的金融工具。该会议之后，对于绿色基金的研究逐渐增加。大量的学者开始研究绿色基金的起源、治理结构、投资领域、投资的优先顺序、融资工具以及优点和局限等等（GEF，1999[①]；Norris，2000[②]；Scholtens，2011[③]；Thualt等人，2011[④]；Roux，2013[⑤]）。而且，对于气候变化和可持续发展议题的关注度的上升也使得绿色基金的规模和作用不断扩大（Schalatek & Bird，2012[⑥]；Venugopal

① GEF（Global Environmental Facility），1999. Experience with conservation trust funds. GEF，Washington，DC.

② Norris，R，2000. The IPG handbook on environmental funds: A resource book for the design and operation of environmental funds. Interagency Planning Group（IPG），New York.

③ Scholtens，B，2011. The sustainability of green funds. Natural Resources Forum 35.

④ Thualt，A，Brito，B & Santos，P，2011. Governance deficiencies of environmental and forest funds in Para´ and Mato Grosso. State of the Amazon（19），Instituto Centro de Vida，Alta Floresta.

⑤ Roux，JP，2013. Rwanda: Pioneering steps towards a climate resilient green economy. Climate and Knowledge Development Network，Climate and Development Outlook，September，issue 8.

⑥ Schalatek，L & Bird，N，2012. The principles and criteria of public climate finance–A normative framework. Climate Finance Fundamentals 1. Climate Funds Update，Heinrich Bo ¨ ll Stiftung，North America.

& Srivastava，2012[①]；Amin等人，2013[②]）。

绿色基金的类别很多，目前主要有绿色产业基金、绿色产业并购基金、绿色发展基金和绿色区域PPP项目基金等，不同的绿色基金类别，适应于不同的资金来源和融资目标。

（一）绿色产业基金

绿色产业基金是目前政府鼓励推动的一种绿色基金。2011年《国务院关于加强环境保护重点工作的意见》中明确指出，鼓励多渠道建立环保产业发展基金，拓宽环保产业发展融资渠道。根据国家发展改革委的《产业投资基金管理暂行办法》的规定，产业投资基金是指一种对未上市企业进行股权投资和提供经营管理服务的利益共享、风险分担的集合投资制度，即通过向多数投资者发行基金份额设立基金公司，由基金经理自任基金管理人或者另行委托基金管理人管理基金资产，委托基金托管人托管基金资产，从事创业投资、企业重组投资和基础设施投资等实业投资。该办法同时规定，产业基金只能投资于未上市企业，其中投资于基金名称所体现的投资领域的比例不低于基金资产总值的60%，投资过程中的闲散资金只能存于银行或者购买国债、金融债券等有价证券。绿色产业基金属于产业投资基金的范畴。

在目前环保领域各大产业都在实现市场度集中和聚合的情况下，绿色产业基金对于培育有实力的环保企业做大做强成为上市公司是十分重要的。一般来说，产业基金都有扶强不扶弱的特点，即使政府加入引导资金，因为只要该产业基金有60%以上的资金投入绿色环保领域，就符合绿色产业基金的要求。绿色环保领域有各类项目，收益率不同，同类项目中也有强势企业和弱势企业，为了追求利润最大化，绿色产业基金一般会在全国范围内搜寻收益好且发展潜力较强的绿色环保项目和企业进行投资，绝对不会选择收益率低的行业或者弱势公司，因此，人们会怀疑绿色产业基金对绿色环保产业的推动作用，因为它只是把潜在的最强最好的企业挑选出来投资并帮助其扩大规模直至扶持其上市，但给政府和国家把低收益的行业或者弱势企业留下来了。

笔者以为，绿色产业基金这种对市场上的绿色环保企业的筛选功能恰好是我们需要的。对于我们需要但是又是低收益的绿色产业，我们不能依靠绿色产业投资基金来扶持，需要其他金融工具。绿色产业投资基金主要用于扶持已经有市场收益基础的行业，例如污水处理厂、垃圾焚烧发电厂、脱硫脱销行业等，因为这些行业都属于重资产行业，必须做大做强才能形成优势核心技术，并在建设运营领域提高效率降低成本，绿色产业基金在市场中选择潜力大的企业进行扶持，帮助他们做大做强，使他们在环保的市场争夺战中脱颖而出，是符合这些重资产环保产业发展方向的。在这一市场竞争阶段，一定有一批弱势企业破产或者被兼并，这是符合市场优胜劣汰规律的，反而有助于这些重资产绿色环保行业提高市场集中度。

① Venugopal，S & Srivastava，A，2012. Moving the fulcrum: A primer on public climate financing instruments used to leverage public capital. World Resources Institute，Washington，DC.

② Amin，AL，Naidoo，C & Jaramillo，M，2013. Financing pathways for low emission and climate resilient development. Working Paper on National Financing Pathways，Climate and Development Knowledge Network，London.

绿色产业基金主要扶持未上市的潜在实力较强的绿色环保企业，帮助其上市。但是，仅仅上市并不能达到重资产绿色环保行业所需要的市场集中度，推动一批可以发展出核心技术又具有国际竞争力的大型或者超大型环保企业产生。所以，绿色产业并购基金的建立对这类绿色环保行业的发展就具有巨大推动作用。

绿色产业并购基金属于私募股权投资的业务形态之一，对应于绿色产业基金，绿色产业并购基金选择的对象是成熟的上市企业。绿色产业并购基金有利于提高产业的市场集中度。针对上市公司的行业特点和个性化需求，通过产业并购基金为上市公司进行同行业的横向整合和上下游产业链的纵向延伸，在提升上市公司核心竞争力的同时，提高了行业资源集中度，实现了以市场化手段将产业资源向优势企业集聚。绿色产业并购基金还有利于充分吸引大量的民间资金，引导民间资本支持绿色产业发展。绿色产业并购基金在吸纳和转化逐利性的民间资本方面具有天然优势，更容易吸引民间资本介入。绿色产业并购基金借助上市公司既有资源进行管理运作，并以上市公司平台作为退出渠道，较之于传统从事风险投资（VC）和私募股权投资（PE）的股权投资基金，其项目的退出不受新股发行影响，项目收益预期稳定，有利于大量吸引民间资金，也有利于传统从事VC和PE的股权投资基金的转型。

目前，由于“大气十条”、“水十条”的落地实施和环保“十三五”规划及“土十条”的出台，资本市场对环保行业的投资前景十分看好。而且环保重资产行业进入“春秋战国”时期也激发了对并购重组的大量需求，在这种背景下，已有超过20家上市公司宣布成立环保产业并购基金，资金总规模已经超过了400亿元。国内的环保产业并购基金普遍采用“上市公司加PE”的模式，即上市公司联手PE成立环保产业并购基金，在技术、商业模式优势的基础上加上融资优势，充分扩展了上市公司的并购重组实力，为推出一批具有国际领先优势的环保企业奠定了资金基础。

（二）绿色区域PPP基金

绿色区域PPP基金是专门为绿色区域PPP项目建立的基金。目前，不管是国内还是国际，区域PPP项目的发展都很快。区域PPP项目是将一个区域内的所有目标项目打包成一个大型区域PPP项目，与SPV公司签署合同，进行公私合作。大型区域PPP项目的好处是，可以通过技术创新、产业链的延伸和区域整体资源的整合，将一些无收益或者低收益但是又特别需求的项目打包到区域PPP项目中，或者是通过绿色金融技术整合技术、产业、资源和资金，使这些项目由本来的低利润甚至无利润转化为满足市场要求的利润水平。

例如在国际上比较经常使用的方式：如果流域治理项目仅限于水体，因为流域水的流动性，除了水库收取水费比较容易外，我们难以建立清洁流域水体的收费机制，这时，一般需要把流域治理项目从单纯的水体扩展到流域的两岸，将流域一定范围的土地连同河流一起打包形成区域PPP项目。这样做的好处是，首先，河流水体的水质本来就与流域内产业结构密切相关，如果沿河两岸都是污染企业，例如造纸厂，无论如何治理河水都会因为污染物的重新注入而失效。一般的河流水体治理的措施都是包括河流沿岸产业结构的改造，例如林业具有保养水源的功能，发展水产业，因为水产业本身对水质的需求较高，所以会有较高的积极性参与保护河流水质。河流两岸各种产业链的衔接和延伸设计，不但可以运到河流水质治理的目的，还可以获得经济收益。例如湿地对河流水质有很好的过滤作用，湿地可以建造湿地公园，湿地种植的水生植物例如莲藕等可以作为生态食品出售，养殖净水鱼类如泥鳅、鲤鱼等既可以净化水质还可以获得经济收入。但是，如果挨着湿地还有濒危动物保护地，那么可以在项目设计中打通湿地和濒危动物保护地，无形中增加了湿地的经济收入，因为这等于将濒危动物保护地也纳入了湿地旅游项目，而这一项目又是由国家财政支持的。

在城市建设中，城市管理者普遍感到困难的是对城市绿地和公园的融资，一般似乎只能由财政支持，但是，现在国际上通常的做法是在与开发商签署某个区域开发合同时，将整个区域的公共设施建设，包括绿地和公园的建设也签署给开发商，作为获得开发许可的条件。开发商在签署这种区域PPP合同之后，一般会在少量财政支持之外，自己还付出大量资金打造社区的公共设施，因为公共设施的好坏将与他要出售的楼盘的价格紧密相关。通过区域打捆的PPP项目模式来解决无收益或者低收益绿色项目的融资问题，已经成为国际绿色金融技术中经常使用的方法。我国区域PPP项目做得最成功的是天津生态城的建设项目。

根据财政部PPP项目库的统计，目前我国很大部分的绿色环保PPP项目，是区域PPP模式。根据我们的统计，在已有的1 787个环保PPP项目中，共有424个区域环保PPP项目，总投资额约为7 033.74亿元，占所有环保PPP项目的58.61%。其中资金需求额度最高的楚雄市海绵城市建设PPP项目，其资金总需求额度为243亿元，而且区域PPP项目周期按照我国最近出台的政策要求要超过25年，有长期巨额的融资需求。另外，区域PPP项目是项目群，在长期有不同的投资时间节点的要求，按照投资时间节点计划匹配资金按时到位，是这种区域PPP项目成功的关键，一定需要一个比较大型而且灵活的融资平台，这个融资平台仅为该大型长期的区域PPP项目服务，其存在伴随着整个项目周期。这样的融资平台，也只有绿色基金可以满足，从而产生了建立绿色区域PPP基金的需求。

绿色区域PPP基金仅仅为该区域绿色PPP项目融资，其目标是满足该项目各时间节点的融资需求。由于基金可以与各种融资手段和资金来源衔接，可以根据投资者的不同风险偏好设计出不同的风险分担和利益分配机制，所以，可以最大化地吸引社会资金。另外，该基金仅为该区域PPP项目服务，保障了资金的使用流向。但是，这种区域PPP基金，因为不能在全国范围选择项目，只能投资该区域PPP项目包中的所有项目，因此不是所有区域PPP项目都可以满足建立基金的条件，必须是该区域PPP项目包内的项目群通过技术、产业链、商业模式、融资组合的设计，确实是有办法达到基金的赢利需求才能建立。当然，一个很优秀的区域PPP基金设计师，往往可以把别人看来根本无法赢利的项目群通过非凡的技术创新、产业链延伸设计、商业模式创新、融资组合设计转化为可投资可盈利项目群。但无论如何，绿色区域PPP基金的资金流完全依赖于项目包内各项目群的赢利能力。

蓝虹是国内最早提出绿色PPP区域基金概念的学者，其论文《建构以PPP环保产业基金为基础的绿色金融创新体系》（2015年）[①]和《PPP创新模式：PPP环保产业基金》（2015年）[②]中对绿色PPP区域基金的概念进行了系统阐述。

在《PPP创新模式：PPP环保产业基金》中，蓝虹、刘朝晖分析了我国中低利润和无利润项目严重缺乏投资的现状，指出绿色PPP区域基金的最大特色是可以解脱中低利润环保项目的融资困境。该基金类型既有典型的PPP模式的特征，又有区域环保产业基金特征，主要适合于在流域水环境保护、生态城建设、海绵城市建设等领域运用，并且对应于整个项目包，能够将中低利润项目和无利润项目与高利润项目进行整合，使得整个环保项目包的利润能够被投资者所接受，因此能够解脱中低利润环保项目的融资困境。此外，绿色PPP区域基金还将融资、建设与运营结合在一起，可实现环保产业从游牧狩猎时代向定居农耕时代转换，因此具有很多优势。绿色PPP区域基金设计主要从以下三方面考虑：（1）责权明晰、风险分担、利益共享的PPP契约是PPP环保产业基金设计的基础；（2）项目包内各产业链的设计是提升环保项目利润从而吸引社会资本的关键；（3）基金的融资方案设计是降低融资成本、获得广泛社会资本投入的重点。

2.3.2 中国绿色基金政策沿革

我国从2010年开始大力推行绿色基金的建立，出台了多项鼓励政策，绿色基金至此进入快速发展阶段。

2010年国务院先后发布了多个明确支持绿色产业基金发展的文件，2010年4月发布《关于支持循环经济发展的投融资政策措施意见》，其中第四部分第二点明确鼓励绿色股权投资基金的发展："发挥股权投资基金和创业投资企业的资本支持作用。鼓励依法设立的产业投资基金（股权投资基金）投资于资源循环利用企业和项目，鼓励社会资金通过参股或债权等多种方式投资资源循环利用产业。加快实施新兴产业创投计划，发挥各级政策性创业投资引导基金的杠杆作用，引导社会资金设立主要投资于资源循环利用企业和项目的创业投资企业，扶持循环经济创业企业快速发展，推动循环经济相关技术产业化。"

2010年10月发布的《国务院关于加快培育和发展战略性新兴产业的决定》，其中明确表示要"大力发展创业投资和股权投资基金。建立和完善促进创业投资和股权投资行业健康发展的配套政策体系与监管体系。在风险可控的范围内为保险公司、社保基金、企业年金管理机构和其他机构投资者参与新兴产业创业投资和股权投资基金创造条件。发挥政府新兴产业创业投资资金的引导作用，扩大政府新兴产业创业投资规模，充分运用市场机制，带动社会资金投向战略性新兴产业中处于创业早中期阶段的创新型企业。鼓励民间资本投资战略性新兴产业"。而其中提到的战略性新兴产业有节能环保产业、新能源产业、新能源汽车产业等。

① 蓝虹，任子平：《建构以PPP环保产业基金为基础的绿色金融创新体系》，载《环境保护》，2015（8）。

② 蓝虹，刘朝晖：《PPP创新模式:PPP环保产业基金》，载《环境保护》，2015（2）。

同在2010年10月发布的《关于加强环境保护重点工作的意见（2011）》中明确指出“大力发展环保产业。加大政策扶持力度，扩大环保产业市场需求。鼓励多渠道建立环保产业发展基金，拓宽环保产业发展融资渠道”。

2012年6月16日，国家发展改革委公布了《“十二五”节能环保产业发展规划》，规划提出要拓宽投融资渠道：“鼓励银行业金融机构在满足监管要求的前提下，积极开展金融创新，加大对节能环保产业的支持力度。按照政策规定，探索将特许经营权、收费权等纳入贷款抵押担保物范围。建立银行绿色评级制度，将绿色信贷成效作为对银行机构进行监管和绩效评价的要素。鼓励信用担保机构加大对资质好、管理规范的节能环保企业的融资担保支持力度。支持符合条件的节能环保企业发行企业债券、中小企业集合债券、短期融资券、中期票据等，重点用于环保设施和再生资源回收利用设施建设。选择若干资质条件较好的节能环保企业，开展非公开发行企业债券试点。支持符合条件的节能环保企业上市融资。研究设立节能环保产业投资基金。推动落实支持循环经济发展的投融资政策措施。鼓励和引导民间投资和外资进入节能环保产业领域，支持民间资本进入污水、垃圾处理等市政公用事业建设。”

2012年11月，党的十八大提出生态文明建设目标，确立了实现经济绿色转型的重要战略。2015年10月，党的十八届五中全会将“绿色”发展作为五大发展理念之一，提升到一个新的战略高度。绿色发展核心理念是绿色化和发展的统一，实现的基础是绿色产业的市场化、规模化和集约化的整合发展。只有产业绿色化不再是财政的负担，而是成为经济增长的新动力，才能真正实现绿色与发展的共赢，才能真正实现绿色发展目标。而要实现这一转换，绿色金融是重要手段，因此，党的十八届五中全会通过的《中共中央关于制定国民经济和社会发展第十三个五年规划的建议》中提出：发展绿色金融，设立绿色发展基金。

2016年2月，国务院发布的《关于深入推进新型城镇化建设的若干意见》（国发〔2016〕8号），明确提出加快推进绿色城市、智慧城市、人文城市的意见，而包括绿色建筑、绿色交通等绿色产业在城镇化的过程中具有长足的发展空间。如何创新金融服务来推动政府层面和企业层面等多元化的资金保障成为社会关注的热点，而绿色基金无疑是城市绿色转型的重要投融资工具。目前，内蒙古、云南、河北、湖北等地已纷纷建立起绿色发展基金，以推动绿色投融资，这对地方政府投融资改革和统筹协调绿色城镇化资金十分有利，也会推动经济绿色发展进程。

2016年7月，在中国推动下，G20财长和央行行长会议正式将七项发展绿色金融的倡议写入公报。政府通过绿色金融带动民间资本进入绿色投资领域也达成全球共识。会议公报对绿色金融的表述为：“我们认识到，为支持在环境可持续前提下的全球发展，有必要扩大绿色投融资。我们欢迎绿色金融研究小组提交的《G20绿色金融综合报告》和由其倡议的自愿可选措施，以增强金融体系动员私人资本开展绿色投资的能力。具体来说，我们相信可通过以下努力来发展绿色金融：提供清晰的战略性政策信号与框架，推动绿色金融的自愿原则，扩大能力建设学习网络，支持本地绿色债券市场发展，开展国际合作以推动跨境绿色债券投资，鼓励并推动在环境与金融风险领域的知识共享，改善对绿色金融活动及其影响的评估方法。”

2016年8月22日，中共中央办公厅、国务院办公厅印发的《国家生态文明试验区（福建）实施方案》中明确提出“支持各类绿色发展基金并实行市场化运作”。

2016 年8月31日，中国人民银行联合七部委下发了《关于构建绿色金融体系的指导意见》（以下简称《指导意见》），为全球首个政府主导的较为全面的绿色金融政策框架，对绿色金融的发展给出了顶层设计。《指导意见》中第四部分指出：设立绿色发展基金，通过政府和社会资本合作（PPP）模式动员社会资本。具体包括以下三条具体内容：

支持设立各类绿色发展基金，实行市场化运作。中央财政整合现有节能环保等专项资金设立国家绿色发展基金，投资绿色产业，体现国家对绿色投资的引导和政策信号作用。鼓励有条件的地方政府和社会资本共同发起区域性绿色发展基金，支持地方绿色产业发展。支持社会资本和国际资本设立各类民间绿色投资基金。政府出资的绿色发展基金要在确保执行国家绿色发展战略及政策的前提下，按照市场化方式进行投资管理。

地方政府可通过放宽市场准入、完善公共服务定价、实施特许经营模式、落实财税和土地政策等措施，完善收益和成本风险共担机制，支持绿色发展基金所投资的项目。

支持在绿色产业中引入PPP模式，鼓励将节能减排降碳、环保和其他绿色项目与各种相关高收益项目打捆，建立公共物品性质的绿色服务收费机制。推动完善绿色项目PPP相关法规规章，鼓励各地在总结现有PPP项目经验的基础上，出台更加具有操作性的实施细则。鼓励各类绿色发展基金支持以PPP模式操作的相关项目。

同时，《指导意见》第七部分指出：支持地方发展绿色金融，建立绿色发展基金。

2.3.3 绿色基金发展现状

近年来，在国家政策的大力支持下，经过大量社会资本、金融机构的不断探索实践，一大批绿色基金应运而生、发展迅猛。截至2016年底，全国已设立并在中国基金业协会备案的节能环保、绿色基金共265只，其中约59只由地方政府及地方融资平台公司参与发起设立，占比达到22%；成立于2012年及之前的共21只；2013年共成立22只；2014年共成立21只；2015年共成立80只；2016年共成立121只，呈明显上升趋势。

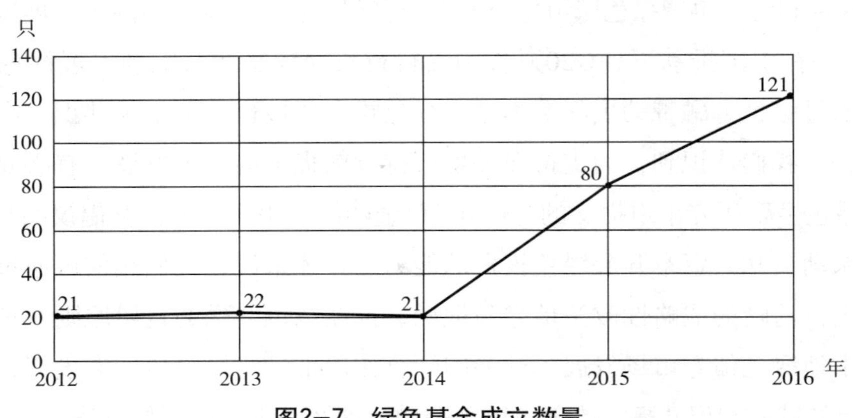

图2–7 绿色基金成立数量

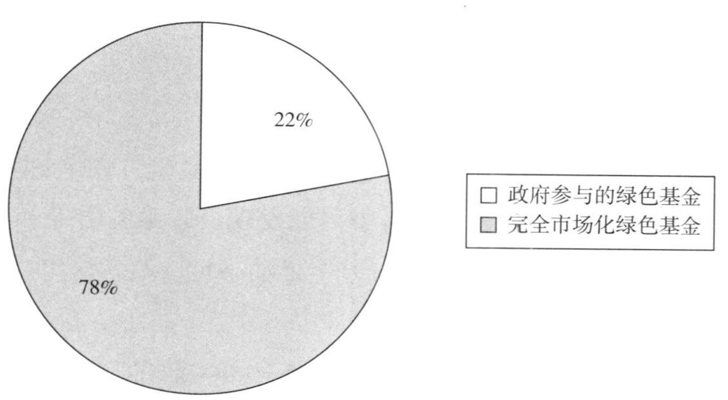

图2–8 政府参与绿色基金情况

截至2016年底，在中国基金业协会备案的265只节能环保、绿色基金中，股权投资基金159只，占比达到60%；创业投资基金33只；证券投资基金28只；其他类型基金45只（见图2–9）。

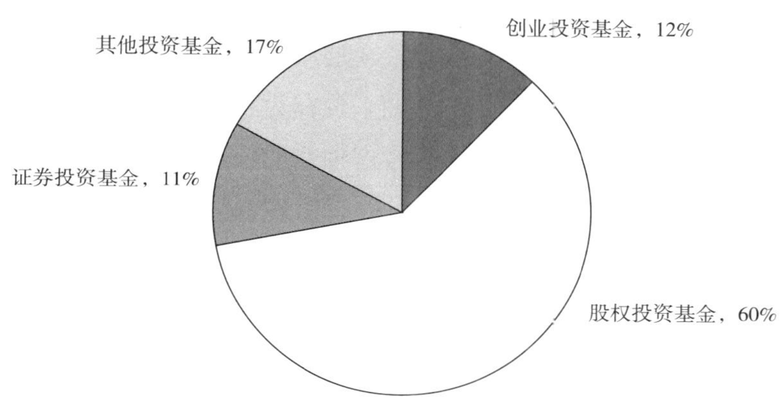

图2–9 绿色基金类型分布

按投资领域划分，投资环保产业的基金共79只；投资节能产业的仅6只；投资清洁能源领域的136只；未明确具体投资产业类型的44只。其中清洁能源是指不排放污染物、能够直接用于生产生活的能源，包括太阳能、风能、生物能、地热能、水能等（见图2–10）。

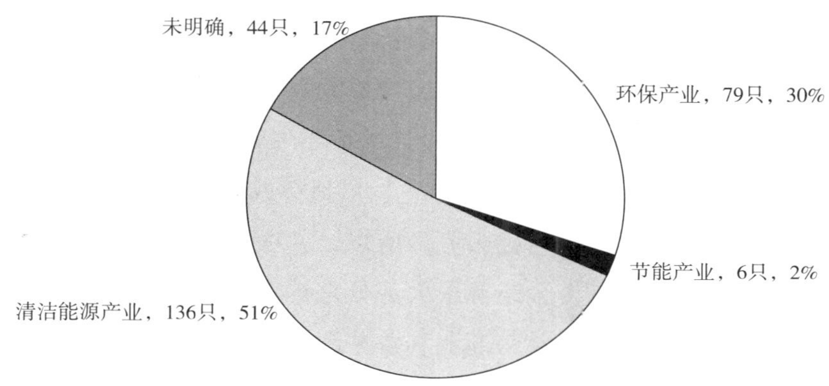

图2–10 绿色基金投资领域分布

2.3.4 绿色基金发展中存在的问题

目前绿色基金发展中主要存在以下问题：

（一）无论是政策还是实践，都主要集中在绿色产业基金，而对绿色PPP区域基金推动不足

从我们对中国绿色基金政策和实践的分析中可以发现，政策的引导和基金的实践，目前主要集中在绿色产业基金领域，而对绿色PPP区域基金推动不足。笔者认为，主要因为政策的制定者还没有认识到这两类绿色基金的巨大区别。

绿色产业基金是纯金融性基金，其与一般产业基金的区别在于，其投资总额的60%以上必须投资于绿色项目。但是，其管理和运作与一般的纯金融性基金没有区别，它的主要任务是在绿色项目领域投资中实现基金的增值。绿色产业基金并没有专门的环境目标，其绿色项目的选择也主要是根据项目潜在收益的高低，而不是根据其实现环境目标的绩效。因此，绿色产业基金的设立并不需要特殊的基金设计。

而绿色PPP区域基金，是为实现一个区域的专门绿色目标或者环境目标而设立的，例如京津冀大气污染防治基金、流域水环境保护基金等。在这里，基金只是一种手段，具体绿色目标和环境目标的实现才是目的，基金是作为一个金融平台在为整个绿色目标的实现而进行综合性的金融运作，因此，基金在选择项目投资时必须考虑项目的环境目标和绩效。一般来说，这样的基金是需要进行严格的基金模式设计的，否则就无法实现与具体绿色目标的配合。

这两种绿色基金的特征、实现目标以及在推动绿色产业发展中所起的作用都不一样，需要互相配合共同推动。绿色产业基金主要扶持具体绿色产业的发展，而绿色PPP区域基金主要为实现地区具体绿色发展目标而搭建融资平台，这样的基金融资平台，不仅要为实现具体绿色发展目标整合金融资源，还要整合商业资源和技术资源，对地区绿色发展目标的实现是非常重要的。

（二）所有绿色基金都是按照产业基金的思路建立，没有与具体绿色发展目标或者环境目标相挂钩

绿色PPP区域基金的设计，第一，要分析绿色目标，以及通过怎样的行动方案和项目群设计可以实现这些绿色目标，基于这些项目群的融资需求特点以及内部收益率特征，绿色基金要根据其灵活多样性的设计来满足项目群的融资需求特点。因为其直接与绿色目标或者环境目标相挂钩，所以一般是由财政的强力支持的，那么怎样最大效率地运用有限的财政资金来最大化吸纳社会资金以支撑绿色目标的实现就成为基金设计的重要内容。

第二，绿色区域PPP基金，因为是为特定绿色发展目标或者环境目标设立的，所以，必须首先为实现特定绿色发展目标或者环境目标服务，所以，其项目群的设计和选择，首先就是如何实现这些环境目标。但是，因为其资金来源很大部分是社会资本，又必须实现基金的增值来满足社会资本的盈利需求。这种公共利益与商业利益共赢的强烈需求，要求基金必须进行严格设计才能达到目标。

第三，绿色区域PPP基金，因为直接与绿色发展目标或者环境目标挂钩，往往会有强力的财政资金进入。财政资金的管理政策和社会资金的管理有显著的不同，如何在绿色基金中融合这两种资金，并实现有效管理，需要严格设计。

（三）目前各地区成立的绿色发展基金，缺乏基于明确的绿色发展目标或者环境目标基础上的设计

目前各地区成立的PPP模式绿色发展基金，虽然政府出资了，但在基金管理方面，往往只是引入基金管理公司，采取与普通市场基金一样的管理方法，这将导致政府出资无法有效发挥引导实现绿色发展目标的作用。PPP模式绿色发展基金应该有明确的绿色发展目标，例如，在区域内，希望通过绿色发展基金解决怎样的生态环境问题，要解决这些生态环境问题需要采取哪些措施和建设哪些项目，这些项目的总体资金需求是多少，融资特征怎样，存在怎样的融资困难或者技术以及商业模式发展的困难。也就是说，PPP模式绿色发展基金，是为解决特定生态环境问题所形成的一种新型融资工具。为了保障基金的运作真正能实现这些生态环境目标，在基金管理层形成政府与社会资本共同管理的模式很重要。

PPP模式绿色发展基金，本质上是一种政府融资行为，是政府为实现绿色发展目标向社会资本进行融资，因此融资前的规划编制就十分重要。例如，如果是流域绿色发展基金，就要基于流域生态环境保护规划；如果是某个地区绿色发展基金，就要基于该地区的生态环境保护规划。根据规划的生态环境目标，确定所需融通的资金总量，以及项目群特征和金融需要扶持发展的方向。

不同地区有不同的绿色产业特色，其需求金融支持的发展方向和趋势是不同的。例如，脱硫脱硝除尘以及污水处理厂等重资产行业，适合单项做强做大，形成具有核心技术优势的领先企业。在这种情况下，绿色发展基金或者下设的子基金就可以采取股权投资的方式，通过资金注入帮助其上市或者帮助其并购重组等。绿色股权投资基金的特征是有益于优质企业的识别和培育的，但是，对于流域治理、生态改良等区域性或者地域性较强且需要多产业联动治理的生态环保问题，就需要绿色发展基金或者下设的子基金将整个区域当作一个大项目包进行全面的综合融资和管理，因为区域产业链间环环相扣的关系，如果只是运用股权投资基金选择收益好的产业，就会导致产业链的失衡，使一些在产业链衔接中很重要但单项收益不高的产业面临困境，最终影响整个区域生态环境保护大项目包市场化的推进。目前大部分地方绿色发展基金采取的是股权投资模式，在绿色项目中选择盈利较高的项目，并规定对所有绿色项目投资总额不超过项目资金总需求的10%或者20%，这很适合扶持单项做大做强的绿色项目，但是，对于大型的流域治理、生态城建设、海绵城市、工业园区综合环境整治等项目，需要培育可以提供环境综合服务的强大企业，这种环保企业不是以单项做强取胜，而是提供综合的环境服务，并可以就区域环境问题设计具有国际领先的综合治理规划和方案，通过产业链的综合衔接设计，既提高生态环境保护绩效，又增强整体项目包的市场盈利能力。这就需要绿色区域PPP基金。

2.3.5 绿色基金的发展前景分析

绿色金融是个整体推进的系统工程，绿色基金、绿色信贷、绿色债券、绿色证券、绿色保险等需要互相配合，共同发展。绿色基金在绿色金融推进中的重要作用就在于，它是其他绿色金融工具的基础和载体。

每种绿色金融工具都有其独特的优势，以适应不同的融资需求，但是，绿色信贷、绿色债券、绿色证券融资起点都比较高，一般要求比较成熟的企业，而我国很多绿色产业正处于起步和迅速成长阶段，还没有进入成熟期，因此很难运用绿色信贷、绿色债券、绿色证券的政策优势。绿色产业基金通过股权融资注入股本金，与绿色产业共进退，同成长，是正在起步和迅速成长的绿色产业十分需求的绿色金融资金来源，可以培育它们顺利渡过成长期，进入成熟期，在进入成熟期后，绿色企业就有能力运用各种绿色金融政策和融资工具来拓展资金来源。

未来的二十年，是我国绿色产业发展的高峰期，各种新型绿色产业不断出现，例如环境第三方治理公司、合同能源管理公司、环境综合服务公司、生物质能公司等，都是近年涌现的，从试点到大规模推广，正处于起步和成长期。随着全球生态环境问题解决的不断深化，随着环境科学工程技术的迅速发展以及生态环境治理和管理模式的不断创新，各种新型绿色实体经济将不断涌现，亟须培育壮大使其进入成熟期，这必然会产生对绿色产业基金的强烈需求。

另外，环境治理和绿色发展目标的实现，越来越需要各种产业的综合配合，特别是区域环境目标的实现，绝不是单一产业可以实现，因此，基于绿色发展目标而构建的绿色区域PPP基金，就可以成为一种特定的融资平台，直接对应于具体的环境目标，组合各种产业链通过产业结构重组来从源头治理环境。未来的环境管理发展趋势将是以绩效管理为主导，以综合治理为模式，以政府行政长官统一监管为体制，而绿色区域PPP基金是支撑这种环境管理模式的重要金融平台，因此，在未来的发展中，绿色区域PPP基金将会发挥重要作用。

2.4 绿色保险

2.4.1 定义与范畴

2.4.1.1 定义

狭义来讲，绿色保险是指以被保险人由于污染水、土地或者空气等自然环境，依法应该承担的赔偿责任为保险对象的商业保险，也称为“环境责任保险”（简称“环责险”）。在中国当前又特指环境污染责任保险，这是一种以企业发生污染事故对第三者造成的损害依法应承担的赔偿责任为标的的保险。

广义来讲，是指与环境风险管理有关的各种保险计划，是一种可持续发展的金融工具，是绿色金融中的重要组成部分，以应对气候变化、能源替代、环境污染与生态破坏等问题。

以环境污染责任保险为代表的绿色保险是一种环境风险治理机制，可以通过保费将未来可能存在的环境风险成本显性化，促使投资者/生产者重新评估项目的费用效益比，有助于抑制对污染项目/风险项目的过度投资。此外，保险公司可以通过积极的事前干预和全过程风险控制，督促生产行为达到环境标准要求，最大限度地降低环境污染损害/风险发生的概率。

2.4.1.2 范畴

目前，国内关于绿色保险的讨论众多，而且观点不一。已经开展的绿色保险种类较多，形式多样。表2-4选择了部分开展时间久、研究比较成熟的保险产品来说明我国绿色保险的开办情况。

表2-4 绿色保险的分类和开办情况

<table>
<tr><td rowspan="2">环境污染责任保险</td><td colspan="2">强制型（试点）：
行业包括：重工业、重金属、印染、化工、危险废弃物处理、污水处理、垃圾填埋、医药、矿业、船舶
地区包括：辽宁、四川、广东、湖南、江苏、江西、河北、福建、内蒙古、山西、湖北、云南</td></tr>
<tr><td colspan="2">环境污染任意型责任保险</td></tr>
<tr><td rowspan="13">气候保险</td><td colspan="2">水稻种植天气指数保险</td></tr>
<tr><td colspan="2">小麦种植天气指数保险</td></tr>
<tr><td colspan="2">烟草气象指数保险</td></tr>
<tr><td colspan="2">蜜橘气象指数保险</td></tr>
<tr><td colspan="2">橡胶飓风指数保险</td></tr>
<tr><td colspan="2">西瓜梅雨强度指数保险</td></tr>
<tr><td colspan="2">羊群天气指数保险</td></tr>
<tr><td colspan="2">花生干旱指数保险</td></tr>
<tr><td colspan="2">农作物种植雹灾保险</td></tr>
<tr><td colspan="2">台风巨灾保险</td></tr>
<tr><td colspan="2">花生种植旱灾保险</td></tr>
<tr><td colspan="2">林木火灾保险</td></tr>
<tr><td colspan="2">……</td></tr>
<tr><td rowspan="6">其他</td><td rowspan="3">美国</td><td>成本上限险</td></tr>
<tr><td>预先资助计划</td></tr>
<tr><td>担保贷款人险</td></tr>
<tr><td rowspan="3">日本</td><td>土壤修复第三方责任险</td></tr>
<tr><td>清理超支保险</td></tr>
<tr><td>承包商污染责任保险</td></tr>
</table>

根据不完全统计，表2-5显示了一些开展绿色保险的保险公司信息。

表2-5 开办绿色保险的公司情况

保险产品名称		公司名称	备案年份
环境污染责任保险		诚泰财产保险	2014
		大众保险	2013
		信达财产保险	2012
		阳光财产保险	2011
		民安财产保险	2011
		安诚财产保险	2011
		中国平安财产保险	2010
		中国大地财产保险	2010
		中国人民财产保险	2009
气候保险	羊群天气指数保险	中国人民财产保险	2015
	蜜橘树气象指数保险	中国人民财产保险	2013
	烟草种植天气指数保险	中国人寿财产保险	2012
	小麦种植天气指数保险	国元农业保险	2011
	水稻种植天气指数保险	国元农业保险	2009
	甜瓜梅雨强度指数保险	上海安信农业保险	2007
	小麦旱灾保险	中华联合财产保险	2013
	蔬菜种植旱灾保险	国元农业保险	2013
	香蕉风灾保险	中国太平洋财产保险	2010
	林木火灾保险	中国大地财产保险	2009

文中重点介绍我国环境污染责任保险、气候指数保险和农业巨灾保险的开展情况和未来预测。

2.4.2 环境污染责任保险

针对环境污染损害赔偿的保险属于责任保险的范畴，是由公众责任保险（Comprehensive General Liability，CGL）发展而成的险种。一般指加害人对其环境污染（和其他公害）行为给受害人造成的财产损害、人身损害、精神损害和环境损害进行的赔偿。

我国保险公司和环保部门自1991年开始试点环境污染责任保险，长期处于范围与规模均十分小的起步阶段。

2005年11月松花江污染事件之后，2006年6月，国务院发布了《关于保险业改革发展的若干意见》，明确指出要大力发展环境责任保险。2007—2012年是任意环境污染责任险的试点发展阶段，在几个重工业发达而污染隐患较大的城市以及环境风险较高的行业与企业中进行了环境污染责任保险试点。试点城市包括河北、湖南、浙江、江苏、辽宁、上海、四川、湖北、福建、重庆、云南、广东等地，试点行业和企业主要是与危险化学品生产、经营、储藏、运输和使用相关的企业、容易造成污染的石油化工企业以及危险废物处置行业。在承保范围上，主要为突发性的环境污染事故造成的环境责任。这一阶段，试点情况不容乐观，存在参保企业数量少、参保企业占实际应参保的环境风险高的企业比重低等问题。

2013年之后，进入了环境污染强制责任保险试点阶段。2013年1月，国家环保部和保监会联合印发《关于开展环境污染强制责任保险试点工作的指导意见》，我国环境污染责任保险制度建设开始转向强制型保险。强制责任保险的试点企业范围包括涉重金属企业、按地方有关规定已被纳入投保范围的企业以及其他高环境风险企业。2013—2014年，各地密集出台了地方性的环境污染强制责任保险实施方案。2014年4月修订的《环境保护法》在第五十二条新增“国家鼓励投保环境污染责任保险”。2015年9月，中共中央、国务院发布《生态文明体制改革总体方案》，要求在环境高风险领域建立环境污染强制责任保险制度。

2.4.2.1 我国开展环境污染责任保险的现状

环责险开展十年来，试点地方参加环责险的企业不断增加，投保企业和理赔案例也呈上升趋势。2013年我国试点地方的投保企业数量大幅增长，增幅相比2011年达到150%。然而，2015年和2013年相比，多数试点地区投保企业数量呈现缩减趋势[①]。部分企业特别是在法治情况较好的经济发达地区，认为2013年政策试点与新《环境保护法》的鼓励投保规定不符，拒绝投保。各试点地方的开展情况差异比较大，呈现出如下特征：

一是各地环责险投保情况不均。目前，大部分省份的环责险投保企业约数百家，有些省份的环责险投保企业只有十几家，有些省份的环责险投保企业则多达两千多家。

二是各地环责险的平均保险费率有别，平均保险费率基本在1%～2%。有些省市的环责险平均保险费率低于1%，有些省市的环责险平均保险费率高达3%。具体企业的环责险保险费率低的有0.1%，高的有10.8%。

三是保险公司的赔付金额一般仅在数千至数万元之间，很少有几十万元甚至是上百万元的赔付情况，与环境污染责任的赔偿需求差异甚大。究其原因，往往是发生污染损害后，企业因害怕环保部门对损害进行认定而被追究更大的法律责任，选择不报案。

表2–6　　部分地区环境污染强制责任保险投保的变化情况（2011—2015年）

省份	2011年投保企业数（家）	2013年投保企业数（家）	2015年投保企业数（家）	2013年增长率（%）	2015年增长率（%）
辽宁	0	53	297	100	460.38
四川	71	372	284	424	–23.66
广东	9	480	680	5 233	41.67
湖南	582	1 453	220	150	–84.86
江苏	944	1 653	2 357	75	42.59
合计	1 606	4 011	3 838	150	–4.31

① 由于缺乏2016年数据，用最近年份的可得数据说明我国开展环责险的发展现状。

2.4.2.2 已经建立的政策基础

表2–7 环境污染责任保险的政策基础

发布日期	文件名称	发布单位
2013.01.21	《关于开展环境污染强制责任保险试点工作的指导意见》	环境保护部、中国保险监督管理委员会
2007.12.04	《关于环境污染责任保险工作的指导意见》	环境保护总局、中国保险监督管理委员会
2006.06.26	《关于保险业改革发展的若干意见》	国务院

2009—2014年，陆续有15个涉及环境污染责任保险的地方法规正式实施，以鼓励为主，如表2–8所示，以针对涉水污染物排放的环境污染责任保险规定为主，相关条例占全部的约80%。

表2–8 环境污染责任保险的地方法规

实施日期	条例名称	相关条文
2014.12.01	巢湖流域水污染防治条例（修订）	第42条：县级以上人民政府应当根据国家规定开展环境污染强制责任保险、排污权交易，落实污水处理、污泥无害化处理、垃圾收集处理等方面优惠政策，实施有利于环境保护的经济政策。
2014.01.01	陕西省大气污染防治条例	第21条：逐步推行企业环境污染责任保险制度，降低企业环境风险，保障公众环境权益；省环境保护行政主管部门根据区域环境敏感度和企业环境风险度，定期制定和发布强制投保环境污染责任保险行业和企业目录；鼓励、引导强制投保目录以外的企业积极参加环境污染责任保险。
2014.01.01	青海省湟水流域水污染防治条例	第27条：高环境风险企业推行环境污染责任保险制度，及时赔偿污染受害者损失，保护污染受害者权益。
2013.04.01	湖南省湘江保护条例	第44条：鼓励湘江流域重点排污单位购买环境污染责任保险或者缴纳环境污染治理保证金，防范环境污染风险；湘江流域涉重金属等环境污染高风险企业应当按照国家有关规定购买环境污染责任保险。
2012.10.01	海南省环境保护条例	第55条：鼓励危险化学品生产使用、危险废物处理、放射源使用等环境风险大的单位参加环境污染责任保险。
2012.04.01	江苏省通榆河水污染防治条例	第27条：推行环境污染责任保险制度。鼓励和支持保险企业在沿线地区开发环境污染保险产品，引导排放水污染物的单位投保环境污染责任险。
2012.02.01	新疆维吾尔自治区环境保护条例	第43条：鼓励从事有毒有害化学品生产、危险废物处理等环境风险大的单位参加环境污染责任保险。
2011.10.01	重庆市长江三峡水库库区及流域水污染防治条例	第23条：鼓励排污单位根据环境安全的需要，投保环境污染责任保险。
2011.04.01	辽宁省辽河流域水污染防治条例	第7条：鼓励有水污染物排放的工业企业办理环境污染责任保险。
2011.01.01	山西省减少污染物排放条例	第18条：鼓励有毒有害化学品生产、危险废弃物处理等重污染排污单位参加环境污染责任保险。
2010.03.01	河南省水污染防治条例	第8条：鼓励单位和个人通过保险形式抵御水环境污染风险。
2010.01.01	江苏省固体废物污染环境防治条例	第40条：鼓励和支持保险企业开发有关危险废物的环境污染责任险；鼓励和支持产生、收集、贮存、运输、利用、处置危险废物的单位投保环境污染责任险。
2009.07.01	河北省减少污染物排放条例	第26条：积极推进有毒有害化学品生产、危险废物处理等重污染排污单位参加环境污染责任保险。
2009.01.01	江西省环境污染防治条例	第4条：组织编制突发环境事件应急预案，逐步推行环境污染责任保险。

续表

实施日期	条例名称	相关条文
2009.01.01	沈阳市危险废物污染环境防治条例	第8条：支持和鼓励保险企业设立危险废物污染损害责任险种；支持和鼓励产生、收集、贮存、运输、利用和处置危险废物的单位投保危险废物污染损害责任险种。
2002.12.01	福建省海洋环境保护条例	第3条第2款：载运散装油类的船舶应当依法办理油污损害民事责任保险。第30条第2款：在港内从事油料补给和残油、污油水接收处理的船舶，应当依法办理油污损害民事责任保险。
2000.03.01	深圳经济特区海域污染防治条例	第17条：禁止载运2 000吨以上散装货油，未持有油污损害民事责任保险或其他财务保证证书的船舶进行装卸作业。

2.4.2.3 强制环责险试点中出现的问题

（一）强制型环责险的法律依据不足

2013年我国试点地方的投保企业数量大幅增长，增幅相比2011年达到150%。然而，2015年和2013年相比，多数试点地区投保企业数量呈现缩减趋势。特别是在法治情况较好的经济发达地区，由于强制性政策试点与新《环境保护法》的鼓励投保规定不符，出现企业拒绝投保的现象。

环境污染强制责任保险试点缺乏上位法依据，目前只能依靠行政手段推行，受地方政府部门的工作方式、领导人风格等影响较大。地方环保部门采取各种约束与激励手段积极推动的，当地投保企业数量增长较大；不采取积极推动手段的，投保企业数量较低。不仅如此，目前地方试点实施方案中规定的试点期限陆续结束，对下一步环境污染责任保险试点如何开展缺乏后续指导。

（二）相关法律在责任认定、赔偿范围和索赔期限方面尚存明显不足

首先，环境侵权责任的认定、追责与相关法律中的违法性要件方面有冲突，导致环境侵权责任的认定和追责存在困难。

其次，环境侵权赔偿范围偏窄。《环境保护法》等相关法律对环境污染损害赔偿范围的规定一般局限于受害人的人身与财产损失。2013年《关于开展环境污染强制责任保险试点工作的指导意见》明确列举的保险责任赔偿范围已经扩大到发生的必要合理的施救费用、必要合理的清污费用以及投保双方约定的其他赔偿责任。实践中，不包括生态环境本身所遭受的污染损失以及精神损害。

最后，环境侵权索赔期限仅为3年，与环境污染的长期性、潜伏性特征不匹配，助长了风险企业的侥幸心理，削弱了环境污染强制责任保险制度的公益性。

（三）赔付率低、风险管理服务差异大

同比我国其他一般责任保险赔付率在40%～60%，环境污染责任保险赔付率极低。从四川省不完全统计数据情况看，其赔付率仅不到4%。

试点地方的风险管理服务情况差异较大，大部分地方并未开展风险管理服务。原因在于环责险试点政策并未对保费或风险保障限额提出要求。根据不完全统计，2014年环责险平均保费

为3万元左右，保险公司不愿意从保费中分割经费开展风险评估与管理服务。在少数试点地方，保险公司拿出10%左右的保费让风险评估机构进行风险评估与风险管理服务，多数试点地方并未开展风险评估与风险管理服务。

强制环责险的试点工作集中在一些重大风险污染源，如化工、石化、火电、钢铁、医药、造纸、食品、建材等行业，投保企业大多为风险相对集中的中小企业，这不符合保险业经营的“大数法则”，也不符合保险投保人选取上的相互补充原则，不利于保险公司的持续经营。

（四）技术标准不健全

环责险技术难度远大于其他商业保险险种，危害后果严重、涉域广泛、受害众多、修复困难。我国环境污染强制保险市场累计经验并不丰富，相关技术支撑尤显不足，主要表现为：

（1）环境污染行业风险评估机制不健全，评估标准不明确、不全面，评估程序不规范；缺乏对第三方专业技术评估机构及人员的相应资质要求，难以突破重大复杂技术。目前我国在涉重行业领域已经制定出行业环境风险评估技术指南，但仍未颁布其他诸多行业的环境风险评估技术指南，相应行业的风险评估缺乏技术支撑。在时空范围界定、监测调查、快速评估等核心技术方面也存在较大瓶颈。

（2）环境污染损害鉴定评估机构数量有限，在能力建设、机构设置和人才培养上都比较薄弱。

（3）受限于第三方评估鉴定机制不完善，保险公司难于掌握环责险的风险类别、分布概率、投保企业历史环境事故损失、环境风险管控能力等方面的真实情况，风险评估、标的定价、事故定损等专业细节缺乏客观、详细的数据支撑，致使保险费率的科学厘定、保险险种的拓展研发和保险条款的合理设计均存在现实困难。

（五）缺失长效激励机制

环境污染强制责任保险兼具商业保险和政策保险的双重特征，其发展初期，需要国家对投保企业和保险企业进行配套资金扶持和税收激励机制。但环境污染责任保险推出的几年来，国家相关扶持与激励措施仍落实困难。2013年《关于开展环境污染强制责任保险试点工作的指导意见》对投保企业规定了两项鼓励和引导措施，即在安排环境保护专项资金或者重金属污染防治专项资金时对投保企业污染防治项目予以倾斜以及金融机构对投保企业优先给予信贷支持，但这些激励措施因为没有法律上的制度保障，具体执行中随意性较强，贯彻落实面临困难，企业积极性缺乏稳定的制度激励。

目前，国家在政策层面和法律层面上没有对承保环境污染强制责任保险的保险公司给予有效激励措施。事实上，根据《财政部、国家税务总局关于保险公司开办的一年期以上返还性人身保险业务免征营业税的通知》（财税〔2005〕145号）的规定，我国对于保险业一直实行严格的税收制度，除对农牧保险和指定的8家保险公司经营的一定范围的人寿保险品种免征营业税外，其他保险均按照保费收入的5%收费，影响了保险公司自我积累能力。同时，国家对保险合同的双方也没有给予财政补贴优惠，政府对社会力量发动不够，尚未建立环境损害赔偿社会救济基金，保险公司开拓市场的积极性受到影响。

2.4.2.4 展望

我国当前处于环境风险爆发期，责任事故频发。当前及今后一段时间，我国环境污染责任保险必将在评估和分散环境污染风险方面扮演着重要的角色。

针对高污染和高风险行业，预期中国政府将继续开展强制型环境污染责任保险的试点工作，其他行业则采取鼓励引导开展环境责任保险的方式。开展强制性环境责任保险，涉及的一系列技术问题和配套措施，需要引起高度重视，这关系到环责险是否能够最终被市场广泛接受：

（1）建议由政府相关部门编制强制性环境责任保险实施名录，对强制性环境责任保险的行业进行充分论证并严格控制，主要包括名录的必要性、可行性。只要是通过市场可以化解的环境风险，就不应列入强制性环境责任保险名录。

（2）建议中央政府在总结试点经验的基础上，考虑逐步设立统一的环境污染责任保险业务承保机构或信息共享平台。目前依靠少数保险公司分兵作战的方式，在核定环境风险概率以及保险费率等方面存在明显的能力不足。国际上解决这个问题，主要有两个方法：一是美国，成立专门的环境责任保险公司承保所有环境责任保险业务。二是欧洲国家，设立保险公司环境责任保险联合体。意大利式的联保集团：1990 年成立的由76 家保险公司组成的联合承保集团。法国也成立了由外国保险公司和本国保险公司组成的污染再保险联营集团。建议国家参照美国、芬兰模式建立专门的国家环境保险公司，或者意大利、法国模式，建立国家环境保险联合集团。

（3）加快一系列配套机制的完善。迫切需求包括：一是政府提供财政补贴、税收优惠或者其他盈利高的险种开办优惠条件，鼓励、扶持保险公司提供环责险。二是加快建立和完善环境污染损害鉴定评估机制，规范环境污染事故的责任认定和损害鉴定工作。三是提供激励手段，鼓励企业主动采取措施降低环境风险。如将风险评估结果与投保档次挂钩，将环境污染责任保险的投保情况与企业信贷资质 / 评级、信用评定、信息公开、上市公司环保核查以及日常监管等联系起来。

2.4.3 气候保险

2.4.3.1 概述

（一）气候保险的概念

气候保险是一种为遭受气候风险的资产、生计和生命损失提供支持的促进机制[①]。它确保在

① Laura Schäfer，Eleanor Waters，Sönke Kreft，et al.（2016）. Making Climate Risk Insurance—Work for the Most Vulnerable: Seven Guiding Princilies. UNU-EHS Publiction Series Policy Report 2016，No.1.

个人、社区、国家和区域一级拥有有效和迅速的灾后财政支持。气候风险大致可以分成毁灭性的天灾如台风、洪水等造成的财产损坏，以及因为对降雨量、温度、积雪量、风速等天气因素变化特别敏感所造成的营业收入减少两大类①。加剧的气候变化和频繁增加的极端天气事件所造成的损失，而气候保险能为之提供保障。气候保险以“确定的小额定期保费支付”来代替“不确定的损失前景”②。保险的财务保障存在事后和事前两种机制：事后保险，保障家庭免受实际风险的经济影响；以及事前保险，确保投资、规划和开发活动在可承受范围内。

气候保险可以在个人、社区、国家、区域（国际）和全球各级发挥很大作用：为灾后的资产损失、生计甚至生活提供安全保障；确保灾后可靠而有尊严的地位；制定预防激励措施；为天气影响的公私投资创造确定性，缓解灾害性贫困，刺激经济发展③。

气候保险可以在三个层面上实施：微观、中观和宏观。微观对应于个人，投保人有农民、商贩或者渔民等；中观对应于协会、合作社、互助、信用合作社或非政府组织等风险聚合者，气候保险向风险聚合者提供支持，再作用于相关的个人；宏观则对应于政府或者国家机构，支付可用于管理流动性差距，维护政府服务或资助灾后方案和目标群体的救济工作。

（二）气候保险的发展情况

国际保险覆盖率数据显示，全球保险业的购买率存在很大差异，在非洲、亚洲和拉丁美洲，基本不存在对灾难性事件的保险服务。而现在包括美国、德国、日本等在内的经营气候保险的国家有很多，气候风险的介入，已经改变了保险业传统的风险管理机制④。

目前的气候保险，主要都是以政府为主导、市场运作相配合的气候保险运作模式。在具体操作中，主要由个人购买气候保险，政府提供一定补贴，商业保险公司共同承保并发挥其专业优势，通过国内和国际的再保险市场等途径分散风险⑤。

日本早在气候变化这一议题还未提出之前，就已经对农业领域的保险制度展开探索。最早可以追溯到1923年《小作保险法》的制定。之后，日本政府于1938年制定《农业保险法》，逐步尝试建立农业保险制度。在20世纪六七十年代，经常遭遇台风的日本，开始在住宅综合保险中加入“台风保险”⑥。到现在，日本在农业领域的气候保险承担的风险责任主要有冰雹、洪水等，采取相互制模式，由农业共济组负责经营，采取高额财政补贴、再保险等方式进行风险分散。

美国主要针对洪水制定了相关的气候变化法律制度。美国国家洪水保险计划根据1968年的美国《国家洪水保险法》制定并几经修改，现主要承载提供洪水保险、促进涝原管理和绘制国家洪水灾害图等三项功能。美国气候保险由联邦政府与特定的地方政府首先订立“防洪

① 能源部门因应气候变迁调适策略研析书（双周报）. 2015. https://www.go-moea.tw/download/message2/0529%E7%AC%AC07.pdf。

② Churchill，Craig，ed.（2006）. Protecting the poor: A microinsurance compendium. International Labour Organization.

③ Climate Risk Insurance—For Strenthening Climate Resilience of Poor People in Vulnerable Countries.（2015）. Deutsche Gesellschaft f ü r Internationale Zusammenarbeit（GIZ）GmbH.

④ 张春. 台风又来了，要不要买份保险[J].中外对话，2016.

⑤ 马菲菲. 中国适应气候变化保险制度研究[D]. 清华大学，2015

⑥ 同④。

契约”，地方政府根据防洪契约制定并实施相应的“涝原管理法令”以减少“特殊洪水灾害区”，未来的洪水风险，以此为前提，联邦政府为该地方社团提供洪水保险以应对洪涝损失。参与的保险商主要是私营保险机构。私营保险机构参与名为“以你自己的名义承保”（Write Your Own，WYO）的参与计划中，以自愿原则与联邦保险局签订参与协议，利用其营销网络和专业知识为洪水保险计划提供销售等服务。参与联邦国家保险计划的私营保险人“以自己的名义”出售联邦国家保险计划下的气候变化保险，收取佣金而不承担保险责任，真正的承保人则是作为政府公共机构代表的联邦保险局。

英国气候保险有所不同，以洪水保险为核心，英国气候保险完全市场化运作，政府只需要履行一些公共职能便可。英国气候保险组织机构是由商业保险公司采取完全市场化运作模式进行经营管理，承担所有风险。商业保险公司通过其分销网络完成保险的销售和服务。商业保险公司组成的民间机构——英国保险协会则负责与政府签署相关合作协议，保证洪水保险有序进行。政府扮演的角色是与商业保险公司处于合作地位，只需要承担提供相关公共服务等职责，并不参与管理，也不需要提供资金支持和税费减免政策。

（三）全球气候灾害损失

气候变化不仅反映为气象要素平均值变化（如平均气温上升），还会导致极端天气事件和巨灾事件出现的频率和强度大大增加，与这些事件相关的保险损失逐年增大，从而给保险业带来巨大挑战。瑞典Sigma统计数据显示，在过去50年间，与气候变化相关的自然风险数目正在稳步上升，总损失和承保损失也在同步上升①。

2016年全球天气相关的灾害损失及分布情况如表2–9所示。

表2–9　2016年全球天气相关的灾害损失及分布②

	相关事件的总数量：700	总损失：1 250亿美元	致死数：7 900人	被保险的损失：400亿美元
气象事件（热带风暴、温带风暴、对流风暴、局地风暴）	35%	42%	25%	62%
水文事件（洪水、泥石流）	54%	45%	63%	23%
气候事件（极端气温、干旱、森林火灾）	11%	13%	12%	15%

从表2–9中可以看出，水文事件和气象事件导致的损失是比较大的，但是气象事件被保险的损失比较多，而水文事件被保险的损失却是非常少的。

2016年全球天气相关的自然灾害及在各大洲的分布情况如表2–10所示。

① 张艳. 气候风险保险及应对策略研究综述[J]. 保险职业学院学报，2012，26（5）.

② http://www.iii.org/fact–statistic/catastrophes–global.

表2-10 2016年全球天气相关的自然灾害及在各大洲的分布[①]

	相关事件的总数量：700	总损失：1 250亿美元	致死数：7 900人	被保险的损失：400亿美元
北美洲	23%	44%	14%	75%
南美洲	8%	10%	3%	<1%
欧洲	10%	8%	2%	13%
非洲	12%	1%	13%	<1%
亚洲	42%	44%	67%	9%
澳大利亚/大洋洲	5%	2%	1%	2%

从表2-10中可见，无论是相关事件的总数量，还是致死人数，亚洲都占了很大的比例，但是被保险的损失却只占了很小的9%，可见气候保险在亚洲还有非常大的发展空间。

但是，纵观全球，2016年天气相关的自然灾害引起的总损失高达1 250亿美元，而被保险的损失只有400亿美元，还有850亿美元的损失是没有保险的，由此也可以看出，适应气候变化迫切需要保险业的参与。

在中国，根据《2015年国民经济和社会发展统计公报》，2015年，全年农作物受灾面积2 177万公顷，其中绝收223万公顷。全年因洪涝和地质灾害造成直接经济损失920亿元，因旱灾造成直接经济损失486亿元，因低温冷冻和雪灾造成直接经济损失89亿元，因海洋灾害造成直接经济损失72亿元[②]。

2.4.3.2 国际范围内的气候保险

保险和再保险行业对气候变化所带来的威胁更具意识、更为敏感。因为他们的利益取决于气候变化的直接影响所造成的风险系统。20世纪90年代，在国际减灾十年的国家和国际委员会成员中，来自保险业的比例不断扩大，这意味着气候保险的兴起。同时，不断攀升的天气灾害损失与气候变化之间的关系也越来越突出。

（一）UN系统

从成立开始，政府间气候变化专门委员会就不断受益于保险业代表的积极参与和贡献，全球最大的再保险商Munich Re，发起制订了《慕尼黑气候保险行动计划》，旨在开发制定保险解决方案以应对极端天气事件所造成的巨大损失，尤其是在发展中国家通过发展小额保险来支持发展中国家的企业。1991年，小岛屿国家联盟（AOSIS）首次推出以工业化国家资贴的基金形式，采用与保险有关的解决方案，应对气候变化所带来的影响。

《联合国气候变化框架公约》第4.8条款和《京都议定书》第3.14条款都呼吁工业化国家研究制定出帮助发展中国家应对气候变化的措施，其中保险被认为是一种可行的选择[③]。

① http://www.iii.org/fact-statistic/catastrophes-global.

② 中华人民共和国国家统计局：《2015年国民经济和社会发展统计公报》，2016.

③ UNEP年鉴2008：变化中的环境综述。

2010年，联合国粮食计划署（WFP）在坎昆宣布启动2 800万美元的适应资金，为穷国农民设置“气候危险保险”，帮助他们保护庄稼、维系生计。

适应资金将用于名为“R（risk）4合作”的风险管理项目，从2011年起由WFP与国际扶贫组织乐施会在埃塞俄比亚等4国合作实施，为期5年。项目将通过降低社区风险、承担生产风险、风险转移和风险准备金来为最易受到气候变化影响的农村地区和农民提供急需的支持，以应对气候变化带来的风险。这个项目的前身HARITA项目2008年曾在埃塞俄比亚进行试点并取得成功，贫困家庭的投保单从最初的200份增加到2010年的1 300份。据以往经验，WFP认为，“气候危险保险”比在自然灾害发生后直接给人们提供粮食更为有效。

在新的“R4”项目中，WFP全球“以工代赈”项目也将结合为“以工代险”新方案。当地农民可以通过应对气候变化的行动来支付保险金，获得“气候危险保险”。比如农民从事灌溉和植树造林工程，降低气候变化给社区带来的不利影响，同时他们又能通过保险更方便地借贷，去购买抗旱种子和农具，贫困家庭也可以在困难时期屯粮避险。

WFP希望通过坎昆气候变化大会唤起国际社会重视气候变化和饥饿间的密切联系。据WFP估计，2050年前，气候变化将使全球饥饿人口增加10%到20%[①]。

实施ARC应急计划。ARC使用应变/运营计划来确保“潜在ARC公司的支出快速有效地使用，ARC资金能够及时有效地到达最脆弱的人群”（ARC，2016）。这些计划要求各国根据潜在受益人和现有国家风险管理结构的需要，确定潜在支出资金的最佳利用。 它们是由国家政府，国内合作伙伴和ARC秘书处合作开发的。ARC向其成员提供应急计划标准和指南手册。

此外，UNEP财政署（UNEP Finance Initiative）、气候智慧（Climate Wise）和京都宣言（the Kyoto Statement）聚合29个国家的129家保险公司支持气候研究，开发适应气候的产品和服务，提高气候变化意识，减少内部排放量，量化和披露气候风险，将气候变化纳入投资决策和参与公共政策[②]。

（二）金融业

保险业可以采取行动来应对气候变化的影响，在减缓气候变化方面，推行旨在减少温室气体排放的措施。此外，保险公司有能力通过促进极端气候相关危害的有效限制和管理来帮助社会适应气候变化的影响。但是气候保险作为经济政策工具还面临着挑战，这些挑战包括将复苏负担放在遭受自然灾害损失的人身上，还包括要促进对经济有效的减损机制的投资。实际上，保险公司可以收取保费，鼓励保单持有人制定预防损失措施。经统计，全球保险业参与气候变化适应与减缓活动。截至2012年底，51个国家的378个实体共有1 148项（主要是过去十年），占行业总收入的2万亿美元（44%）[③]。

① WFP媒体公报2010。

② 《慕尼黑气候保险计划》。

③ Mills E; Climate change. The greening of insurance. Science（New York，N.Y.）[Science] 2012 Dec.14; Vol. 338（6113）.

1. 提出应对损失与危害的机制——MCII

2009年，慕尼黑保险公司提出应对损失与危害的机制建议——慕尼黑气候保险计划（Munich Climate Insurance Initiative），主要包括预防和保险两部分。预防部分提供符合成本/效益原则的预防性活动，用来减少较低的气候变化风险。保险部分包括无法采用符合成本/效益原则的行动来应对的中等或很高的气候变化风险。慕尼黑气候保险计划提议建立气候保险基金（Climate Pool），预定好高风险的范围，特别是将最脆弱的国家定义为不需要付出成本的受益国。气候保险基金通过在全球再保险市场进行再保险来应对极端损失。实施慕尼黑气候保险计划预计需要每年投入约100亿美元购买保险服务。

2. 产品创新

保险行业正以开发创新的方式来有效应对气候相关风险的增加，市场上已经有新的金融产品，如灾难债券和天气衍生产品。

（1）灾难债券。灾难债券能够将风险转移给投资者，然后收到通常以参考利率加上适当风险溢价的回报。这些产品使保险公司能够通过将自然灾害风险转移到资本市场来限制其风险。

（2）天气衍生品。天气衍生产品是公司用来对付天气相关损失风险的另一种金融工具，主要包括天气期货和天气期权。天气期货合约是在交易所内进行交易的标准化合约；天气期权是一种欧式期权，表示投资者在未来某一日期买卖某一个天气期货合约，包括看涨和看跌两种，买方只能在到期日行使权利并进行结算。当特定触发器被激活时，天气衍生产品奏效，提供天气衍生品的投资者向买方收取资本获取费用；如果没有发生任何事情，则投资者赚取利润①。

3. 不同保险模式

（1）公共垄断保险。该保险规定了个人和法律实体对特定公共保险提供者，即所谓的垄断保险公司的强制性法律归属。在大多数情况下，这些都是区域垄断。垄断保险公司通常会采取以法律规定和公共咨询程序为依据、制定合同的方式，但实际上也有权参与公共诉讼，如减灾规划、土地利用规划和建筑法规。

（2）所有自然灾害强制保险形式。强制性保险本身就具有所有可能受自然灾害影响的人购买有关风险政策的强制性义务。在所有自然灾害强制性保险的形势下，保险人有义务在有条件的情况下向有兴趣的买家提供合法的保险水平。在这种监管框架内，许多公司可以提供不同类型的保险，即在强制性保险范围内供应商竞争是可能的。

（3）捆绑保险范围。涉及强制性地将自然灾害纳入建筑物和内容保险合同。

（4）自由市场的自然灾害保险。欧洲的调查显示，“自由市场自然灾害保险”与政府的特别政府救济计划一起共存。后者弥补了在纯商业性保险公司运营的不可避免的覆盖面差距。

（5）纳税人资助的政府救济基金。在该模式下，灾害资金是用于补偿自然灾害造成的损失达到最大固定金额的政府资金。该项会在索赔人不是私人保险的情况下进行付款。通过基于市

① 谢世清，梅云云. 天气衍生品的运作机制与精算定价 [J].财经理论与实践，2011（32）.

场的私人保险可以进行综合自然灾害覆盖的补充，实际上通常是作为建筑物保险的补充[①]。

（三）各国的气候保险发展情况

1. 发展中国家

在国外气候保险的设计主要包括六个主要环节，分别是收集相关气象数据、确定干旱指数、量化干旱风险、构建保险合约、合约定价（确定保费额度）以及将保险产品与信贷产品捆绑。[②]

印度金融机构BASIX在世界银行的帮助下已经连续3年试行农业气候保险，并且取得了很好的成绩，实现了自主经营、自负盈亏，其业务已拓展到全印度；在墨西哥，种植业保险通过气候保险衍生工具进行再保险；在阿根廷，该保险用于分散化肥贷款由于天气的不确定性而带来的财务风险等；在南非，苹果合作社应用它来分散霜冻带来的苹果种植风险。

在圣卢西亚，MCII与当地合作伙伴一起通过一系列街头戏剧来推广LPP。演出以当地的克里奥尔方言进行，并在当地的展会和庆典上进行演讲，以说明产品的工作原理以及对客户的好处。甚至展示了当地的主要保险公司，积极参与公众意识的活动（根据客户的需求调整能力建设）。

在蒙古，蒙古指数型家禽保险项目（IBLIP）于2006年首次推出，通过与当地私人保险公司的合作向牧民提供保险。保险保护牧民免受家畜气候损失。使用IBLIP，即将自我保险，市场保险和社会安全网相结合，进行整体风险管理的风险分层方法。牧民只承担不影响业务可行性的小损失的费用；更大的损失转移到私人保险业，最后一层灾难性损失由蒙古政府承担。公共灾害响应产品（政府提供的牧民社会安全网）和私人基础保险产品（私人公司销售的商业产品）的结合证明对IBLIP非常成功[③]。

2. 发达国家

日本最大的保险公司Tokio Marine＆Nichido于1999年开始实施红树林再造林项目。该项目以建设海岸防护林、重建农田、促进受灾地区就业等振兴受灾地区为目的。自1999年起，该保险公司启动了在东南亚各国的红树林造林活动，每年都有公司员工参与到种植红树林的活动中。公司运用碳封存技术，并于2008年起实现碳中和。项目具有联合减缓风险的适应效益，使得公司增强了对风险损害的抵御力。截至2012年3月底，项目共实施12次，约400名员工参与到此项志愿者活动中[④]。

美国国家洪灾保险计划（NFIP）。该项目由政府主导，政府要求处于高洪水风险地区的房屋和建筑物在向联邦监管或联邦保险的借贷机构申请贷款时，必须购买洪水保险。政府的社区救助方案（CAP）还帮助合格的社区识别、预防以及解决洪泛区管理中存在的问题。此外，当某年损失巨大，超过历年平均赔付水平时，NFIP有权向政府申请贷款，或要求国会提供特别

① Insurance Models and European Climate Change Policies: An Assessment[J]. European Journal of Law & Economics. August 2014，V. 38，iss. 1，pp. 7-28.

② 方俊芝，辛兵海. 国外农业气候保险创新及启示：基于马拉维的经验分析[J] 金融与经济，2010（7）：82-85.

③ 《慕尼黑气候保险计划》。

④ http://www.tokiomarine.com.cn/cn/48.htm.

拨款。其运作方式是，NFIP的管理由联邦紧急事务管理署，通过与近90个私营保险公司密切合作，向房屋所有者、租赁人以及企业主提供洪水保险。而NFIP实质上是一个由法律确立的全国性的保险集合，资金来源于收取的保费，在损失超过一定限额时，允许向财政部贷款。此外国会也可能提供特别拨备。政府部门（FEMA）负责管理和资金运作（全国洪水保险基金），保险公司则只是提供洪水保单及相关服务（通常通过代理人）。由于政府的积极推进，美国的洪水保险保费稳步增长[①]。

欧洲学者建议将气候保险纳入气候变化适应战略。2016年3月24日，英国伦敦政治经济学院、荷兰代尔塔斯研究所、奥地利国际应用系统分析研究所的研究人员等学者认为：洪水、干旱、热浪等气候变化导致的极端天气事件对贫困人口的打击格外严重，相较于事后基于临时性的、不可预知的补偿，提前建立保险机制能使他们得到更加有效的支持。

2.4.3.3 中国的气候保险

（一）中国的气候保险发展

在中国，气候保险多以天气保险、气象保险或气候灾害保险等概念为人所知。而指数保险中的气候指数保险，也称为气象指数保险和天气指数保险。

中国的保险业进入气候领域是在2007年。2007年4月，中国保险监督管理委员会下发了《关于做好保险业应对全球变暖引发极端天气气候事件有关事项的通知》，要求各保险公司和保监局高度重视气候持续变暖可能对我国经济社会发展造成的负面影响，充分发挥保险经济补偿、资金融通和社会管理功能，提高应对极端天气气候事件的能力。同年6月8日，天安保险在重庆举行了西部新产品试验基地的揭牌仪式，这个试验基地把非传统领域的气象保险列入了开发计划。6月14日，上海气象部门与上海保险监督管理局以及30多家保险公司联合召开了“合作应对气候变暖引发极端气象灾害”研讨会，深入交流了气象与保险的业务合作，初步达成了推出“气象保险”这一险种的意向。

中国的气候保险源于农业领域易于遭受极端天气影响。中国地处东亚季风区，属于全球“气候脆弱区”之一，在22届联合国气候大会公布的全球气候风险排行中，我国位列34名[②]。农业本身又易于受气候影响，易因干旱、洪涝、台风、冰雹、低温和雨雪等灾害而遭受巨大损失。中国作为农业大国，农业占全国GDP比重接近10%，农业人口占比超过40%[③]，农民收入较低，抗风险能力较弱，农业保险成为农业生产风险管理的重要手段。因此，2007年保监会《关于做好保险业应对全球变暖引发极端天气气候事件有关事项的通知》尤其重视农业领域的保险产品，要求“积极探索天气灾害指数保险等新型产品的开发和推广”。

传统的农业保险会遇到一系列问题，如逆向选择、道德风险和交易成本较高等[④]。在这种情

① 庞利华：《美国国家洪水保险计划及其对我国的启示》。

② 《2017全球气候风险指数报告》。

③ 汪丽萍. 天气指数保险及创新产品的比较研究[J]. 保险研究，2016（10）：81-88.

④ 姚庆海. 气象灾害与天气指数保险研究[J]. 上海保险，2015（1）：7-11+20.

况下，中国发展推出了气候指数保险。2014年8月，国务院在《关于加快发展现代保险服务业的若干意见中》提出要“开展农产品目标价格保险试点，探索天气指数保险等新兴产品和服务，丰富农业保险风险管理工具”。而2016年的“中央1号文件”《关于落实发展新理念加快农业现代化 实现全面小康目标的若干意见》，再次提出“探索开展”“天气指数保险试点”，气候（天气）指数保险成为农业保险转型的重要一部分。表2-11 为我国开展的天气指数保险品种概况。

表2-11　　我国开展的天气指数保险品种概况（截至2014年5月）[①]

名称	开展公司	年份	运行状态
西甜瓜梅雨强度指数保险	安信农险	2007	在上海地区推广开展
小麦种植天气指数保险	国元农险	2010	安徽宿州市埇桥区、长丰县
水稻高温热害天气指数保险	国元农险	2011	2012年重新修订，在安徽南陵县、无为县等地开展
蜜橘树气象指数保险	人保财险	2011	在江西省南丰市试点
海珍品风力指数保险	人保财险	2012	大连长海、山东长岛、山东荣成等养殖海域开展
烟叶冻灾和水灾指数保险	国寿财险	2011	福建省长汀县三个乡镇开展
橡胶风灾指数保险	人保财险	2013	开发论证阶段
大豆及玉米种植保险	阳光农险	2014	在鸡西地区、黑河地区试点推广
峰业保险	人保财险	2014	在北京等地区开展

中国最早进行的气候指数保险起始于安信农险公司。2007年，安信农险公司在上海南汇4个区试点“西甜瓜梅雨强度指数保险”[②]。

中国最早与国际机构合作推出气候指数保险的是国元农业公司。2007年，在世界粮食计划署、国际农业发展基金和中国政府的共同推动下，国元农业公司在安徽推出了“水稻种植天气指数保险”，后进一步拓展到小麦，累计承保水稻、小麦34万亩，为1.5万户农户提供6 288万元风险保障，通常在10天左右就能完成理赔。

2009年，德国环境部与国家气候中心共同开展灾害保险研究项目的案例示范区，福建省厦门市正式启动气象灾害（台风）指数保险项目。在气象资料的基础上，通过研究台风的各项指数、台风登陆和影响区域、台风造成的行业损失情况等信息，建立以台风灾害为基础的保险指数及相应保险产品。这项举措将有效增强防范气象灾害的能力，有利于在气候变化中增强自身的气象管理水平。[③]

2010年，国家将海南天然橡胶列入中央政策性农业保险补贴范围，购买该指数保险产品的农户可享受国家40%的保费补贴，至2011年该产品签单的保费收入高达4 922万元，保险公司的

① 姚庆海. 气象灾害与天气指数保险研究[J]. 上海保险，2015（01）：7-11+20.

② 章海峰，鲍思思. 天气指数保险发展及运营现状[J]. 中国保险，2016（12）。

③ http://www.circ.gov.cn/web/site36/tab2095/info101445.htm.

赔款开支共9 600多万元，赔付率接近200%。[①]

2014年，中国保监会与德国合作开展烟草气象指数保险，选取福建省龙岩市长汀县的3个乡镇作为试点，保费由烟农承担20%，烟草公司承担50%，其余30%由财政补贴。

与此同时，中国人保在锡林郭勒盟乌拉盖管理区乌拉盖牧场、贺斯格乌拉牧场开展了草原牧区羊群天气指数保险，为20万只羊提供保险保障，对因天气原因发生重度雪灾、旱灾，被迫由传统散放养状态转为舍饲或半舍饲养殖所发生的养殖成本增加部分的损失进行赔偿。

在江西，开展了蜜橘气象指数保险，对冻灾提供风险保障，一方面得到农民的欢迎；另一方面也引起了各级政府对低温因素的关注。在北京，还开展了蜂业气象指数保险，对因降水量和光照不足造成蜂蜜减产提供风险保障，共有213户蜂农的2.4万群蜂进行投保，得到了71.5万元的保险赔付。

此外，我国保险业还开发了降水发电指数保险，承保因降雨量不足导致发电企业水力发电业务减少的损失[②]。

目前，中国保险业已经开发了几十款气候指数保险产品。

（二）气候保险创新——气候指数保险

1. 气候指数保险的概念

国际上有两种保险形式，传统的一种属于损失补偿性保险（Indemnity-based Insurance），根据评估的损失多少，保险公司给予相应的补偿。传统损失补偿性保险主要是针对气候灾害导致的损失补偿，无论从行业效率还是社会效率层面均面临挑战[③]。另一种是指数保险，根据超过预定义阈值（例如一段时间内某一空气温度或某一风速）触发保险赔付条件。指数保险将传统的“出险—核损—赔付”缩短为“出险—赔付”两阶段模式，也因此，指数保险不需要索赔评估过程，可以更快地解决索赔。指数保险可以设计为基于气象站、卫星或收益率的产品[④]。

气候指数保险是指把一个或几个气候条件（如气温、降水、风速等）对投保物损害程度指数化，每个指数都有对应的投保物的损益情况，保险合同以这种指数为基础，当指数达到一定水平并对投保物造成一定影响时，投保人就可以获得相应标准的赔偿[⑤]。

随着指数保险产品开发越来越充分，指数体系更加系统和完备，气候变化的风险管理就能够越来越细致。而通过设计一套科学全面的指数体系，能够实现科学的气候变化观察，也能引导全社会对气候变化风险的关注，从而推动社会化治理与改善[⑥]。

---

① 李秀香. 对我国推广农业气候指数保险的思考[J]. 江西社会科学，2013（12）: 46-50.

② 气候指数保险：应对气候变化的最重要创新——访中国人保财险执行董事、副总裁王和。

③ 同②。

④ Laura Schäfer，Eleanor Waters，Sönke Kreft，et al.（2016）. Making Climate Risk Insurance—Work for the Most Vulnerable: Seven Guiding Princilies. UNU-EHS Publiction Series Policy Report 2016，No.1.

⑤ 冯文丽，苏晓鹏：我国天气指数保险探索[J]. 中国金融，2016（8）.

⑥ 气候指数保险：应对气候变化的最重要创新——访中国人保财险执行董事、副总裁王和。

2. 气候指数保险的特点

（1）赔款与个别投保人产量无关，可以有效解决道德风险和逆向选择问题；

（2）承保不需考虑投保人差异，查勘、定损和理赔不需要复杂技术，管理成本低；

（3）标准化合同容易实现二级市场流通，可以充分利用资本市场分散农业风险[①]。

中国气候指数系列分为年度和月度指数，包括雨涝、干旱、台风、高温、低温冰冻五类指数，以及在此基础上合成的中国气候风险指数。以中国气候风险指数为例，风险等级从低至高分为0到10。1981—2016年，中国气候风险指数平均值为4.19。对比1999年前后的平均值就可明显看出，风险指数从3.69上升为4.69，气候风险呈逐步增加趋势[②]（见图2-11）。

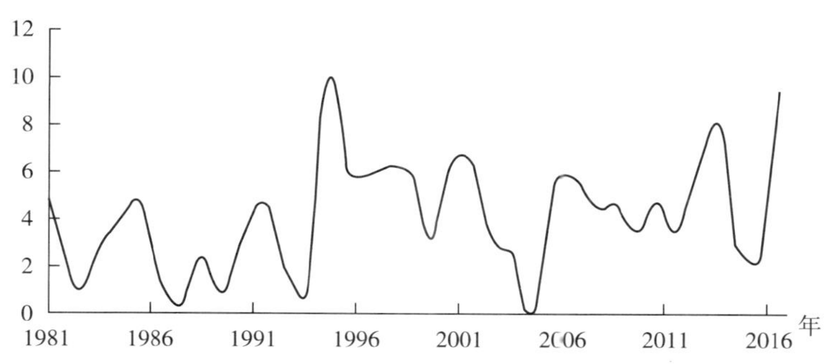

数据来源：财新智库，国家气候中心。

图 2-11 1981—2016 年中国气候风险指数

3. 中国气候指数保险的实践案例

（1）海南保险业开发橡胶树风灾保险，并于2007年由海南省政府纳入政策性农业保险范畴。随着农户投保意识的提升以及财政补贴力度的不断加大，海南橡胶风灾保险实现迅猛发展，2007—2014年，共承保橡胶种植面积达1 874.15万亩，累计保费收入5.46亿元，累计提供风险保障293.45亿元，保险赔款累计支出4.17亿元。8年间，各级财政累计保费补贴为3.37亿元，撬动了293.45亿元的社会资金为全省胶农提供风险保障，财政资金的支出效益放大了87倍[③]。

（2）农户可借助支付宝平台的“农作物风力指数保险”产品为农田上保险，达到赔付条件赔款会第一时间转到支付宝账户。截至2015年11月30日，这款保险产品，总投保量已达到4.5万余笔，简单赔付率约83%，惠及3万余农户[④]。

（3）天气科技（北京）有限公司（以下简称“天气科技”）发布的“气象保险DIY平台”，是全球首个C2B模式的气象指数保险定制平台。“气象保险DIY平台”基于气象大数据模型和保险精算模型，将气象指数保险产品的设计和生成开放给用户，用户可以根据自己面临

① 冯文丽，苏晓鹏. 我国天气指数保险探索[J]. 中国金融，2016（8）。

② 气象局网站，2017。

③ 孙文菁. 海南橡胶树风灾指数保险发展研究[J]. 海南金融，2016（4）。

④ 《气象指数保险“登陆”支付宝》，中国气象报社，2015。

的天气情境在手机上快速定制一份个性化的气象指数保险，保险公司负责承保，保单可瞬时生成。当实际天气状况达到设定的赔付条件时，保险公司会予以即时赔付①。

（三）中国气候保险存在的问题和机遇

1. 气候指数保险存在的问题

（1）存在基差风险。由于天气指数保险根据实际天气指数与约定天气指数之间的偏差进行赔付，同一风险区划内的所有投保人，均按统一费率承保，也按相同标准赔付。但在同一次灾害事故中，村与村之间、村民之间的受灾程度不同，天气指数保险均按同一标准赔偿，容易出现有的农户没有受灾也得到赔款，有的农户受灾重但赔款不足以弥补损失，这容易让农户感觉不公平。

（2）产品研发过程对专业知识和精算技术要求均较高。

（3）产品研发存在数据瓶颈。天气指数保险产品设计的最关键环节是要精确计算天气指数与农作物产量的关联度，这对气象数据和产量及损失数据都提出了较高要求。一般来说，平均20平方公里内保证有一个符合国际标准的气象观测站，才能为建立灾害强度与损失模型提供完整的数据，而且研发天气指数保险需要有30年以上的数据。目前，我国气象观测站的数量、标准及历史气象数据和损失数据都很难达到天气指数保险研发的要求，容易导致赔付率偏高或偏低。

（4）我国地势地貌复杂，幅员辽阔，在初期保险公司要设置有针对性的保险产品的成本较高。

（5）小农户生产规模小、风险小，因此需求低②。

2. 气候指数保险存在的机遇

中国气象局气候中心自2017年4月起，每月5日将更新未来三个月的指数预测③，该指数即“中国气候指数系列”，内容主要分为年度和月度指数，包括雨涝指数、干旱指数、台风指数、高温指数、低温冰冻指数和中国气候风险指数（CRI）。这将服务于中国气候保险，为气候指数保险的进一步发展奠定了基础。

2.4.3.4 存在的问题及展望

（一）存在的问题

对于国际的气候保险，存在如下问题：

（1）发达国家与发展中国家存在差异。发展中国家在自然灾害中的死亡人数超过95%，直接经济损失平均每年约为1 000亿美元。发达国家与发展中国家不仅在灾害的人力和经济负担上存在巨大差异，而且在保险方面也差异巨大。在最富有的国家，1980—2004年约有30%的损失（约占国民生产总值的3.7%）可以获得保险赔付，在低收入国家，只有约百分之一的损失可以

① 自己定制自己的天气保险，气象指数保险DIY平台发布. 中国气象网，2016.

② 冯文丽，苏晓鹏. 我国天气指数保险探索[J]. 中国金融，2016（8）.

③ http://www.shanghai.gov.cn/nw2/nw2314/nw2315/nw17239/nw17252/u21aw1215129.html.

获得赔付。由于缺乏保险，高水平的债务和有限的援助导致许多受到高度关注的发展中国家无法提供足够的资金来替代或修复损坏的资产。在重大灾难之后恢复生计也加剧灾害对贫困与发展的影响。

（2）保险制度的潜在破产和不可持续性。在没有强有力的监管框架的情况下，许多在低收入社区经营的微型保险制度的备用资金不足，因此面临高破产风险。这些风险可以通过加强市场监管来减少，并提供外部支持来确保地方和国家体系的偿付能力和稳定性。

（3）存在道德风险，逆向选择和基础风险。道德风险也可以通过建立基于索引的系统得到有效的解决。然而，基础风险仍然是一个问题。

（4）保险制度稳定性存在问题。尤其是在发展中国家，制度的稳定和信任是一个问题。在没有世界银行参与的情况下，商业银行不会参与相关保险计划。由于缺乏机构信任，这可能是在捐助者支持的试点阶段之外扩大这些制度的制约因素。

（5）风险保费过高。发展中国家许多人无法负担风险保险费，仍然依赖于灾后援助和其他形式的融资[①]。

而对于我国的气候指数保险，还存在如下问题：

（1）存在基差风险。由于天气指数保险根据实际天气指数与约定天气指数之间的偏差进行赔付，同一风险区划内的所有投保人，均按统一费率承保，也按相同标准赔付。但在同一次灾害事故中，村与村之间、村民之间的受灾程度不同，天气指数保险均按同一标准赔偿，容易出现有的农户没有受灾也得到赔款，有的农户受灾大但赔款不足以弥补损失，这容易让农户感觉不公平。

（2）产品研发过程对专业知识和精算技术要求均较高。

（3）产品研发存在数据瓶颈。天气指数保险产品设计的最关键环节是要精确计算天气指数与农作物产量的关联度，这对气象数据和产量及损失数据都提出了较高要求。一般来说，平均20平方公里内保证有一个符合国际标准的气象观测站，才能为建立灾害强度与损失模型提供完整的数据，而且研发天气指数保险需要有30年以上的数据。目前，我国气象观测站的数量、标准及历史气象数据和损失数据都很难达到天气指数保险研发的要求，容易导致赔付率偏高或偏低。

（4）我国地势地貌复杂，幅员辽阔，在初期保险公司要设置有针对性的保险产品的成本较高。

（5）小农户生产规模小、风险小，因此需求低[②]。

（二）未来展望

（1）通过激励措施降低风险。通过为减灾措施提供奖励措施，保险可以减少直接和间接的

① Linnerooth-Baye. Insurance，Developing Countries and Climate Change. Geneva Papers on Risk & Insurance - Issues & Practice. Jul.2009，Vol. 34 Issue 3，pp.81-400. 20p. 3 Diagrams，1 Chart，1 Map.

② 冯文丽，苏晓鹏：我国天气指数保险探索[J]. 中国金融，2016（8）.

灾害损失。

（2）耦合保险与降低风险。作为促进适应的更直接的途径，提供保险可以取决于减少风险的措施。

（3）英国英杰华保险和德国安联保险等欧洲保险业巨头表示，大数据应用技术和气候变化给保险业发展带来明显冲击，并已成为影响行业发展前景的最大挑战①。

2.5 碳金融

2.5.1 低碳融资

2.5.1.1 全球低碳转型及对低碳融资的要求

（一）巴黎协定进一步明确了全球绿色低碳转型大势

2015年12月在第21届联合国气候变化大会上，各国达成《巴黎协定》，该协定已于2016年11月4日正式生效。《巴黎协定》进一步确认控制全球平均气温相比工业化前水平的升幅低于2℃这一目标，并提出“努力将气温升幅限制在工业化前水平以上1.5℃之内”。《巴黎协定》为全球低碳转型指明了方向、提供了强有力的政治推动力。

根据中国人民大学能源与气候经济学项目组的测算，2℃目标下，全球2011—2050年的累积CO_2排放量为9 600（6 700～12 900）亿吨，2011—2100年的累积CO_2排放量为10 200（6 900～12 500）亿吨，下半世纪需要实现碳中和。1.5℃目标下，全球2011—2050年的累积CO_2排放量为6 900（5 400～8 500）亿吨，2011—2100年的累积CO_2排放量为4 700（1 600～5 800）亿吨。与2℃相比，2011—2050年的全球累积碳排放空间减少28%，2011—2100年的全球累积碳排放空间减少54%。下半世纪需要实现累积净的负排放2 200亿吨CO_2。如表2-12所示。

表2-12 2℃和1.5℃目标下全球累积CO_2排放空间和减排目标②

情景类别	累积CO_2排放（不包括LULUCF）（亿吨CO_2）		相对2010年CO_2排放（不包括LULUCF）的下降率（%）		2020—2030年年均CO_2排放下降率（%）	21世纪末温度变化（相比1850—1900年水平）低于此温度的可能性	
	2011—2050年	2011—2100年	2030年	2050年		1.5℃	2.0℃
2℃情景	9 600（6 700～12 900）	10 200（6 900～12 500）	16（-20～52）	63（29～84）	1.6（-0.3～2.9）	<50%	>66%
1.5℃情景	6 900（5 400～8 500）	4 700（1 600～5 800）	46（14～58）	89（79～112）	3.7（2.1～4.7）	>66%	>66%

① 保险业峰会会议摘要2014。

② 崔学勤，王克，邹骥. 2℃ 和 1.5℃ 目标对中国国家自主贡献和长期排放路径的影响 [J].中国人口、资源与环境，2016，（26）.

可见，按照《巴黎协定》要实现将全球温升控制在2度，甚至是1.5度的目标，对21世纪内全球累积碳排放空间、关键时点减排目标、近期减排力度以及实现碳中和时间等都提出了很高要求。

此外，UNFCCC秘书处[①]和UNEP[②]等机构均发布报告，评估了现有INDC所能实现的减排效果以及与实现2℃和1.5℃目标之间的差距。这些研究表明，各国如果顺利实现现有INDC目标，2030年全球温室气体排放将达到550亿吨CO_2当量。而2℃目标要求2030年全球温室气体排放量控制在400亿吨CO_2当量以内。1.5℃目标则要求2030年全球温室气体排放量控制在320亿～330亿吨CO_2当量以内。因此，2030年现有INDC与实现2℃目标之间的排放差距约为150亿吨CO_2当量，与实现1.5℃目标之间的排放差距将进一步扩大到220亿～230亿吨CO_2当量[③]。

（二）全球实现低碳转型的措施以及投资需求

要弥补各国现有国家自主贡献（INDC）目标与2℃/1.5℃目标之间的排放差距，低碳技术的部署以及推动低碳技术部署的低碳投资具有非常重要的意义。表2-13梳理了2008年至2016年IEA发布的《能源技术展望》（ETP）报告中，关于各低碳能源技术领域对实现2℃目标的贡献占比所做的分析。从表2-13可知，终端能效与可再生能源对于实现2℃目标的贡献占比超过70%。此外，通过对比可知，随着近年来可再生能源技术的发展，包括技术成本下降以及技术成熟度的提升以及世界各国在可再生能源领域的大规模投资，IEA将可再生能源的发展在实现全球2℃目标中的贡献占比逐步从20%左右提升到32%。而由于技术的商业化示范滞后，IEA调低了碳捕获与封存技术（CCS）技术的未来发展预期。这也使得能效技术的贡献占比更加凸显。

表2-13　　IEA能源技术展望报告中关于各技术对于实现全球2°C目标贡献占比的比较

技术类别		ETP2008	ETP2010	ETP2012	ETP2014	ETP2015	ETP2016
		2度到3度情景	2度到3度情景	2度到3度情景	2度情景	2度情景	2度情景
CCS	工业和燃料转换	9%	19%	14%	14%	13%	12%
	电力生产设备	10%					
核能		6%	6%	8%	7%	8%	7%
可再生能源		21%	17%	21%	30%	30%	32%
电力生产效率和燃料转换		7%	5%	3%	2%	1%	11%
终端燃料转换		11%	15%	12%	9%	10%	
终端燃料和用电效率	用电效率	12%	38%	38%	42%	40%	38%
	燃料效率	24%					
减排量总和		48Gt	48Gt	43Gt	43Gt	43Gt	

资料来源：国际能源署（IEA）能源技术展望报告（2008—2016）。[④]

① UNFCCC. FCCC/CP/2015/7: Synthesis report on the aggregate effect of the Intended Nationally Determined Contributions[EB/OL]. http://unfccc.int/resource/docs/2015/cop21/eng/07.pdf.

② UNEP. The Emissions Gap Report 2015[R]. Nairobi: United Nations Environment Programme（UNEP）, 2015.

③ 政府间气候变化专门委员会（IPCC）关于1.5℃的特别报告正在撰写中，目前国际上并没有关于1.5℃目标的权威报告。文中所给数据是中国人民大学课题组基于目前所掌握的国际学术界关于1.5℃情景研究结果所做的初步推算。

④ IEA从2014年开始将能源技术展望报告改为每年发布。

为了顺利部署低碳技术以实现2℃目标，IEA估计2050 年前世界额外需要36 万亿美元（即从2016 年起每年1万亿美元）的清洁能源投资。在《世界能源展望2016》设置的新政策情景[①]中，全球能源供应领域累积投资需求为44万亿美元，其中60%投向石油、天然气和煤炭的开采和供应，包括使用这些燃料的电厂，接近20%投向可再生能源。此外，还需要23万亿美元用于提高能效。与2000—2015年全球能源供应投资总额将近70%投向化石燃料相比，非化石能源领域的投资占比大幅度攀升，这也表明低碳目标对能源供应领域带来的投资方向的改变。

2℃情景中，由于能效提升，全球在能源供应领域的累积投资需求为40万亿美元，比新政策情景减少约4万亿美元。2040年时，化石燃料投资占比会下降到将近1/3。而能源效率领域的投资则从新政策情景中的23万亿美元提高到35万亿美元。可见，2℃情景下，投资结构进一步倾向于可再生能源、能效以及核电和二氧化碳捕集与封存等其他低碳技术。

从各个重点技术投资需求看，新政策情景下，2016年至2040年全球电力部门总投资为19.2万亿美元，这部分投资主要用于可再生能源发电，如风能发电、太阳能发电、水电等。可再生能源技术领域的投资是化石能源技术领域投资的2.5倍。从地区分布看，全球电力总投资中中国的投资所占比重将最大，其次为欧盟、美国和印度（见图2-12）。

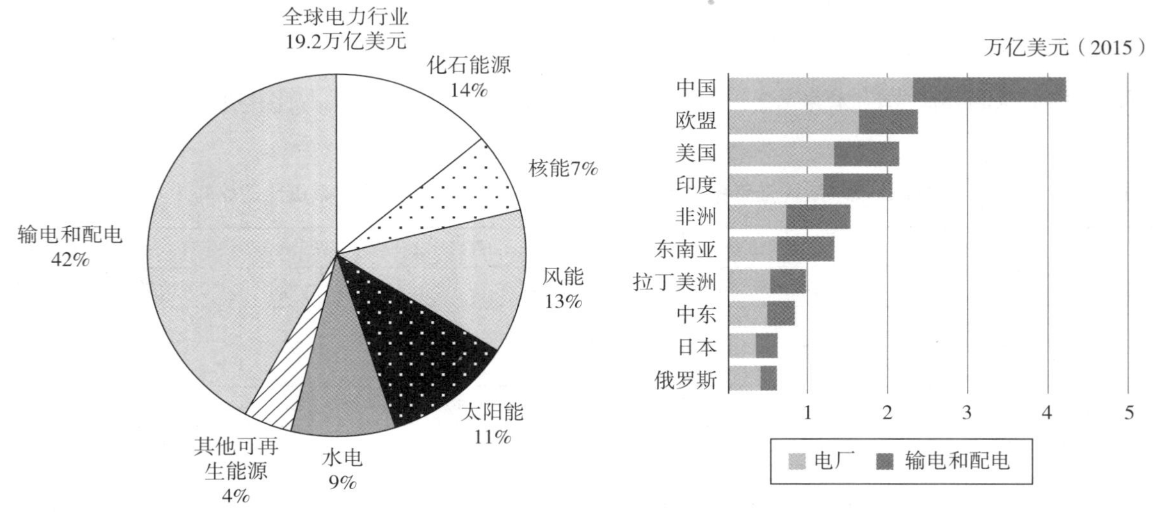

数据来源：International Energy Agency（IEA），Energy Technology Outlook，2016。

图2-12 2016—2040年，新政策情景下全球电力部门累积额投资及分布

综上所述，能源行业对于实现各国的INDC目标，进而将全球温升控制在2℃发挥着至关重要的作用。而要发挥能源行业在全球减排中的积极作用，尤其要重视可再生能源的发展和能效的提高，而这些均需要大量基础设施投资。

全球在基础设施领域的投资对于全球经济增长、结构调整以及可持续发展目标（SDGs）具

① 新政策情景（New policies scenario），即综合已有的能源政策和各国提交的INDC情景，资料来源：International Energy Agency（IEA），World Energy Outlook，2016。

有重要意义。全球在基础设施领域的投资预计将显著增长，从目前每年3.4万亿美元增长到每年6万亿美元。未来15年，全球在基础设施领域的投资总量预计将达到90万亿美元规模，大致为现有全球基础设施存量的2倍[①]。发达国家将需要对现有基础设施进行翻新，譬如美国新任总统特朗普就提出一万亿美元规模的美国基础设施翻新计划。而发展中国家为满足经济增长、城市化的需要，在基础设施领域的投资需求规模将更为巨大。

从长期看，基础设施投资是实现结构改革和可持续发展的关键。60%以上的温室气体排放与全球现有的基础设施的使用有关。今后数年与基础设施相关的投资决策，包括投资规模、投资流向等，特别是是否投资于符合低碳标准的技术设施，将决定全球未来的发展路径，也就是是否能够避免高碳、低碳和非可持续的路径而迈向气候友好的低碳、包容的增长路径。

（三）全球低碳投资现状

目前全球能源领域的投资正在发生结构性的变动。根据IEA2016年世界能源投资报告，2015年全球能源投资为1.8万亿美元，由于可再生能源和电网的扩展，电力行业的投资达到了创纪录的6 900亿美元，占总投资的比例超过37%。电力行业的投资明显向低碳发电技术转变。其中风电、太阳能光伏及水电等可再生能源发电投资额接近2 950亿美元。此外，2015年对能效领域的投资仍然有6%的增幅，金额达到了2 200亿美元。

从全球来看，风电、太阳能光伏以及电动汽车领域的投资已基本上符合全球升温不超过2℃的目标要求，但其他低碳技术领域的投资仍然滞后。能源投资规模与《巴黎协定》所要求的低碳能源体系还有较大差距。目前，还没有对CCS技术形成大规模的投资，航空航运等石油消费主体还没有出现低成本的可替代性能源；低效煤电厂仍然获得了大量的投资，这可能锁定未来几十年的高碳。

因此，为实现将全球温度上升控制在2℃的目标，需要继续增加低碳基础设施和低碳技术推广应用等方面的投资。不断加快技术创新和促进形成合理的投资框架，引导能源系统的迅速转变，从而促进实现气候治理与能源安全的目标。而要保证这些投资，需要在所有地区建立可信的投资框架，营造稳定透明的管理环境，降低低碳投资风险，以便吸引充裕的资金。

2.5.1.2 中国落实INDC以及推动低碳转型的投资需求

（一）中国实现INDC目标对低碳技术的需求

2015年6月，中国政府向联合国提交了国家自主贡献，对2020年后的强化减缓和适应行动做出了安排。中国的国家自主贡献选取了以发展路径转型创新为主题的一揽子指标体系，包括：二氧化碳排放在 2030 年左右达到峰值并争取尽早达峰，2030年单位国内生产总值二氧化碳排放比 2005 年下降 60%~65%，非化石能源占一次能源消费比重达到20%左右等目标。在全面深化改革和推进生态文明建设的背景下，实现中国INDC目标，需要探索和开创新的发展模式和发展路径，努力实现以低碳为引领的发展路径创新，这对中国而言具有深远的意义。

国际能源署（IEA）在最新发布的《能源技术展望2C15》中评估了不同领域的技术对中国实

① New Climate Economy Report，the Global Commission on the Economy and Climate，2016.

现2050年低碳转型的贡献率。结果表明，工业、建筑和交通等部门的能源效率技术对减排的贡献将达到41%，可再生能源技术的贡献将达到31%，核能技术的贡献为10%，碳捕获利用与封存技术的贡献为11%，电力和终端能源消耗部门的燃料转换贡献占7%。可见，以能源和碳要素效率取向的发展方式转型、能源结构与经济结构调整的低碳技术支撑体系对于中国实现低碳发展转型具有关键作用。

根据国家气候战略中心（NCSC）和中国人民大学联合课题组的模型研究结果，为了实现INDC目标，中国将加快非化石能源项目的部署和建设，推动提高非化石能源的增速。2030年中国非化石电力装机预期需在2014年的基础上增加 9 亿千瓦左右，与 2014 年全国火电总装机基本相当，远高于美欧同期水平。年均非化石能源装机需从 2005—2020 年的 4150 万千瓦上升到 2020—2030 年的 6 280 万千瓦，并进一步上升到 2040—2050 年的 9 000 万千瓦左右[①]。评估结果还表明，“十三五”期间煤电零增长也能满足中国未来电力需求。[②]因此，要实现中国的INDC目标，一方面要新增可再生能源装机容量，增加对可再生能源的投资；另一方面要控制煤电装机容量，减少对煤电的投资（见表2-14）。

表2-14　　中国为实现INDC目标所要求的年均新增非化石能源装机[③]

	2005—2020年	2020—2030年	2030—2040年	2040—2050年
单位 GDP的CO_2强度年均下降率	3.9%	4.4%	6.3%	9.2%
年均新增非化石能源装机（GW），其中	41.5	62.8	79.6	90.1
年均新增风能装机（GW）	13.9	23.0	31.0	35.0
年均新增太阳能装机（GW）	7.0	24.5	33.0	40.8
年均新增核能装机（GW）	3.4	9.0	9.3	10.5

数据来源：基于国家气候战略中心和中国人民大学 PECE 模型核算的 INDC 情景结果计算得到。其中 2020 年的碳强度和非化石能源目标分别根据 45%和15%计算，2030 年的碳强度和非化石能源目标根据 65%和 20%计算。

具体而言，中国要实现INDC目标并推动低碳发展转型，近期的战略重点是提高制造业能源效率，随着收入水平的提高而动态优化产业结构；提升能源结构低碳化程度，有前瞻性地完善城镇化、基础设施、交通建筑等领域的低碳规划目标，避免锁定效应。中期的目标则是逐步实现交通和建筑部门的低碳化转型，构建低碳产业占据突出地位的产业体系，提升低碳技术领域创新能力，建设低碳城市、低碳城镇、低碳园区与社区。长期则是追求实现经济发展与碳排放脱钩，摆脱对化石能源的依赖，全面提升国民经济低碳竞争力并普及低碳生活方式与消费方式，建设低碳社会。

① 傅莎、邹骥、刘林蔚等：《对中国国家自主贡献的几点评论》，国家气候战略中心，2015。http://files.ncsc.org.cn/www/201507/20150702114814244.pdf。

② 傅莎，邹骥. “十三五” 煤电零增长也能满足中国未来电力需求 [J]. 世界环境，2016.

③ 同①。

（二）中国实现INDC的相关投资需求

国际能源署2014年发布的《全球能源投资展望》中指出，为实现低碳发展的目标，中国需要于2014—2035年在能源供应部门累计投资5.7万亿美元（2012年价格），在煤炭供给和电力部门分别累计投资4 040亿美元和3.6万亿美元（2012年价格），在能效技术方面累计投资1.6万亿美元。

根据中国人民大学能源与气候经济学项目组强化低碳情景模拟结果发现，中国实现INDC目标将带来巨额的增量投资和成本。为了实现INDC目标，我国从2015年到2030年的年均增量投资需求将达到2 100亿美元，2030年达到峰值以后为了实现碳排放持续下降，年均增量投资将达到5 000亿美元。随着减排目标的严格化，相应的增量投资需求也相应大幅提高。此外，应该注意到，由于众多减排潜力巨大的技术如第四代核能、二氧化碳采集与存储技术（CCS）、高效电动汽车、燃料电池等将在2030年前后才实现商业化并大规模推广，绝大多数的增量投资将发生在2030年后（见图2–13）。

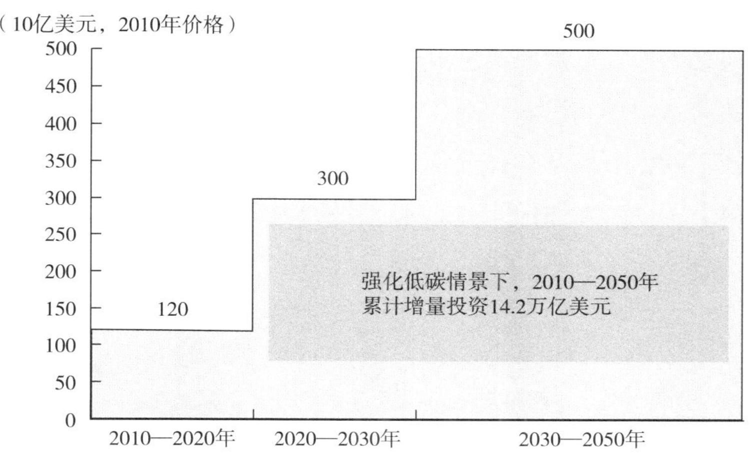

图2–13 强化低碳情景下增量投资需求[①]

低碳技术研发、示范和推广应用相关的巨额投资将成为驱动我国经济结构增量调整的重要因素，具有成为促进经济增长和就业创业新引擎的潜力。在国家加快实施“一带一路”战略背景下，一些关键行业的低碳技术装备设计、制造、输出与运营也将成为我国参与国际竞争合作新的优势领域，并带动全球发展模式的低碳转型。

2.5.1.3 绿色金融体系下推动低碳融资

为了满足低碳领域的投资需求推动中国实现低碳发展转型，在国家绿色金融体系下构建低碳融资体系具有重要意义。我国在顶层设计中提出了不同的经济政策和市场化工具机制以拓宽低碳融资渠道，初步建立了多样化的低碳融资方式。2016年8月30日，中国人民银行、财政部等七部委联合印发了《关于构建绿色金融体系的指导意见》，提出构建绿色金融体系的重要意义；

① 强化低碳情景下中国将实现INDC目标，即2030年达到碳排放峰值并在之后实现碳排放平稳下降。资料来源：邹骥，王克，傅莎等：《中国低碳技术战略研究报告》，2016。

大力发展绿色信贷；推动证券市场支持绿色投资；设立绿色发展基金，通过政府和社会资本合作（PPP）模式动员社会资本；发展绿色保险；完善环境权益交易市场、丰富融资工具；支持地方发展绿色金融；推动开展绿色金融国际合作；防范金融风险，强化组织落实。《关于加快推进生态文明建设的意见》中也提出推广绿色信贷，支持符合条件的项目通过资本市场融资。建立节能量、碳排放权交易制度，推动建立全国碳排放权交易市场。

这些较为多样的融资方式为中国低碳发展提供了较好的动力，推动了低碳环保行业的发展。由图2-14可知，2011—2015年，森林、水、可再生能源和交通四个部门的投资额均呈现上升趋势。其中交通的投资额最大，到2014年，对可再生能源的投资开始超过对森林的投资。2015年，中国可再生能源投资约为1 000亿美元，比2014年增长17%，占全球可再生能源总投资的36%。[①]在接下来的五年中，中国的绿色债券市场将实现2 300亿美元的可再生能源投资。[②]但是关于低碳融资金额的统计和估计存在较大的差异性。根据中央财经大学、清华大学、国务院发展研究中心的统计，近年间相关投资规模在800亿[③]—2 000亿[④]美元这个范围。政府财政只能提供低碳融资的一小部分，作为对私人投资增加的重要推进剂，大部分低碳项目的资金需要来自民间部门。我国的低碳发展需要政府、金融和民间资本共同推动。低碳融资项目由于依赖政府财政，回收期较长，以及一些绿色技术的创新性，在投资者看来具有较大的风险。反过来，由于开发商和投资者对于低碳投资的谨慎态度也在某种程度上影响了政府和公共机构对于项目的支持。

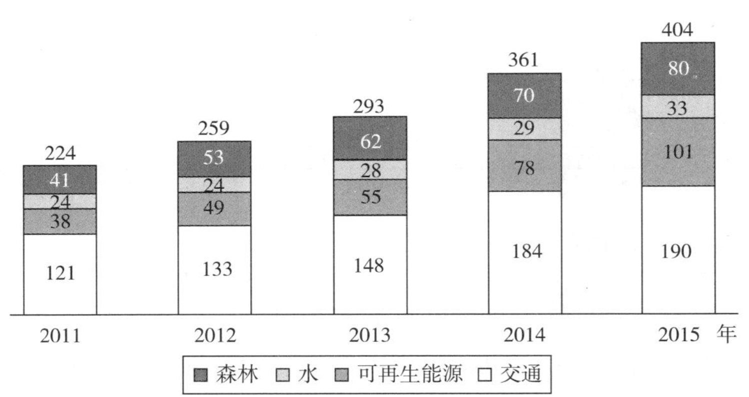

数据来源：Gilbert，S. and Zhao，L，2017. The Knowns and Unknowns of China' s Green Finance，Contributing Paper for the Sustainable Infrastructure Imperative: Financing for Better Growth and Development. New Climate Economy，London and Washington，DC. Available at: http://newclimateeconomy.report/misc/working-papers.

图2-14 2011—2015年中国四个绿色部门每年的投资额估计（单位：十亿美元）

下面以太阳能光伏发电为例，分析低碳融资对于中国光伏发电产生的影响。

① Frankfurt School-UNEP Centre/BNEF，2016. Global Trends in Renewable Energy Investment 2016. Available at: http://www.fs-unep-centre.org.

② Bloomberg News，2016. China' s $230 Billion Green Bond Thirst to Supercharge Market. Available at: http://www.bloomberg.com/news/articles/2016-02-04/china-s-230-billion-green-bond-thirst-to-supercharge-market.

③ 陈波，王遥：《中国低碳金融之路》附录B：中国气候资金和投资缺口，中央财经大学，2014。

④ 中国国务院发展研究中心金融研究所（DRC）和国际可持续发展研究院（IISD）《绿化中国的金融体系综述报告》，2015。

案例3：投融资对中国太阳能光伏发电的影响

2015年，中国发电装机总量达到1 525GW，比2014年增加11%。其中可再生能源装机为492GW，占全国总装机的32%。可再生能源占2015年新增装机的39%。风电成为仅次于火电和水电的中国第三大装机发电方式。

2004年，中国的风电装机仅为0.8GW，到2015年达到131GW。2010年，中国的太阳能光伏发电仅为0.9GW，而2015年达到42GW。2006年之后，由于欧盟太阳能光伏市场的强大需求，中国光伏制造业经历了迅速的增长，由2-15图可知，2012年之前，中国本土的太阳能光伏发电装机基本维持在较低的发展水平。2010年，中国太阳能光伏电池供给超过全球市场需求，促使中国政府采取激励政策增加本土太阳能装机能力。其中最重要的政策是2011年出台的1度电1块钱的国家上网电价。之后，中国本土的太阳能光伏发电开始迅速发展。

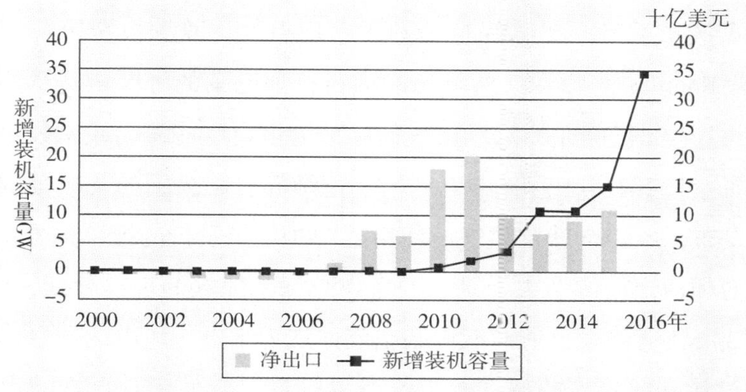

数据来源：National Renewable Energy Center，2015; National Energy Administration，2017; United Nations，2016.

图2–15 中国太阳能光伏组件净出口额及太阳能新增装机容量

在可再生能源发电项目中，中国银行业发挥着重要的融资作用。国家开发银行是中国可再生能源最大的融资者之一。风电项目33%的融资，以及太阳能光伏发电项目30%的融资都来自于国家开发银行。截至2014年底，国家开发银行对新能源行业（风力、太阳能和生物质）的贷款额达到284亿美元。

从这些贷款的流向上看，大部分资金流向了国企或其下属公司，私人企业很难从银行贷款，也很难通过发行债券融资。实际上，国企开发的风力发电和集中式太阳能光伏发电项目80%的资金来源于银行贷款，剩下的20%来自资本投资。分布式太阳能光伏发电项目更难获得外部融资。因为这些项目大多装机能力相对较小，收益也较少。

在太阳能发展“十三五”规划中，中国提出2020年实现分布式太阳能装机容量达到70GW的目标。规划还提出，研究建立国家光伏产业投资基金等，为光伏产业提供资金支持。

可见，低碳项目发展过程中若没有相应的资金支持，很难获得较好的发展。同时，低碳项目在投融资过程中，除获得政府资金支持外，还需要扩宽融资渠道，寻求多元化的融资方式，以便更好地实现发展目标。

（一）我国低碳融资实践

目前，我国已建立具有较完备的绿色金融政策体系，在全球绿色金融治理中发挥着领跑者的作用。以绿色债券为例，2016年中国绿色债券发行量为302亿美元，成为全球最大的绿色债券市场。从绿色债券发行主体看，2016年发行的绿色债券中80%是由金融机构发行的，剩下的20%是由公司发行的，在公司发行的债券中，69%投资于具体的项目，31%的将进行再融资。[①]除绿色债券外，还有碳债券、碳质押等低碳融资形式。

1.碳债券

债券是另一种项目融资方式，发行债券能够缓解金融机构期限错配，提供更长期资本，有利于金融系统透明度提升，并保证其稳定性。同时，债券还能够促进银行贷款，开拓银行新的业务增长空间。对于企业来说债券也提供了更多融资选择，解决融资难融资成本高的问题。2015年12月，中国人民银行发布《中国人民银行公告〔2015〕第39号》和与之配套的《绿色债券支持项目目录》，国家发展改革委发布了《绿色债券发行指引》。欧洲投资银行创立了气候意识债券（Climate Awareness Bonds）来投资一些城市的项目，如巴黎的分区供暖机制。约翰内斯堡政府早前发行了目标值约为1.36亿美元的绿色市政债券，为可再生能源、废水发电、废物转化能源和混合动力巴士提供资金。2016年9月，中央国债登记结算有限公司与气候债券倡议组织等合作的“气候债券指数”发布，成为全球首只气候债指数。2015年发行的绿色债券中，规模最大的绿色债券是用于清洁交通和清洁能源两大类别，两者占总绿色债券的规模分别为55%和30%。清洁交通主要包括铁路和城市轨道建设；清洁能源则主要体现为水电、风电的项目建设和运营。

碳资产具有可测量和可报告的特性。碳资产可以自由交易，有公开的市场价格，因而碳资产价值可以衡量。因权属明确，碳资产的来源、数量和价值等均是可以公开发布的信息，并通常由政府主管部门、碳咨询公司、碳交易所等专业单位或专业机构出具相关的报告，以供市场交易方了解。由此，碳资产可以作为债券的发行标的。碳资产的权属明确，持有人可以控制和支配。碳资产的价值以市场上的碳价为依据，与发债主体的性质基本无关。因此，碳债券的发行标的属于项目/资产信用的应用范畴。

碳债券在我国有一单案例，即中广核碳债券。该债券全称为“中广核风电有限公司 2014 年度第一期中期票据”，由中广核风电、浦发银行、国开行、中广核财务及深圳排放权交易所于2014年5月在银行间交易商市场成功发行。该笔碳债券的发行人为中广核风电，发行金额10亿元，发行期限为5年[②]。主承销商为上海浦东发展银行和国开行，由中广核财务及深圳排放权交易所担任财务顾问。债券利率采用“固定利率+浮动利率”的形式，其中浮动利率部分与发行人

① Gilbert，S. and Zhao，L，2017. The Knowns and Unknowns of China's Green Finance，Contributing paper for the Sustainable Infrastructure Imperative: Financing for Better Growth and Development. New Climate Economy，London and Washington，DC. Available at: http://newclimateeconomy.report/misc/working-papers.

② 林龙跃，崔雪莱，黄佳妮. 创新绿色债券助推低碳经济——国内首只附加碳收益中期票据案例分析[J]. 金融市场研究，2014.（6）.

下属5家风电项目公司在债券存续期内实现的碳资产（主要是中国核证自愿减排量）收益正向关联，固定利率为5.65%，浮动利率的区间设定为5BP到20BP[①]。

碳债券在我国仅有中广核碳债券一单案例，且碳资产价值对浮动利率并没有发生影响，此债券中“碳”的概念只是沦为发债方的一种营销手段。

可以看出，在企业债券的设计中，碳资产的价值高低，是其能否纳入债券考虑范畴的重要原因。在中广核碳债券采用的CCER碳收益，对应于项目产生的减排量，因而收益较小。但对于一般重点排放单位而言，其持有的碳配额总价值是相当可观的，如何把这一部分资产纳入碳债券范畴是一个值得研究的问题。[②]

2.碳质押

质押是指债务人或者第三人将其动产或权利移交债权人占有，将该动产或权利作为债权的担保。当债务人不履行债务时，债权人有权依照法律规定，以其占有的财产优先受偿。由于碳配额具备当作质押品的特性，那么在实际碳市场中就可能存在敢于尝试碳质押贷款的放款机构。从碳市场中实际采取的形式来看，有银行直接向控排企业实施的碳质押贷款，也有其他碳资产投资公司或投资基金与控排企业直接进行的融资回购交易。兴业银行于2014年9月与湖北宜化集团达成了国内第一笔碳排放权质押贷款项目，贷款金额为4 000万元，贷款质押物全部为湖北宜化持有的湖北省碳配额。国内最早实施碳配额融资回购发生于2015年1月，融资方是北京华远意通热力科技股份有限公司，其交易对手方为中信证券，融资总规模达1 330万元人民币。2016年1月，华远意通又与招银国金投资公司再次进行了碳配额融资回购交易，融资规模1 000万元人民币[③]。

从产品性质和质押的合法性上来看，碳资产质押获得了政府的书面认可和鼓励，因此其作为质押标的合法性是有保障的。此外，碳排放权作为质押品，还有着以下独特的优势：第一，有统一、标准化的特征。与一般的大宗商品不同，碳排放权由政府予以核准、颁发的产生方式决定了其根源上的同质性。第二，有规范、透明的交易流程。各试点地区建立了各自的交易平台和制定了相应的交易规则，并要求参与方进场交易。第三，有可作为价格参考的市值。碳排放权在交易所进行交易，交易所的公开交易价格可为碳质押在前期设计和后期处置时的价格提供市值参考。在违约情况下，交易所可作为处置碳排放权的固定场所。

碳质押融资是我国当前碳市场中运用最为广泛的碳金融方式，但是相比于其他抵押或质押品（如房屋、土地等不动产）融资，仍然处于小众地位。具体原因如下：首先，监管部门和支持政策有待明确。在相关监管政策不清晰的情况下，碳金融产品开发的方向未免会受到不确定的政策性影响，这会导致碳质押标的价格的不确定性。其次，主管部门公开操作带来的影响。主管部门公开操作的积极意义在于稳定碳价在合理区间，减少市场投机行为。但如果主管部门

① 上海浦东发展银行：《中广核风电有限公司2014年度第一期中期票据募集说明书》，2014。

② 王宇飞：全国碳市场背景下的碳金融机制研究[D]，中国人民大学硕士学位论文，2016.

③ 同②。

从未进行过公开操作，则一旦公开市场操作实施，可能会造成标的价值的缩水或膨胀，增加了银行评估的困难以及资产处置的风险。最后，质押登记功能设置不清晰造成的技术性障碍。完成碳质押的交易所应具备质押登记、冻结功能。实际操作中，由于碳排放权采取电子化分配与交易，并无纸质化的权利凭证用于交换或背书，这就要求交易所自身开设登记、冻结功能，或通过IT系统与碳排放权登记薄联网，通过指令对处于质押状态的碳排放权进行冻结并出具质押函。但是，当前各地交易所的交易系统及碳排放登记簿系统设计有较大差异，难以为大规模、规范化的碳资产质押融资提供技术保障。

3.寻求综合性的多元融资渠道

以上列举了一些低碳项目的融资形式。表2-15汇总了国外主要的低碳金融产品，可见，目前国际市场上低碳金融产品种类非常丰富，灵活多样。对比之下，我国的低碳金融产品还有待进一步丰富。在实践中，由于各个融资渠道获得的资金规模都不太可能满足项目投资的全部需求，因此在实践中需要将各种融资渠道进行组合，实现融资渠道的综合性和多元化。

表2-15　　　　国外主要低碳金融产品汇总

融资方式	分类	主要产品	发行机构
对公	私人账户碳金融产品	关注土地项目的存款账户	西太平洋银行
		生态存款	太平洋岸边银行
	低碳项目融资	清洁能源长期融资专业金融服务	巴黎银行、摩根大通等
		环保技术融资资产组合	Dexia（Wind）
		垃圾处理能源融资项目	国际金融公司
	低碳项目风险投资基金与私募基金	可持续发展项目投资	花旗银行
		森林保护与生物多样化项目	美洲银行
	低碳投资基金	生态绩效资产基金	瑞士联合银行
		清洁能源目标基金	瑞士联合银行
	低碳发展基金	CDM原型碳基金	世界银行
		国家主权碳基金	各国政府
		政府多边合作基金	区域金融组织与各国政府
对私	低碳排放交通工具贷款	低碳汽车优惠贷款	温室信贷储蓄
	绿色信用卡	气候信用卡	荷兰拉博银行
		绿色Visa卡	汇丰银行
		巴克莱呼吸卡	巴克莱银行
	绿色销售绑定产品	绿色出行产品	巴克莱银行、汇丰银行
	低碳汽车保险	“你的驾驶”保险	Aviva保险
		低碳汽车保险	联合金融服务公司
		可再生能源保险	瑞士瑞信银行
	低碳家庭与商业保险	绿色建筑覆盖保险	加利福尼亚消防基金
		“气候中立者”房屋保险	美国ETA保险公司
		小企业绿色商业保险	英国AXA保险公司
		环境损害保险	荷兰拉博银行

资料来源：UN，Green Financial Products and Services，2007;杜莉等.低碳经济时代的碳金融机制与制度研究[M].中国社会科学出版社，2014.

世界资源研究所（WRI）以青岛昌盛日电为案例，研究了光伏农业项目的融资方式。

由于光伏农业前期投资较大，回报周期长，外部融资渠道是即墨光伏农业项目发展的重要资源，从企业初创期的银行抵押贷款、国家政策补贴垫付等为主的低层次融资模式，转向规模扩张期的光伏产业基金、融资租赁、社会融资（资本市场）等为主的复合型融资模式，具体包括传统银行贷款、光伏产业基金、政府产业引导基金、权益融资和其他政府政策补贴等。

需要注意的是，昌盛日电充分利用国家的农业及光伏产业发展扶持政策，积极申请国家政策补贴，政策补贴成为即墨光伏农业项目的一个主要资金来源。2011年，即墨光伏农业项目获得财政部金太阳示范工程1.1亿元财政补贴，用于补贴前期建设50%的投入，对投资运营商探索光伏和农业结合起到巨大的推动作用。

从昌盛日电案例可以看出，低碳项目融资从运行初期依靠银行贷款以及政府补贴等传统形式到逐步转型产业基金、融资租赁以及社会融资等形式，融资规模更大，融资渠道更加多元，这也表明，如果项目收益前景较好的话，融资形式将更为市场化。但是，不可否认的是，低碳项目仍然在很大程度上依靠政府补贴，这也是进一步扩大低碳项目融资规模的重大瓶颈（见图2-16）。

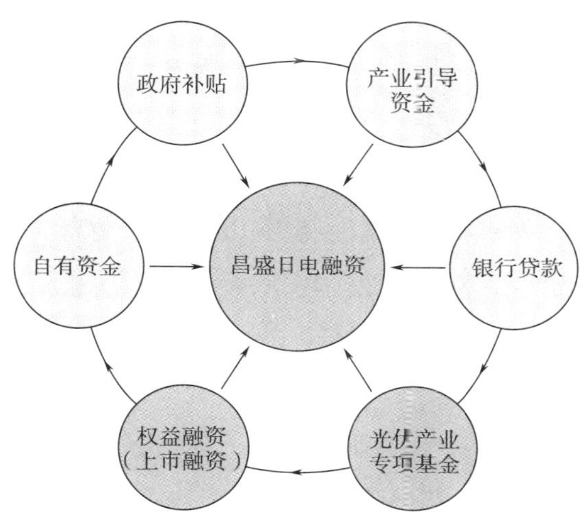

图2-16 青岛昌盛日电光伏农业项目融资模式示意图[①]

（二）低碳融资存在的问题

总体来看，我国低碳融资仍然在起步阶段，融资渠道单一，融资规模较小，满足不了我国落实INDC目标推动低碳转型所需要的巨额投资需求。主要存在以下原因：

第一，信息披露制度尚不健全。信息不对称是低碳投融资面临的一大挑战。现有低碳投融资机制中，还普遍存在信息不对称的问题，投资者无法准确及时地获取有关的低碳投融资信息，或是在项目推广运作阶段投资者无法准确把握项目运作进展情况。同时，低碳投融资项目节能减排的实际效果也缺乏相应的检测和核查，从而低碳投融资项目实际的节能减排效果缺乏保障。

第二，中国的绿色低碳投融资机制多通过自上而下的方式开展，缺乏自下而上的主动推

① 李长胜，苗红等. 即墨光伏农业项目商业模式案例研究[D].世界资源研究所工作论文，2016，9.

进。在主要由政府推动的模式下，企业等基层主体多被动参与，缺乏积极性，不利于投融资机制的创新[①]。

第三，评估标准不统一。以绿色债券为例，目前绿色债券的第三方认证机构有安永会计师事务所、毕马威会计师事务所、中节能咨询有限公司，还有中央财经大学气候与能源金融研究中心等，认证机构众多，在对绿色债券进行评估时，各个机构多采用自主开发的评估体系，这些评估体系侧重点各不相同，没有统一的评估标准[②]。

第四，低碳投融资节能减排效果缺乏保障。传统的金融追求资金收益最大化，而低碳投融资追求的是以尽可能低的成本实现更大的节能减排效果，增强应对和适应气候变化的能力。而低碳投融资项目在实际运作过程中，其实际的节能减排效果缺乏监督和考核。

第五，金融机构有待进一步创新低碳金融产品。金融机构在吸收社会资金，引导社会投资中发挥重要的作用。相比于国外，中国目前的低碳金融产品种类相对较少，今后需要开发更多的绿色金融产品，从而引导社会资金投向绿色低碳领域，促进绿色低碳发展。

2.5.1.4 小结

总体来看，我国需要发挥绿色金融和金融创新对低碳技术创新和推广应用的助推作用，满足低碳融资需求，推动我国低碳发展转型。而要发挥绿色金融引导资金支持低碳技术创新与低碳产业发展的作用，在边际上通过公共资金多种形式的支持，创造和加强低碳技术盈利的促成环境，以期撬动更大规模的社会资本流向低碳技术研发、示范和推广。将能源与碳排放评估纳入信贷审批流程，对低碳技术发展项目予以一定额度的贷款贴息。需要完善支持低碳技术研发的金融创新，鼓励建立风险资金，对低碳技术发展领域的天使投资和创业投资企业实施相关税收支持政策，设立国家低碳产业创业投资引导基金，带动社会资本支持企业低碳技术创新。鼓励低碳技术创新企业利用创业板市场、公司债券市场融资，借助股权众筹融资试点等互联网金融服务平台，强化资本市场对低碳技术创新的支持。加大商业银行和政策性银行对低碳技术发展项目的信贷支持，加快发展低碳科技保险，拓宽低碳技术创新的间接融资渠道。

而为了实现绿色金融在低碳金融中的引导作用，还需要做到以下几点：

将解决低碳融资需求明确纳入现有生态文明体制框架中，在建设绿色金融体系中得到进一步体现，并和中国应对气候变化规划、落实国家自主贡献目标的相关行动计划等进行更好的衔接；

针对低碳基础设施的长期性和可能具有的锁定效应，设定明确且逐步严格的碳减排目标和清晰的长期政策框架，从而为市场提供稳定的投资收益预期；

结合PPP等融资形式，加强公共部门的引领作用，进一步解除社会资本的进入障碍，提高低碳项目对社会资本的吸引力；

随着2017年全国碳市场启动以后，结合稳定的碳价格机制以及对化石能源补贴的逐步削

① 王瑶. 绿色金融：全球投资新风口[N].经济参考报，2016-09-07.

② 王遥，曹畅. 中国绿色债券第三方认证的现状与前景[J].环境保护，2016（19）.

减，改变低碳项目相对传统化石能源项目的收益预期，引导资金流向低碳项目；

对低碳项目的设计、建设以及运行等设定更加严格的低碳标准，发展碳标示、碳标签等，完善碳评估方法与流程，发展低碳项目碳减排效果的可测量、可报告和可核查的技术标准体系，从而规范低碳投资市场；

针对低碳基础设施提出设计标准，要求相关基础设施预留未来进行低碳化改造的接口，以便未来随着技术成熟、融资渠道畅通以后还能对当前大规模建设的基础设施进行低碳化改造，以便当前所建设的相对高碳基础设施的锁定效应发挥。

在以上建议中，建立一个稳定的碳价格形成机制至关重要，当前与形成碳价格最密切相关的是全国碳市场的建设与启动。

2016年12月中央经济工作会议提出，供给侧结构性改革的“根本途径是深化改革，就是要完善市场在资源配置中起决定性作用的体制机制，深化行政管理体制改革，打破垄断，健全要素市场，使价格机制真正引导资源配置”。国务院发布的《“十三五”温室气体排放控制方案》提出“2017年启动全国碳排放权交易市场。到2020年力争建成制度完善、交易活跃、监管严格、公开透明的全国碳排放权交易市场，实现稳定、健康、持续发展”。

我国通过发展碳市场，形成覆盖重点行业的碳价格机制，并通过市场传导，有利于促进环境要素市场的形成，推动全社会逐渐形成碳价格意识，为市场提供长期稳定的碳价格预期，从而影响利益相关者的投资和消费行为决策，推动节能减碳的技术创新和技术应用。通过碳排放配额总量的稀缺性、包含碳金融在内的市场机制设计以及严格的监管等确保一定的碳价格水平基准，将使得低碳项目带来的碳排放收益通过市场得到兑现，有助于改变低碳项目相对现有化石能源等相对高碳项目的收益率，从而有利于吸引更多商业及社会资本，满足低碳项目的融资需求。碳价格机制，需要制订和颁布清晰可靠的路线图以及配套政策框架与体系，实现市场主体对市场碳价格的长期稳定预期，通过有效的价格传导机制实现对企业投资决策的影响，推动企业加强低碳技术与产品的创新，从而有利于解决部分低碳项目投资周期较长，收益不确定带来的融资障碍。

2.5.2 碳交易市场及产品

2.5.2.1 2016年中国对全球应对气候变化的贡献

碳排放交易既是应对气候变化的重要市场工具，也是治理雾霾等污染问题、改善环境质量的长效机制。在碳交易基础上发展起来的碳金融市场，还可以发展成为低碳融资的新途径，为推动绿色产业成长提供新的金融支持，也为要素市场开辟新的增长空间。随着《巴黎协定》正式生效和全国碳排放权交易体系即将全面启动，中国碳市场即将开启全新篇章，发展成为全球最大的碳市场。2016年，就是为了更好地实现这一梦想全力准备的一年。

（一）全球应对气候变化共识

1.《巴黎协定》

《巴黎协定》的目标。2015 年12 月，国际社会达成了具有里程碑意义的《巴黎协定》，作为一份应对气候变化的全球协议，它为2020年后全球应对气候变化行动提供了依据。《巴黎协定》要求各方加强合作，把全球平均气温升高幅度较工业化前水平控制在2 摄氏度之内，并为把升温控制在1.5 摄氏度之内而努力，同时在21世纪下半叶实现全球近零排放。

《巴黎协定》生效。2016年11月4日，《巴黎协定》正式生效，开启了新一轮的全球强化减排进程。在《巴黎协定》框架下，联合国、国际货币基金组织、世界银行等国际组织也在积极推动碳市场网络建设，以实现独立的减缓价值评估体系、碳资产储备计划以及统一结算平台。这些都为包括中国碳市场在内的全球碳定价体系发展壮大提供了强大的推动力。

《巴黎协定》内容。《巴黎协定》包括目标、减缓、适应、损失损害、资金、技术、能力建设、透明度、全球盘点等内容。除核心协议外，还有19页的大会决议案文，为巴黎协议的具体落实和相关细节做出安排。

《巴黎协定》的主要贡献：

各方把“全球平均气温升高幅度需控制在2摄氏度以内”作为目标，并为把升温幅度控制在1.5摄氏度以内而努力。

2020年后，各国将以“自主贡献”的方式参与全球应对气候变化行动。

发达国家将继续带头减排，并加强对发展中国家的资金、技术和能力建设支持，帮助后者适应气候变化。

《巴黎协定》的最大贡献在于明确了全球共同追求的“气候目标”。协定指出，各方将加强对气候变化威胁的全球应对，把全球平均气温较工业化前水平升高控制在2摄氏度之内，并为把升温控制在1.5摄氏度之内努力。只有全球尽快实现温室气体排放达到峰值，21世纪下半叶实现温室气体净零排放，才能降低气候变化给地球带来的生态风险以及给人类带来的生存危机。

《巴黎协定》将世界所有国家都纳入了呵护地球生态确保人类发展的命运共同体当中。协定涉及的各项内容摒弃了“零和博弈”的狭隘思维，按照共同但有区别的责任原则、公平原则和各自能力原则，进一步加强联合国气候变化框架公约的全面、有效和持续实施。《巴黎协定》推动各方以“自主贡献”的方式参与全球应对气候变化行动，积极向绿色可持续的增长方式转型，避免过去几十年严重依赖石化产品的增长模式继续对自然生态系统构成威胁。

关于各缔约方普遍关注的透明度问题，《巴黎协议》规定，从2023年开始，每5年将对全球行动总体进展进行一次盘点，以帮助各国提高力度、加强国际合作，实现全球应对气候变化长期目标。

关于资金问题，《巴黎协议》明确要求发达国家缔约方必须为协助发展中国家缔约方减缓和适应两方面提供资金资源，从而平衡了减缓和适应的相互关系，强调了发达国家应承担的历史责任，有义务为发展中国家提供资金、技术和能力提升的支持。也希望其他国家根据自己的能力，为减缓和适应气候变化提供资金支持。

关于法律约束力问题，根据协议规定，其生效的条件是至少55个公约缔约方批约，且这些缔约方温室气体排放量占全球总排放量至少55%。

2. 马拉喀什气候变化大会

联合国马拉喀什气候大会2016年11月17日通过《马拉喀什行动宣言》，重申支持《巴黎协定》，强调各方应当做出最大政治承诺，以行动落实协定内容。本次气候大会旨在解决以下几个问题：一是要加强 2020 年之前应对气候变化的行动力度，兑现、落实《公约》、《京都议定书》及多哈修正案所确定达成的共识、做出的决定和各国的承诺，为落实《巴黎协定》奠定政治基础；二是明确各国应对气候变化自主贡献的落实情况；三是就《巴黎协定》实施的后续谈判给出“时间表”和“路线图”，通过一系列机制和制度安排落实该协定的所有规定；四是资金问题，即发达国家应把 2020 年前每年向发展中国家提供1 000亿美元资金支持以应对气候变化的承诺落实到位；五是对如何走绿色低碳发展道路做出安排。

（二）中国成为全球主要的碳定价区

从1997年《京都议定书》签订到2016年《巴黎协定》正式生效，全球碳市场从孕育到壮大走过了近20年发展历程。截至2016年底，全球范围内已经启动的国家及区域碳市场主要包括：中国的七省市（北京、天津、上海、重庆、湖北、广东、深圳）碳交易试点和四川、福建碳市场，日本的东京都和埼玉县碳市场，美国的加州碳市场和覆盖东部9个州的区域温室气体减排行动（RGGI），以及欧盟、新西兰、瑞士、韩国、加拿大魁北克等地碳市场。同时正在考虑建立碳市场的国家，还包括巴西、智利、墨西哥、俄罗斯、泰国、土耳其、越南、哈萨克斯坦、乌克兰等[①]（见图2–17）。

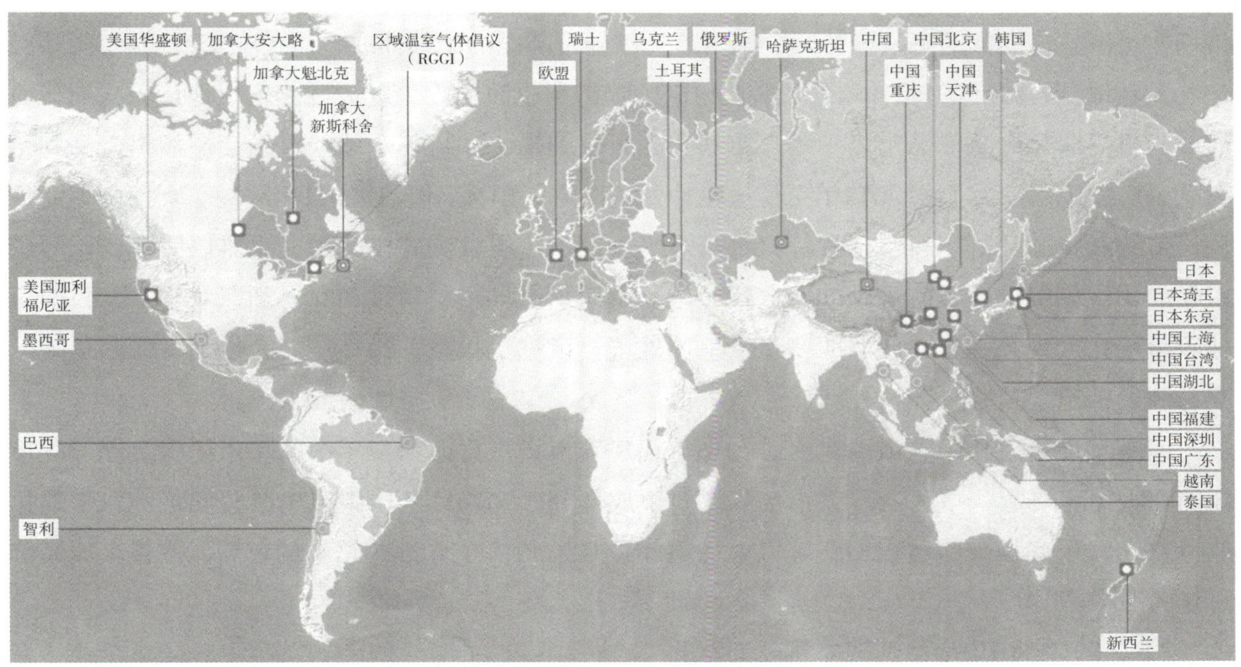

注：■表示已经实施的碳市场；■表示计划实施的碳市场；■表示考虑中的碳市场

图2–17　全球碳市场地图

① 王遥，曹畅：《中国绿色债券第三方认证的现状与前景》载《环境保护》，2016（19）。

国际碳行动伙伴组织（ICAP）对全球主要ETS市场2016年碳价格走势做了统计，韩国碳市场的碳价格高于北欧、新西兰、欧盟和中国碳价，在16美元以上（见图2–18）。

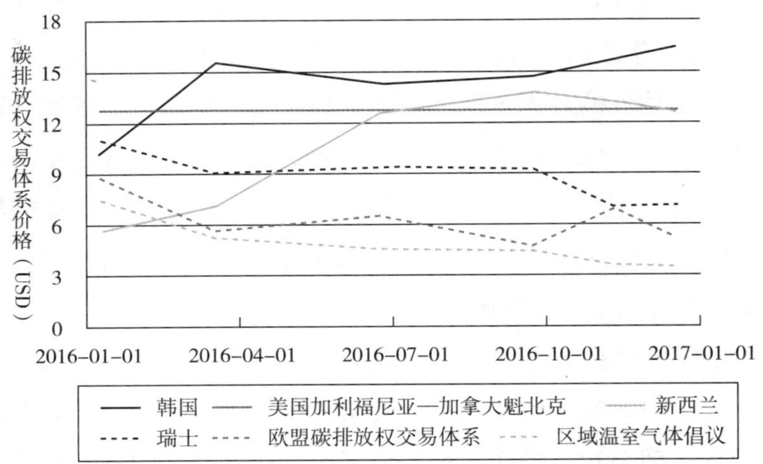

注：图中韩国、新西兰的碳价为二级市场交易价格，加州—魁北克、瑞士、欧盟和RGGI为一级市场拍卖清算价。

图2–18 全球主要碳市场价格图

全球碳市场的迅速发展实际上是自2005年1月1日EU ETS实施开始的。根据世界银行2005年以来每年出版的《全球碳市场现状与趋势》报告，1998年至2004年全球碳市场交易量从1 900万吨增长到了1.2亿吨，2005年包括碳配额和项目减排量在内的交易量则一举突破了7亿吨，交易总额超过了108亿美元，其中碳配额交易量3.29亿吨，交易额82.8亿美元。在随后数年间，国际碳市场在经济景气的推动下量价齐升，画出了一条异常陡峭的增长曲线，碳配额交易额4年间从82亿美元猛增到1 263亿美元，年均增长1.48倍，碳市场也因此曾一度被过分乐观地认为将取代石油成为世界头号大宗商品市场。不过市场高点很快到来，2011年全球碳市场交易额率先冲到了高点（1 760亿美元），到2013年交易量也冲到了高点（104亿吨，比2011年略高）。而随着欧债危机持续和全球经济下行，以及《京都议定书》第二阶段各国减排政策一直难以明朗，国际碳市场的乐观氛围迅速被悲观预期所取代，碳价迅速下滑导致交易量和交易额双双暴跌，目前全球碳市场在宏观经济普遍疲弱的背景下整体处于弱市盘整状态，2015年交易量仅有60多亿吨，交易额只有500多亿美元①。

但是2015年后韩国碳市场建立，2016年福建碳市场建立，2017年中国碳市场将启动，碳市场的亚太力量崛起，成为全球碳市场的重要组成部分。2016年全球碳市场覆盖46亿吨以上的排放量，2017年底预计将覆盖74亿吨以上的碳排放量，约占全球排放总量的15%，覆盖全球经济总量的一半。

2.5.2.2 2016年度中国碳交易政策发展

中国将与国际社会一道落实《巴黎协定》，实现可持续发展。按照承诺，我国二氧化碳排

① 国际碳行动伙伴组织（ICAP）发布的统计信息，https://icapcarbonaction.com/zh/ 。

放在2030年左右达到峰值并争取尽早达到峰值、单位国内生产总值二氧化碳排放比2005年下降60%～65%。

中共十八届三中、五中全会决议，以及《生态文明体制改革总体方案》，都对建立我国的碳排放权交易制度做了相应部署。2016年，按照中央关于生态文明建设战略部署和发展理念的要求，全国应对气候变化工作取得积极进展，在加强宏观指导、推动碳市场建设、推进低碳试点和达峰行动、参与全球气候治理、增强基础能力、强化宣传引导等方面取得较好的成绩。

2016年出台的关于碳交易的政策主要有：

2016年3月17日发布的《国民经济和社会发展第十三个五年规划纲要》明确要求，要推动建设全国统一的碳排放交易市场，实行重点单位碳排放报告、核查、核证和配额管理制度。

“十三五”期间，北京、天津、河北、上海、江苏、浙江、山东、广东碳排放强度分别下降20.5%，福建、江西、河南、湖北、重庆、四川分别下降19.5%，山西、辽宁、吉林、安徽、湖南、贵州、云南、陕西分别下降18%，内蒙古、黑龙江、广西、甘肃、宁夏分别下降17%，海南、西藏、青海、新疆分别下降12%。“十三五”各地区能耗总量和强度“双控”目标[①]如表2–16所示。

表2–16　　“十三五”各地区能耗总量和强度目标

地　区	“十三五”能耗强度降低目标（%）	2015年能源消费总量（万吨标准煤）	“十三五”能耗增量控制目标（万吨标准煤）
北　京	17	6 853	800
天　津	17	8 260	1 040
河　北	17	29 395	3 390
山　西	15	19 384	3 010
内蒙古	14	18 927	3 570
辽　宁	15	21 667	3 550
吉　林	15	8 142	1 360
黑龙江	15	12 126	1 880
上　海	17	11 387	970
江　苏	17	30 235	3 480
浙　江	17	19 610	2 380
安　徽	16	12 332	1 870
福　建	16	12 180	2 320
江　西	16	8 440	1 510
山　东	17	37 945	4 070
河　南	16	23 161	3 540
湖　北	16	15 404	2 500
湖　南	16	15 469	2 380

① 世界银行每年6月发布前一年的全球碳市场报告，本报告中最新的全球碳市场数据为2015年数据。

续表

地　区	“十三五”能耗强度降低目标（%）	2015年能源消费总量（万吨标准煤）	“十三五”能耗增量控制目标（万吨标准煤）
广　东	17	30 145	3 650
广　西	14	9 761	1 840
海　南	10	1 938	660
重　庆	16	8 934	1 660
四　川	16	19 888	3 020
贵　州	14	9 948	1 850
云　南	14	10 357	1 940
西　藏	10	—	—
陕　西	15	11 716	2 170
甘　肃	14	7 523	1 430
青　海	10	4 134	1 120
宁　夏	14	5 405	1 500
新　疆	10	15 651	3 540

注：西藏自治区相关数据暂缺。

《关于构建绿色金融体系的指导意见》。2016年8月31日，中国人民银行、财政部、国家发展和改革委员会、环境保护部等七部委联合印发了《关于构建绿色金融体系的指导意见》(以下简称《指导意见》)。《指导意见》是世界上第一份系统全面的关于绿色金融体系构建的政策性文件，具有重要的开创性意义。《指导意见》明确要求发展各类碳金融产品，发展基于碳排放权等各类环境权益的融资工具，拓宽企业绿色融资渠道。这是中央决议里首次出现“碳金融”的提法，也是迄今为止国家推出的最为明确详尽的碳金融相关政策措施。

《指导意见》关于碳金融的具体规定。《指导意见》要求，促进建立全国统一的碳排放权交易市场和有国际影响力的碳定价中心；有序发展碳远期、碳掉期、碳期权、碳租赁、碳债券、碳资产证券化和碳基金等碳金融产品和衍生工具，探索研究碳排放权期货交易；在总结现有试点地区银行开展碳排放权等环境权益抵质押融资经验的基础上，确定抵质押物价值测算方法及抵质押率参考范围，完善市场化的环境权益定价机制，建立高效的抵质押登记及公示系统，探索环境权益回购等模式解决抵质押物处置问题，推动环境权益及其未来收益权切实成为合格抵质押物，进一步降低环境权益抵质押物业务办理的合规风险；同时发展环境权益回购、保理、托管等金融产品。

《“十三五”控制温室气体排放工作方案》。2016年11月7日，经李克强总理签批，国务院印发《“十三五”控制温室气体排放工作方案》对碳排放权交易市场的建立、运行和基础支撑的意见做出了明确的部署。《方案》明确，到2020年，单位国内生产总值二氧化碳排放比2015年下降18%，碳排放总量得到有效控制。非二氧化碳温室气体控排力度进一步加大。碳汇能力显著增强。应对气候变化法律法规体系初步建立，低碳试点示范不断深化，公众低碳意识明显提升。

《“十三五”节能减排综合工作方案》。2016年12月国务院印发《“十三五”节能减排综合工作方案》，要求到2020年，全国万元国内生产总值能耗比2015年下降15%，能源消费总量控制在50亿吨标准煤以内。

2.5.2.3 2016年全国试点碳市场发展情况

（一）2016年度试点碳市场的覆盖范围

2016年度试点省市碳市场的覆盖范围既有共性，又具有地区差异。七个试点地区既覆盖了经济发达地区，还纳入了中西部欠发达地区，在社会经济发展、产业结构、能源消费、温室气体排放等方面各有特点（见表2–17）。

表2–17　　试点碳市场覆盖范围汇总表

地区	温室气体种类	纳入行业	纳入企业单位 排放门槛	纳入企业单位数量	总量（亿吨CO_2e）
北京	二氧化碳	热力、电力、水泥、石化以及其他工业和服务业	2009—2011年年均直接排放大于1万吨CO_2当量（2016年，门槛降低至5 000 tCO_2/a）	432家，发电企业7家，电网企业2家（2016年，纳入约980家企业）	0.5～0.7
天津	二氧化碳	钢铁、化工、电力和热力、石化、油气开采	2009年以来，排放量2万吨CO_2及以上	114家，发电企业17家	1.6
上海	二氧化碳	钢铁、石化、化工、电力、有色、建材、纺织、造纸、橡胶、化纤、航空、机场、港口、铁路、酒店、商业和零售业、金融业	2010—2011年中任何一年CO_2排放量2万吨及以上（包括直接排放和间接排放）的工业重点排放企业，以及CO_2排放量1万吨及以上非工业企业	191家，发电企业14家	1.5～1.6
重庆	二氧化碳、甲烷等共6种	工业企业包括电解铝、铁合金、电石、烧碱、水泥、钢铁等多个行业	2008—2012年任意一年碳排放量大于2万吨CO_2当量及以上（按能耗在1万吨标煤以上）	254家	1.2～1.3
湖北	二氧化碳	电力、钢铁、水泥、化工、石化、汽车制造、有色、玻璃和建材、化工、造纸、化纤、制药、食品、饮料	2010—2011年任何一年中年综合能耗在6万吨标煤及以上	138家，发电企业24家	2.91
广东	二氧化碳	第一期纳入：电力、水泥、钢铁、石化；第二期计划纳入：陶瓷、纺织、有色、塑料和造纸等行业。	2011—2014年任一年排放量为2万吨CO_2	184家，发电企业85家	3.8
深圳	二氧化碳	电力、水务、建筑和制造业等以及大型公建；2014年后可能纳入交通等行业	年排放3 000 吨CO_2当量以上的企事业单位；1万平米以上大型公建	工业企业635家，大型公建197座，发电企业8家，电网企业1家	0.33

注：2016年度碳市场交易的标的为2015年度分配的配额，因此该表的数据均为2015年度数据，确保口径一致。

（二）2016年度试点碳市场配额分配

截至报告日，试点地区已公布的2016年度碳排放配额分配情况如下：

重庆市明确了重庆市 2016 年度碳排放配额总量为 100 371 810 吨[①]，没有公布控排企业名单及数量。重庆市 2016年度碳排放配额总量较2015 年度减少 5 139 592 吨，减少比例约为 5%。

湖北省确定2016年度碳配额总量为2.53亿吨[②]，与 2015 年相比，配额总量减少 0.28 亿吨，控排企业增加 69 家，这意味着湖北省 2016 年度控排企业配额缩紧。

深圳市纳入2016年度碳排放权交易体系管控范围的单位包括原有的578家管控单位及新增的246家管控单位，共计824家管控单位[③]，管控单位按照年均下降率确定配额。配额总量未披露。

广东省2016年度纳入碳交易的现有企业189家，覆盖行政区域内（深圳市除外，下同）电力、钢铁、石化和水泥等行业年排放2万吨二氧化碳（或年综合能源消费量1万吨标准煤）及以上的企业。区域内电力、钢铁、石化和水泥等行业已列入国家和省相关规划，并有望于2016—2017年建成投产且预计年排放2万吨二氧化碳（或年综合能源消费量1万吨标准煤）及以上的新建（含扩建、改建）项目企业，共29家也纳入了2016年度碳交易范围。

广东省根据2016年及“十三五”控制温室气体排放总体目标、合理控制能源消费总量目标、去产能工作目标，结合国家和本省的产业政策、行业规划和经济发展形势预测，确定2016年度配额总量约3.86亿吨[④]，其中，控排企业配额3.65亿吨，储备配额0.21亿吨，储备配额包括新建项目企业有偿配额和市场调节配额。

上海市按照纳管企业碳排放控制不低于全市总体要求，确定上海市2016年度碳排放交易体系配额总量为1.55亿吨[⑤]（含直接发放配额和储备配额）。

北京市确定2017年重点排放单位947家，二氧化碳排放量约占全市二氧化碳排放总量的45%。坚持适度从紧、兼顾行业发展的原则，科学设定控排系数，确定有区别的配额调整申请条件和核减门槛，严格碳排放交易总量管理，核发重点排放单位既有设施配额约4 600万吨。

天津市尚未公布2016年度配额分配方案。

（三）2016年度试点碳市场运行情况

1. 试点碳市场的衔接和链接

为了完成试点配额的结转工作，2016年6月30日停止2013—2015年上海碳配额的交易，集中进行清缴。2016年11月18日恢复上海碳排放配额交易，开始2016年度配额交易。其他试点碳市场顺利实现过渡，继续发放2016年度碳配额，并做好对接全国碳市场的准备。

2016年3月，北京市发展改革委与内蒙古自治区发展改革委、呼和浩特市政府和鄂尔多斯市政府共同发布《关于合作开展京蒙跨区域碳排放权交易有关事项的通知》，联合开展京蒙跨区域碳排放权交易。

① 数据来自《“十三五”节能减排综合工作方案》（国发〔2016〕74号）。

② 数据来自《重庆市 2016 年度碳排放配额的通知》（渝发改环〔 2017 〕 78 号）。

③ 数据来自《湖北省 2016 年碳排放权配额分配方案》。

④ 数据来自深圳市发展改革委《关于开展2016年度碳排放权交易工作的通知》。

⑤ 数据来自《广东省2016年度碳排放配额分配实施方案》。

2. 2016年度交易情况

2016年，包括福建在内的各省市二级市场线上线下共成交碳配额现货接近6 400万吨，较2015 年交易总量增长约80%；交易额约10.45亿元，较2015年增长近22.1%。CCER 交易量由于各试点碳市场公布的内容及口径不一，缺乏线上线下全国全口径的公开统计数据（见图2-19至图2-21）。

3. 中碳指数走势

为了全面呈现试点碳市场（重庆碳市场由于交投样本过低未纳入统计）的碳价走势及交易活跃程度，北京绿色金融协会2014年推出了中碳指数，包括中碳市值指数和中碳流动性指数两只指数。2016交易年度，中碳市值指数走势相对平稳，基本维持在400点至600点区间震荡，全年最高点为650.57点，最低点为412.81点，显示2016年试点碳市场的配额价格已经止跌趋稳，与2014和2015交易年度的碳价持续下跌形成鲜明对照。而中碳流动性指数则继续呈现出明显的“履约效应”，即在履约期集中的5月、6月、7月交易异常活跃，而在履约期结束后指数快速下跌并维持低位运行，但与2014 年和2015年相比，2016年全年交易分布开始更为均匀（见图2-22）。

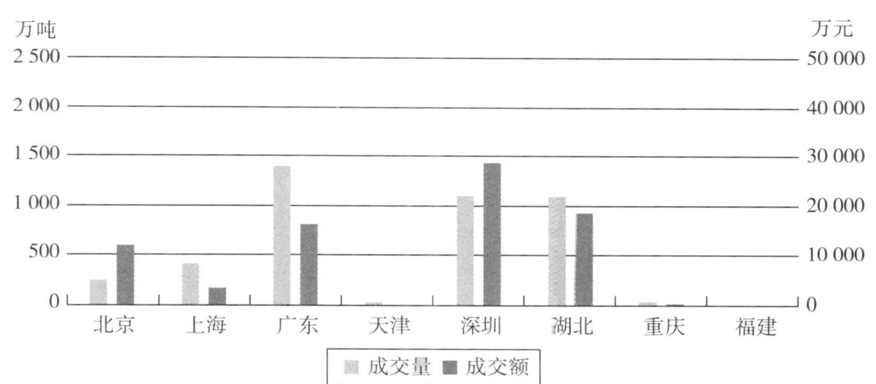

资料来源：第三方网站tanjiaoyi.com，根据各交易所公开的线上交易数据整理。

图 2-19　2016年度中国试点碳市场交易规模

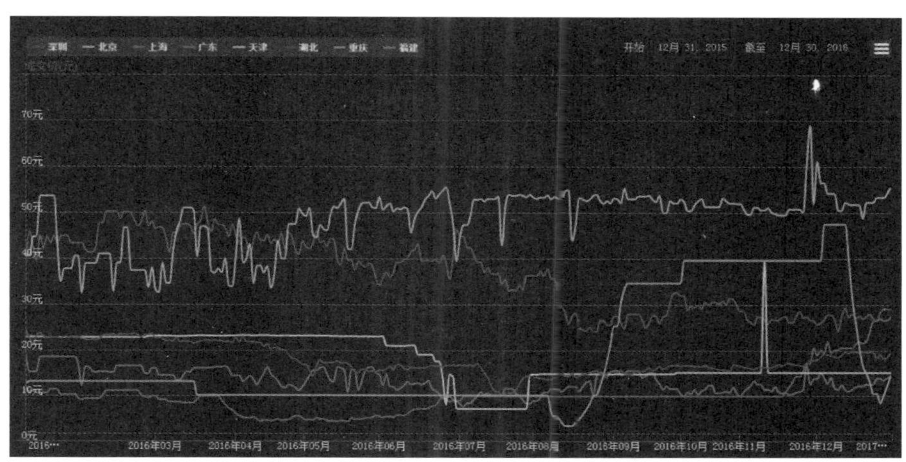

资料来源：第三方网站tanjiaoyi.com，根据各交易所公开的每日收盘价格数据整理。

图 2-20　2016年度中国试点碳市场交易价格

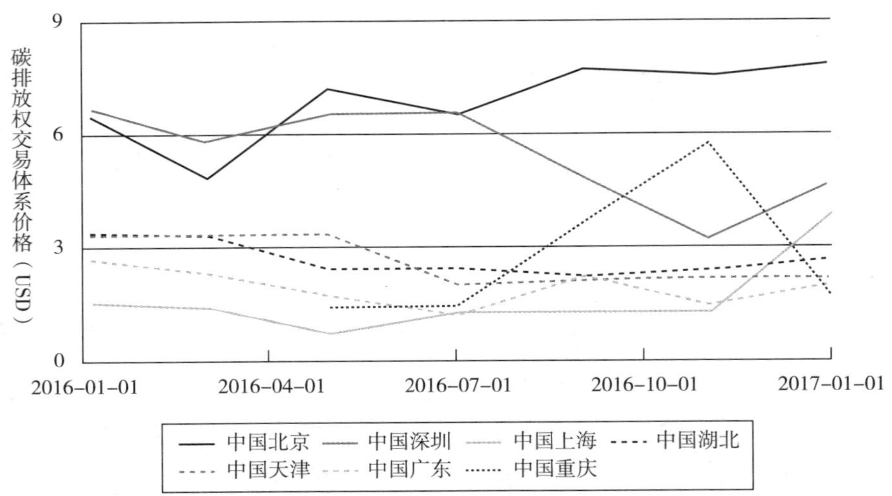

数据来源：International Carbon Action Partnership Status Report 2017。

图2-21　2016年度中国试点碳市场交易价格走势

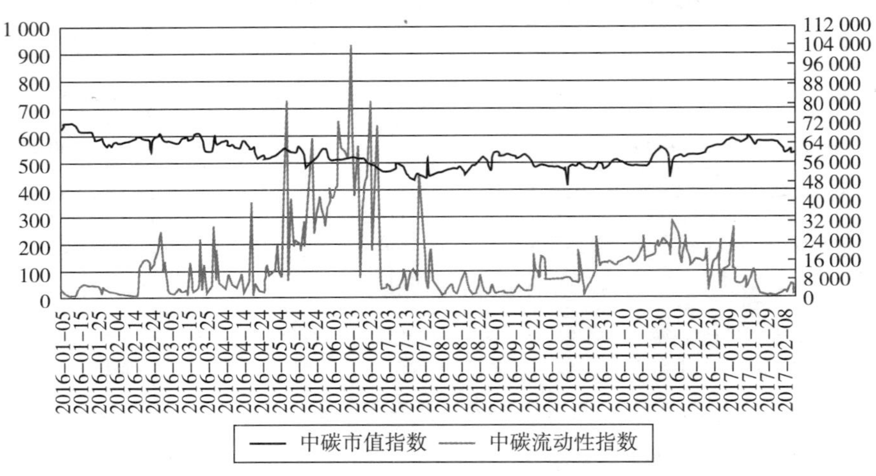

数据来源：北京绿色金融协会，2016年。

图2-22　2016年度中碳指数表现

价格影响因素分析。碳市场的价格驱动因素：长期价格驱动因素主要在供给方面，包括许可权目标、未来修改预期、配额分配方式等，也包括宏观经济运行情况，经济的增长必将伴随着工业领域生产的繁荣，居民生活消费的增加和区域的建设改善等，这些方面都必将带来能源消费增长，温室气体排放增加，使碳配额需求增大，从而使碳价格上行；短期价格驱动因素主要在需求方面，包括能源价格、气候、临时市场管制措施、重大气候事件或者能源事件等。企业行为也影响碳价，EU ETS早期阶段，有些电力公司为了减少合规风险，不愿将剩余的配额用于交易，这往往会推高碳价。

临时价格管控机制影响显著。碳市场价格监管策略的实施，首先可通过控制市场内部的配额数量，即管制机构购买或出售一个有限量或无限量的排放配额，包括最低价格担保、价格上限与下限、安全阀机制、动态配额分配、配额预留及标准期权等形式。同时，也可通过扩大配额以外的碳抵消额的使用，来扩大市场上合格的碳抵消额的数量来调节价格，即碳抵消额放松机制等。此外，惩罚价格、碳基金也是常用的价格监管策略。

流动性分析。市场活跃度是衡量市场流动性的重要指标，根据七个试点碳市场现货二级市场交易总量与其配额总量之比进行统计。2016年，深圳市场最为活跃，活跃度为28.5%，其他依次为北京14.6%、上海8.2%、广东5.6%、湖北4.3%（天津、重庆、福建因交易量有限未列入）。根据中碳指数2014—2016 年数据，全国碳市场碳配额交易价格在过去三年期间呈不断下降的趋势，虽然在2016年逐步趋稳，但仍说明市场总体处于较为明显的供过于求状态。

4. 碳市场累计表现

成交规模[①]。截至2016年12月31日，七省市试点碳市场累计成交量为1.16亿吨，累计成交额接近25亿元，市场交易日趋活跃，规模逐步放大[②]。其中，北京碳市场配额累计成交量（含线上交易和协议转让）为1 259.58万吨，累计成交额为47 439.51万元，分别占全国总量的10.85%与18.98%。

第三方国际机构统计的截至2016年末全国七个试点碳市场的累计交易额为11.13亿元，交易量为6 860万吨（见图2–23、图2–24）。

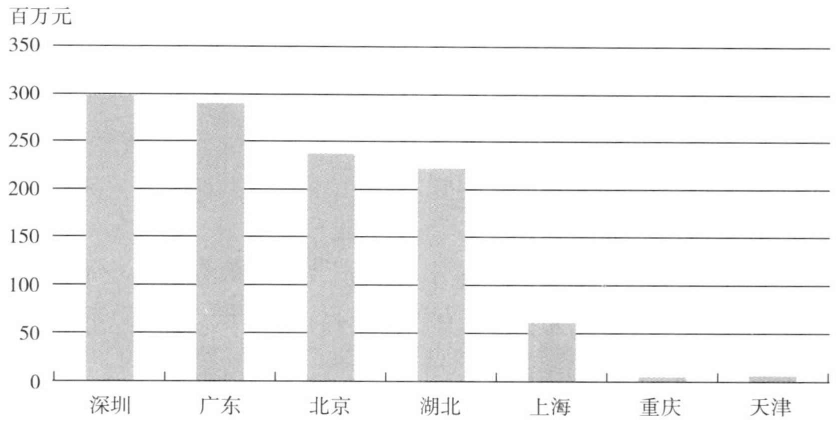

资料来源：International Carbon Action Partnership Status Report 2017。

图2—23 截至2016年末试点碳市场累计交易额[③]

① 数据来自《上海市2016年碳排放配额分配方案》。

② 披露数据口径不一。中国应对气候变化战略研究和国际合作中心来源：截至2016年12月底，排放配额成交量共计3.2亿吨，交易额超过91亿元人民币；其中现货交易1.2亿吨，交易额约为32亿元，现货远期交易约2.4亿吨，交易额约为60亿元。湖北、广东、北京的交易量占交易总量的70%以上，湖北、北京和深圳的交易额占总交易额的70%。

湖北碳排放交易中心来源：截至 2016 年 12 月 31 日，除一级市场（配额拍卖）外，湖北二级市场累计成交 2.91 亿吨，成交额69.03 亿元。

广州碳排放交易所来源：截至 2016 年底，广东碳排放权配额累计成交量 4 735 万吨、成交金额 12.61 亿元，分别占全国的35%、37%，成为国内首个配额现货交易额突破 10 亿元大关的试点碳市场。

深圳碳排放权交易所来源：截至 2017 年 1 月 4 日，深圳碳市场配额累计总成交量约 1 807 万吨，总成交额约5.96亿元。深圳在7 个试点交易所中累计成交额居第二位，仅次于湖北的 7.32 亿元。

③ 该数据来自北京环境交易所的统计，交易量和交易金额包括配额二级市场的线上交易和协议转让，不含拍卖交易和其他产品交易，也不包括CCER交易。

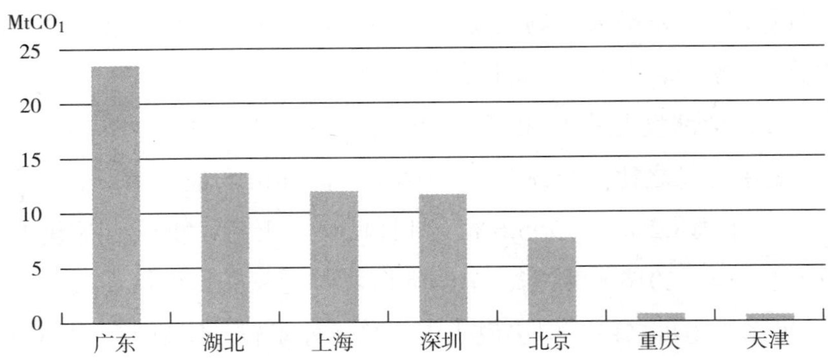

数据来源：International Carbon Action Partnership Status Report 2017。

图2–24 截至2016年末试点碳市场累计交易量

成交价格[①]。受履约期和控排企业冲刺履约行为等影响，各试点碳市场上线公开交易成交价格大多会在履约期冲高后滑落，不但试点市场内部月度波动较大，而且试点市场之间的年度成交均价也相差甚大。其中，北京碳市场价格最为稳定，三年期间最高成交均价为77元/吨（2014年7 月16日），最低成交均价为32.4 元/吨（2016 年1 月25日），年度成交均价基本在50 元/吨上下浮动。其他地区成交均价则波动较大，其中全国最高成交均价为深圳碳市场的122.97 元/吨（2013 年10 月17日，当日收盘价为130.9 元/吨），最低成交均价为上海的4.21元/吨（2016 年5月16 日，当日收盘价为4.6 元/吨）。

（四）2016年度试点碳市场基础设施不断完善

1. 交易规则不断完善各交易所

湖北碳排放权交易中心非对称调整涨跌幅限制。湖北碳排放权交易中心为防范市场剧烈波动的风险，确保碳交易市场平稳运行，2016年7 月15日，该中心将交易产品湖北配额（HBEA）的日议价区间限制幅度调整为：涨幅上限10%，跌幅下限1%。随着市场运行较为平稳，2016年12月26日起将交易产品湖北配额（HBEA）的日议价区间限制幅度调整为：涨幅上限 10%，跌幅下限 10%。

上海环境能源交易所暂定整顿交易系统。上海环境能源交易所（以下简称上海环交所）于 2016 年第三季度暂停了国家核证自愿减排量（CCER）交易，并对 CCER 交易系统进行升级完善。CCER 交易系统升级工作已完成，定于 2017 年 2 月 8 日（周三）恢复上海环交所 CCER 交易，同时恢复上海环交所交付账户与国家自愿减排和排放权交易注册登记系统中交易账户之间的转入、转出操作。

广州碳排放权交易所修订交易规则。广州碳排放权交易所于2016年11 月 15 日起开通个人线上开户。年满 18 周岁的合格投资者即可开户，个人开户完全免费。参与交易的个人投资者需成为广碳所自营会员，会员入会费和年费暂免，会员有效期至广东省碳交易试点期结束。同年 11 月 17 日起允许广东碳市场将机构与个人投资者的持仓量上限由 300 万吨调整至 800 万吨，此

① 该数据只包括配额交易，包括一级市场的公开拍卖和二级市场的线上公开交易，不包括协议转让金额，也不包括CCER交易。

外允许基金、信托等非法人机构在广州碳排放权交易所开户。广州碳排放权交易所自 2016 年 12 月 23 日起，对挂牌点选交易方式进行优化调整，具体如下：（1）挂牌点选定价申报时，买入挂单的申报价格必须低于现有卖单最低申报价格，卖出挂单的申报价格必须高于现有买单最高申报价格。（2）定价申报时，用户提交挂单的申报价格不满足上述条件时，系统将自动识别并提示申报提交失败（见表2-18）。

表2-18 试点交易所交易规则比较

试点地区	拍卖竞价	集合竞价	公开定价	协议定价
北京	整体交易	部分交易	定价交易	单笔交易额超过10 000吨或关联交易
天津	拍卖交易	网络现货交易		协议转让
上海		挂牌交易		协议转让
广州	单向竞价	挂牌竞价	挂牌点选	单笔交易数量应达到10万吨或以上
湖北		协商议价转让	定价转让	协议转让
深圳	电子竞价		定价点选	大宗交易
重庆			定价申报	成交申报

2. 登记和结算专业化

碳排放交易所在登记环节创新出不同模式，提高登记的专业化程度。

广东提出公共资源交易平台“5+N”模式，“5”不仅包括国家提出的四大板块，即工程项目的招投标、土地使用权和矿业权出让、国有产权交易、政府采购，还包括第五个板块即碳排放权的交易。目前，这五个项目广东都全部按要求完成了整合任务，并与国家平台实现了实时在线交互信息。碳排放权交易一级市场的拍卖系统，也在全国率先与省级公共资源交易中心平台、省网上办事大厅实现了连通。

福建省委编办印发《关于调整省经济信息中心机构编制事项的批复》正式批准福建省经济信息中心增设碳排放信息登记处，机构规格相当于副处级，主要职责是承担碳排放信息登记、重点排放单位碳排放数据采集、碳排放权交易数据研究分析、省级温室气体清单编制等工作。

北京登记结算有限公司为北京市各类交易场所提供交易信息登记注册、交易资金统一结算、客户资金存管、交易数据监控服务；为各类合法合规的金融活动提供登记结算、资金清算结算、金融信息服务、财务咨询等综合服务。北京登记结算公司系统日前上线。该平台通过与各交易场所交易系统实现连通，获取相关交易数据和资金流动数据，并通过这两方面数据的交互核验，开展统计监测、货银对付核验、交易规则核验、交易资质核实等，旨在防范违法违规交易、保证交易资金安全、保障交易安全和效率。北京登记结算公司开发的“交易数据联网直报系统”，目前已连通全市所有交易场所，其开发的结算系统也已连通北京产权交易所有关交易系统。

交易所在清算环节引进专业的集中清算机构充当中央对手方，降低资金风险，提高交易效率。2017年1 月 12 日，上海碳配额远期交易业务发布仪式在上海中国金融信息中心成功举行。上海环交所为上海碳配额远期业务提供交易平台，组织报价和交易；上海清算所为上海碳配额远期业务提供中央对手清算服务，进行合约替代并承担担保履约的责任。2016年11 月 28 日，福建交易场所清算中心股份有限公司集中清算系统正式上线；海峡股权交易中心（福建）有限公司“碳排放权交易”系统、兴业银行股份有限公司“集中式银商转账”系统，正式接入福建清算中心系统。

2.5.2.4 2016年度试点碳市场碳金融创新情况

2016年各试点交易所在碳配额质押贷款、碳配额回购融资的基础上，又创新开发了远期产品、场外期权和场外掉期等衍生品。

（一）现货远期

2016年湖北推出现货远期业务。

产品信息：现货远期交易的标的物为国家发展和改革委员会以及湖北省发展和改革委员会核发的在市场中有效流通并能够在当年度履约的碳排放权。本次上线产品简称为“HBEA1705”，产品代码为“H00001”。

交易规则：该产品交易规则按《湖北碳排放权交易中心碳排放权现货远期交易规则》、《湖北碳排放权交易中心碳排放权现货远期交易风险控制管理办法》、《湖北碳排放权交易中心碳排放权现货远期交易履约细则》和《湖北碳排放权交易中心碳排放权现货远期交易结算细则》执行。

挂盘基准价：依据本公告日前20个交易日的碳排放权现货收盘价按照成交量的加权平均价确定该产品挂盘基准价为21.56元/吨。

交易保证金和涨跌停板：湖北碳排放权现货远期上市交易最低保证金比例为订单价值的20%，履约前一月为25%，履约月为30%。涨跌停板幅度为上一交易日结算价的±4%，上市首日的涨跌停板幅度为挂盘基准价的±4%。

（二）碳配额远期

2016年12 月 19 日，上海碳配额远期交易试运行正式启动。上海碳配额远期交易采用中央对手清算，交易手续费按照成交金额的万分之八的标准双向收取。推出的交易产品为上海碳配额远期（SHEAF），上市协议4个，分别为 SHEAF022017、 SHEAF052017、SHEAF082017 和 SHEAF112017。四个协议分别于试运行启动后成交。上海碳配额远期交易试运行首日，整体运行平稳，四个协议总成交量（双边）1 688 个，其中成交量最大的是 SHEAF022017，表明市场对近端协议相对看好。

（三）碳配额掉期

碳配额场外掉期交易是场外交易双方以碳配额为标的物，以现金结算标的物即期与远期差价的场外交易活动。具体交易条款由场外交易双方自主约定，交易所主要负责保证金监管、交易鉴证及交易清算和结算。北京环交所与上海清算所合作推出北京碳配额掉期中央对手清算业务，对协议规模、协议期限、交易时间、结算价格等产品要素都做出了详细的规范。

在京能集团与中信证券以碳配额为基础资产的掉期交易中，京能集团为了锁定履约风险，以固定价格P0与中信证券交易，中信证券以一年后履约期的市价P作为对价。履约期交割时，中信证券按照P–P0的差价与京能集团进行清算。

（四）碳配额期权

碳配额场外期权交易是交易双方以碳排放权配额为标的物，通过签署书面合同进行期权交易，并委托交易所监管权利金与合约执行的场外非标准化碳金融创新产品。交易双方于合约签署时确定行权期与执行价格，并由期权买方在行权期内做出执行或不执行之决定后委托交易所根据双方约定完成合约执行工作。

碳排放权场外期权交易为碳市场交易参与人提供了一个提前锁定交易价格、防范价格风险、开展套期保值的手段，是碳金融领域的重要创新。一方面，期权交易为交易双方提供了多样化的风险规避手段，有利于碳市场活跃度的提升和稳定健康发展；另一方面，场外期权交易的开展也为未来开展碳期货等创新交易摸索经验。

2016年6月16日，深圳招银国金投资有限公司、北京京能源创碳资产管理有限公司、北京环境交易所将正式签署国内首笔碳配额场外期权合约，交易量为2万吨。交易双方以书面合同形式开展期权交易，并委托北京环境交易所负责监管权利金与合约执行工作。

（五）结构化交易产品

2016年6月，北京环境交易所碳配额结构化交易产品问世。中节能华璟碳资产管理有限公司和北京太铭基业投资咨询有限公司完成了国内首单碳配额结构化产品签约，首期产品规模为6万吨北京碳排放配额。双方借鉴了金融市场的成熟模式，签约通过回购式融资+选择性购买的复合型方式开展协议交易，既满足了企业对风险和收益的要求，也满足了碳资产管理中的融资需求，具有很好的推广价值，双方希望通过这项合作探索出一条将碳交易与节能减排投资有机融合的思路。

（六）电热碳

北京环境交易所在2016年底推出大宗交易和碳交易集成的交易产品。“电热碳”是一种集电、热（冷）、碳三要素管理和交易于一体的综合服务，针对客户需求，将智能供电解决方案、储热供热（冷）解决方案以及碳资产管理解决方案综合集成，帮助企业降低用电、用热和碳履约成本。“电热碳”还具有资产管理增值功能，客户可将自身无法消纳的电力、热力和碳资产通过“电热碳”实现价值增值并获取额外收益，提高总收益水平。

2.5.2.5 2016年度全国试点碳市场自愿核证减排量（CCER）交易情况

（一）CCER市场2016年度供需分析

1. 市场需求情况

试点各省碳市场对CCER的需求总量和需求类型详见表2–19。

表2–19 2016年CCER市场需求分析

试点地区	抵消办法（类型、类别、减排量产出时间）	CCER抵消比例及项目地域
北京	2013年1月1日后实际产生的减排量； 可使用CCERs、节能项目碳减排量和林业碳汇项目碳减排量。 氢氟碳化物（HFCs），全氟化碳（PFCs），氧化亚氮（N_2O），六氟化硫（SF_6）项目及水电项目减排量排除在外。	不得超出当年核发配额量的5%，其中：京外项目产生的CCER量不得超过当年核发配额量的2.5%； 天津、河北等与北京签署应对气候变化、生态建设、大气污染防治等相关合作协议地区获得了优先权。

续表

试点地区	抵消办法（类型、类别、减排量产出时间）	CCER抵消比例及项目地域
天津	所用于抵消的自愿减排项目，应该是其所有核证减排量均产生于2013年1月1日后的项目； 仅来自二氧化碳气体项目，不含水电产生减排量。	不得超出当年核发配额量的10%； 京、津、冀地区获得优先权。
上海	用于抵消的应为2013年1月1日后实际产生的减排量，且所用于抵消的自愿减排项目，应该是其所有核证减排量均产生于2013年1月1日后的项目。	不得超出当年核发配额量的1%； 非水电项目。
深圳	风电、光伏、垃圾焚烧发电项目指定地区； 广东（部分地区）、新疆、西藏、青海、宁夏、内蒙古、甘肃、陕西、安徽、江西、湖南、四川、贵州、广西、云南、福建、海南等省份； 全国范围内的林业碳汇项目、农业减排项目； 其余项目类型需来自深圳市和与深圳市签署碳交易区域战略合作协议的省份和地区。	风电、光伏、垃圾焚烧发电、农村户用沼气和生物质发电项目； 清洁交通减排项目； 海洋固碳减排项目； 林业碳汇项目； 农业减排项目。
广东	在广州碳排放权交易所完成交易的CCER；不得超出当年核发配额量的10%; 70%以上的CCER来自广东省内项目； 非国家批准的其他碳排放权交易试点地区或已启动碳市场地区的项目。	CO_2或CH_4气体的减排量占项目温室气体减排总量的50%以上； 非水电项目、化石能源的发电、供热和余能利用项目； 非由清洁发展机制项目（CDM）于注册前产生的减排量
湖北	项目有效计入期（2015年1月1日至2015年12月31日）； 农林沼气、林业碳汇类型项目。	抵消比例不超过企业年度碳排放初始配额的10%； 在湖北省碳排放权交易注册登记系统进行登记； 在湖北省内的CCER项目。
重庆	减排项目应当于2010年12月31日后投入运行，碳汇项目不受此限制，不接受水电项目。	不得超过审定排放量的8%。
福建	福建省内产生的CCER; 非水电项目； 仅来自于CO_2、CH_4的温室气体。	不得超过经当年确认排放量的5%（林业碳汇不得超过10%）。

2. 市场供给情况

就项目类型而言，公开可查的861个备案CCER项目分布情况是：风电（325个）、光伏（160个）、避免甲烷排放（123个）、水电（89个）、生物质能（52个）、废物处置（42个）、煤层气/煤矿瓦斯（20个）、废能利用（17个）、林业碳汇（13个）、燃料转换（11个）、工业能效（2个）、交通运输（2个）、建筑节能（2个）、PFCs（1个）、地热（2个）。这861个已备案项目的年减排总量约10 774万吨（见图2–25）。

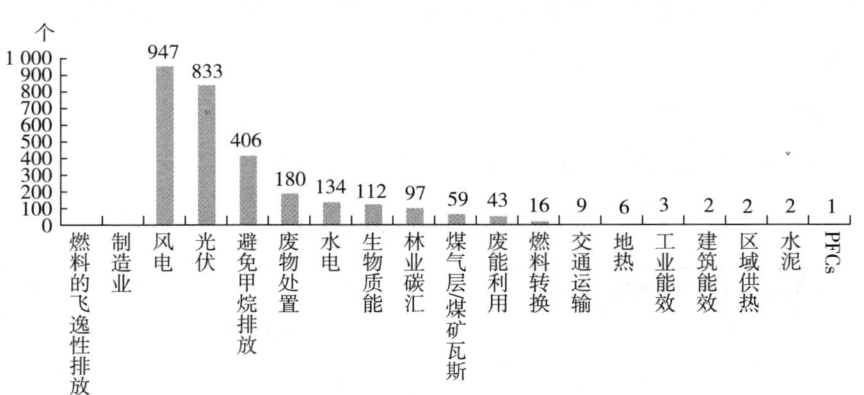

图2–25　截至2016年末CCER项目类型

（二）CCER市场2016年度交易分析

2016年是CCER现货交易正式开展的第二年，由于CCER的交易各交易所没有强制披露，无法获取官方交易数据，但是北京环境交易所作为全国CCER交易的枢纽，其交易数据具有很高的代表性，以北京环境交易所2016年的CCER交易数据为例说明。

1. CCER交易规模

截至2016年12月31日，北京碳市场共成交CCER项目67个，成交量8 277 105吨，成交额60 363 754元。其中线上成交23 828吨，成交额361 370元，成交均价15.17元/吨；协议转让成交8 253 277吨，成交额60 002 384元，成交均价7.27元/吨（见表2–20）。

表2–20 CCER成交方式汇总

交易方式	成交量（吨）	成交额（元）
线上公开交易	23 828	361 370
线下协议转让	8 253 277	60 002 384
总计	8 277 105	60 363 754

数据来源：北京环境交易所，2016年。

2. CCER成交方式

协议转让占了CCER全部成交量及成交额的99%以上。这主要是由于各试点地区对于CCER抵消功能的实现设置了不同的条件导致不同项目产生的CCER内在价值和适用性不同，通过协议转让的方式有助于业主了解具体项目信息并就价格进行协商。

3. 成交项目分布情况

从CCER成交项目类型看，北京试点成交的CCER项目涵盖风力发电、生物质发电、沼气利用、光伏发电、余热发电、垃圾焚烧发电、垃圾填埋发电、新能源公共交通、瓦斯发电等多种类型。其中，风力发电项目成交占比五成以上，生物质发电、沼气利用、光伏发电等类型项目也成交较多（见图2–26）。

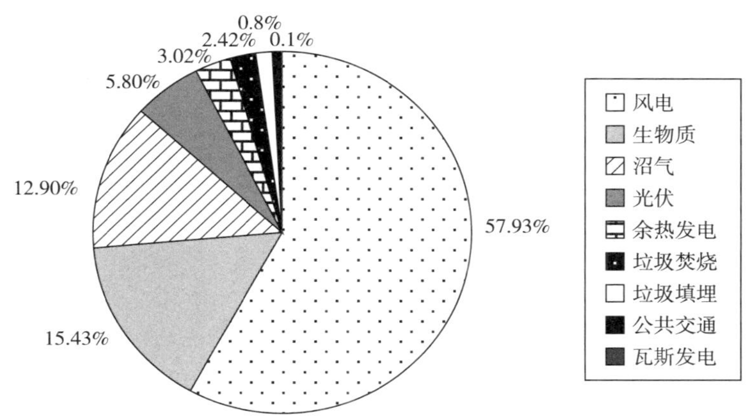

数据来源：北京环境交易所，2016年。

图2–26 北京2016年成交的CCER项目类型分布

从CCER成交项目来源地看，北京碳市场CCER成交项目来自全国18个省区市，主要集中于东三省和中西部地区。从实际成交的减排量看，超过60万吨的CCER项目来源省共有6个，分别是辽宁、湖北、甘肃、贵州、黑龙江和福建，占全部成交的CCER减排量的61.54%，其中来自辽宁省的CCER减排量占14.91%。

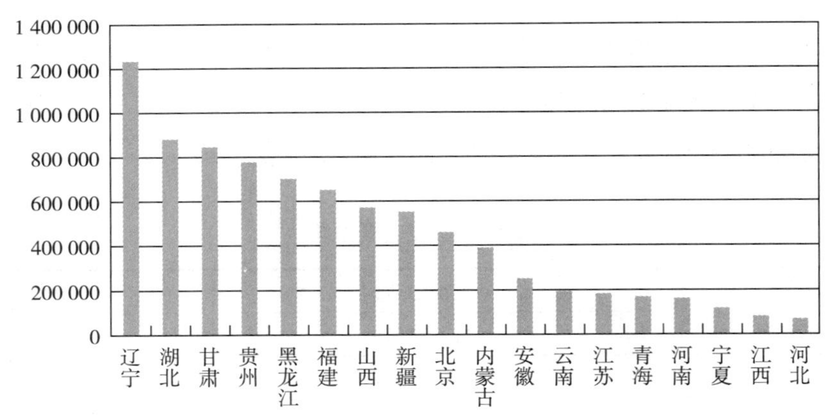

数据来源：北京环境交易所，2016年。

图2–27　北京2016年交易的CCER来源地分布

4. CCER交易用途

从成交情况来看，本年度北京碳市场CCER项目挂牌成交67个，总成交量超过827万吨，在全国七个试点碳市场中项目挂牌成交数量和交易规模均处于领先地位。其中，用于北京市履约的项目交易量为54万吨，余下绝大多数CCER被销往其他地区，北京作为全国碳交易枢纽的功能已经具备。

（三）CCER交易抵消市场的完善

目前正在修改的《温室气体自愿减排交易管理办法》，预计很快出台；《全国碳市场抵消管理办法》（CCER抵消规则）正在研究制定，尚未出台具体方案。由于法律层面的不确定性，为避免CCER市场的剧烈波动，2016年底起暂停CCER项目的备案受理。

在CCER的管理方面，国家发展改革委设立独立的行业自律机构（命名为CCER执行机构，已在民政部门注册）管理相关事务，政府剥离备案审批权（下放权力），旨在简化流程，压缩办理时限，申报材料，取消项目备案和方法学备案。

CCER未来用于抵消市场将更加有保证，全国将采用统一的抵消机制，各地方不能自行制定抵消规则；多方面鼓励农林碳汇类项目；并严格控制抵消规模，避免对配额价格产生冲击。

（四）个人碳账户与自愿碳中和

1. 个人碳账户网络

2016年8月，蚂蚁金服在旗下支付宝平台上推出了全球最大的个人“碳账户”平台，让4.5亿个用户能够了解并记录自己的碳排放情况。在蚂蚁金服的自我定义中，“碳账户”是支付宝三大账户（资金账户、信用账户、碳账户）之一，用于度量人们一些日常活动的碳减排量。未来条件成熟的话，还可能实现碳资产买卖与投资。

首期“碳账户”被设计为一款名为“蚂蚁森林”的游戏化公益行动。用户通过记录低碳行为可以种一棵虚拟的树苗，通过树苗的成长状况反映用户累计节省的能源。树苗养大后，蚂蚁金服的公益合作伙伴就会在沙漠种下一棵真树。

这款“碳账户”是与北京环境交易所（CBEEX）合作开发的一种个人碳减排量计算方法，初期涵盖九种活动：行走捐、线下支付、生活缴费、网络购票、网购火车票、预约挂号、地铁出行、交通罚款和ETC缴费。

2. 自愿减排微商平台

第六届地坛论坛®期间，北京环境交易所推出了“自愿减排量微商平台”。该平台是北京环境交易所倾力开发的全国首个基于微信系统的中国核证自愿减排量（CCER）销售平台，标志着CCER销售渠道由PC端延伸至移动端，更加方便机构、个人通过购买CCER践行低碳理念，体验绿色生活。2016年2月和6月，北京环境交易所微信服务号微商平台陆续推出第二期、第三期“你减排、我买单”活动。在第二期活动中，结合春节期间用户多进行走亲访友、度假旅行、燃放烟花爆竹等活动的特点，设计新的碳抵消模块；第三期活动则结合“全国低碳日”的宣传活动，进一步推广碳中和服务及低碳生活理念。

3. 企业碳中和

2016年，北京环境交易所为“供给侧结构性改革与绿色供应链管理创新研讨会”“阿拉善生态协会2016会员大会”提供碳中和服务。

2.5.2.6 2016年度全国碳市场进展及存在问题

（一）全国统一碳市场进展及困难

1. 立法准备

全国碳市场预计将形成“1+3+N”的法规体系，即以《碳排放权交易管理条例》为中心，配套《企业碳排放报告管理办法》、《第三方核查机构管理办法》、《碳市场交易管理办法》等管理办法和一系列的实施细则。《企业碳排放报告管理办法》将明确企业碳排放核算和报告的责任，规定核算与报告的程序和要求；《第三方核查机构管理办法》将规定核查机构的资质要求、认定程序和核查程序，以及对核查机构的监督管理等；《市场交易管理办法》将规定参与交易的交易品种、交易方式、风险防控及对交易机构的监督管理等。目前作为碳市场“根本大法”的《碳排放权交易管理条例》，国务院法制办已将其列入优先立法的计划，经过多轮征求社会意见后，下一步将进入立法程序。国家发展改革委已起草完成了配套管理办法的初稿，并将开展利益相关方征询和实地调研，完善相关的配套细则。此外，新能源汽车碳排放配额预计也将作为独立的交易产品纳入全国碳市场的管理框架。

2. 工作动员

2016年1月，国家发展改革委发布《关于切实做好全国碳排放权交易市场启动重点工作的通知》，为确保2017年启动全国碳排放权交易和实施碳排放权交易制度进行准备和动员，要求各地主管部门提出拟纳入全国碳排放权交易体系的企业名单，对参与全国碳市场的8 个行业拟纳入企业的历史碳排放进行核算、报告与核查，培育和遴选第三方核查机构及人员，同时开展相关的能力建设等工作。

3. 覆盖范围

2016—2020 年为全国碳市场第一阶段，涵盖石化、化工、建材、钢铁、有色、造纸、电力、航空八大行业及其18 个子行业。八大行业里，凡是能耗3 年平均达到1 万吨标准煤的企业都必须加入，预计首批纳入企业7 000 ~ 8 000 家。2020 年以后为全国碳市场的第二阶段，将逐步降低门槛到5 000 吨标准煤，预计将有超过10 万家企业进入碳市场（见表2–21）。

表2–21 全国碳市场覆盖范围

国民经济行业分类	企业子类
电力、热力生产和供应业	纯发电
	热电联产
	电网
石油加工、炼焦和核燃料加工业	原油加工
化学原料和化学制品制造业	乙烯
	合成氨
	电石
	甲醇
非金属矿物制品业	水泥熟料
	平板玻璃
有色金属冶炼和压延加工业	电解铝
	铜冶炼
黑色金属冶炼和压延加工业	钢铁
造纸和纸制品业	纸浆制造
	机制纸和纸板
航空运输业	航空旅客运输
	航空货物运输
	机场

4. 存在困难

国家层面研究制定了碳排放权交易市场总体设计方案，编制了全国碳排放权配额总量设定与分配方案，但尚未公布。方案只是规定了基本原则，具体分配、履约监管等则由省一级政府负责。按照要求，在过去的一段时间里，各地培育并遴选数百家第三方核查机构，组织数千家重点排放企业开展数据报送、核查等基础工作。目前，全国已有24个省市按照要求将本地区碳强度下降目标纳入年度计划或政府工作报告，福建、浙江、甘肃等地方还印发了本省碳排放权交易市场建设实施方案，八个省市建设了碳市场能力建设中心。但是部分省份碳排放核算与核查工作进度严重拖后，而且数据报送质量较低。

全国碳排放权交易管理条例和碳排放配额分配方案等系列法规政策出台在即，碳配额分配工作也已经开始，下一步将启动配额注册登记系统和开展第三方核查机构评估。此外，全国碳排放交易体系中的政策法规也在不断完善。被誉为碳市场“根本大法”的《全国碳排放权交易管理条例》也被国务院法制办列入优先立法的计划，有望尽快出台。但是同时在碳配额分配、碳排放权的定性等方面还存在争议。

（二）全国碳市场配额分配及存在问题

1. 配额分配方法

全国碳排放配额在分配方法上采取基准法和强度下降法，以基准法为主。基准值通常设置在代表行业先进水平的一端，达到此排放水平的企业可以获得足够的配额，否则会面临配额不足的压力，借此引导企业降低碳排放强度。

这一配额分配方法在坚持公平性的同时缺乏对差异性的考虑，会进一步削弱欠发达地区的经济竞争力，因此会面临一定的地方保护阻碍。这一配额分配方法在理论上具有科学性，但是最佳基准值的获得成本仍然较高。

2. 配额分配的管理机制

全国碳市场采用两级分工的模式，中央层面主导方法和标准，省级层面管理配额分配、履约监管，由于地方主管部门承担了日常的主要工作，因此地方主管部门的行政能力成了制约因素。

国家发展改革委气候司参考相关行业主管部门的意见，确定统一的配额免费分配方法和标准；制定国家配额分配方案，明确各省、自治区、直辖市免费分配的排放配额数量、国家预留的排放配额数量等。

省级气候主管部门依据国家确定的方法和标准，提出本行政区域内重点排放单位的免费分配配额数量，报国务院碳交易主管部门确定后，进行免费分配排放配额；各省、自治区、直辖市可制定并执行比全国统一的配额免费分配方法和标准更加严格的分配方法和标准；各省、自治区和直辖市的排放配额总量中，扣除免费分配的配额量后剩余的配额，由省级碳交易主管部门用于有偿分配。

（三）碳排放权交易所的准入和退出问题

2016年12 月 16 日，继北京、上海、天津、重庆、湖北、广东、深圳等 7 个碳排放权交易试点地区之后，四川碳市场成功开市，成为全国非试点地区首家拥有国家备案碳交易机构的省份。全国碳市场能力建设（成都）中心的揭牌，则为2017年全国碳市场的建立和布局形成了有效补充。2016年四川碳市场只上线CCER产品，开始首日四川碳市场完成10笔CCER交易，总量为363 000吨，成交的 CCER 主要来自风电、光伏、水电、瓦斯发电和沼气利用项目。

福建省《关于印发福建省碳排放权交易市场建设实施方案的通知》确定的碳市场目标是到

2016 年底，建立福建省碳排放报告和核查制度、配额管理和分配制度、碳排放权交易运行制度等基础支撑体系，实现碳排放权交易市场正式运行。2017年实现与国家碳排放权交易市场的有效对接，并适时扩大交易范围，林业碳汇交易初具规模，碳金融产品进一步丰富。到2020年，基本建成覆盖全行业、具有福建特色的碳排放权交易市场。

2016年12月22日，福建省碳排放权交易在福建海峡股权交易中心正式启动，福建碳市场可交易产品共有三项：福建省碳排放配额、福建林业碳汇以及国家核证自愿减排量。福建省碳排放配额开盘价为 33 元/吨，交易方式主要有竞价、挂牌点选、协议转让三类，开始首日总成交量 78.63 万吨，成交金额1 822.65 万元。福建林业碳汇首发上线的2家企业福建顺昌县国有林场、德化县林业局率先获得产品上线证书，共挂牌成交 21.75 万吨，成交金额391.56 万元。

新增两家碳市场有利于推动全国碳交易尽快启动，具有先行先试的示范作用。但是一旦全国碳市场启动后，试点碳市场的交易所将面临严酷的竞争，由于交易所业态的自然垄断特征，一些缺乏竞争力的交易所将会被淘汰，碳交易所的重复建设带来沉没成本。

（四）全国碳市场数据建设进程及存在的问题

1. MRV建设

截至2016年底，国家发展改革委已经公布了三批共24个行业的温室气体排放核算方法与报告指南，2016年6月起实施11项国家标准，包括一项总标准《工业企业温室气体排放核算和报告通则》，适用于指导行业温室气体排放核算方法与报告要求系列标准的编制，10项行业分标准覆盖了电力、电网、化工、钢铁、铝冶炼、镁冶炼、平板玻璃、水泥、陶瓷、民航等企业温室气体排放核算与报告要求系列标准。并制订了《企业碳排放报告管理办法》加以规范，建立全国企业碳排放数据报送系统集中管理。

同时加强数据核查，国家发展改革委制定了《碳交易第三方核查机构管理办法》，对第三方核查机构实行备案管理，要求具备执业经验和执业能力。

2. 能力建设

国家发展改革委调动试点地区交易所的专业力量为非试点地区纳入全国碳市场做好能力建设工作，2016 年以来国家发展改革委正式批复成立了北京、深圳、湖北、广东、重庆、上海和成都等7个全国碳市场能力建设中心，将试点碳市场运行积累的经验向非试点地区进行分享、交流和借鉴。以全国碳市场能力建设（北京）中心为例，2016年，北京环境交易所先后在北京、辽宁、江西、陕西、新疆、宁夏、内蒙古、广西、山东、河南、南京、大连等地举办近20场针对非试点省市地方政府、控排企业以及第三方服务机构的碳市场相关系列培训，培训人数近3 000人，有效地提高了非试点地区参与全国碳市场建设的能力。

3. 存在问题

虽然碳市场的数据管理取得了较大的进展，但是原始数据基础依然很薄弱。企业对碳排放数据的质量管理程序尚未建立，企业首次报送的数据真实性有待核查，而核查机构由地方发展改革委招标委托，由于数据核查经费有限，核查质量也难以保证。

（五）全国碳市场规模预测

1. 碳价水平

决定碳价走势的因素有很多：从宏观层面看，包括经济发展阶段、能源价格变动、科技发展水平等因素，都会通过改变各类参与机构的预期从而影响碳价；从微观层面看，总量设置的松紧程度、排放配额的分配方式、市场信息的透明程度等因素，则会通过影响碳市场的供需情况进而影响碳价。另外一个重要问题是：碳价究竟维持在何种区间才算适度？对于这个问题，尽管控排机构、投资机构和主管部门可能会有不同的考量，但大致应该遵循合理和有效这两个判断标准。所谓合理，是考虑到我国经济发展阶段和产业发育程度，碳价所带来的成本约束不应该超过企业的承受能力；所谓有效，是考虑到我国环境保护形势的严峻性和产业转型形势的紧迫性，碳价必须对企业投资节能减排产生足够有力的刺激。从这两个角度出发，应该可以期待未来一段时间全国碳市场价格在20～150元/吨的区间逐步走高。

2. 交易规模

按照国家发展改革委规划，全国碳市场建设大致可以分为三个阶段：一是2014—2016年的前期准备阶段，二是2017—2019年的正式启动阶段，三是2020年以后的快速运转阶段，届时全国碳市场将逐步走向成熟。根据这种规划，2017年全国碳市场启动后至2019年间，是全国碳市场打牢基础、启动交易、不断完善的重要发展时期。初步预测，这一阶段的现货交易市场规模，保守情景下（碳价20元/吨、年度换手率5%）在30亿～80亿元，乐观情景下（碳价150元/吨、年度换手率20%）在900亿～2 400亿元，中值（碳价50元/吨、年度换手率10%）在150亿～400亿元。而在2020年后，保守情景下为50亿～120亿元，乐观情景下为1 500亿～3 600亿元，中值为250亿—600亿元①。

2.5.3 中国森林碳汇

在应对气候变化的国际进程中，森林是一个重要的议题。2016年11月4日，2015年联合国气候大会（COP21/CMP11）在巴黎达成的《巴黎协定》正式生效。《巴黎协定》作为当前国际社会治理应对气候变化的纲领性文件，首次将森林作为独立条款阐述，继续认同森林适应和减缓气候变化特殊功能的基础性，特别强调森林的非碳效应即复合生态功能。

我国政府在提交的《中国强化应对气候变化——国家自主贡献》中，提出到2030年，森林蓄积要在2005年基础上增加40亿～45亿立方米的宏伟目标，构成国家三大自主贡献目标之一。

本文从森林碳汇得到国际社会认同开始，简述中国林业碳汇的发展历程，以及对国内碳交易试点过程中林业碳汇项目发展和未来林业碳汇的发展趋势进行一个预测。

2.5.3.1 森林碳汇机制产生的国际背景

森林既可成为碳汇，也可能成为碳源。一方面，森林植被通过光合作用将大气中的二氧化

---

① 价格数据来自二级市场线上公开交易价格。

碳吸收并固定在植被与土壤当中，从而降低大气中二氧化碳浓度，称为碳汇。另一方面，森林由于遭受火灾、病虫害侵袭和人为砍伐毁坏以及林地退化等扰动，又会将储存在森林中的二氧化碳释放到大气中，造成温室气体的排放，因而使森林成为碳排放源。一个国家、一个地区的森林，对全球气候变化贡献体现为碳源或碳汇，取决于对森林资源的保护和管理，取决于森林资源的增加还是减少。目前，从全球范围内看，来自森林的碳排放占全球碳排放的17%～20%，成为仅次于能源和工业部门的第三大排放源。

增加森林碳汇作为适应和减缓气候变化的重要途径，得到国际社会的广泛认同，并在气候变化国际治理进程得到不断的强化。为帮助附件一国家以较低成本实现减排目标，降低减排对经济社会和民生的影响，1997年在日本东京召开的《公约》缔约方大会（COP）制定的《京都议定书》（以下简称《议定书》）中规定发达国家可以通过减少工业排放和增加森林碳汇两种途径实现本国温室气体的减排目标。将森林碳汇作为发达国家抵消工业、能源领域排放量的手段，大大减轻了发达国家完成《议定书》为其规定的量化减排目标的压力。其中，造林/再造林项目被列入清洁发展机制（CDM）项目类型中。在《议定书》规定的三种履约机制中，CDM是唯一与发展中国家有关的机制。

随着《议定书》的生效，温室气体排放权得以在国家和区域之间进行交易，形成了国际碳市场。尤其是《议定书》确立的CDM造林/再造林项目可作为附件一国家抵减其减排任务的规定，直接推动了国际上森林碳汇交易机制的产生。

2.5.3.2 森林碳汇在我国应对气候变化战略中的重要意义

我国森林碳汇储量大。国家林业局于2014年2月25日公布的第八次森林资源清查（2009—2013）结果表明，我国森林面积2.08亿公顷，森林覆被率21.63%，森林总蓄积量151.37亿立方米，森林植被总生物量170.02亿吨。与第七次森林资源清查结果（2004—2008）相比，我国的森林蓄积由137.21亿立方米增加到151.37亿立方米，净增14.16亿立方米；森林质量不断提高，每公顷森林蓄积量增加了3.91立方米，达到89.79立方米；每公顷年均生长量提高到4.23立方米。随着森林总量增加和质量提高，全国森林植被碳储量84.27亿吨。

此外，我国人工林快速发展。人工林面积从原来的6 169万公顷增加到6 933万公顷，增加了764万公顷；人工林蓄积从原来的19.61亿立方米增加到24.83亿立方米，增加了5.22亿立方米。我国成为全球森林面积增加最快、人工林最多的国家，对减缓全球气候变暖作出了巨大贡献，得到了国际社会的充分肯定和高度评价。

作为《公约》和《议定书》的缔约方，我国政府高度重视应对气候变化和经济社会的可持续发展，将扩大森林面积、提升森林质量、增加森林碳汇作为应对气候变化的战略举措。2009年11月，联合国哥本哈根气候大会之前，中国发布的温室气体自愿减排目标提出：到2020年，通过植树造林和加强森林管理，森林面积比2005年增加4 000万公顷，森林蓄积量比2005年增加13亿立方米。在2016年联合国巴黎气候大会上，中国政府宣布的“国家自主贡献”目标是：二氧化碳排放在2030年前后达到峰值并尽早达峰，单位GDP二氧化碳排放比2005年下降

60%～65%，非化石能源占一次能源消费比重达到20%左右，森林蓄积量比2005年增加45亿立方米左右。中国政府的两次温室气体减排承诺都有林业目标。值得欣慰的是，2009年承诺的森林蓄积增加目标已于2013年提前实现。

2.5.3.3 我国政府为增加森林碳汇采取的重要举措

林业碳汇是指通过实施造林再造林和森林管理、减少毁林等活动，吸收大气中的二氧化碳并与碳汇交易结合的过程、活动或机制（李怒云，2007）。过去十多年以来，我国通过顶层设计、机构完善、标准建设等措施，推动和促进林业碳汇事业的发展。

首先，通过顶层设计明确发展林业碳汇在应对气候变化战略中的地位。2009年6月召开的首届中央林业工作会议指出，林业在贯彻可持续发展战略中居重要地位，在生态建设中居首要地位，在西部大开发中居基础地位，在应对气候变化中居特殊地位。特别是“林业在应对气候变化中具有特殊地位”的论述，彰显了林业在国际事务和外交战略中将发挥前所未有的重大作用，表明林业在应对气候变化历史条件下承担起一项特殊的新使命。同年，《中共中央、国务院关于2009年促进农业稳定发展农民持续增收的若干意见》中要求“建设现代林业，发展山区林特产品、生态旅游业和碳汇林业”。

其次，加强机构和组织建设，确保林业应对气候变化方针政策的贯彻落实。伴随着气候变化国际治理进程中对林业议题共识的日益形成，为顺应党和国家对林业应对气候变化工作的要求，满足社会各界对林业碳汇事业发展的期待，作为林业碳汇的主管部门的国家林业局，从2003 年起，相继成立了国家林业局碳汇办、气候办、能源办、亚太网络中心和全国性公募的中国绿色碳汇基金会；在国家林业局的直属规划设计院立了区域性的林业碳汇计量监测中心。北京、黑龙江、上海、浙江、湖南、广东、贵州等省（区、市）还相继成立了林业碳汇管理办公室或林业碳汇计量监测中心等。这些机构成立以后，在国家林业局气候办的统一指导下，认真履行 “拟订林业应对气候变化的政策、措施并组织实施” 的职能，积极贯彻落实国家应对气候变化的方针政策和战略部署，使林业应对气候变化工作逐步走上规范化、科学化、国际化轨道。

最后，制定行动纲领和技术规程，为林业碳汇健康发展提供规则支持。国家林业局于2009年11 月就印发了《应对气候变化林业行动计划》，确立了当前及今后一定时期内，中国林业应对气候变化工作的指导思想、基本原则、阶段目标以及重点领域和主要行动；发布了《林业应对气候变化“十二五”行动要点》《2013 年林业应对气候变化政策与行动白皮书》《2014 年林业应对气候变化政策与行动白皮书》《2015 年林业应对气候变化政策与行动白皮书》《林业适应气候变化行动方案（2016—2020 年）》《林业应对气候变化“十三五”行动要点》等，对于中国林业应对气候变化管理工作，起到了把握方向、规范管理、技术指导、传播知识等作用。国家林业局在林业碳汇技术标准体系建设方面，开展了大量超前而务实的研究与探索，目前已经研编的林业碳汇项目方法学和标准主要涵盖三个方面，一是《全国林业碳汇计量监测体系》和《全国林业碳汇计量监测指南》等国家层面的计量监测体系。这些体系和指南为编制国家温室气体清单提供了科学依据。二是项目层面的碳汇营造林项目方法学。它们包括《碳汇造林项目方法学》《竹林碳汇项目方法学》《森林经营碳汇项目方法学》《竹林经营碳汇项目方法学》等四个获得国家发展改革委备案的林业碳汇项目方法学，成为企业开发中国核证减排量（CCER）林业碳汇减排林业碳汇项目的技术标准、审定核证机构审定林业碳汇项目是否符合要求的依据，为林业碳汇项目的开发提供了技术标准。三是《林业碳汇项目审定和核证指南》（行标）等认证层面的标准。这些方法学和标准为林业碳汇项目减排量进入国内自愿减排碳交易市场打开了通道。

2.5.3.4 林业碳汇项目开发与碳汇交易在我国的实施情况

我国历来重视森林在适应和减缓气候变化发挥的独特功能，并从国家战略层面确立不同时期增加森林面积、提高森林蓄积、增加森林碳汇的阶段性目标，得到国内机构、企业、国内外非政府组织的积极响应，其中，有的企业和国际非政府组织还投入资金和技术进行林业碳汇项目开发并尝试碳汇交易。但从林业碳汇项目开发种类、碳汇交易试点类型、资金募集形式多样的多个维度来评价，当属中国绿色碳汇基金会开展得最为全面和规范。本部分将重点介绍《京都议定书》框架下实施的CDM林业碳汇项目、绿色碳汇基金会开发和实施的林业碳汇项目类型、融资模式以及试点市场上开展的林业碳汇交易情况。

（一）我国CDM林业碳汇项目的实施情况

全球首个CDM造林项目诞生于中国。2006年11月，按照CDM规则设计的“中国广西珠江流域治理再造林项目”在联合国CDM执行理事会成功注册，该项目由广西壮族自治区林业厅和世界银行联合实施，是全球第一个在CDM执行理事会注册的再造林项目。该项目的“退化土地再造林基线和监测方法学”是全球首个获得CDM执行理事会批准的CDM 再造林碳汇项目方法学（AR AM001）。该项目在广西环江县和苍梧县营造4 000公顷多树种混交的碳汇林。世界银行生物碳基金按照4.35美元／吨二氧化碳当量的价格购买项目在2017年之前产生的46.2万吨核证减排量（CER）。目前全球已注册的CDM林业碳汇项目共有66个，在我国实施的占到5个（见表2-22）。

表2-22 中国已经注册的CDM林业碳汇交易项目

序号	项目名称	注册日期	预计年减排量（吨）	文献索引号
1	广西珠江流域治理再造林项目	2006年11月10日	25 795	0547
2	四川西北部退化土地造林再造林项目	2009年11月16日	23 030	2 700
3	广西西北部退化土地再造林项目	2010年9月15日	87 308	3 561
4	内蒙古和林格尔盛乐生态示范区退化土地再造林项目	2013年1月17日	6 725	9 525
5	四川西南部退化土地造林再造林项目	2013年2月5日	40 214	9 563

资料来源：http://cdm.unfccc.int/Projects/projsearch.html。

（二）中国绿色碳汇基金会开发和实施的林业碳汇项目及交易开展情况

中国绿色碳汇基金会（www.thjj.org）是经国务院批准，于2010年7月19日在民政部注册成立的我国首家以增汇减排、应对气候变化为主要目标的全国性公募基金会，是国家首部《慈善法》于2016年颁布后，通过民政部认定的慈善组织。业务主管单位是国家林业局。碳汇基金会的前身是2007年，由中国石油天然气集团公司捐资3亿元人民币，在中国绿化基金会下设的中国绿色碳基金。自2008年开始，中国绿色碳基金即在四川、云南、安徽等全国20个省区开展旨在吸收固定大气中二氧化碳为目的的造林、森林管理以及能源林基地建设等，但主体是能源林。2010年中国绿色碳汇基金会正式成立后，这些项目由碳汇基金会继续管理。为此，自2007年中国绿色碳基金设立至今，碳汇基金会在全国管理和实施的造林面积达到120万亩（8万公顷）。碳汇基金会自成立以来实施的项目类型主要包括碳汇造林、竹子造林碳汇项目、森林经营碳汇项目、碳中和林项目、公民义务植树碳汇造林项目等。

1. 碳汇基金会主导的林业碳汇项目开发及其交易情况

（1）建设CDM造林项目。自2012年开始，碳汇基金会运用老牛基金会的捐款，组织实施内蒙古和林格尔盛乐生态示范区退化土地再造林项目。项目实施地点涉及内蒙古和林格尔县的4个乡镇13个村，面积达2 585公顷，营造的森林为乔木、灌木混交林。项目严格按照联合国清洁发展机制退化土地造林/再造林方法学（AR-ACM0001）设计和实施，于2013年1月通过联合国CDM执行理事会（EB）注册，成为可在国际碳市场交易的项目。项目运行期30年，预计每年产生的碳信用为6 725吨二氧化碳当量。在前5年的建设期内，总投资将达2.5亿元，其中有60%的投资直接转化为当地村民的劳务收入。据监测，目前项目区内有2 690户的1万多名农民直接受益，已为当地农民创造了14万个工日的就业，为当地村民提供直接参与项目造林、抚育、管护岗位。项目建成后，户均每年可获得3 500元左右的林副产品收入。当前，造林任务已经圆满完成，该项目也成为干旱半干旱地区植被恢复的成功案例，有助于生态效益、社会效益与经济效益的协同发挥。

（2）试点自愿碳汇交易

所谓自愿碳汇交易，是指购买者（企业、社会组织、个人）为履行其社会责任或基于其他特定目的，向碳汇项目实施者或向碳排放权交易机构购买碳信用的行为。自愿碳汇交易的前提条件是有生产者和购买者，购买者要认同生产者实施项目产生的碳信用，价格由买卖双方谈判形成。多年以来，碳汇基金会成为推动我国森林碳汇自愿交易的倡导者和推动者。

从2011年开始，碳汇基金会与华东林权交易所合作开展了林业碳汇自愿交易试点。交易了来自碳汇造林和森林经营碳汇项目所产生的15.45万吨碳汇减排量。其中，碳汇造林项目产生的14.8万吨林业碳汇，被阿里巴巴、歌山建设等10家企业以18元／吨的价格认购；河南勇盛万家豆制品公司以30元／吨的价格签约购买了森林经营碳汇项目产生的6 000吨减排量。其中：序号2～7的6个碳汇造林项目，建设规模分别为200公顷、200公顷、133公顷、133公顷、47公顷和133公顷，所有项目资金总计780万元来自中国石油捐款（捐款接受单位是中国绿化基金会所属专项基金中国绿色碳基金，即中国绿色碳汇基金会的前身）。碳汇基金会还开展过农户森林经营碳汇项目产生的自愿碳汇交易，碳汇的购买方是中国建设银行浙江省分行。通过自愿碳汇交易试点，为中国以林业碳汇为主的生态产品市场化探索了一条全新的路径。此外，通过植树造林开展会议碳中和、婚礼碳中和、企业产品碳中和以及个人购买碳汇履行义务植树等，都可以列入自愿碳汇交易范畴。虽然这些碳汇交易量不大，但是作为生态产品货币化的样本，为中国乃至全球森林生态产品交易探索了路子，提供了示范（见表2-23）。

表2-23 中国林业碳汇自愿交易案例

序号	项目名称	注册编号	预计减排量（吨）	交易日期
1	伊春市汤旺河林业局2012年森林经营增汇减排项目	23000020130516001	6 022	2013年6月3日
2	广东省龙川县碳汇造林项目	44162220111021004	57 254	2011年11月1日
3	广东省汕头市潮阳区碳汇造林项目	44051320111021003	60 610	2011年11月1日
4	甘肃省定西市安定区碳汇造林项目	62110220111021003	4 300	2011年11月1日
5	浙江临安毛竹林碳汇项目	33018520111021002	8 155	2011年11月1日
6	北京市房山区碳汇造林项目	11011120111021008	6 495	2011年11月1日
7	甘肃省庆阳市国营合水林业总场碳汇造林项目	62102420111024001	11 757	2011年11月1日

资料来源：华东林权交易所网站。

（3）开发中国核证减排量（CCER）林业碳汇项目

碳汇基金会指导开发了国内首个CCER林业碳汇项目并完成了碳信用的交易。在国际碳市场的引领下，2011年11月，我国启动了北京、天津、上海、重庆、湖北、广东及深圳 7 省（市）碳交易试点，截至目前，又新增了福建和四川两省的交易试点，全国形成了9个碳交易试点的格局，开启了基于国内相关规定运行的碳市场的探索。目前，9个碳市场的交易对象主要是试点省（市）对控排企业发放的工业排放配额。而林业碳汇也按照国家发展改革委《温室气体自愿减排管理暂行办法》的规定，纳入了国内自愿碳交易体系中，作为CCER进入市场交易。碳汇基金会依据《碳汇造林项目方法学》的具体要求，于2011年指导广东翠峰园林绿化有限公司，在广东省梅州市和河源市等欠发达地区的宜林荒山地区建设广东长隆碳汇造林项目，实施碳汇造林1.3万亩。该项目造林资金源自由广东长隆集团向碳汇基金会捐资1 000万元。2014年3月30日，广东长隆碳汇造林项目通过了国家发展改革委批准的审定核证机构中环联合（北京）认证中心有限公司（CEC）负责的独立审定；2014年6月27日，项目通过国家发展改革委组织的温室气体自愿减排项目备案审核会审核，同年7月21日获得国家发展改革委的项目备案批复。2015年5月25日，国家发展和改革委员会气候司主办的中国自愿减排交易信息平台，发布了广东长隆碳汇造林项目通过审核签发了首期碳减排量5 208吨。随后，项目业主广东翠峰园林绿化有限公司与广东粤电环保有限公司签订了交易协议，交易碳信用5 208吨，实现国内购买林业CCER的第一笔交易。预计该项目在20年的运行期内，将产生34.7万吨碳信用。2016年12月22日，福建省碳排放权交易开市，首日交易金额超1 800万元。其中，在全国创新推出的福建林业碳汇挂牌成交26万吨，成交金额约488万元。根据福建省发展和改革委员会、林业厅、经济和信息化委员会联合颁布的《福建省碳排放权抵消管理办法（试行）》规定，重点排放单位可通过购买林业碳汇抵消其10%的碳排放量。福建因此成为全国首个专门确定林业碳汇抵消排控企业碳排放比例并达到

10%的省份，为更多林业碳汇减排量进入交易提供了有效模式。

特别值得业界关注的还有林业碳汇质押的出现，使得林业碳汇具有了金融衍生品的特质。2016年6月6日，大兴安岭图强林业局在碳汇造林项目获得国家发展改革委备案通知书后，以40万吨碳汇量为质押授信，从大兴安岭农村商业银行获得全国首单林业碳汇质押贷款1 000万元，开创了全国林业碳汇金融产品创新的先河。此次林业碳汇质押贷款的成功发放，标志着我国连片面积最大的现代化国有林区——大兴安岭林区，在推动林业资源型城市转型和探索碳汇交易有效路径上迈出了至关重要的一步，为我国加快实施森林碳汇交易和发展林业碳汇金融产业提供了有益参考。

截至2017年3月30日，国家发展改革委通过中国自愿减排交易信息平台公布备案的碳汇项目861个，其中林业碳汇项目12个，它们由10个碳汇造林项目，1个森林经营碳汇项目和1个竹子碳汇造林项目构成。在12个林业碳汇项目中，仅有广东长隆碳汇造林项目获得了碳减排量的签发。

（三）中国绿色碳汇基金会的融资模式

中国绿色碳基金主要由中国石油作为捐资方发起，属央企实现战略转移和社会责任履责形式创新所捐，在此不予分析。这里讨论的仅限于2010年7月19日至2015年12月31日期间，碳汇基金会的林业碳汇融资模式。此间，碳汇基金会累计接受境内外捐款5.10943亿元，其中：境内法人或其他组织捐款4.99876亿元，境内自然人捐款0.10879亿元，境外机构捐款19万元。

从捐资者类型看，主体是机构，并主要以设立专项基金项目的形式组织实施项目。碳汇基金会专项基金是指为推动该基金会宗旨范围内的公益活动，由碳汇基金会自身或同相关发起人，依据捐赠人意愿，在碳汇基金会按捐赠人、资金特定使用领域或投向等，设立专户管理并遵照碳汇基金会相关办法执行的基金单元，通常是初始捐资额达到1 000万元即可设立专项基金。它实质是项目的一个组织形式。

机构和组织捐款单位中，以捐赠给专项基金为主，成为公募融资主渠道。当然，也有像香港赛马会这样的机构，虽连续4年向碳汇基金会每年捐款200万港元，在广东省龙川县造林以保护香港的饮用水源，但没有设立专项基金。机构和组织在捐赠收入中的占比接近97.83%。其次是公众个人捐款。碳汇基金会通过举办“绿化祖国·低碳行动”等公开募资活动，公众通过网上自愿捐款等形式捐款，同期捐款金额达到1 087.6万元，在捐赠收入中占比达到2.13%。余下的为境外机构捐款。

目前，中国绿色碳汇基金会下设21个专项基金，其中：陵水、澄迈等14个专项基金由地方政府或政府部门联合企业发起设立。2个专项基金由国际基金会、国际非政府组织与碳汇基金会共同设立。1个专项基金由家族基金会老牛基金会发起设立。1个专项基金由春秋航空集团的董事长等21个自然人发起设立。1个专项基金由企业法人发起设立。1个专项基金由新华网发起设立。1个专项基金会由碳汇基金会自行设立①。

① 绿金委碳金融工作组：《中国碳金融市场研究报告》，2016年9月。

2.5.3.5 林业碳汇项目开发与交易的前景展望

本报告列举案例，均为碳汇基金会利用捐款组织实施。该机构的成功实践，早在2012年11月由社会科学文献出版社出版的《气候变化绿皮书——应对气候变化报告（2012）》，其中的《中国绿色气候基金的创新与实践——以中国绿色碳汇基金会为例》中做过详细介绍。碳汇基金会自2010年7月19日成立到2015年12月31日，累计接受境内外捐款5.10943亿元，年均近1亿元。可以说，林业碳汇事业已经得到机构、公众的普遍认同。这些捐款的机构和个人，都已经参加到应用林业碳汇应对气候变化的生动实践。碳汇基金会动员社会力量和资金，为林业碳汇交易、全国统一的碳排放权交易体系的建立进行了有益的尝试与探索。

2017年，随着国家建立全国统一碳排放权交易体系（ETS）战略的推进，林业碳汇项目的开发和交易将迎来良好的发展前景。主要基于以下几个方面的原因：一是参照国际惯例。《议定书》不仅规定CDM造林/再造林项目产生的碳信用可用于抵减附件一国家的法定减限排任务，而且还规定了第一承诺期（2008—2012年）平均减排目标5.2%中的1%可以使用林业碳汇。据此，我国将来的ETS也会参照国际规则，设定相应的林业碳汇交易占比。二是国家特别重视林业碳汇在应对气候变化中的适应和减缓特殊功能，林业碳汇交易自然也会作为一项应对气候变化的措施和手段予以采用。纳入交易体系是最为可行和能够实现可持续发展的重要途径。三是试点省区业已将林业碳汇纳入交易范围，并积累了交易方面的经验。福建省发展和改革委员会、省林业厅、省经济和信息化委员会联合制定的《福建省碳排放权抵消管理办法（试行）》（闽发改生态〔2016〕848号）明确规定，允许重点排放单位使用10%的福建林业碳汇减排量（FFCER）抵消其碳排放。四是开发林业碳汇项目的方法学业已具备。五是企业和公众乐于接受林业碳汇项目。林业碳汇项目除其碳汇功能外，还具有净化空气、美化环境，蓄水保土、生物多样性保护等复合生态功能，这也正是《巴黎协定》独立条款要求各国实施自主贡献目标要关注的议题。这一认识在国内已得到企业和社会的认同，众多的机构和个人向碳汇基金会捐款参加林业应对气候变化活动也是一个很好的例证，此方案和措施容易为各利益相关方接受。

然而，在实践中，确实也存在着类似CDM造林/再造林项目那样交易成本高的问题。此问题需要通过增加审定核证机构数量，同时辅以简化审定核证规则双管齐下，通过制度改进、技术创新等途径加以解决，做到既满足适应和减缓气候变化的目标，又促进ETS顺利推进的需要。此外，鉴于林业碳汇项目兼具众多复合的生态功能，碳汇仅是其生态功能已经通过交易机制体现的极小部分，国家在设计交易规则时，可以制定有助于鼓励控排企业购买林业碳汇的机制。另外，林业碳汇项目产生的碳汇量为分期签发，建议制定允许购买期货林业碳信用抵减碳排放的政策。最后，在信贷政策设计时，建立林业碳汇量可以作为信贷资产抵押的机制。

第三章 | 银行业环境风险管理

3.1 环境风险概念及其产生和发展的背景

3.1.1 环境风险概念及特征

环境风险是由自然因素或人类活动引起，通过环境反作用于人类社会生产和生活的潜在损失和破坏的概率，其有以下四个特征。

一是具有不确定性。这种不确定性体现在负面风险事件通常随机发生并大大超出人们的预期。与洪水、泥石流等自然因素造成的自然风险相比，环境污染和废物排放所导致的气候变化和土壤破坏往往具有更长时间的潜伏期，对原因的追查往往难度更大，调查的结果更加出人意料。

二是具有巨大破坏性和不可挽回性。尽管发生的概率较信用风险更低，但由于环境风险发生之后损失及修复的支出较大，治理、恢复的时间和难度也较高。环境污染一旦发生，往往对生态平衡造成毁灭性的打击，诸如重金属等化学物质的污染基本是一个不可逆转的过程，往往需要几十年甚至上百年才能恢复。

三是环境风险的影响具有复杂性和广泛性。一旦相关危害事件发生，其周围相邻的环境和人类活动均会受到一定的影响。这些影响又会借由与上述对象物理、化学和社会经济关系的相关性产生链式反应，并逐渐扩展到其他相关个体。进一步，环境风险的这一特征使其波及对象和范围并不特定局限于某一群体。除了与环境风险直接相关的群体受到的损失之外，利益相关方受到的损失同样不可忽视。另外对于微观主体而言，政策层为应对环境风险所实施的政策变动也同样可以被视为环境风险的来源之一，生产过程中环保政策的加强，惩处环境污染事件力度的加深和环境保护社会声誉均会影响到企业成本与收益的决策，从而进一步对企业利润和财务报表带来不确定的影响。

四是环境风险具有可控性。在现代社会，环境风险的发生多与人类的生产方式和特定活动相联系。这使得尽管环境风险的发生具有一定的随机性，但是通过一定的环境风险管理手段特别是环境风险管理体系的建设来约束人们的生产行为和生活方式，可以在很大程度上降低环境风险发生的概率。

3.1.2 银行类金融机构环境风险管理的背景

环境风险管理是指对环境风险事件可能带来的结果进行评价，并采取一定的手段降低或消除可能带来的潜在风险。商业银行作为金融机构的最重要组成部分，也是环境风险管理的重要主体。特别对于目前仍以间接融资为主的中国金融体系而言，环境风险管理已日益成为金融机构风险管理的重要内容。这主要体现在以下几个方面。

第一，银行类金融机构环境风险管理的动力源于自身的资金配置优势。相较于直接监管企业的方式，金融资金融通的功能与企业环保资金的运行有着更为紧密的联系，促进企业节能减排并降低经济总体的环境风险的效率更高。尽管就银行类金融机构自身而言，其服务业的性质使其活动对于环境的直接影响不大，但作为现代经济资金配置和融通的重要部门，金融企业却决定了实体经济部门的资金使用。特别地，商业银行相较于一般的生产企业处于优势地位，可以通过改变规则制定来影响融资企业的环保行动。从资金面约束企业融资并施加相应的环保规则，可以激发企业节能减排的内在动力；与此同时，金融企业又具有资金审查的能力，可以选出对环境友善且高效的项目或企业。

第二，银行类金融机构环境风险管理的需要源于法律监管的日益完善。政府政策和法律环境可以直接影响商业银行的成本与收益。早在20世纪80年代，美国便通过了《综合环境反映、赔偿和责任法》（CERCLA），其中明确规定了对责任方追溯连带责任。商业银行作为连带责任的追偿对象，在污染事件发生之后需要负担贷款企业所拥有被污染土地的净化费用；日本在2003年颁布的《土地污染对策法》中也明确规定，被污染土地的所有者以及造成污染的关联者必须自行消除污染，并承担全部的治理费用。银行作为土地污染者的利用关联方，必须承担相应的环境风险。

随着生态文明和可持续发展逐渐上升为国家发展战略，银行类金融机构普遍面临着支持可持续发展和保护生态的更大责任。在2015年5月发布的《中共中央、国务院关于加快推进生态文明建设的意见》中就明确指出，需要提高环境风险防控和突发环境事件应急能力。尽管目前国内法律并没有明确连带责任的条款，但在2016年重新修订的《环境法》中大大提高了对污染企业的处罚力度和追责范围，明确了“按日记罚”和可追究刑事责任的原则。这大大增加了环境风险对于企业和机构经营资金运营的影响，也势必会提升银行类金融机构资产的风险管理难度。

第三，银行类金融机构环境风险管理意识来源于自身和同业社会责任的压力。在环境风险受到重视之初，政府、社会组织和公民将主要的注意力均集中在监督高排放、高污染的制造行业中。但随着认识的深入，人们发现诸如商业银行等银行类金融机构对借款人的资金运用有很大的影响。在社会各界对于防范环境风险、加强环境保护的诉求愈发高涨的大环境下，包括股东、借款人、雇员乃至公众等利益相关者，正在对银行类金融机构自身的环境管理能力提出更高的要求。这促使其自身出台一系列改进措施加强自身环境风险的管理能力。2003年6月，花旗银行（Citigroup）、巴克莱银行（Barclays）等十家国际领先银行率先宣布的《赤道原则》就是上述的典型代表。

通过参与国际融资合作实现国际化并提高国际竞争能力，是未来中国金融企业“走出去”的发展方向。在参与国际银团融资等跨国融资业务时，完善的环境风险管理体系和能力已经成为一道技术性壁垒。根据国际标准制定符合中国自身特点的实施细则是中资金融机构进一步提升国际竞争力的重要抓手。

第四，银行类金融机构管理环境风险的需要源于完善风险管理体系的内在诉求。以商业银行为例，传统风险管理体系主要关注的是信用风险、市场风险、操作风险等，却没有将环境风险纳入考量中。但随着各国政府、社会和公民对于环境风险的关注以及法律对金融机构环境责任分担要求的日趋严格，环境风险—企业—银行类金融机构之间利益和风险传导的联系更为紧密。传统的信用评级体系对环境风险给企业偿债能力和经营状况造成影响的忽视，使得金融机构特别是商业银行的贷款质量面临更大的波动性。特别是在我国企业参与“一带一路”沿线国家投融资的建设项目中，沿途国家多为经济发展相对落后、环境生态较为脆弱的地区。根据世界资源研究所的统计，“一带一路”沿线国家大多面临巨大的水风险挑战，许多国家森林植被资源也很短缺。企业投融资过程中稍有不慎，就可能导致整个融资项目的失败，给自身资产质量和国际声誉带来不利影响。

第五，银行类金融机构环境风险管理的诉求源于挖掘环保潜在商机的动力。目前，环保产业已经逐渐成为经济新常态下拉动经济增长的重要部门。相较于法国、德国等发达国家超过10%的占比而言，目前中国环保产业的GDP占比还不到1%，市场需求十分可观。但对于环保产业刚刚起步的中国而言，企业和项目融资公司往往面临着创设时间不长、实物资本少和缺乏征信信息等现实困难。由于缺少可供融资方参考的授信材料和业绩，初期面临巨大的资金投入，往往出现力不从心的局面。

项目融资是商业银行近年来针对新兴环保产业融资需求所普遍采用的一种融资方式。与通常针对企业的融资不同，项目融资通常以企业或项目的未来收益作为融资偿还的保证，融资机构仅仅具有有限的追索权。上述特征使得商业银行对判断项目发展潜力和发现运营潜在风险的动力大大提升，又间接增强了环境风险管理体系建设的必要性。

3.2 国际银行业环境风险管理经验

3.2.1 环境风险管理政策

国际银行业采取的环境风险管理政策是银行业金融机构在环境保护方面需要遵守和履行的基本规范和行为标准，同时也是银行采取环境风险管理措施的核心规范。西方发达国家目前已经出台了针对环境风险管理的政策管理体系，主要包含总体原则、行业指引、IFC绩效标准、赤道原则、责任投资原则等。

1. 总体原则

国际银行有关环境风险管理的总体原则主要包含两大方面：一是规定在环境方面需要重点关注的问题。如西班牙国际银行在其业务开展中，要求重点检查核实是否满足自然资源可持续管理和发展、有害废弃物达标排放和污染防治、生物多样性保护等方面的要求。二是明确银行活动的禁入领域，制定和公布排除名单，以免银行自身进入国际和国内法律禁止的领域，避免自身活动引起负面环境影响，导致社会公众的强烈抗议活动。例如，汇丰银行把雨林采伐等纳入排除名单。法国兴业银行制定了环境风险管理总则，将盗猎、非法采伐、过度捕捞、对动植物栖息地和国际湿地的破坏，以及国际禁止的杀虫剂的生产与销售、对臭氧层物质可能产生破坏的商品生产和销售等领域列入排除名单。

2. 行业指引

欧美等发达国家的银行通常制定行业指引，对电力、采矿业、化工业、农业、林业等环境敏感行业面临的环境问题和监管要求进行概述，指导银行内部有关部门在业务开展的尽职调查、项目评估等阶段识别和规避社会环境风险。这些银行通常会在国际环保组织、国际环保标准要求的基础上，提出防范和控制外部环境风险应当采取的措施和方法。行业指引通常由银行的高层审核并出台，并定期根据监管要求和环境变化进行修改，以满足时效性和适用性。例如，巴克莱银行对涉及冶炼、化工、垃圾处理等行业潜在环境风险大的项目，由专门环境及社会风险部门进行特别评估，对项目的启动、建造和运行等阶段进行全程跟踪；如有重大风险可能影响银行声誉，声誉委员会作为最高意见介入。汇丰银行遵循环境信贷和道德投资指导方针，并制定了内部的部门准则，发布了5项针对环境敏感行业的贷款指引，强化对赤道原则的承诺。

3. IFC绩效标准

国际金融公司（IFC）成立于1956年7月，是世界银行下属机构之一，总部设在华盛顿。国际金融公司旨在促进发展中成员国的可持续性项目开发，使其在财务和商业上具有稳健性，在环境和社会方面具有可持续性。IFC从20世纪80年代开始出台了一系列与环境和社会可持续性发展相关的贷款政策和融资指南。经历了多年的修改、删减和整合，这些政策和指南逐渐演化成如今较为系统的《环境与社会可持续性政策和绩效标准》（以下简称《绩效标准》），并引领全球信贷政策的整体发展方向。

IFC秉承其“可持续性发展”的开发理念，将环境与社会风险的防控列入其良好业务活动的不可分割部分。《绩效标准》正是IFC贯彻和实施可持续性发展理念的制度性产物，其内容主要发生了三个阶段的演化：（1）阶段一：环境与社会保全政策。环境与社会保全政策是《绩效标准》的前身，是IFC处理项目融资中出现的环境风险问题时所做的一系列批复与信贷政策指南的统称；（2）阶段二：2006年版《绩效标准》。IFC对早期的环境与社会保全政策进行修订和整合，于2006年4月正式发布了《绩效标准》，相比过去的零散的“环境与社会保全政策”，这一版本的《绩效标准》主要有两大改进：一是对项目的环境和社会可持续性发展要求更加严格；二是在体系上更加规范和合理，在内容上也更为全面；（3）阶段三：2012年版《绩效标准》。新的《绩效标准》在体系上相比2006年版《绩效标准》并没作实质性调整，但在一些具体标准和内容上做了一些细化和补充，使其更能符合全球金融危机后国际社会对项目融资绩效提出的新要求。例如，2012年版《绩效标准》认识到气候变化是世界现阶段面临的一个非常严峻的问题，因此要求其客户降低与项目有关的温室气体排放，并把应对气候变化的融资项目作为IFC优先支持的对象。

总的来说，历次版本的《绩效标准》规定了客户在项目融资应当管理环境风险的责任，以及持续获得IFC项目融资帮助所应该满足的条件。这一标准对于帮助IFC及其客户确立以结果为导向的方式来管理环境风险，以及促进可持续发展具有非常重要的现实意义。

4. 赤道原则

2002年，IFC联合荷兰银行等国际银行召开会议，提出了关于企业社会和环境责任的基本原则，奠定了赤道原则（Equator Principles，EPs）的基础。该原则的确立是针对国际项目融资的环境与社会风险的最低行业标准，其适用的项目金额在1 000万美元以上，涉及制造业、化工、能源、基础设施等62个行业，内容不仅涵盖环境保护，还包括健康、安全和文化保护等方面的标准。赤道原则要求银行业金融机构在面对一些大的项目融资时，要分析、评估其对自然、环境以及地区的影响，影响大时要求项目实施方采取措施。

赤道原则为银行业金融机构的环境风险管理提供了一个重要的基准，但其内容还仅仅限于项目融资。目前包括共同基金、保险公司、养老基金和主权财富基金在内的机构投资者在全球管理的资产超过100万亿美元。越来越多的投资者，其中不乏大型和颇有影响力的机构，正在努力通过管理环境、社会和公司治理（ESG）等相关问题制定长期的责任投资策略。

赤道原则现已成为国际银行业和项目融资可持续金融运作的行动指南。截至2017年3月底，已有分布在全球37个国家的89家银行宣布接受赤道原则。目前加入赤道原则的银行已经覆盖了70%以上的新兴市场国际项目融资交易额。[①]2008年10月，中国的兴业银行率先宣布采纳赤道原则，从而成为中国首家采纳“赤道原则”的商业银行。2017年1月，江苏银行宣布采纳赤道原则，成为国内第二家加入赤道原则的商业银行。

5. 责任投资原则

责任投资原则（Principles for Responsible Investment，PRI）是国际上比较流行的绿色金融自愿原则，可以指导银行等金融机构在决策过程中有效地识别、度量、监测、控制投融资活动中的环境和社会风险，以促进有助于改善环境和有积极社会效益的投资活动开展，抑制对环境和社会有害的投资活动。

责任投资原则发起于2006年，并在此基础上成立了联合国责任投资原则机构。责任投资原则要求投资者清晰认识到环境、社会和公司治理问题，倡导在投资决策过程中应充分考虑环境、社会和公司治理因素。责任投资原则包括六条内容：将环境、社会和企业治理问题纳入投资分析和投资决策过程中；作为股东，推动被持股企业在决策中考虑环境、社会和治理因素；要求被投资企业（如机构投资者持有的上市公司）披露环境、社会和企业治理方面的信息；提升投资者对责任投资原则的共识和强化实施；共同努力提高实施责任投资原则的有效性；公开执行责任投资原则的具体活动。

责任投资原则已经受到了来自国际上许多机构投资者的积极支持。2006年，全球责任投资

---

① 参见赤道原则官方网站（http://www.equator-principles.com/），原文为：Currently 89 Equator Principles Financial Institutions（EPFIs）in 37 countries have officially adopted the EP，covering over 70 percent of international Project Finance debt in emerging markets.

原则的签署机构仅为100家，管理的资产为6.5万亿美元；而截至2016年8月底，签署机构数上升到1 555家，管理资产超过65万亿美元。在G20范围内，截至2016年3月底，共有1 330家机构成为责任投资原则的签署机构。签署机构最多的地区是美国和欧洲，分别为256家和696家，新兴市场国家和地区数量上升得也很快，例如巴西的57家、南非的52家和中国（香港）的17家。

随着绿色金融理念的逐步推广，各种绿色金融的自愿责任有望得到更多国家和机构的支持。在借鉴国际经验的基础上，各国政府和私人部门也可根据本国的情况建立和推广适合本地的绿色信贷与责任投资的原则。在国内，中国金融学会绿色金融专业委员会于2016年7月与联合国责任投资原则机构合作开展了对国内机构投资者的首次关于责任投资的培训活动，得到了60多家机构投资者的欢迎。

3.2.2 环境风险管理组织架构

环境风险管理政策的执行与流程管理都离不开银行等金融机构及其员工的执行操作。国际银行对此高度重视，纷纷成立专门的委员会，组建专职机构与团队。

1. 在董事会或者管理层层面设立专门委员会

许多全球性银行在董事会或者管理层设立了专门的委员会，尽管这些委员会的名称可能不一致，但主要都是为了负责管理环境风险，实现战略规划与框架制定，以及确定环境风险管理政策和重大环境敏感交易方面的审批。例如，汇丰银行在董事会专设了可持续发展委员会，负责全球范围内可持续发展战略，在集团总部设企业可持续发展部，由专人负责实施可持续发展战略，在各大区域设立可持续发展部，在国家和地区层面，专人专职统筹可持续发展事务。巴克莱银行于2003年宣布实行赤道原则，是最早的10家赤道银行之一。巴克莱银行设立了包含贷款部门、内部评级部门、环境及社会风险评估部门以及声誉委员会的专门环境和社会风险评估系统。

2. 专职机构和团队

一些国际银行还设立了专门负责管理环境风险的专职机构和团队，通常由5～7人组成，具有金融学、环境经济学、环境保护等不同领域的专业背景。这样的机构和团队保持相对独立性，不受前台利润部门影响。其主要职责包括贯彻战略规划，制定、实施和更新环境风险管理政策，审查和评估业务的社会环境风险，以及提供必要的环境风险咨询等。例如，花旗银行设立了物业服务机构（Corporate Realty Services），管理运营中产生的碳足迹，减少自身运营中温室气体排放和能源消耗。还设立了专门指导可持续事务的环境和社会政策审查委员会。花旗银行建立了由专家组成的环境与社会风险团队，他们的主要职能是就环境与社会风险问题向一线信贷员提供初步建议，并决定是否需要环境与社会风险管理团队提供进一步的指导。巴克莱银行环境风险管理团队负责制定银行关于全球环境风险管理的行业指引和政策。如果该团队判断涉及业务具有环境敏感性，该团队将进行环境风险评估，提供咨询和指导；经评估判断环境风险较大的，将提交给专业委员会进行审查核实。同时，巴克莱银行也非常重视借助外部咨询公司的力量，通过找外部机构协助其自身评估和审查业务潜在的环境风险。

3. 员工培训

国际银行普遍注重对员工的环保意识进行培训，为员工提供学习条件，制定知识共享计划，例如培训、研讨班、学习考察、同业交流和合作。这样有助于提升员工环境风险意识，确保环境风险管理政策贯彻落实。例如，英国绿色投资银行（GIB）通过公司内部运营来降低自身对环境的影响，通过员工培训提高环保意识，遵守环境法律法规及准则，保证业务合法合规。意大利联合信贷银行根据不同业务特点，制订环境管理能力建设计划，设置环境风险培训课程。二十国集团也非常注重对绿色金融和环境风险的推动，主动提升各国的能力建设。可持续银行网络就是一个案例。该网络成立于2012年9月，过去三年中该网络已覆盖20多个国家，主要对金融监管机构、银行业协会管理人员进行绿色信贷和环境风险管理方面的培训。在二十国集团绿色金融研究小组的推动下，可持续银行网络开始计划将能力建设工作覆盖更多的国家，并超越银行业监管机构和银行业协会，与主要国家合作，对银行首席执行官、风险官和相关环境金融部门主管提供绿色信贷和环境风险管理的培训。

3.2.3 环境风险管理流程

通过把环境风险整合到管理流程中，银行可以更有效地管理环境等因素带来的商业和法律风险，有助于提升银行稳健性。国际银行将环境标准和政策要求嵌入其内部业务流程，特别是在信贷业务的各个流程环节中，实现了环境风险的全过程管理，确保了环境风险管理的有效执行。国际银行的环境风险管理流程主要包含如下四个环节：

1. 风险识别

环境风险识别是环境风险管理的第一步，也是后续步骤的基础。环境风险识别通常在风险事件发生之前，运用各种方法连续地、系统地认识所面临的各类环境风险以及分析环境风险事件发生的潜在原因。通过及时识别环境风险，银行可以提前采取风险预防措施，督促客户将环境风险的负面影响降低到最小。例如，汇丰银行将环境信贷和道德投资指导方针、赤道原则作为识别环境风险的政策标准，同时，还制定了部门准则，发布5项环境贷款指引，涵盖对环境敏感的行业，强化对赤道原则的承诺。汇丰银行建立起了与赤道原则一致的内部程序，对贷款项目中资本成本大于5 000万美元的项目，要求债务人必须证明其融资项目符合IFC的“预防与减轻污染指南”，符合项目所在国的法律规定。汇丰银行可持续工作小组还专门制定了信贷与投资管理“部门指导方针”。对新兴市场经济体中的融资项目，债务人必须提供环境评估证明，这些证明涉及IFC的保障方针，也就是必须符合IFC为处理林业和文化财产、非自愿移民、自然栖息地等问题的指南。

2. 风险评估

环境风险评估就是量化测评环境风险事件带来的影响或损失的可能程度和大小，也就是说，在环境风险事件发生之前或之后，对环境风险事件给人们的财产、生活、生命等各方面造成的影响和损失的可能性进行量化评估。巴克莱银行建立了完善的环境和社会风险评估体系：

①对于一般贷款，银行内部信贷部门和内部评级部门合作，对项目环境风险进行评估；②对潜在环境风险大的项目（涉及冶炼、化工、垃圾处理等行业），由专门环境及社会风险部门进行特别评估；③如有重大风险可能影响银行声誉，声誉委员会作为最高意见介入；④对项目的启动、建造和运行等阶段进行全程跟踪。此外，法国巴黎银行、意大利联合信贷银行将环境风险指标纳入信用评级模型，由此，可以在项目信用风险评估时考虑客户潜在的环境问题。

3. 审查审批

贷款审批是项目信贷风险的关键环节，审查审批的理想状态就是把控好风险。德国复兴信贷银行在发放贷款时，首先考虑方案与项目的经济性和环保性，按银行的风险控制模式来发放贷款。瑞穗银行在信贷管理过程当中，融合了相关环境与社会风险管理办法，也增加了环境风险方面的审查和审批。亚洲开发银行在环境评价嵌入项目的投资审批决策：所有拟定项目都要进行梳理，决定恰当的环境评价的范围和类型，并对潜在的环境影响和风险进行深入的分析。亚洲开发银行把环境评价作为项目投资审批的重要依据：对每个拟定项目都要进行环境评价，以识别项目对于环境、生态、社会、经济等方面直接的、间接的及累积的影响，必要时启动战略性环境评价。花旗银行将自己的ESRM体系嵌入信贷系统中，适用于全球范围的交易，对环境和社会风险评估形成一个严格的流程约束，例如超过1 000万美元的项目融资，需要经过四个阶段的信贷审批流程。通过严格的约束流程，把风险控制在萌芽状态。

4. 监测检查

审批同意发放贷款后，银行还需要建立项目的环境风险监测和检查机制。例如，2011年，孟加拉中央银行与该国其他银行和利益相关方合作制定了国家环境风险管理政策和战略框架——《孟加拉环境风险管理指南》，该指南指出，在贷款发放后，银行需要对所贷企业/项目进行定期监控，确保借款方有效地开展环境管理。银行需留存监控与检查结果，并就结果与借款方沟通，帮助其改进；借款方也需提交所采取改进措施的书面文件。在年审时，孟加拉中央银行会核查各商业银行是否将环境风险纳入自身信贷风险管理中。

案例：渣打银行环境风险管理体系和流程

渣打银行（Standard Chartered Bank）总部在伦敦的英国银行，创建于1853年。渣打银行集团在全球拥有600家分支机构，遍布世界56个国家，但其超过90%的利润来自亚洲、非洲及中东市场。渣打银行认为其产生的最大影响来自其资助的项目。要取得长期可持续发展，就必须以负责任的态度管理环境与社会风险。

渣打银行针对特定行业发表了完善的立场声明，在声明中明确了渣打银行希望客户与渣打银行本身应该遵守的标准，并通过公司内部政策与流程落实（见图3-1）。这些声明的制定参考了行业内的相关标准，包括IFC绩效标准及赤道原则。渣打银行2009年起公开披露其立场声明，并于2013年进行了更新，以反映行业最佳实践的发展情况，并发布其他行业的立场声明。截至目前，渣打银行已发布20份有关特定行业及主题的立场声明，适用于向所有客户提供贷款、股权及咨询服务。

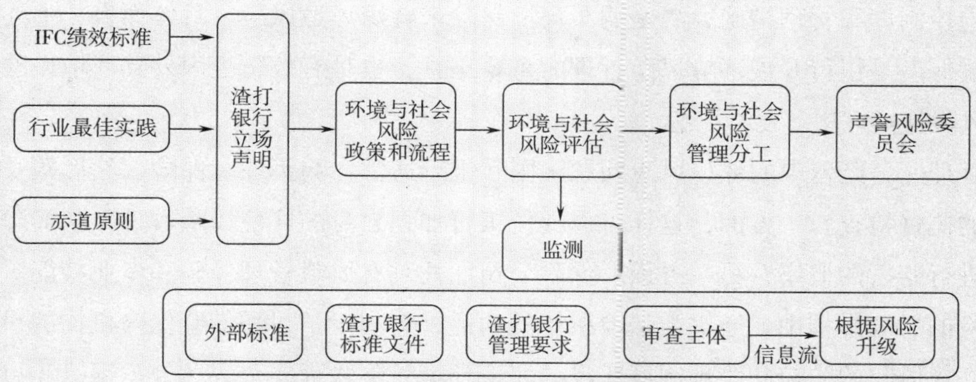

图3–1 渣打银行的政策与流程框架

此外，渣打银行自1997年起制定并实施了一套严格的综合措施，以管理其因为企业及机构客户提供贷款、股权及咨询服务以及零售部门为商业客户提供贷款而产生的环境与社会风险。该管理机制定期更新（最近一次更新时间为2014年），由品牌、价值与操守委员会监管。该委员会由董事会管理，负责审查集团可持续发展相关业务开展的优先级别，监督相关公开承诺的制定与落实，这些公开承诺涉及业务开展及项目支持的选择。

环境风险管理是渣打银行贷款审批过程的一部分。渣打银行贷款审批及环境风险管理过程包括四个阶段（见表3–1）：

表3–1 渣打银行贷款环境风险管理流程

管理流程	流程说明	备注
初始风险评估	渣打银行根据相关立场声明要求的标准，采用公司内部的环境与社会风险评估工具（ESRAs），对符合相关标准的所有客户与交易进行风险评估。该环境与社会风险评估工具适用性强，且简单实用，客户经理及一线员工可利用该工具评估客户的环境与社会风险及商誉风险，包括潜在的人权影响。该工具会帮助明确需要进一步分析和审查的议题，并指导客户经理和一线员工就与运营或项目相关的环境与社会风险与客户沟通。	所有涉及项目的交易都会根据赤道原则进行分类与评估。
详细的尽职调查	渣打银行在初始风险评估后会通过多种途径收集并审查相关资料，包括：（1）客户取得的环境与社会影响评价、地方及国际相关认证、许可与批准；（2）必要时，委派内部专家到客户现场进行考察与审查；及（3）独立第三方尽职调查，以确认某项交易的社会与环境影响，并就相关风险推荐限期整改计划。	如发现存在不符合渣打银行相关标准等特定风险，渣打银行的信贷与客户关系团队会将该交易提交给公司内部的环境与社会风险管理小组。
信贷批准	所有客户与交易的环境与社会风险审查都需要渣打银行信贷部门的批准。需要进一步审查的客户或交易将提交给企业责任和声誉风险管理委员会。渣打银行集团执行副总裁担任该委员会的主席，集团关键职能部门的高级管理人员组成该委员会的成员。	客户如未能履行承诺采取必要措施来根据赤道原则或公司相关环境与社会标准管理其环境与社会风险时，该委员会有权拒绝交易。
监管	将环境与社会影响方面的相关规定写入贷款协议中，客户需承诺在规定时间内采取相应措施以达到这些规定的要求。	目的是确保已经发现的环境与社会风险能够得到解决，或促使客户尽快达到相关的环境与社会标准。

3.2.4 开展银保合作转移环境风险

国际银行业的环境风险管理主要包含两种方式：一是构建银行自身的环境风险管理组织架构，完善内控制度和管理措施；二是购买环境保险来转嫁环境风险。具体而言，上述第二种方式，即环境保险是银行开展环境风险管理的重要工具，也是有效防范因外部环境风险所导致损失的一种风险补偿方法。

为了管理业务经营中的环境风险问题，国际银行通常会购买环境保险，然后接受保险机构针对银行的监督检查。一方面，这样可以促使银行加强自身的环境风险管理，从而降低保险机构对银行进行赔偿的概率；另一方面，保险公司往往具有风险管理经验和专业技能。银行在购买环境保险的后续过程中，通过与保险机构的沟通，有利于学习和借鉴保险机构的风险管理经验，加强环境风险的防控和管理制度建设，完善环境风险管理体系。此外，银行还可以要求有贷款需求的企业购买环境责任保险。银行在贷款发放之前对企业进行环境问题审查，审查过程中如果发现企业活动存在较强的环境风险，可以要求其购买环境保险作为其获取贷款的条件。

国外银行转移环境风险的主要保险险种包括污染的法律责任保险、污染营业中断保险、贷款人保险、成本上限保险等，表3–2列举了国际银行业常用的环境保险险种。

表3–2 国际银行业转嫁环境风险的主要险种

险种	释义	保险购买人	损失赔偿
污染的法律责任保险	财产的所有者或经营者为防止因其财产产生的污染导致对第三方的人身健康或者意外经济损失	财产的所有者或经营者，商业银行经常要求项目公司购买此保险	主要是针对第三方的诉讼赔偿，包括被保险财产的污染导致的第三方人身伤害、财产损失和消除污染的费用
污染营业中断保险	赔偿被保险人自身因其被保险财产发生突发的、意外的环境污染事故而不得不停止运营所产生的经济损失，是属于对第一方赔偿的险种	借款的项目公司	针对被保险人自身因污染导致的营业中断所产生的损失
贷款人保险	（1）如在保险期间，被保险的银行因意外的抵押品污染问题被起诉，无论是取消赎回权之前还是之后，保险公司将捍卫银行的利益并负责赔偿；（2）如果银行因抵押品污染被起诉，而借款人也因为抵押品污染问题宣告破产，在此情况下，保险公司赔偿银行的贷款余额	商业银行	由于贷款抵押品意外污染而使银行产生的损失，包括：抵押品由于意外污染而贬值部分；由抵押品意外污染导致的诉讼赔偿；由于抵押品污染导致借款人破产而无法清偿贷款部分
成本上限保险（止损保险）	对已知污染源清理时因意外而导致清污费用突然大量增加。如果清除实际费用意外地超出预算估计（这个估计值应该是被保险企业和保险公司共同认同的，并加上10%到20%的折扣率），那么保险公司负责承担超出预算外的清污费用	贷款企业	承保的是已知的污染，不确定性表现在清理污染的资金是不确定的，如果治理污染的支出意外地超出了预算，那么保险公司负责承担超出预算外的清污费用

3.3 国内银行业环境风险管理的实践及最新进展

商业银行环境风险管理是环境金融的重要组成部分。目前，我国大型商业银行已经在加强环境风险管理方面开展了大量的实践活动，积累了比较丰富的经验。随着理念和技术的进步，商业银行环境风险管理将在中国取得更大进展。

3.3.1 中国银行业面临的环境风险特征

长久以来，环境问题一直被认为是企业面临的风险，并没有引起中国商业银行的足够重视，一些严重污染企业由于其成本低而具有更好的经济效益反倒成为了一些银行的优质客户。但从20世纪70年代以来，环境问题对银行信贷业务的影响开始凸显，很多商业银行都因此遭受重大损失。显然，作为与企业经营活动密切联系的商业银行为了保证信贷投资活动的效益和资金安全，对企业和项目的环境问题和环境风险的重视是必然结果。

（一）中国关于环境风险的界定

2012年2月银监会印发的《绿色信贷指引》（以下简称《指引》）第四条明确提出了环境风险的定义，即银行业金融机构的客户及其重要关联方在建设、生产、经营活动中可能给环境和社会带来的危害及相关风险，包括与耗能、污染、土地、健康、安全、移民安置、生态保护、气候变化等有关的环境与社会问题。这是官方首次正式提出“环境风险”这一概念，也是目前为止国内最权威的定义。

（二）中国商业银行面临的主要环境风险特征

任何一家企业发生环境风险，对与之有业务往来的银行来说，无论是传统贷款、债券投资等表内业务，还是信用担保、贷款承诺、衍生产品交易等表外业务，均会面临客户无法履约的风险。对环境风险管理不力，将在银行经营活动的各个方面产生不利影响，从而不可避免地造成直接或间接的损失。这些风险主要包括：

1. 直接风险。直接风险是指商业银行作为抵押物的受益方或债权人，从而产生代替企业承担环境责任的风险。商业银行在为企业提供贷款时，多要求借款人提供房屋、土地或设备做抵押。如果银行作为抵押的受益方一旦决定对抵押品采取措施并最终取得所有权，就要作为抵押物的所有人对所抵押的场地或设施所造成的污染和后果承担责任。

2. 间接风险。间接风险是指企业的环境负债可能影响其偿付贷款能力而造成商业银行的风险。由于政府环境管制日益严格，企业履行法律法规所规定的环保义务引起成本和支出增加，从而可能影响借款人的现金流继而影响其偿贷能力。如果贷款企业不遵守环保政策，就会面临罚款、支付治理成本、暂时或永久停业，严重的会导致企业破产，直接威胁商业银行的信贷资产安全。

3. 声誉风险。声誉风险是指商业银行因与环境污染企业相关联而遭遇声誉损失风险。银行作为信用中介，声誉和形象是其最重要的“资产”，随着政府、监管部门、非政府组织和媒体对银行信贷政策关注程度的日渐提高，银行在贷款项目环境风险审查上有失谨慎而导致的环境及社会影响将对银行的声誉造成极大的负面影响。

对于我国商业银行而言，当前环境风险主要来自贷款企业，由于各种涉及环境问题的国际、国内法律法规和环境标准的大量出台及日趋严格，企业的生产经营活动受到更多制约，经营前景的不确定性风险增加，从而使环境风险成为信贷活动中风险评估和风险管理的重要对象。

3.3.2 中国商业银行环境风险管理的识别

3.3.2.1 环境风险政策标准

2008年以来，随着中国金融业的不断开放，部分银行开始采纳国际化标准来指导自身的环境风险管理工作。多数国内银行建立了环境和社会评级体系，评级结果能与客户评级和质量分类结果关联，实现了对客户环境与社会风险的科学量化管理和动态评估，评级结果作为信贷准入、贷款“三查”、贷款定价、经济资本分配等方面的重要依据。如工商银行借鉴赤道原则和IFC绩效标准，结合国内实际，按照贷款企业或项目对环境影响程度及其面临的环境风险大小，将全部贷款划分为四级、十二类。

案例：工商银行有效防控重点领域环境和社会风险

一是建立健全总分行分工负责的环保风险预警和防控工作机制。密切关注国家环保产业政策动态和相关的环保风险信息，对环境与安全生产违法违规企业及时下发风险预警通知书，并建立挂牌督办企业名单，加强跟踪监测与督导，实现对环境与社会风险的全过程管理和控制。

二是全面实施“绿色信贷一票否决制”。针对信贷业务各环节，工商银行就加强环境与社会风险的监测、识别、控制与缓释等提出具体管理要求，并将其植入和贯彻到信贷全流程，要求全行全面实施“绿色信贷一票否决制”。2013年，建立了绿色信贷分类与企业评级的关联，并将其植入和贯彻到信贷流程中，要求全行在信贷各个环节及时查询客户绿色信贷分类标识并将其作为对客户总体评估和信贷决策的关键依据。如在客户评级环节，如企业客户绿色信贷分类为观察类或整改类企业，分行审批部门可根据客户环境与社会风险大小及其对信用风险的影响程度，降低其评估等级或实施一票否决。

三是加强重金属排放与高危化学品企业融资风险防控。2012年以来，工商银行先后制定并下发了《关于加强防控重金属排放企业信贷风险管理工作的通知》和《关于加强化工行业涉高危化学品客户环保风险防控工作的通知》，并依托系统融资停办刚性控制和行业限额系统加强两领域的融资风险管控，在严格控制新增融资的同时，加大对存量融资的压退力度，严格防范相关信贷或声誉风险，取得显著成效。

四是加强对涉及淘汰落后产能企业融资风险防控工作。工商银行高度重视淘汰落后产能企业风险控制工作，密切跟踪并力争提前了解国家和地方淘汰落后产能政策动向、具体措施以及涉及的企业名单，及时组织全行核查，制定并下发《关于加强淘汰落后产能企业风险防控工作的通知》，要求全行加强对涉及淘汰落后产能企业融资风险的统计与分析，并前瞻性地采取有效风险控制措施降低银行风险。

例如，钢铁、水泥、平板玻璃、电解铝和平板玻璃等产能严重过剩行业普遍存在污染物排放高、能源资源消耗大的特征，也是环保违法违规情况出现较多的行业。一直以来，工商银行高度重视产能过剩行业融资管理和结构调整，通过实施绿色信贷积极推动过剩产能行业“消化、整合、转移、淘汰”，支持产业转型升级和兼并重组，有效防范风险。以钢铁行业为例，我国钢铁产能由2000年的1.2亿吨增加至目前约11亿吨，增加了8倍多，由于实施了严格的行业信贷政策和限额管理，目前工商银行在钢铁行业贷款余额约1 000亿元（16年间增长不到100亿元），已从钢铁行业中退出了1 000多户技术装备落后、不具发展前景的企业，现有贷款主要支持了行业中重点优势企业。

资料来源：工商银行年报。

部分银行还将环境和社会评级结果纳入内部评级体系，对提高银行的环境风险管理水平发挥了积极作用。如交通银行为使内部评级结果能准确反映授信客户的环境风险，自2012年起将反映客户环境风险状况的“绿色信贷标识”纳入内部评级体系，在内部评级政策的各种评级方法中都增加“评级上限”的规定，即对于“绿色信贷标识”为红色及黄色二类的客户（即环境和社会高风险客户），在主标度为15级的客户评级中，最高评级上限为12级。兴业银行自2008年10月开始，正式公开承诺采纳赤道原则，成为中国首家“赤道银行”。

3.3.2.2 环境风险分类

适时、准确地识别风险是风险管理的最基本要求，对于环境和社会风险而言也是如此。这对银行的风险管理水平提出了异常严峻的挑战。按照现代银行风险管理理论，风险识别包括感知风险和分析风险两个环节。感知风险是通过系统化的方法发现银行所面临的风险种类、性质；分析风险是深入理解各种风险内在的成因及变化规律。就环境和社会风险而言，有些风险因素，如化工企业违规向河道排放污染物被环保管理部门处罚、煤矿企业发生瓦斯爆炸事故造成重大人员伤亡等，比较容易通过某种信息渠道自动捕捉分析；而有些风险因素，如国际碳排放权交易市场价格下跌导致清洁发展机制（CDM）[①]项下资产大幅缩水等，同样会对相关企业的信用风险状况产生直接或间接影响，但这种相关性较难准确量化。这就对银行的风险识别能力提出了更高要求，必须采用科学、系统方法，避免简单化和主观臆断。目前来看，环境风险对商业银行而言又可细分为：

（一）环境信用风险

客户因不当的环境和社会表现而受到政府相关部门处罚，更新过时的设备来适应更高标准的环保、安全等法律法规要求，生产过程中污染处理费和污染受害者索赔，发生各类环境违法事件、安全生产事故、食品安全事件导致市场形象受损等，都会对企业的经营状况造成负面影响，从而增加银行的信用风险。

---

① 清洁发展机制（CDM）是《京都议定书》中引入的灵活履约机制之一。其目的是协助未列入附件I的缔约方实现可持续发展和有益于公约的最终目标，并协助附件I所列缔约方实现遵守第三条规定的其量化的限制和减少排放的承诺。CDM的核心是允许发达国家和发展中国家进行项目级的减排量抵销额的转让与获得。

（二）环境市场风险

随着国际金融交易市场的不断完善，一些绿色信贷相关的金融产品已经能够定价并上市交易，如CDM项下的国际碳排放权，其价格波动将对持有该资产的企业经营造成重大影响。与之建立业务关系的银行，如以该资产作为抵押物的银行，则将同样面临风险。

（三）环境操作风险

银行内部人员操作也可能导致银行遭受损失，如银行人员受专业知识的局限无法有效辨识客户的环境和社会风险、银行人员为了完成业务指标而故意放松环境和社会方面的信贷准入标准、存在环境和社会风险的客户贿赂银行人员等情况。

（四）环境法律风险

银监会《绿色信贷指引》第十六条规定：银行业金融机构应当对拟授信客户进行严格的合规审查，针对不同行业的客户特点，制定环境和社会方面的合规文件清单和合规风险审查清单，确保客户提交的文件和相关手续的合规性、有效性和完整性，确信客户对相关风险点有足够的重视和有效的动态控制，符合实质性合规要求；第十七条规定：银行业金融机构应当加强授信审批管理，根据客户面临的环境和社会风险的性质和严重程度，确定合理的授信授权和审批流程，对环境和社会表现不合规的客户，应当不予授信。一旦银行对存在环境和社会风险的客户给予授信，将可能受到监管机构的处罚，甚至可能招致法律诉讼。

此外，银行还会因为借贷行为而对客户的环境和社会违法行为承担法律责任，遭受与客户相关的环境和社会责任的法律追索等。

3.3.3 中国商业银行环境风险的管理

（一）环境风险管理的目标

从本质上讲，银行业是经营风险的行业，对风险的管理能力直接决定了一家银行的发展水平。风险管理是银行的核心竞争力，是创造资本增值和股东回报的重要手段。风险管理的目标不是消除风险，而是通过主动的风险管理过程实现风险与收益的平衡。因此，银行管理环境风险的目标，是实现对环境和社会优秀企业的支持与帮助，实现对环境和社会行为落后企业的控制和淘汰，并以此提升自身经营水平、盈利能力和企业价值，进而促进全社会环境效益、社会效益和经济效益的协调发展。

（二）环境风险管理的原则

1. 资产组合原则

资产组合原则要求银行信贷投放顺应发展方式转型和产业结构调整方向，主动加大对绿色经济、低碳经济、循环经济的支持，避免介入甚至减持退出高污染、高能耗、过剩产能、落后产能等环境风险行业，从而从资产组合上战略性地规避环境风险。

2. 准入管理原则

准入管理原则要求银行建立环境风险准入门槛，对不同行业的客户或项目提出不同的环境标准要求。在业务准入时先判断客户的环境风险，再决定是否开展业务或提出相应风险管理措施，在风险发生之前排除风险隐患。

3. 分类管理原则

就是针对不同行业属性、不同业务品种、不同客户类型、不同风险特征，根据其面临的环境风险的不同，实施差异化、有针对性的环境风险管理策略。

4. 全流程管理原则

全流程管理原则要求银行将环境风险管理要求嵌入信贷业务全流程，在信贷投向、客户或项目选择、业务准入、信贷评审、贷后管理等信贷业务各环节贯彻环境风险管理要求。

（三）环境风险管理的流程和方法

1. 环境风险识别

按照现代银行风险管理理论，银行识别风险的主要方法有制作风险清单、资产财务状况分析法、情景分析法、分解分析法、失误树分析法等，其中制作风险清单是所有方法中最基本、最常用的方法。这些方法均可应用到环境风险管理领域。

比如制作风险清单，它是指采用类似于备忘录的形式，将银行所面临的风险逐一列举，并联系经营活动对这些风险进行深入理解和分析。《绿色信贷指引》第十六条规定中要求“银行业金融机构应当对拟授信客户进行严格的合规审查，针对不同行业的客户特点，制定环境和社会方面的合规文件清单和合规风险审查清单，确保客户提交的文件和相关手续的合规性、有效性和完整性”。这一要求本质上即风险清单方法在环境风险管理中的实际应用。

又如分解分析法，它是指将复杂的风险分解为多个相对简单的风险因素，从中识别可能造成严重风险损失的因素。假设要评估一家化工企业面临的水资源风险，可以将其分解为当地水资源的稀缺程度、该企业对水资源的需求程度以及该企业污染物处理设备先进性等因素分别进行考量，从而得出该化工厂污染当地水资源的可能性以及一旦污染所面临的索赔力度。

2. 环境风险评估

环境风险的评估是整个风险管理流程的核心。大多数银行已将环境风险纳入了信贷评审流程，把客户的环境和社会表现视为一项重要的风险因素，目的是准确鉴别客户的环境风险状况，对环境和社会表现好的客户（如从事节能环保领域的客户），在同等条件下信贷资源给予优先支持；对环境和社会表现差的客户（如高污染、高能耗行业客户），则执行较其他客户更为严格的信贷准入和授信条件。其主要方法有：

（1）信用评级

客户信用评级是银行对客户偿债能力和偿债意愿的计量和评价，反映客户违约风险的大小。在标准化的信用风险评估中，风险评级被广为应用。这种方法的主要特征是建立一套评分体系，并赋予借款人一个分值，以此来显示借款人的风险等级。多数信用评级可以使银行直观地获悉客户的违约概率。

（2）整合分析

所谓整合分析，是指在授信分析过程中将借款人的环境风险视为一项重要的风险来进行评估。该方法的逻辑是，将环境风险视为信用风险来源的一种，同销售、供应、财务等其他众多风险因素一样，都会影响到借款人的还款能力，因此都应被纳入信贷评审过程中，在贷前、贷时、贷后的信贷全流程中进行管理。这种方法的优点在于效率较高，只需要在现有授信分析报告框架中增加一个要素即可，而不需要另外设置新的评估体系。

整合分析综合体现了环境风险管理中的“全流程管理原则”、“目标特定原则”和“预先管理原则”。风险管理完善的银行已将对环境风险的管理要求纳入信贷准入、贷前调查、信贷评审和贷后监控等信贷业务全流程，根据不同的行业安排专业的审查人员，并且通过制定信贷准入政策将环境风险杜绝于发生之前。如兴业银行就构建了十分完善的环境风险管理体系。

（3）承诺条款

承诺条款是国际上银行普遍采用的一种环境风险评估方法。它是指环境风险评估结果不对信贷决策或贷款定价产生直接影响，而是在银行和客户签订的贷款合同中增加相应条款，要求借款人必须完成一定的环境和社会目标。

案例：兴业银行环境风险管理体系

一、目标

建立健全本行环境风险管理体系，借鉴国际先进管理技术提升环境风险管理的专业化水平，防范环境与社会风险，优化全行资源配置，践行社会责任，实现本行各项业务可持续发展的战略目标。

二、承诺

持续关注授信业务中的环境与社会问题，以“有益于”环境与社会的方式努力发展融资业务，以可持续发展的理念指导业务拓展，坚持追求经济效益与履行企业社会责任并重。

三、评估流程

1.环境风险识别与分类；2.评估与审核：开展尽职调查，审查审批，“环保一票否决制”；3.控制与监测；4.信息披露与绩效评价。

四、管理架构

从公司治理、制度建设、内部能力建设等方面落实绿色发展战略，并健全环境与社会风险管理体系。

1. 公司治理方面，明确以“贯彻落实科学发展观、深化对银行社会责任与自身可持续发展间关系的认识，积极探索以多种方式推动银行践行社会责任，构建人与自然、环境、社会和谐共处的良好关系”作为兴业银行的核心价值观和行为导向；明确董事会执行委员会在可持续金融战略制定、评估及监督等方面的职责；成立由董事会以及高管层主要成员组成的赤道原则工作领导小组；设立专职职能部门负责赤道原则推广及环境与社会风险管理，并在总分行搭建两级环境与社会风险审查机制；建立注重利益相关方互动交流的信息披露机制。

2. 制度建设方面：先后出台了《环境与社会风险管理政策》；《适用赤道原则的项目融资管理办法》；《适用赤道原则的项目融资分类指引》《环境与社会风险专家评审规范》及其他配套工具和法律文本等。

3. 能力建设方面：邀请行内外专家开展各种形式培训；出版赤道原则专刊、印发培训教材、翻译国外赤道银行资料、在官方网站开辟可持续金融栏目；建立环境与社会风险专家库机制；发布国内银行业首份《可持续发展报告》和首份《赤道原则年度执行报告》；开发并上线运行国内银行业首个环境与社会风险管理IT平台。

4. 对外交流与合作方面：积极参与国家发展改革委、环保部、银监会、人民银行就开辟中国银行业可持续发展道路的探索；通过多种交流形式与国内同业分享可持续发展经验，特别是与越南、泰国等新兴市场国家银行业开展经验分享和交流；与国际金融公司（IFC）、日本瑞穗实业银行、汇丰银行、花旗银行、南非标准银行等国外加入赤道原则的金融机构保持长期联络；与世界自然基金会（WWF）等非政府组织保持对话；参与赤道原则、全球报告倡议组织（GRI）《可持续报告指南》、联合国环境规划署《银行业与可持续发展指南》等国际标准制定和修订过程；官方微博开辟“低碳乐活”板块，并专门开设“兴业银行赤道原则微博”；应邀出席德班世界气候大会，并向各国介绍本行推动可持续金融的努力和经验。

五、主要成效

截至2015 年12 月末，兴业银行已累计为众多节能环保企业或项目提供绿色融资超过8 000 亿元，融资余额达3 942 亿元，比年初增加982 亿元，增幅达33%。绿色融资客户数快速增长，达6 030户，较年初新增2 796户，增幅达86%，业务覆盖低碳经济、循环经济、生态经济三大领域。

资料来源：兴业银行2012—2015年社会责任报告。

根据银监会《绿色信贷指引》，兴业银行在融资发放中采取了承诺条款的做法。在实践中，银行多采用“决策树”模型来决定某个环境风险的影响是否已经大到需要设置承诺条款。每当有新客户产生，可通过一系列问题来判断出客户的环境风险，如：该客户所处的行业是否是高污染行业；该客户是否位于已经或者将要发生环境破坏的地区；该客户是否采取了有效的环保措施等。经过评估，若该客户的环境风险超出银行可接受的范围，则拒绝该客户；若银行认为客户在授信期限内可以达到银行的要求，则在贷款协议中明确客户的义务。比如，如果银行给予客户20年的长期贷款，则银行对环境风险的容忍度较高，可以要求客户在贷款期限之内分阶段设定环境和社会目标，分阶段完成。相反，若给予客户的是短期贷款，则银行的风险容忍度较低，会要求客户在贷款期限之内采取必要措施来达到目标。

3. 环境风险监测

风险监测是指动态捕捉风险指标的异常变动，判断其是否已达到引起关注的水平或者已经超过阈值。对环境风险的监测是一个动态、连续的过程，通常包括以下两个层面：一是已识别到企业存在潜在环境风险隐患，但还未发生造成实际损失，比如，银行在贷后监控过程中发现客户存在偷排污染物情况，但尚未被环保部门查处；二是环境风险已经爆发，并产生相应的遗留风险和新增风险，比如，企业偷排污染物的行为遭到当地居民举报，环保部门介入调查并对该企业进行处罚，导致企业停产整顿。其主要方法有：

（1）资金拨付

资金拨付环节是一个重要的风险监测环节，它处于信贷评审环节和贷后监控环节之间，通过多加一道关卡，来加大对环境风险的监测力度。按照《绿色信贷指引》的要求，对于出现环境风险隐患的客户，商业银行应立即采取相应措施，停止向客户发放信贷资金。将风险评估关卡前移，以防火代替救火，最大限度地降低发生损失的可能性，充分体现了环境风险管理的“预先管理原则”。

（2）贷后监控

环境风险状况是银行对客户实施贷后监控的重点内容，不论是潜在风险隐患还是已发生的风险事件，都是贷后监控的对象。针对环境风险的贷后监控一般应遵循以下步骤：

一是环境和社会状况正常客户。应监测其环境和社会表现与信贷评审时相比有无变化，国家相关政策、法律、法规、标准有无变化；对于在信贷评估中采用“承诺条款”的客户，应重点监测其环境和社会表现是否已达到承诺条款的相应要求。

二是环境和社会潜在风险客户。对于在贷后监控中被查出存在环境风险隐患的客户，银行应及时要求客户停止环境和社会违规行为，对风险隐患进行排查、整改。若客户拒绝接受银行监督，则银行应采取中止贷款、暂停额度等方式督促客户整改。

三是环境风险客户。对于发生重大环境、安全、健康事故的客户，银行应立即采取下调信用评级、中止或终止资金拨付等措施，同时，应视事故造成的损失情况决定是否继续与该企业开展业务合作，若事故对企业正常经营造成重大影响的，银行应采取调整、加固、减退和收回授信等措施主动降低风险敞口，保障资金安全。

（3）名单制管理

与限额管理针对某一类客户风险实施控制不同，名单制管理针对的是单一客户。银行将环境风险客户筛选出来建立名单，对名单内客户以“一户一策”模式进行管理。

纳入名单制管理的客户一般是具有重大环境风险的客户，具体的管理措施包括加固担保、压缩存量、减持退出等。

4. 环境风险控制

风险控制是对经过识别和计量/评估的风险采取分散、对冲、转移、规避和补偿等措施，进行有效管理和控制的过程。对实际发生的环境风险，银行必须及时采取控制措施，把风险敞口降到最低。对于高污染、高能耗、过剩产能、落后产能等环境风险较大的行业，银行可运用限额管理等手段，压降行业贷款余额；对于存在严重污染环境、发生重大安全生产事故等行为的环境风险客户，银行可视风险程度及整改进度，对客户中止贷款、加固担保、终止贷款直至减持退出。

第四章 | 金融机构的环境风险量化分析

环境风险量化是环境风险识别的重要手段，有利于引导和促进绿色投资。当前，国际上对商业银行面临的环境风险已经形成共识，大多数国际领先银行都将环境风险纳入其风险管理体系。作为一家具有国际影响力的大型公众上市银行，中国工商银行深刻认识到资源、环境对于经济和社会发展的深远影响，长期致力于推进绿色信贷建设和绿色金融前瞻性研究。受中国金融学会绿色金融专业委员会委托，工商银行于2015年成立了以城市金融研究所牵头、信贷与投资管理部和风险管理部共同参与的绿色金融课题组，针对绿色金融和环境风险管理开展了一系列前瞻性的研究工作。本章主要结合工商银行的实践，就其近两年来开展的环境压力测试和ESG评级体系研究进展进行介绍，同时梳理了近年来国内外相关机构开展环境风险量化分析的最新进展。

4.1 工商银行环境压力测试的进展

4.1.1 工商银行环境压力测试的总体情况

压力测试是将整个金融机构的资产负债或某一特定领域的资产组合置于特定甚至是极端的情景下，考察该机构或资产组合在承受外界压力突变情形下的表现。由于情景设定的灵活性，压力测试可以不受现实情况的约束，考察极端风险情形对金融机构带来的损失，而压力测试模型的多样性则为研究同一风险的不同传导渠道提供了便利。由于其在前瞻性和量化能力方面的优势，金融危机之后全球金融业都普遍加强了对压力测试工具的应用。对于商业银行等金融机构而言，压力测试与环境风险管理具有天然的契合性。压力测试灵活的情景设定可以很方便地将来自不同渠道、程度不同的环境风险进行分类评估，并通过一定汇总方式进行综合评估。

工商银行从环境因素压力测试这一角度入手，主要考虑国家政策变化、环保标准提高和企业技术改造等因素对高污染行业的企业带来财务成本及利润的变化，从而对企业还款能力的影响开展对银行信用风险影响的压力测试。目前，该项研究成果已经在2016年3月伦敦G20绿色金融国际会议上正式发布，并引起了国内外业界的高度关注。

1. 工商银行环境风险压力测试研究的创新之处

第一，重点对企业客户因面临环境风险可能给商业银行带来的信用风险进行了研究，通过压力测试工具直接测算到对企业客户评级的影响，为商业银行促进经济绿色发展、缓解气候变化压力等提供了市场化促进机制。即在量化评估环境因素对企业成本和效益影响的基础上，商业银行可以将环境风险因素纳入企业信用评级体系，从而影响商业银行对企业的金融资源配给和价格，以金融杠杆推动经济绿色发展。

第二，丰富了企业环境成本内部化的理论研究，从环保标准提高和气候变化、银行承担污染连带责任、声誉风险等维度构建了企业环境成本内部化对商业银行风险影响的理论框架和基本模型。

第三，首次通过“自上而下”与“自下而上”方法相结合，选择火电、水泥两个环境污染较大的行业进行环境风险压力测试，打通了环境因素对商业银行信用风险影响的传导路径、测算模型和方法，证明了二者的相关性和相关程度。

2. 工商银行环境风险压力测试的思路和方法

工商银行压力测试遵循“从小到大、先易后难、从单因素到多因素”的思路，先选取一至两个易收集处理的、对商业银行信贷影响较大的单因子，进行压力测试分析。在取得一定成果的基础上，再适时扩大到系统性的、多因素的模型分析和压力测试。

在行业选择上，首先选择了火电和水泥进行压力测试。在此基础上，对钢铁、铝行业的压力测试也已基本完成，其中铝行业压力测试报告与标普道琼斯旗下的TRUCOST公司合作，已于2016年3月底发布。此外，工商银行还与德国国际合作组织GIZ合作，就干旱因素对商业银行信用风险影响进行压力测试，工商银行参与了该项目的行业选择、模型优化及运行测试等，该成果已完成，并于2016年4月在伦敦正式发布。

压力测试的思路是：一是选择压力因素，工商银行对火电和水泥行业的压力测试，选择了环境政策变化及环境标准提高作为压力因素；二是设置压力情景，根据国家、敏感区域及全球先进标准等，设置轻、中、重三种情景；三是测算出不同压力情景下，相应行业企业财务成本的变化参数；四是选择压力模型对行业内客户进行变量施压；五是结果分析，将企业财务成本影响传导至商业银行信用风险进行敏感性分析，测算出环保标准变化对工商银行资产组合中相关企业的信用评级、PD（贷款违约率）和NPLR（不良贷款率）的影响。

3. 压力测试研究成果的应用价值

环境风险压力测试的应用主要包括：一是可以量化测算环境因素对银行信用风险的影响程度，有效提升环境风险防控能力；二是将环境风险因素纳入客户信用评级体系，为信贷产品定价提供环境风险因素的衡量依据；三是有利于银行合理安排信贷与投资组合，主动推进信贷与投资结构调整；四是可为银行业监管机构考虑环境要素风险时提供参考依据。

4.1.2 工商银行关于商业银行环境风险管理的理论探索

对于环境对企业经济的外部性影响，国内外文献对此研究甚多。然而，在实现产业绿色升级和转型的过程中，作为企业信用中介的商业银行的角色一直受到忽视。商业银行作为逐利经营的主体，环境风险对其利润和风险的传导渠道尚不明朗。工商银行绿色金融课题组认为，商业银行在实际经营中将环境风险纳入考量，不但是其作为金融中介履行社会责任的要求，也是其在绿色经济背景下防范风险从而优化信贷结构的必然选择。

环境因素至少通过以下三个方面加大商业银行的经营风险（见图4–1）：一是信用风险。环保标准提高和气候变化会对企业的现金流和资产负债造成一定的影响，降低企业的还款能力，从而加大商业银行面临的信用风险。二是连带责任风险。在信用经济情况下，企业离不开金融的支持。因此，在实践中，一些国家的监管机构会让商业银行等债权人承担相应的连带责任，以约束银行等金融机构支持环境表现不佳的企业，从而制约污染企业发展 。三是声誉风险。随着环境风险逐渐上升为全球金融业面临的共同风险，银行融资客户的环境表现不佳，会使银行的绿色风险控制和贷款管理能力受到质疑，降低投资人对银行的收益预期。与此同时，银行贷款客户的环境表现还可能会影响到广大储户的偏好。

对于目前国内的商业银行而言，信用风险是商业银行面临的主要风险。它是指借款人不愿或无力履行合同条件而构成违约的风险。发生违约时，债权人或银行必将因为未能得到预期的收益而承担财务上的损失。对大多数商业银行来说，贷款是最大、最明显的信用风险来源。

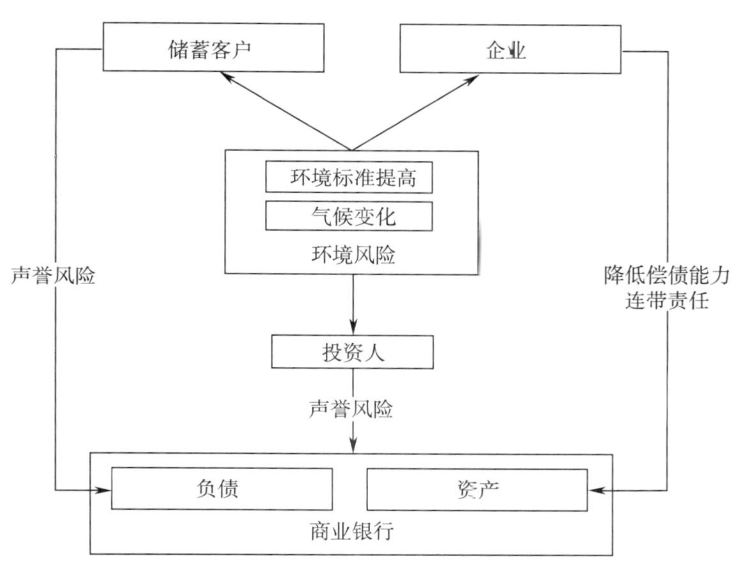

图4–1　环境成本内部化对商业银行信用风险影响的理论框架

可以用一个简单模型来说明环境风险对于企业和银行贷款风险的影响。在图4–2中，向上倾斜的为商业银行的贷款供给曲线，$Q = Q^S(r)$，它表明随着贷款利率r的升高，银行愿意借出的资金总量也会相应提高；而向下倾斜的曲线代表企业资金的需求曲线，表明企业贷款资金需求随着银行利率的上升而减小。除了贷款利率之外，企业的贷款总需求还取决于企业的利润率R和环境风险σ^{green}，企业贷款需求的形式为

$$Q = Q^d\,(r, R, \sigma^{green})$$

假定企业的贷款需求量是其利润和经营风险的减函数。由于环境和资源的外部性，如果企业不考虑环境风险，则其贷款的需求曲线为D1，同银行贷款供给曲线的交点决定了均衡的贷款量L1；在环境保护标准升高的情况下，企业的利润率可能会受到负面的影响，而其对应的贷款

量则变为L2。进一步，在谨慎动机的驱使下，环境风险的提高还可能进一步压缩企业的贷款意愿，使得贷款需求曲线进一步左移到D3，使得均衡的贷款总量变为L3。

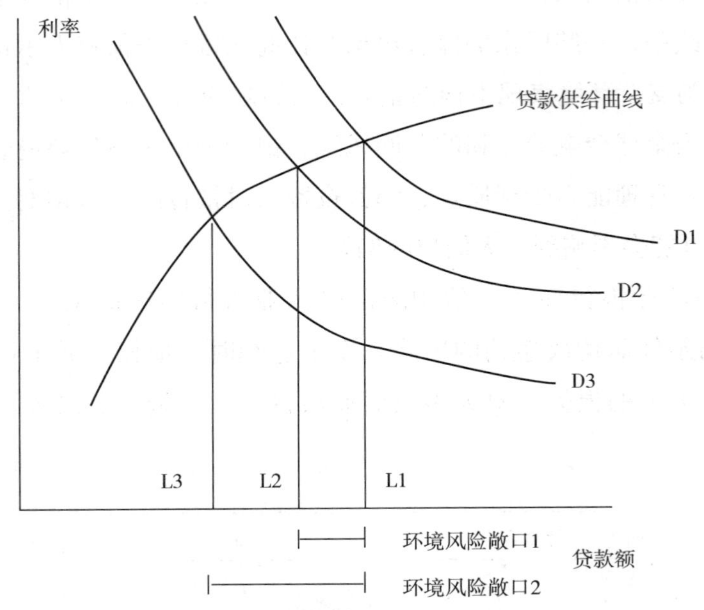

图4—2　银行贷款风险敞口同绿色风险之间的关系

由于环境风险具有一定的外部性，如果企业在经营中没有充分考虑到环境风险所带来的影响，则其贷款需求曲线仍有可能遵循着D1达到L1的水平。从目前各国发展的现状来看，由于针对环境风险的保险工具尚不发达，因此L1与L2（或L3）之间的差距就有可能构成银行的风险资产敞口，从而对企业和银行经营造成一定的损失。二者之间的差距越大，那么银行面临的贷款违约率就会越高。从行业的角度来看，如果环境风险在各个行业之间存在着差异，那么银行的贷款风险还有可能由于贷款在不同行业之间的错配进一步提高。

4.1.3　工商银行环境压力测试的基本框架

压力测试作为一种衡量承受预设事件发生造成潜在损失能力的前瞻性的风险管理工具，是识别和评估金融机构和金融体系潜在风险的重要方法。从目前的实践经验来看，尽管国际先进的商业银行制定了相应的绿色信贷战略与措施，但由于传统的信用评级中并未将企业运营的环境风险敞口考虑进去，使得商业银行依据环境风险对信贷结构转型的过程缺乏可以量化的依据，从而给政策制定带来一定的盲目性。要完成企业绿色信贷结构的优化，就必须对各种环境风险进行量化。而环境压力测试目前处于国际金融业研究的最前沿。

传统的压力测试包含以下几个步骤：选择要测试的资产组合、选择施加的压力因素及压力指标、选择承压对象并确定承压指标、构建情景、构建传导模型、执行压力测试和结果分析（见图4–3）。本节结合压力测试的流程，对利用压力测试评价环境风险的步骤进行分析。

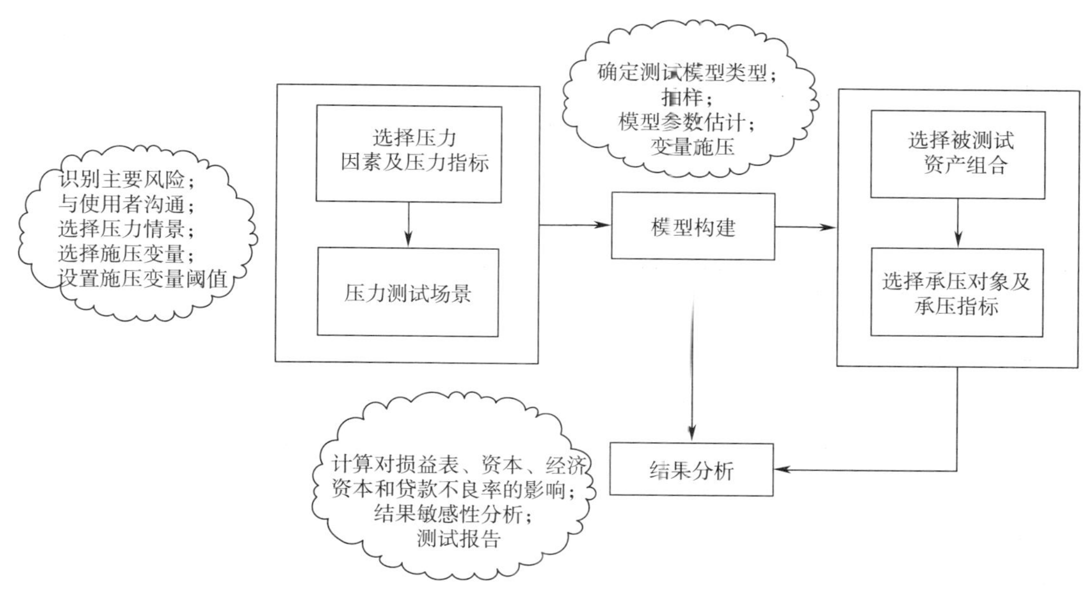

图 4–3 工商银行环境压力测试流程图

4.1.3.1 环境风险的承压对象与承压指标

承压对象是指进行压力测试所需关注的被测试的主体，而承压指标则是指承压对象在某一方面的表现。目前，中国商业银行的主营业务依然以存款和贷款类客户为主，因此压力测试的主要对象也应以存款类和贷款类客户对信贷指标和相关经营指标的影响作为研究的主要对象。按照测试对象递进关系，我们可以将银行信用风险的承压对象分为“债务人或交易对手类”、“组合类”和“宏观类”三个层次。“债务人或交易对手类”的测试目标定位为个体；“组合类”的测试对象则可按不同的标准进行划分，如产品、行业、客户、区域等；“宏观类”一般定位于整个银行层面，关注的是银行的全部资产和整体风险。

根据工商银行环境风险压力测试的实践，组合类压力测试的常用承压指标可以分为技术型指标和管理型指标两类。技术型指标是一些表示风险损失量的指标，包括违约率、损失率、预期损失、非预期损失、风险暴露等，这些指标与包括商业银行在内的金融机构的日常运营息息相关；管理型指标则包括了资本充足率、不良贷款率、经济资本、利润率等指标，通常是监管机构和政府所关心的重点（见表4–1）。

工商银行在针对环境风险的压力测试中，摸索出了“从单因素到多因素，从单行业到多行业，从首轮效应到次轮效应”的思路。在具体实践中，工商银行绿色金融课题组重点选择了火电、水泥、钢铁、有色、化工、造纸等重点污染行业（其污染物排放总量超过全社会排放量的50%）进行分析研究。这是因为不同行业的客户在生产技术、资源耗费和排放等指标上的表现差异很大，面临环境风险时的承压能力也不尽相同，在压力测试的初期就以整个经济为评测对象，会对压力测试结果的稳健性造成很大的影响；而从实际的角度进行考虑，火电、水泥等行业不仅在传统上是制造业环境污染的主力军，也是国家环保政策关注的重点行业。以上述行业作为环境压力测试的试点行业，有助于压力测试分析和结果的全面性；与此同时，在承压指标的选取上应当以反映企业长期经营能力的相关指标为主。这是因为在市场经济条件下，环境风险对于企业的影响是一个长期渐变的过程。按照传统压力测试的原则选取指标不足以全面反映环境因素的全部影响，从而使相关的政策制定产生一定的偏误。

表4-1 常用承压指标

技术型指标	管理型指标
违约概率	资本充足率
LGD	不良贷款率
久期	经济资本
缺口	资本充足率
EL	利润率
贷款损失	行业盈利能力
拨备	

4.1.3.2 环境压力测试的压力因素

1. 政策标准和执法力度。从目前中国的情况来看，环境政策的收紧会对企业成本收益造成一定的影响。特别是对于高污染和高排放行业的信贷客户，监管标准和执法力度的提高会影响到其偿债能力，从而影响商业银行的信用风险。

2. 环境风险的价格因素。价格变动导致的资产负债表和损益表的变动一直是压力测试关注的重点。在中国企业运营的构成中，环境风险中的价格因素主要是指碳交易、排污权交易和碳税等制度安排。三者作为将环境社会成本内部化的重要经济手段，在发达国家已有较为成熟的实践经验。在中国经济转型的大背景下，政府也正着力推进相关改革，这将对环境污染、高耗能的企业产生成本压力，从而影响企业还款能力。

3. 自然灾害的影响。随着温室效应的逐渐加剧，频繁发生环境灾害正在逐渐成为人类活动的另一类独特环境风险。随着诸如干旱、洪涝等小概率自然灾害事件的频繁发生及覆盖范围扩大，给企业和金融机构带来风险的可能性也在逐渐加大，因此有必要将该因素纳入压力测试范围。

4.1.3.3 环境压力测试的情景设定

在选择压力测试的对象与压力因素之后，对压力因素变动范围的设定通常被称为情景设定。常用的情景包括历史情景、假设情景和混合情景三种。历史情景是指按照历史真实发生的情况设定压力的变化范围；假设情景则是风险管理者主观选取的情景，其优势是具有很强的灵活性，可以模拟历史上从来没有发生过的事件；而最常用的情景是历史情景与假设情景的结合，即混合情景。混合情景既包含历史事件的信息，又具有假设情景的灵活性，是目前监管当局大力推崇的情景设定思路，因为它能使风险管理者在情景分析上不至于太发散，同时又具备"向前看"的特征。

在环境风险的情景设定上，首先是对未来趋势性的环境政策因素加以考虑，然后考虑小概率事件发生的可能性。传统的压力测试主要将注意力放在小概率事件发生的评估上，是因为对于一般宏观经济波动所带来的一般风险已经在财务制度上做了较为完备的风险缓释安排和应对策略。与此不同的是，商业银行对于环境风险的准备普遍不足。即使在《巴塞尔协议III》这样的最新行业标准中，也并未将环境因素纳入考量，因此，选择首先对环境政策因素作为情景设置的考虑。

4.1.3.4 环境压力测试的传导路径

构建压力传导模型是压力测试的核心。对不同风险的压力测试，如市场风险、信用风险、流动性风险、操作风险，压力传导模型是不同的。对于一些信用风险，压力传导关系比较清晰，我们比较容易采用财务模型法来刻画这种传导关系。但对一些风险，比如信用风险的宏观压力测试，由于宏观经济对很多微观层面个体的影响路径是非常复杂的，传导过程很难刻画，这就更适合采用计量模型来描述这种传导机制。构建的方法可以分为自下而上法与自上而下法、集中测试与分段测试、结构化模型与简化模型。对于日常性的压力测试而言，其测试的目标资产是比较明确的，承压对象和承压指标也很明确。而对一些临时性压力测试而言，测试的对象可能不够清晰。对于环境压力测试而言，应当综合考虑各种环境风险对商业银行资产负债表、现金流量表和损益表等多方面的影响，从成本、收益、风险等多个角度模拟和构建环境风险的传导路径。

4.1.4 针对火电和水泥行业的环境风险压力测试

火电和水泥行业作为制造业中环境污染较大的行业，也是商业银行环境风险管理的重点行业。工商银行以上述两个行业作为环境压力测试的试点行业，既满足自身风险管理的需要，也为环境因素压力测试方法的推广奠定基础。

根据课题组研究，目前中国火电行业脱硫安装率已达90%以上，脱硝安装率已超过50%。但除尘改造刚刚起步，已改造机组占现役火电机组比重仅为20%左右，未来节能改造还有较大空间。未来，火电行业受环境风险影响主要可分为以下两类：一是大气污染物排放标准限值提高。对氮氧化物的排放限值由450mg/m^{3}提升至100mg/m^3（高于美国135mg/m^{3}和欧盟200mg/m^{3}的标准），对SO_2的排放限值由400mg/m^{3}提升至100～200mg/m^3（高于美国184mg/m^{3}和欧盟200mg/m^{3}的标准），对烟尘的排放限值由50mg/m^{3}提升至30～20mg/m^3，与美国和欧盟标准持平。二是排污费收费标准提高。其中，重点污染企业和重点污染地区执行较高征收标准。按照目前新出台的污染物收费标准，预计过渡期结束后，企业排污费总额将增加2～3倍。

对于水泥行业而言，当前面临的环境风险主要来源于环保政策的变化。具体可分为以下几类：一是大气污染物排放标准限值提高。将PM（颗粒物）排放限值提高至30mg/m^3、20mg/m^3，分别比原标准提高40%和33%；将NOx（氮氧化物）排放限值由800mg/m^3 收严到400mg/m^{3}和（一般）320mg/m^3（重点），分别比原标准提高50%和60%。二是水泥窑协同处置成为企业平衡环保压力和增长压力的新途径。海外水泥巨头如拉法基、豪瑞和西麦斯燃料替代率均在10%以上，而国内由于垃圾分拣机制不健全，水泥协处技术不成熟且投资压力大，龙头企业平均仅在4.5%

左右，较高的华新替代率在13%左右，与国际同业相比差距较大。三是排污费收费标准提高。从实际执行情况来看，东部地区（如北京、天津、上海）明显提高了收费标准，而中西部地区基本都是执行国家标准。过渡期后，按照目前新出台的污染物收费标准，以及费改税的可能性，预计企业排污费总额将增加2～3倍。

传统压力测试的一个缺陷是集中于一个单一情景，这个情景发生的可能性很低。而本课题组构建的情景由一系列已经制定或即将出台的政策、标准组成，这样压力情景发生的可能性就比较高。在进行压力因素分析的前提下，课题组分轻、中、重三种情况分别设置了压力情景。对于火电行业，课题组按全国执行环保部标准（2014年年底）、全国执行国务院标准（2015年年底）、全国执行国务院对东部地区特别限值标准（2020年年底），大致可得到火电企业节能减排轻度、中度、重度三种压力情景。在此基础上，再考虑排污费分别提高2倍、3倍、4倍对企业成本的影响。对于水泥行业，根据多次调研和专家讨论，课题组压力情景设置主要考虑两大因素：其一，根据2013年环保部最新修订水泥行业环保标准，以及2014年国家发展改革委最新下发排污费征收标准等有关政策，主要选取治污、协处和排污三大政策变化因素。其二，考虑到工商银行水泥客户绝大部分是行业中上游企业，在环保成本设定方面选取良好专家经验值。

从结果来看，工商银行针对火电和水泥行业的环境压力测试有以下发现。

对于火电行业，虽然环保标准趋严对火电行业产生较大成本压力，但受益于宏观经济平稳发展，以及中国工业化进程产生的巨大电力需求，未来火电行业整体仍将保持稳定发展。环保标准提高将对火电行业产生结构性影响，尤其是对中小型企业形成较为明显的财务压力。政策建议：一是维护好现有的AAA级客户，并继续拓展五大电力中的优质新客户；二是关注环保政策变化对AA+级以下企业财务成本、信用风险的影响，尤其是可能迁徙至BBB+级以下的企业客户；三是关注节能减排企业的投放空间和机会；四是关注环保技术引起上下游细分市场，如固废处理行业；五是严控进入环保违法违规的火电企业。

对于水泥行业，总体而言，水泥行业进入低速增长阶段，去产能压力仍然存在。环保标准提高将对水泥行业形成较为明显的财务压力。政策建议：一是防范中小型水泥企业因环保改造压力导致的风险；二是持续跟踪水泥行业去产能进程可能带来的信用风险；三是脱硫脱硝除尘等环保市场空间巨大，建议择优开拓；四是关注水泥行业并购重组，抓住水泥行业发展机会、拓展优质客户；五是关注工业固废市场发展和政策变化，加大水泥协处项目支持力度，推进金融组合产品；六是抓住企业“走出去”中的水泥环保产业链投放机会。

4.1.5 针对铝行业的环境风险压力测试

2016年伊始，针对我国铝行业高污染和高环境风险的总体特征，工商银行同标普道琼斯旗下Trucost公司进一步开展了专门针对我国铝冶炼和铝压延加工行业信贷风险的压力测试工作。

在环境风险来源上，此轮压力测试综合分析了环境合规风险、环境税、排污权交易（碳排放交易）、资源短缺和环境技术投资成本等五大风险因素。根据项目组对铝工业相关的环境政策分析，将近期行业面临的环境风险确定为环保政策变动给企业成本带来的影响。

2017年3月30日，工商银行联合Trucost公司正式发布了针对铝行业的压力测试研究报告。主要结论有三个：一是环境税的提高对工商银行铝行业贷款质量总体影响较小。少数企业信用评级下调，而且都在下调一级以内。这主要源于工商银行在授信审批过程中对企业效益和排污治理具有较为严格的标准。二是环境风险对高评级客户的影响相对更小。从违约概率变化幅度来看，现有评级下，高评级客户违约概率变动更小。因为高评级的行业龙头骨干企业，在经营绩效、资源禀赋、市场占有率等方面具有优势，抗风险能力（包括环境风险）较强。三是从方法论上看，鉴于铝行业生产情况在细类产品和地区间的差异，未来应进一步细化压力测试的情景设定，使得压力测试的结果具有针对性。

4.1.6 针对水资源风险的压力测试

受联合国环境规划署（UNEP）的委托，2016年初，德国GIZ（德国国际合作机构）公司在德国联邦经济合作与发展部（BMZ）的资助下开展了关于水资源风险量化工具的开发项目[①]。

经绿金委推荐，工商银行成为中国唯一参与该项目的商业银行。在同GIZ的水风险压力测试团队沟通的过程中，由工行城市金融研究所、风险管理部、信贷与投资管理部组成的行内团队就环境压力测试的模型设定、参数调整、模型运算、结果反馈等环节与GIZ公司进行了交流，最终敲定了该项目研发的水资源风险模型在中国商业银行进行环境压力测试的实施细则。

就工商银行应用该工具进行的压力测试结果而言，主要发现有三方面：一是水资源对工商银行信贷资产的总体影响不大，主要源于工行作为全国性商业银行贷款分布的广泛性，使得水资源短缺地区产生的风险得到有效分散；二是中小型公司受水资源风险影响大于大型公司。这一方面由于中小型公司的贷款规模在全行总资产中占比不大，另一方面也源于信贷大户机构分布广泛性对水资源风险的分散作用；三是水资源风险发生的地区与风险本身的严重程度同样重要，有时甚至银行对贷款组合的影响更大。在经济发达和生产活跃地区，轻微程度的水资源风险就可能引起商业银行资产质量的大幅下降。

与前期针对特定行业所进行的测试不同，此次尝试是工商银行首次以特定环境风险（水资源短缺）为压力因素，承压对象覆盖所有地区和不同产业贷款组合所进行的环境风险压力测试。这进一步完善了环境风险压力测试的覆盖范围，为商业银行扩大应用范围打下了基础。从工商银行的经验来看，同类项目未来的推广应更加注亘国情和核算系统差异对模型参数设定的影响，同时为情景设定提供科学依据。

① 其主要目的是为全球商业银行开发一个统一和可比的工具，将环境风险通过数学模型转换为商业银行可以利用和参照的财务指标，并最终将其纳入银行的环境压力测试过程中。

4.2 工商银行ESG绿色评级和绿色指数开发进展

环境风险管理的另一项作用就是引导商业银行和资本市场投资人开展针对绿色项目的投融资工作。从直接融资渠道来看，对绿色可持续发展能力的准确评估是保证绿色债券、绿色基金和绿色指数等绿色投资产品收益的关键。只有充分掌握投资对象在绿色可持续发展能力方面的信息，投资人才能形成对绿色金融产品收益的稳定预期，排除由于“搭便车”和逆向选择等问题给绿色金融产品带来的干扰；从间接融资渠道来看，只有建立适合绿色可持续发展的授信和评价体系，商业银行才能以定量的方式实现对贷款对象差别化对待，才能在保证收益的同时实现自身的绿色转型。

工商银行作为国有大型商业银行，一直以来都是绿色金融和企业社会责任的积极实践者。2016年初，工商银行针对我国企业绿色评级缺失的现状，开展了“工银ESG绿色指数”课题的研究工作，以下对相关工作进行简要介绍。

4.2.1 总体思路

工商银行ESG绿色评级体系遵循“自下而上，从微观到宏观”的思路，共分为三个层次：一是企业的绿色评级。它以企业层面的ESG得分为特征，为商业银行量化识别客户可持续发展能力，从而为实现授信与贷款的绿色转型提供支持；二是行业绿色ESG评级的构建。通过对行业可持续发展情况的量化评价，为政策制定者提供引导企业绿色转型，促进产业结构绿色调整的依据；三是绿色指数的构建。根据使用目的不同，绿色指数又可以分为绿色投资指数和绿色发展指数两类。绿色投资指数主要针对投资人，旨在打造以绿色可持续发展为特色的投资组合和标的；而绿色发展指数旨在行业ESG评价的基础上，为衡量受评企业整体可持续发展提供风向标。

4.2.2 企业ESG绿色评级的指标体系

工商银行ESG评级以单个企业的绿色可持续发展能力为对象，具体可以分为三个层次：第一层次按照国际通行的分类方法，分为环境表现（E）、社会责任（S）和公司治理（G）三个方面。第二层次参考国内外专家意见，经过多次反复筛选，确定了17个维度。其中，环境表现项下分为企业环保分类、污染物排放评价、环保信息披露、环保事件等4个维度；社会责任项下分为社会责任综合评价、劳动保护、工会与培训、社会公益、社会信息披露和突发事件等6个维度；公司治理项下则分为公司治理综合评价、经营足迹、公司治理披露、反腐败、税收透明、商业道德和合规经营等7个维度。第三层次由具体的关键指标（Key Performance Indicator）组成。由课题组在前期收集到200余个指标中（工商银行数据库中112个，公开数据库130个、第三方数据公司66个）反复测试，考虑数据的稳定性、代表性和专业性综合选择形成。

从构建过程来看，工商银行ESG评级体系具有以下特点。

一是数据来源的丰富性与客观性，为ESG评级的准确性提供了基础。工商银行绿色评级的关键指标来源可以分为公开指标、内部指标和第三方评测数据三个渠道。经过筛选，课题组在前期共得到行内外的关键指标（KPI）共计200余个，形成了工商银行独有的ESG指标库。其中工商银行内部数据库贡献超过三分之一。工商银行经过较为完备的大数据体系和数据采集机制为ESG评级结果的准确性提供了保证。

二是绿色评级模型构建上借鉴国内外同业的通用方法，并在此基础上进行了调整和改进。在思路上，课题组确定了专家组评议和模型估计两个渠道“同时进行，交叉验证”的原则，参考国外其他评级机构的ESG评级对最终结果进行调教。

三是评级得分的构建具有较强的灵活性。在总体评分的基础上，课题组按照受评机构所处行业的不同对指标权重进行了动态分配，确保了评级结果的可比性。

4.2.3 绿色指数的构建

ESG指数现在已越来越受到各方重视，它有助于绿色环保概念的推广，也在一定程度上反映了企业的环境影响、环境表现和社会责任等综合信息。针对上述发展趋势，课题组在ESG指数构建方面进行了两个方面的尝试。

一是基于ESG绿色评级构建针对证券市场投资者的“ESG绿色投资指数”。对于股票市场的上市公司而言，其ESG的得分可以作为投资组合中权重分配的重要参考。关注绿色可持续发展的投资人可以根据公司的ESG评级结果相应地调整投资策略，从而更好地赚取企业绿色可持续发展带来的收益。明晟（MSCI）公司以及国内中证180碳效率指数的构建均遵循上述思路。

二是基于受评企业总体的“ESG绿色发展指数”。将所有企业ESG评级得分进行加权汇总，可以得到反映受评企业总体状况的数值。通过将这个数值在不同时点的大小进行比较，可以方便监管机构和学术机构对受评企业总体的可持续发展能力进行监控和把握。

4.2.4 针对上证180股票企业的试评结果

为了检验工商银行ESG绿色指数的有效性和准确性，课题组在展开针对全行信贷客户的大规模的应用之前，前期先对上证成分指数（简称上证180指数）所包含的企业进行了试评。

从ESG绿色评级结果本身来看，180家受评企业的ESG总体表现呈现出“平均较好，差异明显”的特征。在行业方面，以企业ESG评级为基础的行业均值同现有基于行业总体数据的可持续发展研究的结论保持了高度一致，证明了工商银行ESG绿色评级体系的合理性。而较高的数据质量和独具特色的方法又使得工商银行的ESG绿色评级体系较同业具有更高的识别精度。在环境、社会和公司治理分项表现上，环境指标同社会和治理指标相比，对企业ESG得分的贡献较大，是最为敏感的指标。180家公司治理得分普遍较高，这表明上市公司在完善治理结构、合规运作、经营信息披露等方面的表现较好；社会责任得分普遍较低，表明我国的上市公司对社会责任实践活动的跟踪、披露等工作仍存在不足，亟须加强。

从绿色指数的表现来看，基于ESG绿色评级构建的绿色投资指数和绿色发展指数呈现出良好的应用前景。自2015年12月以来，180股票绿色投资指数的表现要明显好于同期上证180指数的收益，而绿色发展指数的不断上升则表明了近年来绿色发展和绿色投资的环境不断向好的趋势。

4.3 环境风险量化工具的最新发展

在环境风险管理的过程中，最为重要的是环境风险的量化。金融机构作为调配资金的主要部门，只有将环境风险以货币的形式加以确认并最终体现在企业运营能力和盈利能力上，才能更好地帮助投资者和金融机构了解环境风险溢价，从而更好地指导资金流向。

对于中国的环境风险量化事业而言，2016年依旧是亮眼的一年。中国金融机构在环境风险压力测试、绿色指数编制、绿色评级等方面均取得了不小的进展。总体来看，有两方面特色特别值得关注。一是越来越多的中国金融机构参与到环境风险量化体系、模型和方法的研究中，如工商银行压力测试工作在电力、水泥、钢铁、铝等行业取得了新进展；二是环境量化工具和模型的开发越来越注重与中国自身发展特征和政策环境的结合。例如，中诚信国际发布《绿色债券评估方法》、中节能“绿色项目环境效益评估系统”上线、中央财经大学绿色金融国际研究院发布绿色债券指数等。

4.3.1 德国GIZ公司开展水资源干旱量化工具项目

受联合国环境规划署（UNEP）的委托，德国GIZ（德国国际合作机构）公司在德国联邦经济合作与发展部（BMZ）的资助下开展了关于水资源风险量化工具的开发项目。其主要目的是为全球商业银行开发一个统一和可比的工具，将环境风险通过数学模型转换为商业银行可以利用和参照的财务指标，并最终将其纳入银行的环境压力测试过程中。目前，该工具已经在美国、巴西、墨西哥和中国等国家的商业银行进行了测试。结果显示，在对水资源高度依赖的行业中，水风险对企业经营和金融机构资产质量均会产生一定的影响。在所有测试情境下商业银行的客户违约概率均有所上升，一些情境下的违约概率甚至超过了一倍。同现有的水风险量化工具相比，GIZ开发的模型不仅能够量化企业面临的水风险，而且能够直接反映出由水风险导致的银行资产信用风险，能够提高银行业对水风险的关注，帮助他们量化和管理水风险。该模型同时也将作为联合国环境规划署的一项公益产品，提供给全球所有使用者免费使用。

4.3.2 英国Trucost 公司发布自然资本量化估值工具

2016年8月，为协助中国金融和投资机构更具体了解与投资相关的环境外部成本，Trucost公司联合中国工商银行开发了专门针对中国商业银行的环境成本评估工具。项目根据工商银行自身信贷资产行业分布特点挑选出了35个环境敏感行业，并通过Trucost公司的量化模型测算了不同行业自身和上下游供应链企业的环境外部成本。该项目的研究报告和量化工具已于2016年底正式发布。

4.3.3 中诚信国际发布《绿色债券评估方法》

2016年8月2日，中诚信国际发布了《绿色债券评估方法》。该方法旨在评价绿色债券在募集资金投向、使用及配置于绿色项目过程中所采取措施的有效性，以及由此实现既定环境目标的可能性。从具体内容来看，中诚信国际绿色债券评估体系主要涵盖四个维度：募集资金投向评估、募集资金使用评估、环境效益实现可能性评估与信息披露评估。该评估采用独立的符号与定义，通过5个等级打分卡模式对绿色债券进行综合评估以确认最后等级。

4.3.4 中节能"绿色项目环境效益评估系统"上线

2016年4月23日，中节能咨询有限公司研发的"绿色项目环境效益评估系统"正式上线。系统旨在为绿色项目的投资者提供项目环境效益评估的支持手段，是以《绿色债券支持项目目录（2015年版）》为基础，以国家公布的现行标准准则为主要依据的公益性评估工具。

这一系统覆盖了《绿色债券支持项目目录（2015年版）》涉及的6大类（一级分类）、31小类（二级分类）绿色项目，通过提炼项目共性特征和通用算法，实际支持60多类（四级分类）典型项目的测算评估。主要包括：绿色项目概况输入、项目类型选择、基础技术数据输入、自动测算并生成测算报告的功能。

作为中国乃至国际上第一个绿色金融领域的公益性环境效益评估平台，绿色项目环境效益评估系统在为绿色债券的发行审批与注册提供数据支持的同时，也为第三方评估提供技术支撑，有效地推动绿色项目的资产证券化。通过评估系统的推广应用，该系统可以帮助投资者判断投资项目的环境效益，成为辅助投资者、监管机构和利益相关方决策和监督管理的公益工具。

4.3.5 中央财经大学绿色金融国际研究院发布绿色债券指数

2017年3月20日，中央财经大学绿色金融国际研究院（以下简称中财绿金院）联合深圳证券信息有限公司、深圳证券交易所、卢森堡证券交易所和中国金融学会绿色金融专业委员会联合发布了" 中财—国证绿色债券指数"。

该指数包括高等级绿色债券、高等级贴标绿债、高等级非贴标绿债等9条子指数，由中财绿金院与深圳证券信息公司联合研发，是全球首支实现跨境同步展示的中国绿色债券系列指数。该指数结合研究机构在指数创新与绿色金融研究领域的优势，打造代表性强、透明度高的高等级绿色债券标尺。总体来看，该指数的特点有三个：一是以适合中国的绿色债券标准作为编制依据；二是分别编制贴标绿债和非贴标绿债指数；三是选用高等级绿色债券作为指数编纂对象。

4.3.6 上海证券交易所和中证指数公司发布上证180碳效率指数

2015年9月10日，上海证券交易所联合中证指数有限公司和英国Trucost公司发布了上证180碳效率指数。该指数以上证180指数为母指数，并按照测算的碳足迹对样本股进行赋权。与以往的环保类指数不同，碳效率指数的特点是直接聚焦在公司碳排放。出于平衡盈利能力的考虑，尽管该指数在设计时以行业内部用碳排放量的倒数进行加权，但在行业层面与上证180指数（母指数）保持了一致。权重设计方面的优化，使得指数兼顾了引导环境投资与盈利的双重目的。从指数发布后表现来看，该指数的平均表现优于上证180指数本身，现已成为绿色投资者追捧的热点。

第五章 | 支撑绿色金融的财政政策回顾与展望

财政是调节经济活动的重要政策手段，也是推动绿色金融发展的重要力量。通过实施公共财政政策、设立财政专项资金、提供财政补贴、给予财政贴息、开展税收优惠等方式，利用财政收支政策和资金来调节和引导绿色金融的发展，从而实现外部成本内部化，达到改善生态环境质量的目的。

本章着重分析近年来财政对我国绿色金融及其相关领域的支持措施，适度评估这些财政措施对推动绿色金融发展的作用以及存在的问题。本章主要从五个方面阐述近年来财政对绿色金融的支持：第一，研究财政对节能环保的总体支持水平。生态环境保护是绿色金融发展的核心内容，发展绿色金融的根本目的也是为了创造良好的生态环境。从财政支持生态环境的视角出发，反映出我国财政对生态环保的支持力度呈现逐年增加的趋势。同时，也通过财政对生态环保的支持间接说明绿色金融的发展具有良好的产业基础和政策保障。第二，研究财政一般预算对绿色金融相关领域的支持。国家预算体系分为一般公共预算、政府性基金预算、国有资本经营预算、社会保险基金预算等，国家预算是一项国家收支计划，预算的项目和额度能够反映出财政对某一活动的支持力度。本章通过分析一般公共预算、政府性预算和国有资本经营预算中包含的绿色金融相关内容，进一步反映国家对绿色金融的支持。第三，研究财政专项资金对绿色金融的支持。财政专项资金是专项用于支持某一活动、产业发展的政府性资金，本章详细梳理了与绿色金融相关的中央环境保护专项资金、大气污染防治专项资金、水污染防治专项资金、土壤污染防治专项资金、中央清洁生产专项资金、淘汰落后产能转移资金、节能减排补助资金等专项资金，分析这些专项资金的内涵、管理方式、资金额度等有关内容。第四，研究财政贴息对绿色金融的支持。财政贴息也是非常常见的财政手段，通过分析成品油质量升级中的贷款贴息、林业贷款的中央贴息、农业贷款的财政贴息等情况，进一步研究财政对绿色金融的支持。第五，研究地方财政支持设立生态环保基金。随着生态环保领域的市场化推进，运用更多的市场化措施解决生态环境问题已经成为当前和未来一段时间的趋势。而生态环保产业的市场化运行需要一定的财政支持和引导，从实践来看，我国内蒙古、重庆等地已经出现了政府引导、社会资本参与的生态环保基金，这些基金将有助于推动解决我国的生态环保问题，推进绿色金融的发展。

最后，在分析现有的财政手段支持绿色金融发展的基础上，本章也从财政视角对未来财政如何支持绿色金融发展进行了一些展望。需要说明的是，由于2016年的所需财政数据并未向社会公布，相关的数据较难获得，故本章主要利用近5年的数据对相关内容展开分析。值得庆幸的是，尽管无法十分精准地反映最新的财政支持绿色金融数据，但近五年的相关数据分析也能大体描述出近年来财政对绿色金融的支持情况。

5.1 国家财政支持节能环保的总体情况

从2015年的全国公共预算支出决算来看（如图5-1所示），2015年，节能环保公共支出总额为4 802.89亿元，其中占比较高的主要有污染防治、能源节约利用、其他节能环保支出、退耕还林、污染减排、自然生态保护等，占比分别为27.362%、17.353%、10.674%、6.971%、6.569%、6.358%。这些领域也是绿色金融需求和投向的重点行业，而且可以看到其规模较大，也有增加的趋势。同时还应该看到，这里的节能环保公共财政预算资金是大口径，包括各部门与节能、环保等有关的预算，没有进行大项目下的细分研究，因此数值比较大。

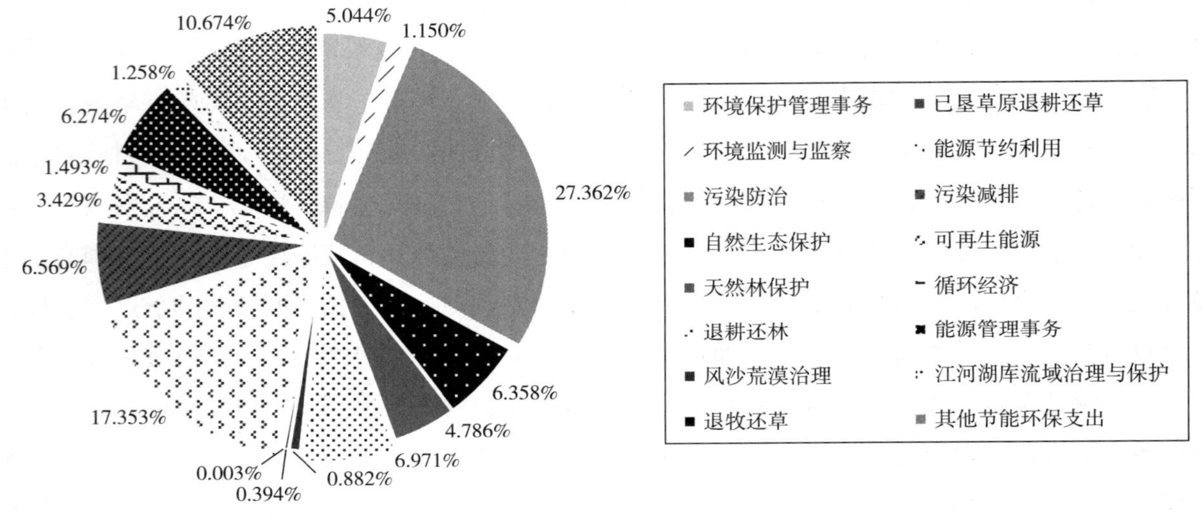

资料来源：财政部官方网站。

图5–1 2015年全国一般公共预算支出决算情况

在环境保护领域，我们对1981年至2014年我国环保投资总量及其占GDP情况进行了分析，由于近两年的数据尚未得到官方的公布，本章仅能将数据更新至2014年。需要指出的是，环保投资总量不仅包括各级政府的投资，而且还包括企业和社会的环保投资，因此政府环保预算支出和环保投资是不同的事情，而且统计口径也不一样，放在一起是便于大家从不同角度了解节能环保投资情况。由图5-2可以看出，环保投资总额呈现历年迅速增长趋势，从1981年的25亿元，增加至2014年的9 575.5亿元。2010年后环保投资总额虽有一定的起伏，但总体呈现上升趋势。从环保投资占GDP的比重来看，1981—2014年，环保投资占GDP的比重整体上呈现上升趋势，2014年，占比达到1.5%。但从图5-2中可看出，2008年以后，环保投资占GDP的比重也呈现一定幅度的波动，如2010年的环保投资占比达到最大值为1.66%，但2011年则下降至1.29%。由此说明，我国财政对环保投资的力度总体上呈现逐年加大的趋势，但结合当前严峻的环境保护形势，环保投资占GDP的比重仍需要进一步提高。

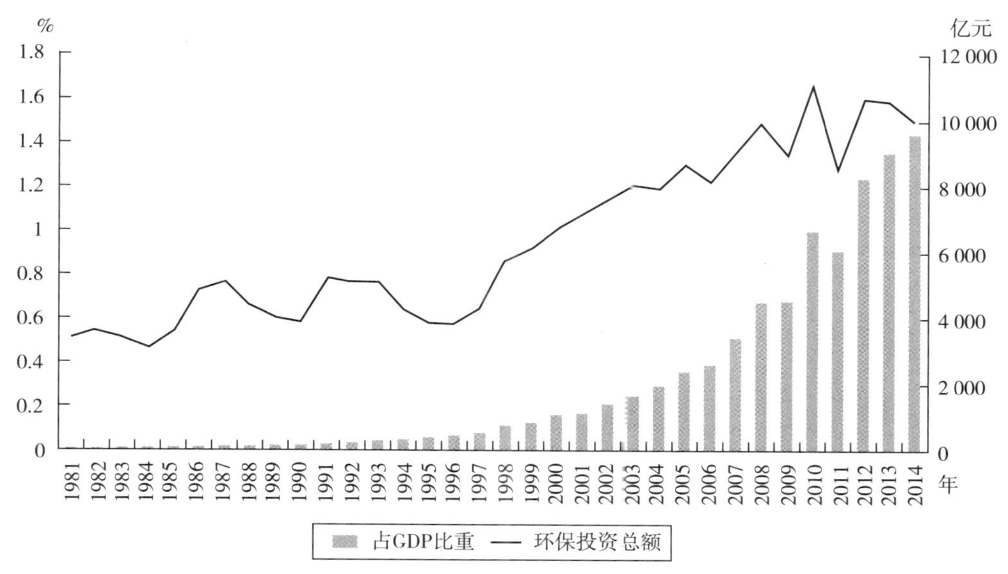

资料来源：历年中国环境年鉴。

图5–2 1981—2014年我国环保投资总量及其占GDP的比重

进一步细分环保投资总额可以发现，工业污染源治理投资和“三同时”环保投资占了较大的比重，如图5-3和图5-4所示。由图5-3可知，2001—2014年，工业污染治理投资额整体呈现增加趋势，但也有明显的波动。2005—2008年，工业污染源治理投资出现了一波上升，增加至2008年的542.6亿元。但2008—2010年，工业污染源治理投资额出现减少，减少至2010年的397亿元。2010年以后，工业污染源治理投资又出现大幅上升，到2014年达到997.7亿元。但相比于工业污染源投资总额，工业污染源投资额占环保投资额的比重则呈现先上升后下降的趋势，具体表现为2005—2006年出现一个增幅，2006—2010年显著下降，2010年以后占比又出现回升。由图5-4可知，1991—2014年，建设项目“三同时”环保投资总额呈现不断增加的趋势，1991年的投资额仅为44.49亿元，2014年投资额达到3 113.9亿元。从建设项目“三同时”环保投资额占环保投资总额的比重来看，占比的变化幅度较大。其中，2001年出现了一个较明显的增幅，建设项目“三同时”环保投资额占环保投资总额比重为30.4%，2008年又出现了一个显著的增幅，占比为47.81%。建设项目“三同时”环保投资额占环保投资总额的比重也出现了若干降幅，较为明显的为1998年、2003年和2010年，占比分别为19.67%、20.49%和30.55%。

尽管在工业污染治理领域，由于污染者付费原则，企业投资是大头，政府资金只是起补助或引导作用，但是由于我国环境污染的严重性，环境执法越来越严格，企业环保治理规模将加大，这也促进了发展绿色金融的需求，将带动我国绿色金融的发展。

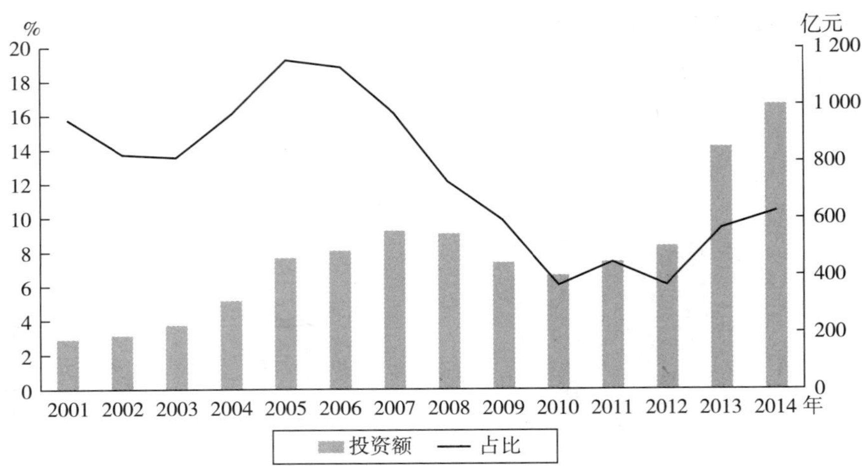

资料来源：历年中国环境年鉴。

图5-3　2001—2014年工业污染源治理投资额及其占环保投资比重

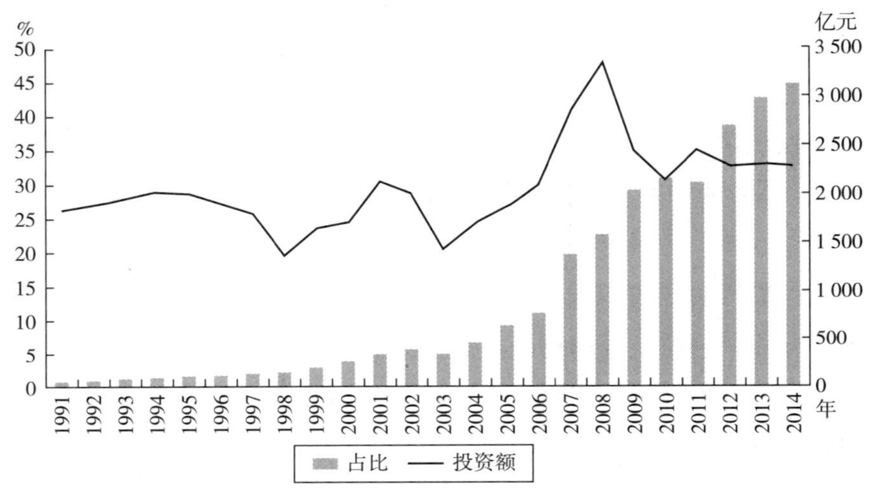

资料来源：历年中国环境年鉴。

图5-4　1991—2014年建设项目“三同时”环保投资总额及其占环保投资比重

5.2　财政一般预算对绿色金融相关领域的支持

国家预算是政府基本的财政收支计划，包括中央预算和地方预算。地方预算分为省级、设区的市级、不设区的市级以及县级四个等级。中央预算由中央各部门预算组成，包括地方向中央上缴的收入数额和中央对地方返还和补助支出的数额。国家预算体系分为一般公共预算、政府性基金预算、国有资本经营预算、社会保险基金预算等。国家预算中虽然没有明确的绿色金融支持项目，但在一般公共预算、政府性预算和国有资本经营预算中包含了绿色金融相关内容。同时，税收收入和非税收收入中也包含了绿色金融相关内容。

5.2.1　国家预算节能环保预算项目为绿色金融发展提供资金支持

一般公共预算中与绿色金融相关的项目包括节能环保支出、农林水务支出、金融支出、相关税收收入及相关非税收收入等。政府性基金预算共25个项目，与绿色金融相关的预算主要有5项。国有资本经营预算支出共9个项目，与绿色金融相关的主要有4项，表5-1列出了各类预算所包含的与绿色金融相关的项目。总体上看，绿色金融相关项目分散在国家预算的各项政策中，但系统的绿色金融相关预算体系仍需要逐步建立。

表5-1 预算政策中与绿色金融相关的项目

预算分类	一般公共预算	政府性基金预算	国有资本经营预算
与绿色金融相关的预算项目	节能环保支出（211科目）	可再生能源电价附加	农林水务支出
	农林水支出	船舶油污损害赔偿基金	交通运输支出
	金融支出	废弃电器电子产品处理基金	商业服务业等支出
	税收收入	森林植被恢复费	转移性支出
	非税收入	育林基金等	—

表5-2 2011—2015年与绿色金融相关的全国公共财政预算支出

单位：亿元

项目/年份	2011	2012	2013	2014	2015
环境保护支出	2 811.03	2 965.36	3 286.47	3 894.99	4 027.86
农林水务支出	9 330.19	11 244.21	13 289.10	14 404.01	16 952.54
金融支出	592.71	655.85	388.63	420.86	509.77
国债还本付息支出	2 384.08	2 635.74	3 056.21	3 487.89	3 324.13
合计	15 118.01	17 501.16	20 020.41	22 207.75	24 814.3

数据来源：表5-1和表5-2资料均来自于财政部预算司。

5.2.2 节能环保类政府性基金支持绿色金融发展

政府性基金是支持绿色金融相关产业发展的重要财政政策。目前，全国性政府性基金共有25项，其中节能环保类基金共7项，包括可再生能源发展基金、船舶油污损害赔偿基金、废弃电器电子产品处理基金、森林植被恢复费、育林基金、新型墙体材料专项基金等。本章选择船舶油污损害赔偿基金、废弃电器电子产品处理基金、森林植被恢复费、可再生能源电价附加收入等财政支持政策，对其进行相应的梳理，对此类政府性基金的最新进展进行介绍。

船舶油污损害赔偿基金。经国务院批准，财政部会同交通运输部印发了《船舶油污损害赔偿基金征收使用管理办法》(财综〔2012〕33号)，明确凡在我国管辖水域内接收从海上运输持久性油类物质（包括原油、燃料油、重柴油、润滑油等持久性烃类矿物油）的货物所有人或其代理人应当按照每吨持久性油类物质0.3元的标准缴纳船舶油污损害赔偿基金，专项用于船舶油污损害及相关费用的赔偿、补偿。图5-5为2012—2016年我国船舶油污损害赔偿收入预算情况。从图中可以看出，2012—2016年，我国船舶油污损害赔偿收入呈增加趋势，2016年的预算为1.25亿元。

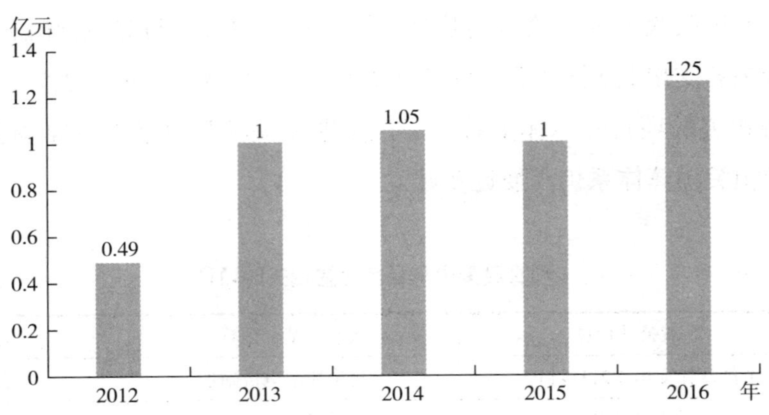

资料来源：财政部官方网站。

图5-5 2012—2016年我国船舶油污损害赔偿收入预算

废弃电器电子产品处理基金。经国务院批准，财政部会同环保部、国家发展改革委、工业和信息化部、海关总署、税务总局联合印发了《废弃电器电子产品处理基金征收使用管理办法》（财综〔2012〕34号），规定由国家税务局和海关向电器电子产品生产者、进口电器电子产品的收货人或者其代理人征收基金，用于废弃电器电子产品回收处理费用的补贴。图5-6为2012—2016年废弃电器电子产品处理基金收入预算，整体呈现增加的趋势，2016年废弃电器电子产品处理基金为50亿元。废弃电器电子产品处理基金是国家为促进废弃电器电子产品回收处理而设立的政府性基金，对采用有利于资源综合利用和无害化处理的设计方案以及使用环保便于回收利用材料生产的电器电子产品实施减征基金，并对处理按照实际完成拆解处理的废弃电器电子产品数量给予定额补贴。

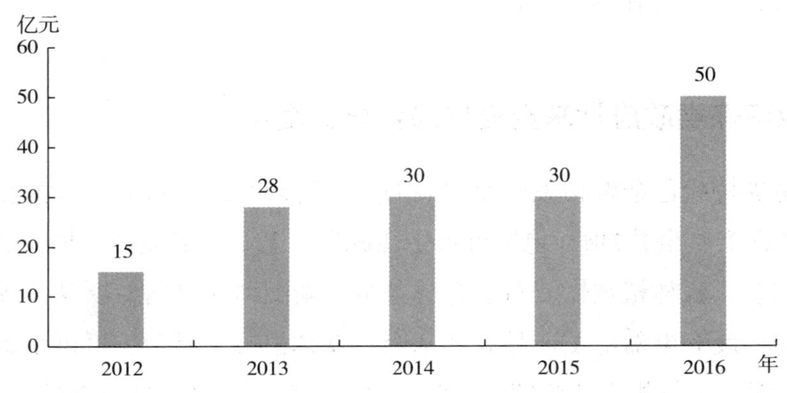

资料来源：财政部官方网站。

图5-6 2012—2016年废弃电器电子产品处理基金收入预算

森林植被恢复费。2002年，财政部、国家林业局印发了《森林植被恢复费征收使用管理暂行办法》（财综〔2002〕73号）。基金征收对象为：勘查、开采矿藏和修建道路、水利、电力、通讯等各项建设工程占用、征用或者临时占用林地的用地单位。占用或者临时占用大兴安岭、内蒙古、吉林、黑龙江林业（森工）集团公司管理的林地收取的森林植被恢复费，纳入中央财政预算管理；其他森林植被恢复费纳入地方财政预算管理。基金专项用于植树造林、恢复森林植被，包括调查规划设计、整地、造林、抚育、护林防火、病虫害防治、资源管护等开支。森林植被恢复费是我国开展森林资源保护与管理的一项财政经费来源，对于林业建设和森林保护起到了积极作用。2012年，森林植被恢复费收入预算为2.12亿元，2013年森林植被恢复费收入预算数为1.58亿元，2014年森林植被恢复费收入预算为1.06亿元，2014年后相关的经费纳入到其他预算之中。图5-7为我国2012—2014年森林植被恢复费用。

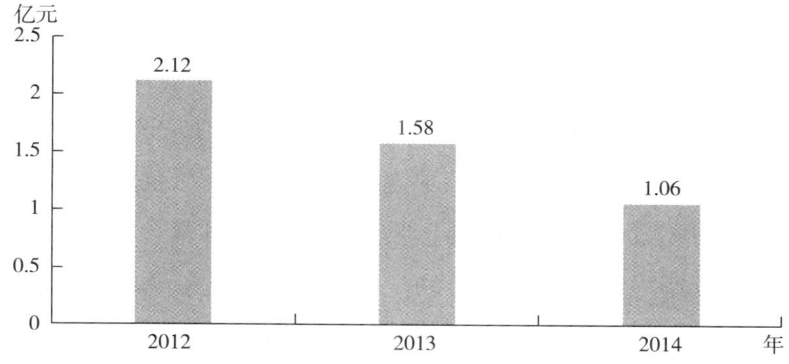

资料来源：财政部官方网站。

图5-7　2012—2014年我国森林植被恢复预算

可再生能源发展基金。经国务院批准，财政部会同国家发展改革委、国家能源局印发了《可再生能源发展基金征收使用管理暂行办法》（财综〔2011〕115号），明确按各省（区、市）扣除农业生产用电后的销售电量征收可再生能源发展基金，专项用于可再生能源发电电价补贴。从财政预算来看，2012—2016年，关于可再生能源发展基金做了若干次调整，2012年为“可再生能源电价附加收入”，预算数为196.11亿元；2013年更改为“可再生能源发展基金”，预算数为239.25亿元；2014年，可再生能源发展基金预算收入为470亿元；2015年，重新调整为“可再生能源电价附加收入”，预算数为577亿元；2016年，可再生能源电价附加收入为652.33亿元。其中，可再生能源电价附加收入主要用于风力发电补贴、太阳能发电补助、生物质能发电补助等。图5-8为2012—2016年我国可再生能源电价附加收入。

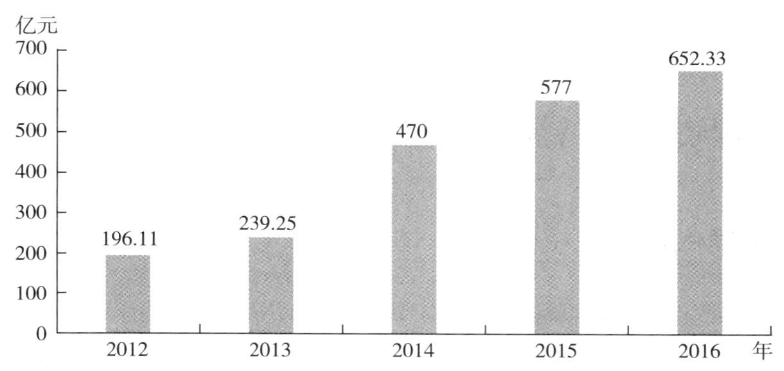

资料来源：财政部官方网站。

图5-8　2012—2016年我国可再生能源电价附加收入预算

5.2.3 税收政策对绿色金融的支持

目前我国绿色相关税收主要包括增值税、消费税、企业所得税、资源税、车船税、车辆购置税等6项税收。2015年，这六项税收收入的合计预算数为81 330.00亿元，合计决算数为73 226.29亿元。目前，对绿色金融影响较大的税收政策为国内增值税和企业所得税，2015年的决算分别占六项税收总数的42.48%和14.40%，其中，企业所得税是对我国内资企业和经营单位的生产经营所得和其他所得征收的一种税，征税对象包括纳税人的销售货物所得、提供劳务所得、转让财产所得、股息红利所得以及利息所得等。表5-3为2015年我国涵盖绿色金融的相关税收收入情况。

税收减免等优惠政策可极大地鼓励绿色金融相关行业企业的绿色化转型发展。根据我国《企业所得税法》规定，目前企业所得税税率为25%，税收优惠范围主要是国债投资者的利息收入、个人投资者持有的政策性金融债的利息收入，以及公募基金持有此类债券等，而对机构投资者的利息收入均征收所得税。绿色债券的投资者虽然无法获得税收优惠政策，但可通过减免绿色债券投资机构的所得税等方式，支持绿色债券投资和绿色债券市场的发展。从现阶段我国的税收明细来看，尽管无法直接看到绿色金融的税收优惠，但通过税收手段，对一些环保类和涉及绿色金融的企业给予税收优惠，可大力推动绿色金融的发展。

表5-3 2015年我国涵盖绿色金融的相关税收收入

单位：亿元，%

税种	预算数	决算数	决算数占预算数的比重	决算数占上年决算数的比重
国内增值税	37 700.00	31 109.47	82.5	104.8
国内消费税	11 200.00	10 542.16	94.1	100.8
企业所得税	26 700.00	27 133.87	101.6	110.1
资源税	1 970.00	1 034.94	52.5	95.5
车船税	590.00	613.29	103.9	113.3
车辆购置税	3 170.00	2 792.56	88.1	96.8
六项合计	81 330.00	73 226.29	—	—

数据来源：《2016中国税务年鉴》。

5.3 财政专项资金支持绿色金融发展

5.3.1 中央环境保护专项资金

中央环境保护专项资金是国家环境保护宏观政策和污染防治的工作重点，是为解决区域突出环境问题设立的财政专项补助资金。中央环境保护专项资金是自2003年以来实施“收支两条线”改革后设立的专项资金，也是中央财政设立的首个环境保护专项资金，重点支持环境监管能力建设项目、集中饮用水水源地保护项目、区域环境安全保障项目、污染防治新技术新工艺推广应用项目等。中央环境保护专项资金的设立为解决突出环境问题，保障区域环境安全和人民身体健康，改善生活环境质量，提高环保系统监管能力等发挥了重要作用。

中央环境保护专项资金是环境治理的专项性资金，解决环境问题的领域不断深化。“十一五”期间，中央环境保护专项资金重点支持环境监管能力建设项目、集中饮用水水源地保护项目、区域环境安全保障项目、建设社会主义新农村小康环保行动项目、污染防治新技术新工艺推广应用项目等。“十二五”期间，中央环境保护专项资金内容进一步丰富，设立中央农村环境保护专项资金，即中央财政支持农村环境保护，鼓励各地有效解决危害群众身体健康的突出问题，促进农村生态示范建设。从支持的重点来看，该资金重点支持农村饮用水水源地保护、农村生活污水和垃圾处理、畜禽养殖污染治理、历史遗留的农村工矿污染治理、农业面源污染和土壤污染防治。通过“以奖代补”方式的专项资金重点支持通过开展生态示范建设、达到环境保护部有关生态示范建设标准的村镇。

在中央环境保护专项资金的基础上，地方也有相应的环境保护专项资金。根据《浙江省环境保护专项资金管理办法》(浙财建〔2015〕129号)，2016年浙江省的环境保护专项资金采用因素法分配，专项资金重点支持四大方面：一是支持生态环保，包括生态示范创新、重点生态功能区建设试点、畜禽养殖污染治理、省级以上自然保护区规范化建设等；二是污染防治，包括集中饮用水水源地保护33 080万元，水污染行业整治关停企业1 250万元，水污染减排任务3 060万元；三是大气污染防治，包括黄标车淘汰3 000万元，VOC污染治理4 000万元，水泥行业和玻璃行业清洁排放改造4 000万元，20蒸吨／小时及以上燃煤锅炉在线监控设施安装运维3 100万元，大气污染源清单调查2 900万元；四是土壤防治，包括危险废物集中处置设施建设2 445万元，污染场地修复示范200万元。为更好地落实中央和自治区扶贫开发战略，围绕自治区扶贫开发重点工作，内蒙古自治区财政厅加大了对农村环境基础设施建设领域的资金投入力度。2016年，内蒙古自治区获得中央农村节能减排专项补助资金5 503万元。为更好地发挥财政资金效益，将中央资金与本级预算安排的1 500万元农村环境综合整治资金进行了整合捆绑使用，统筹安排用于自治区农村节能减排领域，弥补农村生活垃圾、污水处理和水源地保护等方面的短板。此外，广东省、湖南省等一些省（自治区、直辖市）也设立了相应的资金。

5.3.2 中央气水土污染防治专项资金

大气污染、水污染和土壤污染是当前主要的环境问题，解决好气、水、土污染问题既是当前也是“十三五”和未来较长时间内的主要任务。中央专门设立气、水、土的专项性资金，重点解决气水土污染问题。其中，大气污染专项资金设立的时间最早，在大气专项资金的基础上，相继设立了水污染防治资金和土壤污染防治资金。本章将详细梳理各类专项资金设立的背景、相关的政策规定等。

5.3.3 大气污染防治专项资金

2013年，国务院印发《大气污染防治行动计划》，为了支持地方治理大气污染，当年中央财政设立大气污染防治专项资金。为进一步规范大气污染防治专项资金的使用，2016年8月，财政部、环境保护部印发《大气污染防治专项资金管理办法》，该办法在《中央大气污染防治专项资金管理办法》（财建〔2013〕897号）修订的基础上印发。第一，明确大气污染防治专项资金管理的原则。一是突出重点，规定专项资金主要支持大气污染防治任务重、社会关注度高的地区；二是注重实效，专项资金安排将参考各地大气环境质量改善状况、专项执行情况，奖优罚劣；三是强化监管，对专项资金实行全过程监管，保障专项资金使用管理的安全性、规范性。第二，专项资金主要用于《大气污染防治行动计划》确定的大气污染防治工作任务。《办法》规定实施奖励办法，分别对京津冀、京津冀周边、长三角地区细颗粒物下降率排名第一的省份给予定额奖励，资金额度根据当年预算规模等确定。2013年12月16日财政部、环境保护部联合发布的《中央大气污染防治专项资金管理办法》（财建〔2013〕897号）同时废止。

2013年以来，大气污染防治专项资金的规模不断扩大。2013年、2014年、2015年和2016年，中央财政分别安排50亿元、98亿元、106亿元和112亿元专项资金用于大气污染治理，图5-9为2013—2016年我国大气污染防治专项治理资金的投入情况。为进一步推动大气污染防治专项资金的落实，也建立专项资金绩效评价制度，将资金安排与环境质量改善绩效考核结果挂钩。从大气污染防治专项资金的实施来看，一些重点区域大气环境质量改善明显，专项资金的政策效果正在显现。但资金在实施过程中也存在一些问题，据相关方披露：部分地区在使用大气污染专项治理资金时，存在地方政府骗取、挤占、挪用专项资金、违规扩大开支范围等问题。

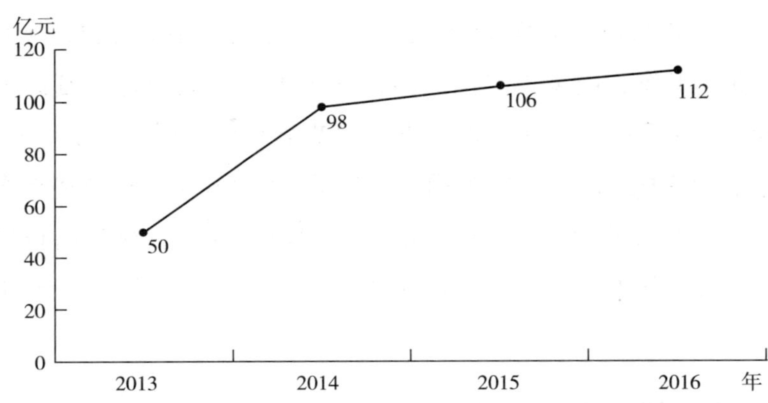

资料来源：环境保护部官方网站。

图5–9　2013—2016年我国大气污染防治专项资金支出情况

5.3.4 水污染防治专项资金

2015年7月9日，财政部、环境保护部印发《水污染防治专项资金管理办法》，水污染防治专项资金是中央财政安排、专门用于支持水污染防治和水生态环境保护方面的资金。尽管水污染防治专项资金是国家近年来针对水污染防治设立的专项性资金，但该资金的成效已经逐渐显现，在水污染防治方面将发挥越来越重要的作用。

水污染防治专项资金主要解决水污染和水生态环境保护。水污染防治专项资金重点支持范围包括：重点流域水污染防治，水质较好江河湖泊生态环境保护，饮用水水源地环境保护，地下水环境保护及污染修复，城市黑臭水体整治，跨界、跨省河流水环境保护和治理，国土江河综合整治试点等。水污染防治专项资金主要采用因素法、竞争性等方式分配，采用奖励等方式予以支持。该资金实施的同时，明确《财政部、环境保护部关于印发〈江河湖泊生态环境保护项目资金管理办法〉的通知》（财建〔2013〕788号）同时废止。

水污染防治专项资金的支持力度相对较大，涉及范围也较广。2016年，中央财政共拨付专项资金131亿元，对纳入中央储备库的重点流域水污染防治等项目予以专项支持。在治理污染的同时，中央财政还设立了水质较好湖泊生态环境保护资金，根据上一年度湖泊绩效评价结果，分类予以支持。其中，首批列入中央储备库的项目总投资超过4 300亿元，涉及重点流域水污染防治有82个，涉及水质较好江河湖泊生态环境保护49个，涉及饮用水水源地环境保护59个，涉及地下水水环境保护及污染修复为19个，涉及跨界跨省区市河流水环境保护和治理等水体保护6个。

5.3.5 土壤污染防治专项资金

土壤污染是环境污染治理的重要内容，我国的土壤污染问题呈现日益加重的趋势。从统计数据来看，我国耕地面积不足全世界的10%，化肥使用量占全世界的40%，单位面积农药使用量是全世界的2.5倍。据测算，全国耕地重金属污染面积达到16%以上，严峻的土壤污染形势对生产生活已经产生了日益明显的影响。但我国的土壤污染防治仍然处于起步阶段，土壤污染防治的资金需求量大，所需资金达到上万亿元、几十万亿元的规模。

在土壤污染防治日益严峻的背景下，2016年，国务院印发《土壤污染防治行动计划》，在原有的重金属污染防治等专项资金的基础上，中央财政一般公共预算安排设立了土壤污染防治专项资金，专门用于治理土壤问题，防范土壤污染发生。2016年，拨付土壤污染专项资金95亿元，重点支持38个重金属污染重点防控区域治理示范延续工作，支持各省市区负责统筹用于土壤污染风险管控、监测评估、污染土壤修复与治理等工作。其中，土壤污染治理与修复技术应用试点在更大的范围内展开。在2015年首批启动的14个试点项目基础上，2016年在天津、河北、辽宁、浙江、江西、山东、河南、湖南、广东、广西、海南、云南、陕西、甘肃、青海、宁夏、新疆等17个省区市结合2016年土壤污染防治专项资金安排，共启动142个试点项目。

土壤污染防治专项资金已经有专门的管理办法。2016年8月，财政部、环境保护部印发《土壤污染防治专项资金管理办法》，第一，明确2016—2020年土壤污染防治专项资金的使用范围：查明我国土壤环境质量状况，总体上看，我国土壤污染加重的趋势得到初步遏制，土壤环境质量总体保持稳定，农用地和建设用地环境安全得到基本保障，土壤环境风险得到基本管控，受污染耕地安全利用率达到90%左右，污染地块安全利用率达到90%以上。第二，明确专项资金重点支持范围，包括土壤污染状况调查及相关监测评估、土壤污染风险管控、污染土壤修复与治理、关系我国生态安全格局的重大生态工程中的土壤生态修复与治理、土壤环境监管能力提升以及与土壤环境质量改善密切相关的其他内容。第三，明确土壤污染防治专项资金的分配方式。《办法》规定，由财政部会同环境保护部综合考虑各省、自治区、直辖市、计划单列市《土壤污染防治行动计划》确定的调查、修复治理工作任务量等因素，并考虑东中西部财力差异，确定专项资金分配方案。本办法自2016年8月1日起施行，2011年12月28日财政部、环境保护部的《中央重金属污染防治专项资金管理办法》（财建〔2011〕1147号）同时废止。

5.3.6 中央清洁生产专项资金

中央清洁生产专项资金也是推动绿色发展的重要专项性资金。2009年10月30日，财政部、工业和信息化部印发《中央财政清洁生产专项资金管理暂行办法》（财建〔2009〕707号），该资金由中央财政预算安排，专项用于补助和事后奖励清洁生产技术示范项目的资金。

中央清洁生产专项资金有明确的项目支持重点和奖励方式。第一，明确的清洁生产技术示范项目。一是应用示范项目，即新技术推广前的产业化应用示范项目，重点支持对行业整体清洁生产水平影响较大、具有推广应用前景的共性、关键技术应用示范，示范技术应基本成熟，具备应用条件。二是推广示范项目，即应用成熟的先进、适用清洁生产技术实施的重大技术改造项目，重点支持能够显著提升企业清洁生产的中高费技术改造项目。第二，专项资金安排采取补助或事后奖励方式。对应用示范项目，按照不超过项目总投资的20%给予资金补助，对推广示范项目，按照不超过项目实际投资额的15%给予资金奖励。

中央清洁生产专项资金作为财政专项性资金，专项用于推动企业的清洁生产、绿色发展。从实践来看，在推动企业节能减排、绿色转型升级、清洁生产技术的应用等方面发挥了积极的作用。

5.3.7 淘汰落后产能转移资金

淘汰落后产能转移资金设立的时间较早，2007年，设立淘汰落后产能中央财政奖励资金，《国务院关于印发节能减排综合性工作方案的通知》规定：对电力、炼铁、炼钢、电解铝、铁合金、电石、焦炭、水泥、玻璃、造纸、酒精、味精、柠檬酸等13个行业开展实施淘汰落后产能财政支持。2011年，财政部、工业和信息化部和国家旅游局联合印发《淘汰落后产能中央财政奖励资金管理办法》，进一步丰富了重点支持的行业，包括电力、炼铁、炼钢、电解铝、铁合金、电石、焦炭、水泥、玻璃、造纸、酒精、味精、柠檬酸、铜冶炼、锌冶炼、制革、印染、化纤以及涉及重金属印染的行业。中央根据年度预算安排、地方当年淘汰落后产能目标任务、上年度目标任务实际完成和资金安排使用情况等因素安排奖励资金。

"十二五"期间，我国淘汰落后产能的力度较大，在钢铁、建材、有色金属、轻工、纺织和食品六大领域19个行业淘汰落后产能。从我国各地区淘汰落后产能的完成情况来看，2015年，电力、煤炭、炼铁、炼钢等16个行业均完成了淘汰落后和过剩产能目标任务，各地区也都完成了淘汰落后产能和过剩产能目标任务。据统计，全国共淘汰电力527.2万千瓦、煤炭10 167万吨，炼铁1 378万吨，炼钢1 706万吨，焦炭948万吨，铁合金127万吨，电石10万吨，电解铝36.2万吨，铜冶炼7.9万吨，铅冶炼49.3万吨，水泥4 974万吨，平板玻璃1 429万吨，电解铝36.2万吨等。尽管在化解过剩和落后产能方面，我国实施了许多政策措施，设立淘汰落后产能转移资金只是作为其中的一项财政激励措施，但对推动地方落后产能、实现产业转型升级也起到了积极的作用。

5.3.8 节能减排补助资金

节能减排补助资金是中央财政预算安排，用于支持节能减排方面的专项资金。节能减排专项资金主要为促进能源节约，提高能源利用效率，以实现能源高效利用和保护环境的目的。

节能减排补助资金有专门的管理办法。2015年5月，财政部印发《节能减排补助资金管理暂行办法》。第一，明确了节能减排补助资金重点支持范围，包括节能减排体制机制创新，节能减排基础能力及公共平台建设，节能减排财政政策综合示范，重点领域、重点行业、重点地区节能减排，重点关键节能减排技术示范推广和改造升级等。第二，明确节能减排专项资金分配标准和形式。节能减排补助资金分配结合节能减排工作性质、目标、节能减排效果以及能源资源综合利用等因素，主要采取补助、以奖代补、贴息和据实结算等方式。其中，以奖代补主要根据节能减排工作绩效分配，据实结算项目主要采用先预拨、后清算的资金拨付方式。

节能减排补助资金支持的形式具有多样化特点。一是支持城市的节能减排建设。2016年，中央财政下达奖励资金53.81亿元，支持示范城市推动相关工作，打造可示范、可复制、可推广的节能减排新模式。综合示范以城市为平台，由"点"到"面"、由单项政策到政策集成，充分发挥财政政策作用，在产业低碳化、交通清洁化、主要污染物减量化等方面，整体推进节能减排工作。截至目前，已经分三批选择了数十个城市开展综合示范工作，取得了明显成效。各示范城市典型示范项目顺利推进，节能减排指标均提前超额完成，并建立了长效机制。二是节能减排补助资金支持产业园区和矿产区的节能减排。财政部会同发展改革委新批复18个循环化改造园区，下达补助资金11.52亿元；安排3.38亿元作为清算城市矿产示范基地、餐厨废弃物项目补助资金。三是支持农业领域的节能减排。支持工业和农业领域清洁生产技术示范，下达补助资金2.8亿元重点支持涉汞、涉铅及高毒农药行业高风险污染物削减行动计划实施。四是支持解决城市生活垃圾问题。为解决城市生活垃圾问题，财政部选择贵州省开展水泥窑协同处置固体废物试点，下达补助资金2.3亿元，由贵州省统筹用于建立健全水泥窑协同处置固体废物长效机制。

5.3.9 可再生能源发展专项资金

可再生能源发展专项资金设立的时间较早，2006年就已经设立，设立之初专项资金重点支持潜力大、前景好的石油替代、建筑物供热、采暖和制冷，以及发电等可再生能源的开发利用，石油替代可再生能源开发利用；生物乙醇燃料、生物柴油、可再生能源发电重点扶持风能、太阳能、海洋能等发电推广应用等。随着我国经济社会发展和能源结构的调整升级，可再生能源发展专项资金的发挥的作用也越来越明显。

可再生能源发展专项资金有明确的管理办法。2015年4月，财政部印发《可再生能源发展专项资金管理暂行办法》（财建〔2015〕87号），对如何利用和使用可再生专项发展资金作出了明确规定。可再生能源发展专项资金，通过中央财政预算安排，用于支持可再生能源和新能源开发利用的专项资金。重点支持的范围包括：一是可再生能源和新能源重点关键技术示范推广和产业化示范；二是可再生能源和新能源规模化开发利用及能力建设；三是可再生能源和新能源公共平台建设；四是可再生能源、新能源等综合应用示范。同时，《办法》明确了可再生能源发展专项资金的使用和分配方式，即可再生能源发展专项资金根据项目任务、特点等情况采用奖励、补助、贴息等方式支持并下达地方或纳入中央部门预算。资金分配结合可再生能源和新能源相关工作性质、目标、投资成本以及能源资源综合利用水平等因素，主要采用竞争性分配、因素法分配和据实结算等方式，对据实结算项目，主要采用先预拨、后清算的资金拨付方式。

财政专项资金直接投向节能减排、生态保护、可再生能源等领域，不仅能为绿色金融发展提供资金，同时也将带动民间资本进入这些领域，促进绿色金融的发展。

5.4 财政贴息政策支持绿色金融发展

5.4.1 成品油质量升级贷款中央贴息

成品油质量升级贷款中央贴息补助是加快推进成品油质量升级国家专项行动计划的一项安排部署，主要从节能减排专项资金中安排相应的资金，对符合成品油质量升级项目贷款给予贴息补助。

成品油质量升级贷款中央贴息有明确的管理办法。第一，明确的贴息对象。贴息对象主要为2014年4月29日国家颁布《大气污染防治行动计划成品油质量升级计划》中及以后实施的成品油质量升级项目。第二，规定贴息率和贴息期限。中央财政根据项目贷款总额及贷款贴息率确定补助金额。贷款贴息率根据年度预算规模，按照不高于中国人民银行同期同档贷款基准利率执行。贴息资金采取分年据实贴息的办法，对贴息年度内贷款期限1年以上（含）的贷款，按照全年计算贴息；对贴息年度内贷款期限不足1年的贷款，按贷款实际月数计算贴息，贴息年度为2015年至2017年。第三，规定贴息补助资金申请。每年年初，申请企业将上一年度贴息补助申请逐级上报至所在地省级能源和财政主管部门，并提供银行贷款合同、贷款到位凭证等，由省级能源主管部门会同财政部门审核后报送国家能源局。

成品油质量升级中央贷款贴息是我国为推动成品油质量升级而启动的一项财政政策。尽管2016年才刚刚实施，但利用财政贴息手段解决能效和污染问题，对于实现绿色发展具有积极的意义。

5.4.2 林业贷款中央财政贴息

林业贷款贴息资金是中央财政预算安排，对林业贷款给予一定期限和比例的利息补贴，对推动林业发展起到了积极的作用。

对于林业贷款中央财政有明确的管理办法规定。2009年，财政部发布《林业贷款中央财政贴息资金管理办法》（财农〔2009〕291号）。第一，贷款贴息对象主要包括四类：一是林业龙头企业以公司基地、基地连农户的经营形式，立足于当地林业资源开发、带动林区、沙区经济发展的种植业、养殖业以及林产品加工业贷款项目。二是各类经济实体营造的工业原料林、木本油料经济林以及有利于改善沙区、石漠化地区生态环境的种植业贷款项目。三是国有林场、集体林场、国有森工企业为保护森林资源，缓解经济压力开展的多种经营贷款项目，以及自然保护区和森林公园开展的森林生态旅游项目。四是农户和林业职工个人从事的营造林、林业资源开发和林产品加工贷款项目。第二，贴息率和贴息期限的规定。对各省符合办法规定条件的林业贷款，中央财政年贴息率为3%，林业贷款期限3年（含）以上的，贴息期限为3年，林业贷款不足3年的，按实际贷款期限贴息。对农户和林业职工个人营造林小额贷款，适当延长贴息期限。贷款期限5年以上（含）的，贴息期限为5年；贷款期限不足5年的，按实际贷款期限贴息。农户和林业职工个人营造林小额贷款是指在贴息年度内（上年10月1日至当年9月30日）累计额小于30万元（含）的营造林贷款。贴息资金采取分年据实贴息的办法。对贴息年度内贷款期限1年以上（含）的林业贷款，按全年计算贴息；对贴息年度内贷款期限不足1年的林业贷款，按贷款实际月数计算贴息。

图5-10为2012—2015年我国林业贷款财政贴息情况，由图5-10可知，2013年我国的林业贷款财政贴息额度最大，为16.61亿元。从历年的规模来看，总体维持在10亿元以上的规模水平。除了林业贷款财政贴息之外，中央财政也通过林业补助金的形式支持林业发展。2016年，中央财政通过林业补助资金拨付地方16亿元，支持湿地保护，其中用于实施退耕还湿和湿地生态效益补偿5亿元，退耕还湿支出主要用于国际重要湿地和湿地国家级自然保护区范围内及其周边的耕地实施退耕还湿的相关支出；湿地生态效益补偿支出主要用于对候鸟迁飞路线上的重要湿地因鸟类等野生动物保护造成损失给予的补偿。同时，通过林业补助金拨付165亿元，支持做好森林生态效益补偿工作，以此加强国家级公益林保护和管理，并积极完善森林生态效益补偿机制，将国有国家级公益林补偿标准提高33%，进一步加大对生态环境的支持保护力度。

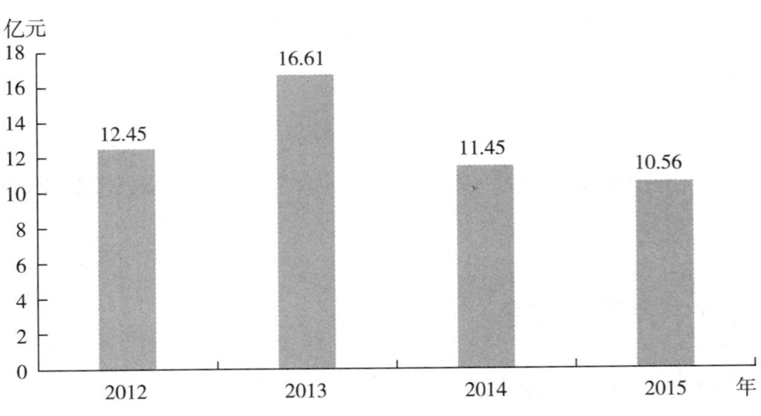

图5-10 2012—2015年我国林业贷款财政贴息

5.4.3 农业贷款财政贴息

农业贷款财政贴息是我国支持农业发展的一项重要财政激励机制，我国利用财政政策积极推动农业的转型升级和绿色化发展。图5-11为2012—2015年农业结构调整补贴，图5-12为2012—2015年农业生产资料与技术补贴，图5-13为2012—2015年农业生产保险补贴。由图5-11至图5-13可知，我国对农业支持力度较大，从农业结构调整补贴来看，近五年来始终维持在30亿元规模以上；农业生产资料与技术补贴投入较大，规模在500亿元以上，其中，2015年的预算达到756亿元；从农业生产保险来看，农业生产保险规模呈现逐年增加的趋势，2015年预算规模达到268.05亿元。

农业贷款财政贴息政策不断深化，以绿色化为导向的补贴政策逐渐推出。2016年12月，财政部、农业部联合印发了《建立以绿色生态为导向的农业补贴制度改革方案》，要求有关部门和地方政府紧紧围绕统筹推进"五位一体"总体布局和协调推进"四个全面"战略布局，牢固树立"创新、协调、绿色、开放、共享"的发展理念，围绕保障粮食等主要农产品供给安全、农民稳定增收和农业生态环境保护等目标，推进农业供给侧结构性改革，完善农业补贴政策，到2020年，基本建成以绿色生态为导向、促进农业资源合理利用与生态环境保护的农业补贴政策体系和激励约束机制，进一步提高农业补贴政策的精准性、指向性和实效性，促进农业可持续发展。

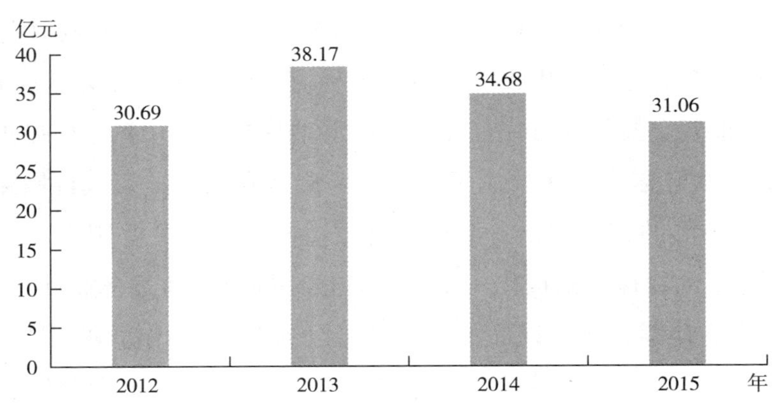

图5-11 2012—2015年农业结构调整补贴

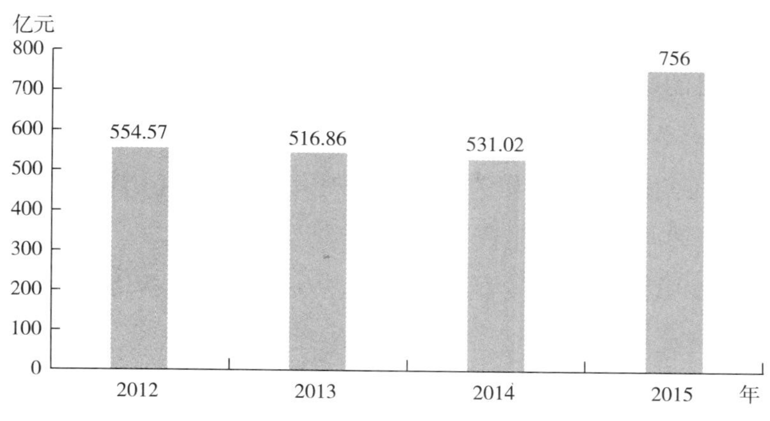

图5-12　2012—2015年农业生产资料与技术补贴

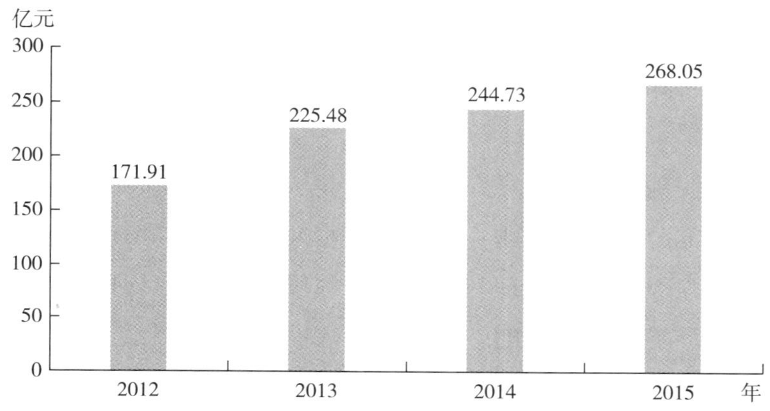

数据来源：财政部官网。

图5-13　2012—2015年农业生产保险补贴

应该看到，财政贴息一般是针对项目，而非针对金融机构的，因此贴息的绿色金融的支持可以看作是贴息影响项目的经济性，这样对金融机构来说，其盈利性就会加大。

5.5　地方财政推动建立生态环保基金

财政支持绿色金融发展的方式越来越多样化，不仅通过财政贴息、财政专项资金、税收等手段，近年来，有部分地方逐渐以财政资金支持设立生态环境保护基金的方式，用基金来撬动社会资本投资生态环保领域，较为典型的有内蒙古自治区的环保基金和重庆环保产业股权投资基金。

5.5.1　内蒙古自治区环境保护基金

内蒙古环保基金有较大的资金规模保证基金运行。内蒙古自治区政府财政出资一定的引导性资金，4 家企业共同投资发起组成“环保母基金”。2016年“环保母基金”的初始规模为40亿元，其中，政府引导性资金10亿元，吸收其他4家社会资本采取认筹的方式出资30亿元。在项目投资上，“环保母基金”作为引领资金可再次放大，2016年预计可形成约200亿元的环保基金投资规模。“十三五”期间，每年将根据政府引导性资金规模按比例吸筹，预计母基金规模可达200亿元，用于治理项目的基金投资可达千亿元以上。这将在很大程度上缓解内蒙古自治区环境治理资金短缺的压力。环保基金4家合伙企业分别是：包商银行（出资9亿元）、内蒙古交通投资有限责任公司（与赛伯乐公司，出资9亿元）、中国建筑集团（出资9亿元）和双良节能上市公司（出资3亿元）。上述4家企业共出资30亿元。

政府引导性资金是内蒙古环保基金的重要来源。一是排污收费资金。自2016年起初步测算自治区本级每年约有3亿元的排污费收入，其中每年投入2亿元作为引导性资金，5年共计10亿元，其余资金用于环境监测、监控、监察装备能力建设，待国家排污费改税后，从自治区本级预算内列支2亿元作为自治区人民政府资本金注入新组建的内蒙古环保投资公司，注入期截至2020年底。二是中央环保专项资金。自2016年起每年将切块下达内蒙古自治区的大气、水污染等专项治理资金约4亿元作为政府引导性资金，5年共计20亿元。三是初始排污权有偿使用和排污权交易资金。自治区自2012年起成为全国6个试点省区之一，2016年收入约4亿元作为政府引领资金，5年共计20亿元。

内蒙古环保基金有明确的基金投资方向和范围。从基金投资方向来看，主要包括：一是用于解决政府职责范围内的公共环境问题，如城镇污水处理厂新建和提标改造、城镇雨污分流管网配套建设、城镇生活垃圾无害化处理和综合治理利用、工业园区环境综合整治等社会环境公益项目，这些项目既是环境欠账形成的，也是地方政府急需补短板的工程。二是支持企业解决污染治理设施建设运行和污染物综合利用过程中资金投入不足的问题。三是充分发挥基金投入的杠杆效应，引进和吸收国内外环境治理先进技术和团队，推动环境治理技术的研发、应用和第三方治理服务市场的形成与发展。四是通过环保基金的引导投入，推动内蒙古自治区环保产业加快发展。从投资基金原则范围来看，包括：一是坚持“优先区内”原则。“十三五”期间环保基金投入在区内的比例在2018年前不低于80%，之后不低于60%。二是坚持“优先环保”原则。环保基金主要用在环境治理和环保产业的发展上。三是坚持“市场选择”原则。环保基金投资要重点支持政府公共领域环境治理项目、国家和自治区重点项目环境保护等有竞争优势的项目，促进环保基金的健康发展。

5.5.2 重庆环保产业股权投资基金

重庆环保产业股权投资基金是政府主导的环保产业股权投资基金，是重庆市加快推进生态文明建设，践行绿色发展理念，落实经济新常态下创新环保领域投融资机制的重要政策安排。

财政资金是重庆环保产业股权投资基金的重要资金来源。基金成立于2014年，基金的目标规模为10亿元，基金主要由重庆市环保投资有限公司、重庆市水务资产经营有限公司、重庆梅安森科技股份有限公司、重庆市环保产业投资建设集团有限公司、重庆市环保产业股权投资基金管理有限公司等发起成立，是全国第一只环保产业股权投资基金。基金将利用10亿元基金杠杆，实现40亿～50亿元资本投入生态环保领域，主要用于支持生态环保企业和环保产业项目发展，通过基金的成立扩大环保产业投资规模、优化环保企业股权结构，促进产业提档升级。

重庆环保产业股权投资基金有合理的基金运行管理方式。该基金主要采用投资与管理分离的有限合伙方式，按照“政府引导、市场运作、科学决策、防范风险”原则进行管理。从基金运行管理来看，主要有四大特点：一是整合政策性资金，承接国家对重庆市环保产业基金的注入，将重庆市排污费留成、排污权交易收益注入投资平台，实现政策资金和市场收益的打包使用。二是打捆营运环保资产，重庆环保投资公司探索将中央和重庆市财政投入农村环境连片整治、乡镇污水处理等形成的环保资产划入公司，打捆形成一定规模的资产盘子，增强投融资能力。三是采用“投行＋PPP”模式，对重庆市建成的1 000多处乡镇生活污水、垃圾处理设施统筹运营，对需要新建的生活污水、垃圾处理设施进行统一规划、建设和运营。

应该看到地方环保基金是针对当前严峻的环境治理任务和治理资金需求而产生的，为解决我国环保资金缺口问题提供支持，从目前情况看，取得一定成绩，但是由于目前这些环保基金成立的时间都比较短，还没有能够看到更多实际的效果。

5.6 支持绿色金融的财政政策展望

财政政策是绿色金融发展的重要支撑和保障，通过财政的激励机制，有效推动绿色金融相关的产业部门发展，特别是引导节能环保产业不断发展壮大。尽管我国已经采取了一些与绿色金融相关的财政激励措施，通过一般预算资金支持，利用中央专项资金、国家财政贴息、税收优惠等财政措施支持绿色金融的发展，但总体上来看，这些财政措施主要集中在节能环保产业，对金融行业本身开展绿色信贷、绿色债券、绿色保险等绿色业务的财政支持仍然十分有限。因此，亟须进一步加大财政对绿色金融的直接支持力度。

为了更好地发挥财政政策对绿色金融的引导和推动作用，第一，应该夯实现有的财政对绿色金融相关领域的支持。继续加大对节能、环保、林业、农业等相关领域和产业部门的支持，而且要进一步扩大支持的领域和资金额度，以此撬动绿色金融相关的市场需求。第二，综合运用财政手段，积极发挥各类财政手段的正向激励作用，进一步强化财政专项资金、财政贴息、财政补助资金、税收优惠等财政手段，并采取多种财政措施相互结合的方式鼓励绿色金融的发展。第三，充分利用国家财政资金和地方财政资金，引导建立区域性的绿色发展基金，尤其对于京津冀地区，在一定的国家财政支持下，北京、天津、河北按照不同比例提供相应的地方财政资金支持，引导三地的社会资本参与建立京津冀生态环境保护基金，利用基金推动地区环境污染治理。第四，有效运用PPP等多元参与的模式，盘活有限的财政资金，利用更多的社会资本发展绿色金融。

第六章 | G20与绿色金融进展

6.1 G20首次将绿色金融纳入讨论议题

二十国集团（G20）由七国集团财长会议于1999年倡议成立，由阿根廷、澳大利亚、巴西、加拿大、中国、法国、德国、印度、印度尼西亚、意大利、日本、韩国、墨西哥、俄罗斯、沙特阿拉伯、南非、土耳其、英国、美国以及欧盟等20方组成。国际金融危机爆发前，G20仅举行财长和央行行长会议，就国际金融货币政策、国际金融体系改革、世界经济发展等问题交换看法。

国际金融危机爆发后，在美国倡议下，G20提升为领导人峰会。2009年9月举行的匹兹堡峰会将G20确定为国际经济合作的主要论坛，标志着全球经济治理改革取得重要进展。目前G20机制已形成以峰会为引领、协调人和财金渠道“双轨机制”为支撑、部长级会议和工作组为辅助的架构。中国积极参与G20活动，2014年11月，习近平主席应邀出席G20布里斯班峰会并发表重要讲话，布里斯班峰会宣布由中国举办2016年G20峰会。G20迄今已举行11次峰会，第十一次峰会于2016年9月3日至4日在中国杭州举行。

自2015年以来，由于全球环境压力日趋加大，资源风险不断累积，环境保护和绿色发展受到了越来越多国家的关注，并逐步在全球范围内掀起了绿色发展和绿色金融的发展潮流。在此背景下，各国政府、国际机构、国际合作机制以及民间组织纷纷将绿色发展和绿色金融列为最为重要的研究课题。同时，G20积极参与国际秩序的制定，在世界性事务中发挥着越来越大的作用，对全球问题的话语权更具有号召力和凝聚力，逐步成为了除联合国以外最具影响力的国际治理平台。2016年，作为G20的东道主，中国首次将绿色金融列入核心议题，绿色金融成为G20主流议题，而且通过G20领导人杭州峰会公报成为全球共识。

2016年9月，中国作为轮值主席国主持召开G20 峰会。在这一重大历史机遇背景下，中国政府决定借助G20平台推动绿色金融领域的国际合作。在中国的倡议下，二十国集团自2016年初发起了绿色金融研究小组，由中国人民银行和英格兰银行共同主持，并由联合国环境规划署（UNEP）担任秘书处。该研究小组的参与者包括80多位来自所有G20成员国、受邀嘉宾国和相关国际组织的官员和专家。G20绿色金融研究小组的工作旨在支持G20 实现强劲、可持续和平衡增长的战略目标，主要任务是“识别绿色金融发展所面临的体制和市场障碍，并在总结各国经验的基础上，提出可提升金融体系动员私人部门绿色投资能力的可选措施”。研究小组的工作主要涉及五个领域，包括银行业、债券市场、机构投资者这三个专门领域，以及风险分析和指标体系这两个跨领域问题。

研究小组认为，由于各国情况不同，适用于一些国家的部分措施并不一定也适用于其他国家。因此，研究小组关注于经验分享和交流，并提出供各国自主考虑采用的可选措施和开展双边与多边国际合作的设想。研究小组总结了多国经验和市场实践，与市场参与者积极沟通，并从国际组织和研究机构的参与中收获颇多。研究小组还与其他国际倡议和G20 工作组（特别是FSB 气候相关金融信息披露工作组和G20 气候资金研究小组）保持了密切合作。

6.2 《G20绿色金融综合报告》写入G20公报

G20绿色金融研究小组认为，未来十年中全球绿色融资的需求可达几十万亿美元，但目前的银行体系、资本市场和机构投资者对绿色投资的参与还远远不足，全球绿色金融发展面临五大挑战：

（1）环境外部性。绿色投资可以改善环境，即能给第三方带来好处，或“正”外部性。污染性投资则损害第三方利益，体现为环境的“负”外部性。由于将外部性风险内部化存在困难，导致“绿色”投资不足，而“棕色”（即污染性）投资过度。比如，可再生能源项目可能比传统能源项目的建设成本更高，若没有将减排效益（正外部性）内部化的措施，项目回报可能过低，因而难以吸引私人资本投资。再如，某些制造业企业会污染环境，但受害居民由于种种原因无法向污染企业索赔，就会导致污染企业的过度投资和过度生产。

（2）期限错配。在不少国家，如水污染处理、固废处理、新能源、地铁等长期绿色项目严重依赖银行贷款，而银行由于负债端期限较短，难以提供足够的长期贷款。

（3）缺乏对“绿色”的明确定义。在许多国家和市场，由于缺乏对绿色金融活动和产品的明确定义，使得投资者、企业和银行难以识别和向绿色项目投资配置资源。

（4）信息不对称。许多投资者对投资绿色项目/资产有兴趣，但由于企业没有公布其环境信息，增加了投资者对绿色资产的“搜索成本”，因此降低了其投资吸引力。此外，还有一种信息不对称，即金融机构不充分了解某些绿色技术是否在商业上可行，以及绿色投资面临太大的政策不确定性。这些问题导致了一些投资者在可再生能源、新能源汽车和节能科技领域过度的避险倾向。

（5）对环境风险的分析能力不足。由于缺乏对环境风险的分析能力，许多金融机构通常会低估“棕色”资产的风险，而高估绿色投资的风险。结果导致了对污染型和高排放项目的过度投资，和对绿色项目投资的不足。

为了克服上述障碍，《G20绿色金融综合报告》提出了七项具体建议：提供清晰的战略性政策信号、推动实施绿色金融的自愿原则、强化绿色金融能力建设、支持本地绿色债券市场发展、推动跨境绿色债券投资、开发和推广环境风险分析方法、完善对绿色金融的定义和指标体系。在发展绿色金融成为全球共识的背景下，这七条建议代表了绿色金融未来在全球发展的重点和方向。

6.2.1 提供清晰的战略性政策信号

与传统项目相比，许多绿色投资项目存在投资周期长、环境外部效应难以内部化、期限错配和信息不对称等众多发展障碍，因此绿色投资的增长比一般项目更需要政策的支持。如果缺乏支持性的政策，或者政策不确定，往往会造成风险溢价增加、融资成本高企，从而抑制绿色投资。因此，越来越多的投资者关注长期政策信号。中国政府明确提出“构建绿色金融体系”就是一个十分积极的引导绿色投资的政策信号的范例。国际上来看，《巴黎协议》和联合国“可持续发展目标”的表述也是积极政策信号的例子。

G20领导人在杭州峰会公报中支持“提供清晰的战略性政策信号与框架”，旨在引导相关国家政府在绿色发展领域向投资者提供更加清晰的环境政策和经济政策，包括如何实施联合国“可持续发展目标”（Sustainable Development Goals，SDG）和《巴黎协议》的设想与框架。对具体国家来说，这些设想和框架需要转化为具体的计划和战略，从而提升投资者对这些项目的预期回报率和稳定性，以达到鼓励绿色投资的目的。

在制定《巴黎协议》实施框架的过程中，一些国家的政府开始意识到，实现减排承诺需要大量绿色投资，不能仅仅依靠有限的财政投资，因此需要金融体系来动员私人部门开展绿色投资，而政府明确支持绿色金融的发展对私人部门来说会起到重要的引导作用。一些国家的监管部门和金融机构也开始认识到，若气候变化不能得到有效控制，将影响金融机构持有的资产估值，甚至对金融稳定产生影响。比如，英格兰银行对英国保险业的评估显示，气候变化对被保险人持有的部分资产估值可能产生影响。这些评估将对保险业的资产配置产生影响。在瑞典政府环境政策和近年来全球绿色金融快速发展的影响下，瑞典第四大养老基金AP4近期决定，不再投资石油资产，并重点关注绿色与可持续发展的投资机会。总之，各国政府提供清晰的政策信号，将有助于通过引导预期来扩大绿色投融资。

6.2.2 推动实施绿色金融的自愿原则

G20杭州峰会领导人倡议“推动绿色金融的自愿原则”，旨在引导各国政府、国际组织和私人部门来共同推动、完善和推广可持续银行业（绿色信贷）原则、责任投资原则和其他绿色金融领域的自愿原则。

目前国际上比较流行的绿色金融自愿原则主要包括赤道原则、责任投资原则等体现环境可持续发展理念的原则。这些原则的目的是指导金融机构在决策过程中有效地识别、度量、监测、控制投融资活动中的环境和社会风险，以促进有助于改善环境和有积极社会效益的投资活动，抑制对环境和社会有害的投资活动。通过把环境因素整合到决策过程，金融机构还可以更有效地管理环境等因素带来的商业和法律风险，有助于提升金融机构稳健性。

展望未来，随着绿色金融理念的逐步推广，各种绿色金融的自愿责任有望得到更多国家和金融机构的支持。在借鉴国际经验的基础上，各国政府和私人部门也可根据本国的情况建立和推广适合本地的绿色信贷与责任投资的原则。在我国，中国金融学会绿色金融专业委员会于2016年7月与联合国责任投资原则机构合作开展了对国内机构投资者的首次关于责任投资的培训活动，得到了60多家机构投资者的欢迎。

6.2.3 强化绿色金融能力建设

G20绿色金融研究小组提出的这条措施是指推动扩大和强化绿色金融领域的能力建设平台的作用，以使这些能力建设平台覆盖更多的国家和金融机构。

研究小组认识到，缺乏绿色信贷和绿色投资方面的分析和管理能力是许多国家绿色金融发展所面临的重要障碍之一。过去十多年来，一些国际组织逐步建立了若干绿色金融领域的能力建设平台，其中包括国际金融公司（IFC）旗下的可持续银行网络（Sustainable Banking Network）、责任投资原则、联合国环境署金融倡议（UNEP FI）以及可持续股票证券交易所倡议（Sustainable Stock Exchanges Initiatives）等。这些机构致力于推广可持续（绿色）贷款、绿色投资、绿色保险和环境信息披露等方法、原则和开展相关的能力建设工作。

G20对绿色金融的推动，将提升各国对能力建设的需求。可持续银行网络就是一个案例。该网络成立于2012年9月，过去三年中该网络已覆盖20多个国家，主要对金融监管机构、银行业协会管理人员进行绿色信贷和环境风险管理方面的培训。在二十国集团绿色金融研究小组的推动下，可持续银行网络开始计划将能力建设工作覆盖更多的国家，并超越银行业监管机构和银行业协会，与主要国家合作，对银行首席执行官、风险官和相关环境金融部门主管提供绿色信贷和环境风险管理的培训。

种种迹象表明，从伦敦、瑞典、新加坡、中国香港等发达的资本市场，到中国、印度尼西亚、巴西、墨西哥等主要二十国集团中的发展中国家，乃至越南、孟加拉国、加纳等中小规模的发展中国家，都在不同的水平上开始对绿色金融的探索。未来几年，绿色金融领域的国际交流和能力建设需求将持续上升。

6.2.4 支持本地绿色债券市场发展

绿色债券是为中长期绿色项目提供融资的一种债务融资工具。通过绿色债券筹集的资金只能用于绿色项目，发行人需要对投资者持续披露资金使用的信息，以维护市场声誉。G20提出的这条措施旨在支持相关国家发展本币绿色债券市场。

最早的几只绿色债券是于2007—2008年由欧洲投资银行和世界银行发行的。2007—2012年，国际绿债市场的主要发行人包括世界银行、IFC、欧洲投资银行（EIB）、一些国家政府、市政府和国家发展银行。近年来，在日益增长的市场需求推动下，更多类型的发行人和投资者加入了绿色债券市场。贴标的“绿色债券”年发行量从2012年的30亿美元猛增到2015年的420亿美元，覆盖了G20中14个市场。2016年前11个月，贴标绿色债券的发行额进一步上升至748亿美元，同比增长70%以上。不过，虽然绿色债券市场发展很快，其总量仍十分有限。目前，绿色债券的发行量还不到全球债券发行量的1%。

各国的经验表明，绿色债券市场可以为绿色项目和投资者提供几个重要的好处：为绿色项目提供除银行贷款和股权融资之外的一种新的融资渠道；为绿色项目提供更多长期融资，尤其是在绿色基础设施投资需求较大而长期信贷供给有限的国家；通过“声誉效益”激励发行人将债券收益投向绿色项目；通过发行人承诺“绿色”披露，激励其强化环境风险管理流程；为长期和负责任的投资者提供新的类别的绿色资产。

对绿色债券进行界定和要求发行人披露资金用途，是避免“洗绿”（green wash）、保持绿色债券市场信誉的基础。全球范围内，已被广泛接受的标准是“绿色债券原则”（GBP）和“气候债券倡议”（CBI）组织制定的标准，其中GBP是在国际资本市场协会（ICMA）协调下由主要市场参与者制定的一套自愿准则。2015年12月，中国人民银行发布了绿色金融债券发行准则，中国金融学会绿色金融专业委员会发布了本国的绿色债券定义（《绿色债券项目支持目录》）。2016年1月，印度证券交易委员会（SEBI）通过了绿色债券发行和上市的披露要求。这些努力标志着全球最大的两个发展中国家推出了本币绿色债券市场。2016年3月，墨西哥证券交易所推出“绿色债券”板块，以支持绿色债券在本地的发行和上市。印度尼西亚、巴西、中国香港、新加坡、摩洛哥、瑞士和其他一些国家和地区也正在研究发展绿色债券市场的计划。

虽然多数经济合作与发展组织（OECD）国家的发行人都在国际市场上按照GBP原则发行绿色债券，但是也有不少新兴市场国家有兴趣发展本国的本币绿色债券市场。发展本币市场的原因有多种。比如，一些国家的资本项目尚未完全开发，市场的需求方主要是本地投资者。也有一些国家的资源禀赋和环境政策重点与OECD国家有较大不同，其对绿色项目的界定标准就会有所不同。还有一些国家考虑采用激励机制来支持本国的绿色债券发行，因此在界定标准上就需要比GBP更加明晰和强调可操作性。但是，这些国家在发展绿色债券市场的过程中还面临着对国际绿色债券标准缺乏了解、缺乏对本币绿色债券的定义和披露标准、缺乏第三方认证能力等问题。包括国际组织、开发性机构和专业市场协会在内的机构可以通过提供技术援助和进行示范发行等方式来推动帮助这些国家发展本币绿色债券市场。

6.2.5 推动跨境绿色债券投资

G20支持跨境绿色债券投资，让有较多“绿色投资者”的国家向有较多“绿色项目”国家进行投资，从而提升全球的绿色投资水平。具体来说，不同国家的政府可以加强金融机构合作，通过各种双边合作共同推动绿色债券跨境投资。在双边合作中，市场参与方可研究设计共同认可的绿色债券投资协议模板和创新适合国际投资者的绿色债券产品，以降低交易成本。

目前债券市场在全球企业融资总量中约占1/3，其中仅有约0.2%为贴标的“绿色债券”。如果制约绿色债券发展的市场和机制性障碍能够解决，绿色债券市场将有巨大的发展潜力。例如，在全球气温升幅限制在2℃的情境下，OECD的定量分析显示，到2030年，投资于可再生能源、节能和低排放汽车（“绿色债券”的子集）等低碳项目的绿色债券在四个市场（中国、日本、欧盟和美国）的潜在年度发行规模可达7 000亿美元。

虽然潜力巨大，但绿色债券发展仍然面临多种制约因素，一方面，许多国家缺乏国内绿色投资者，这就造成在许多国家的本地市场，对绿色资产的需求不充足。另一方面，全球包括共同基金、保险公司、养老基金和主权财富基金在内的机构投资者在管理的资产超过100万亿美元。越来越多的国际投资者，正在努力通过管理环境、社会责任和治理等相关问题来制定长期的负责任的投资策略，这些投资者有兴趣也有能力投资于绿色债券市场。因此发展绿色债券市场需要开展国际合作，引导需求和供给双方，进行跨境绿色债券投资。

综上所述，G20杭州峰会领导人提出，要鼓励通过国际合作来推动绿色债券跨境投资。中英和中美正探讨有关双边合作模式，希望为更多国家之间开展绿色跨境投资提供经验。

6.2.6 鼓励开发和推广环境风险分析方法

环境和气候因素可能会演变成为金融机构所面临的市场和信用风险。一旦理解并量化分析了这些环境因素与金融机构风险之间的关系，就可能促使金融机构减少对高污染、高排放产业的投资和贷款，增加对绿色产业的资源配置。

总体上，环境风险对于多数金融机构而言仍然是一个较新且复杂的领域，并处于不断变化之中。相对来说，保险业在分析环境风险方面具有相对较多的经验，而银行和信用评级机构等其他机构投资者对于环境风险的理解和分析相对较弱，金融监管机构对环境因素可能产生的金融风险的分析就更少了。

令人欣慰的是，越来越多的机构投资者开始认识到环境风险对金融业的影响，并正在开发新的工具来分析和理解环境风险。在保险行业，已经有不少企业针对自然灾害（如飓风、暴风雨和洪水等）可能产生的金融影响开展了压力测试。再保险行业也建立了针对气候变化对自然灾害发生频率影响的分析方法。在欧洲，慕尼黑再保险和瑞士再保险等公司早在几十年前就已经开展了针对气候和环境的研究。最近，劳埃德保险市场则对全球食品价格冲击如何长期打压股市进行了分析。在银行体系，已有银行对环境污染、自然资源的消耗和水资源压力等风险进行分析。中国工商银行开发了一套“压力测试”方法，用于评估环保政策变化对污染行业借款人的违约率的影响。在债券市场，许多信用评级机构和第三方机构研究了水资源压力和气候变化对企业和主权评级的影响。此外，在研究能源结构变化以及相关政策可能产生的金融影响方面，机构投资者已经积累了一些经验。德盛安联资产管理公司在剑桥大学投资领导集团的协助下设计了一个模型，用于估算温室气体排放和能源政策对高排放企业的盈利的影响。

但在分析环境因素可能产生的金融风险过程中，金融系统还面临挑战。2016年5月，在瑞士伯尔尼召开的“环境风险建模与分析”研讨会上，许多金融机构表示在开发和运用风险分析工具来评估环境风险方面存在困难。比如公共政策的不确定性，是金融机构所无法掌控的。另外，也没有一家机构具备分析复杂的环境问题所导致的金融风险所需要的全部专业知识。

要完善环境风险的分析方法，需要金融、环境和政策专家开展合作，以及国际经验的知识共享。这种经验交流既可以是同一行业内的，也可以是跨行业的国际交流，比如保险业和银行业，以及其他机构投资者之间的知识共享和经验交流。此外，G20和绿色金融研究小组可以联合金融机构和研究机构，支持就环境和金融风险开展进一步对话，加强金融部门开展环境风险分析方法与风险管理方法的交流。这种对话有助于鼓励各种金融机构（如银行、保险和再保险、机构投资者）共同参与改善数据的获得性，开发和完善前瞻性风险分析方法，提高主流金融业对环境风险的认知度。

6.2.7 完善对绿色金融的定义和指标体系

缺乏对绿色金融的明确定义是绿色金融发展的一个重要障碍。由于不同国家的发展阶段和环保政策重点有所不同，目前在国际上还没有对绿色金融活动的完全一致的定义。不过，对绿色金融，尤其是具体的绿色资产（如绿色信贷、绿色债券、绿色股票等）进行适当的界定并改善其清晰度与可比性，会对投资者、企业、政府及公众有益。较为清晰的定义有助于投资者和金融机构识别绿色投资或资产、改善风险管理、分析经济与社会影响、开展企业公关，也有助于政策与监管制度设计。

在概念层面上，G20绿色金融研究小组认为，“绿色金融”可被定义为能够产生环境效益以支持可持续发展的投融资活动。这些环境效益包括减少空气、水和土壤污染，降低温室气体排放，改善资源使用效率，应对和适应气候变化及其协同效应。这个概念层面的定义允许不同国家和市场进行不同的技术性解释。

受绿色金融研究小组委托，国际金融公司（IFC）开展了一项“绿色金融定义和进展度量”的问卷调查。结果显示，多数国家和市场对绿色金融的界定已经有了一定的共识，即它们都将一些核心行业包含到绿色金融之中，比如可再生能源、可持续建筑、能效管理、垃圾处理等。也有不少机构将环境治理和污染防范（如污水和固废处理、空气污染治理、土壤修复）等纳入绿色的范畴。对核电、清洁煤炭、水电等项目的争议较大，不少发达国家不认为这些项目属于“绿色”，而许多发展中国家倾向于将其列为“绿色”范畴。

绿色金融研究小组的分析显示，一些国家和机构已开始从以下三个层面探索建立度量绿色金融活动的指标体系。

绿色金融的流量与存量：IFC所做的问卷调查显示，目前只有少数国家和机构对部分绿色金融的流量（如贷款、发债量）和存量（如绿色信贷存量、绿色债券余额等）给出了定义，但还没有任何国家建立系统的指标体系。中国、巴西和孟加拉国发布了对绿色信贷的界定标准。ICMA、气候债券倡议（CBI）和中国金融学会绿色金融专业委员会发布了对绿色债券的界定和分类办法。有几家指数公司开发了绿色股票指数，明确了绿色企业的典型分类，如能效、清洁能源、可再生能源发电、自然资源保护、污染治理等。

绿色金融的实施情况：这些指标反映金融机构及资本市场的参与者是否和在多大程度上将环境因素纳入决策过程、采用环境风险管理工具、披露相关信息等。这些指标可用于度量和评价金融机构的“绿色”绩效。在这些方面，目前已有若干具体的方法和指标。比如，联合国贸易和发展会议等多家机构发起的“可持续证券交易倡议”，通过年度报告，对全球各证券交易所要求上市公司披露可持续发展（包括环保）信息的进展情况进行了分析和评估。再如，法国最近通过立法要求机构投资者（如养老基金）披露其是如何将ESG因素纳入投资决策之中的，以便资产所有者和公众评估这些机构的“绿色”表现。

绿色金融的影响和效果：绿色金融的发展，可能会对金融机构的资产负债表结构和稳健性产生影响，也可能对整个经济的投资结构、金融体系的稳健性和宏观经济指标（如就业）产生影响。最近，国际货币基金组织（IMF）撰写了一篇开题报告，计划对上述问题开展研究。

绿色金融研究小组的初步分析显示，可以通过以下步骤来改进绿色金融的定义和分类，并开发可用于度量和报告绿色金融活动及其影响的指标：一是根据G20各国及其他经验（如FSB工作组的成果），G20和各国政府可以与私人部门一起推动研究绿色金融指标及相关定义，并改善相关数据的可获得性。部分国际组织可以参与协助这些工作。二是评估绿色金融的影响。G20可以研究探索对绿色金融所产生的经济和其他影响进行分析的各种方法。

6.3 工商界积极配合G20推动绿色金融议题

二十国集团工商界活动（B20）是国际工商界参与全球经济治理和国际经贸规则制定的重要平台，以举办议题工作组会议和峰会为主要内容开展年度工作，就全球经济增长的关键性问题深入探讨，形成并向G20峰会提交政策建议报告，为促进全球经济强劲、平衡、可持续增长建言献策。

历年来，B20讨论内容与G20峰会主题议题高度契合，涵盖金融体系改革、贸易、投资、能源、基础设施、就业、反腐败等全球经济发展热点问题。B20通过议题工作组会议汇总工商界政策建议，提交给G20峰会，为G20领导人提供决策参考。多位G20领导人出席历届B20峰会，并就工商界政策建议与B20代表进行对话交流。自2010年起，B20累计向G20峰会提交了逾400条政策建议，受到G20成员领导人高度重视，部分建议已被列入历届G20峰会公报。

为了配合中国举办G20峰会，中国贸易促进委员会（以下简称贸促会）牵头筹办2016年B20。2016年中国B20由贸促会会长姜增伟担任主席，副会长于平担任协调人，议题设置在延续了2015年B20土耳其的基础上，紧扣2016年二十国集团（G20）“构建创新、活力、联动、包容的世界经济”的主题。金融促增长是其中一个重要的议题领域，其余领域包括贸易与投资、基础设施、中小企业发展和就业。另外，活动还特别设立了一个反腐败论坛。

为确保工作组能够广泛代表商界意见，2016年B20金融促增长工作组邀请了G20各国87位来自银行、保险、投资和综合金融集团的组员。此外，工作组还邀请了普华永道（PwC）担任合作智库，以及国际金融协会（IIF）担任合作机构。

6.3.1 B20金融促增长工作组推动绿色金融成为B20核心议题

作为一家具有国际影响力的大型公众上市银行，中国工商银行长期致力于推进绿色信贷建设及绿色金融领域的前瞻性研究工作，尤其在绿色金融研究方面对于全球商业银行来说也处于领先地位。受中国国际贸易促进委员会邀请，中国工商银行张红力副行长担任2016年B20金融促增长工作组联合主席。结合当前全球金融热点议题和2016年G20议题设置，B20金融促增长工作组与中方智库社科院金融研究所和外方智库普华永道进行多次会谈沟通，认为气候变化和环境保护已经成为全球共同关注的议题，强烈建议将“绿色金融”设置为2016年B20金融促增长工作组的核心议题，将会获得包括发达国家经济体、发展中经济体和新兴经济体在内G20成员的一致认同，同时有助于向世界宣传中国工商界对全球绿色增长作出的重大贡献，加大新兴经济体在绿色增长和绿色金融领域的话语权，金融促增长工作组对此建议高度认可。

2016年B20启动会议于2016年1月26日在人民大会堂隆重召开。中国国务院副总理汪洋及相关部委领导出席本次会议。B20金融促增长工作组正式提出将绿色金融议题纳入B20核心议题之中，受到了二十国集团金融代表的强烈响应和积极支持，绿色金融议题首次列入了B20核心议题。从2016年初达沃斯论坛就开始宣介，到B20华盛顿IMF会议和巴黎OECD会议，绿色金融议题得到了B20所有成员国家的积极响应和热烈欢迎，成为2016年中国作为G20东道国的最大亮点之一。

6.3.2 绿色金融成为B20国际会议最热话题

从2016年初开始，B20金融促增长工作组与合作智库及合作机构共同配合，进行绿色金融议题设计撰写、讨论，并收集政府及工商界反馈意见，参加国际会议宣介B20政策建议报告，取得了丰硕成果。

2016年1月21日，作为达沃斯论坛的重要组成部分，2016年B20专题研讨会在瑞士达沃斯成功举办。B20金融促增长工作组联合主席张红力介绍了本组架构及重点议题内容，强调绿色金融是本组最为重要的议题：一方面，绿色金融对于推动绿色发展、解决环境和社会风险问题发挥引领、促进和监督作用；另一方面，绿色金融也推动银行等金融机构转变经营方式和盈利模式，以绿色金融为重点，增强可持续竞争力。B20金融促增长工作组将积极推动“绿色金融”议题的研讨，推进G20国家绿色金融体系建设及绿色金融机制的形成，共促世界经济绿色增长。

为了进一步扩大绿色金融议题在全球的影响力，2016年3月23日，B20金融促增长工作组与G20绿色金融研究小组、伦敦市政府在伦敦共同主办G20绿色金融国际会议，B20金融促增长工作组联合主席张红力在开幕环节致开幕词，向世界宣传了中国在绿色金融领域作出的突出贡献，获得了全场300多名绿色金融专家及国际金融机构高管的高度评价，中国工商银行城市金融研究所所长周月秋于会议同期在伦敦证券交易所发布了《环境因素对商业银行信用风险影响的压力测试研究》成果，不仅填补了国内银行业在环境风险量化和传导机制研究领域的空白，而且对全球银行业开展绿色金融及环境风险量化研究具有引领作用。报告发布后引起了国际国内绿色金融业界的高度关注和广泛赞誉。剑桥大学可持续领导力研究院（CISL）金融行业组主任Andrew Voysey专门发表评论文章，对工商银行压力测试研究成果给予了高度评价，他认为工商银行开展环境因素压力测试研究对所有类型的企业都具有重要意义。随着金融机构通过风险量化的技术将环境因素纳入金融资源配置决策中，企业对于环境风险的管理将成为决定其融资成本的直接因素。气候债券倡议（Climate Bond Initiative，CBI）首席执行官Sean Kidney赞扬到："这是一项全球领先的研究，它有助于促进国际绿色金融市场的快速增长，帮助目前正处于发展初期的绿色金融产业迅速发展。"瑞典北欧斯安银行（Stockholms Enskilda Bank，SEB）高级顾问Mats Olausson也表示："ICBC的研究令人鼓舞，它强调了金融行业应当将可持续发展理念融入到其日常运营中去。"

2016年4月17日，第一次B20议题工作组联席会议在美国华盛顿IMF总部召开，包括各国工商界、相关国际组织和机构的代表共200多人参加。绿色金融再次成为了本次会议的焦点议题，中国人民银行研究局首席经济学家马骏在开幕致辞中指出，绿色金融已经成为2016年G20和B20的重要议题，有助于促进全球经济的绿色增长，并高度评价了2016年以来B20在绿色金融方面取得的成就以及中国工商银行在环境风险压力测试等方面作出的巨大贡献。在B20金融促增长工作组分组会议中，B20金融促增长工作组介绍了2016年以来工作组引领B20在绿色金融领域取得的成果。

2016年5月31日，2016年B20议题工作组第二次联合会议在巴黎举行，对2016年B20政策建议报告草案进行了最后一轮磋商，就政策建议内容基本达成共识。B20金融促增长工作组提出了绿色金融相关的四项政策建议，已被写入B20提交给G20领导的报告，具体建议主要包括创造激励措施并降低绿色投融资成本、建立绿色环保标准以及鼓励投资影响的披露和报告。大家一致认为，政策建议报告草案总体反映了国际工商界对当前全球经济发展的关切和政策主张，有比较强的针对性和可操作性，将为推动全球经济强劲、可持续和平衡增长发挥重要作用。

2016年G20峰会于9月在中国杭州举行，作为轮值主席国，中国将主题设定为"构建创新、活力、联动、包容的世界经济"，首次将绿色金融纳为G20峰会重点议题进行探讨。2016年9月3日下午，作为G20最重要配套活动的B20工商峰会在杭州举行。国家主席习近平出席B20开幕式并发表了题为《中国发展新起点 全球增长新蓝图》的主旨演讲，来自二十国集团成员和嘉宾国1 100余名工商界人士出席开幕式。

习近平主席在演讲中指出，中国改革开放38年的伟大进程，是探索前行的进程，是真抓实干的进程，是共同富裕的进程，是中国走向世界、世界走向中国的进程。今天的中国，已经站在新的历史起点上。这个新起点，就是中国全面深化改革、增加经济社会发展新动力的新起点，就是中国适应经济发展新常态、转变经济发展方式的新起点，就是中国同世界深度互动、向世界深度开放的新起点。习近平主席专门强调，在新的起点上，中国将坚定不移推行绿色发展，谋求更佳质量效益。绿水青山就是金山银山，保护环境就是保护生产力，改善环境就是发展生产力。这个朴素的道理正得到越来越多人们的认同。中国将毫不动摇实施可持续发展战略，坚持绿色低碳循环发展，坚持节约资源和保护环境的基本国策。中国推动绿色发展，也是为了主动应对气候变化和产能过剩问题。今后五年，中国单位国内生产总值用水量、能耗、二氧化碳排放量将分别下降23%、15%、18%。我们要建设天蓝、地绿、水清的美丽中国，让老百姓在宜居的环境中享受生活，切实感受到经济发展带来的生态效益。随后，习近平主席呼吁二十国集团成员立即采取行动，其中第三条为共同构建绿色低碳的全球能源治理格局，推动全球绿色发展合作，共同构建包容联动的全球发展治理格局，以落实联合国2030年可持续发展议程为目标，共同增进全人类福祉。

6.3.3 B20金融促增长工作组向G20领导人提交绿色金融四项建议

从2016年初开始，B20金融促增长工作组与合作智库（普华永道和社科院金融研究所）和合作机构共同配合，进行绿色金融议题的设计撰写、讨论并收集政府及工商界反馈、参加国际会议宣介B20政策建议报告等具体任务。在普华永道等智库的配合下，B20金融促增长工作组提出了绿色金融相关的四项政策建议，已被写入B20提交给G20领导的报告，具体建议主要包括创造激励措施并降低绿色投融资成本、建立绿色环保标准以及鼓励投资影响的披露和报告。

（一）绿色金融议题背景

全球绿色金融市场受政策目标和业务创新推动迅速崛起。随着对气候变化和环境问题的担忧不断增加，全球绿色债券市场自2013年呈可观发展势态，但总体规模仍极具潜力。2016年，中国绿色债券发行规模达2 052.31亿元（约合297.17美元）。

2016年4月，170个国家签署了《巴黎协定》，承诺努力达成1.5℃的减排目标。平均下来，要投入加倍的努力以降低碳排放。大量投资需注入可再生能源领域及提高能源融资效率。环境清理和保护也需要显著的全球投资。到2020年，仅清洁能源的投入缺口就达5千亿美元左右。然而，投资者对于将资金从传统消耗自然资源的产业向绿色产业转移，仍有很多疑虑，主要原因是：（1）激励错位；（2）在绿色金融上缺乏机构能力和共识/标准；（3）先入为主地认为绿色投资充满风险；（4）缺乏碳排放及其他环境外部性的价格机制。

B20认为G20已经认识到严重的环境变化以及绿色金融的重要性，B20支持设立G20绿色金融研究小组（GFSG）来应对挑战，从而鼓励民间资本投入绿色投资。B20也注意到GFSG一直在准备一份综合报告，内容是基于调查的研究发现，将于2017年6月的G20财长和央行行长会议前完成。B20期待参与这一进程，并认为在为绿色金融扫清障碍的过程中，我们仍需要凝聚共识，采取恰当的激励措施，才能形成一个系统性的风险评估方案，以应对紧缩的气候政策。

（二）行动建议

行动建议一：创造激励措施并降低绿色投融资成本

B20认为应该迅速解决绿色投资较为缺乏的现实，鼓励财政支持为绿色金融发展创造条件。这些资金可以通过取消对污染和化石燃料生产行业的补贴或者特殊的政府融资渠道来获得，比如可再生能源的开发。在2015年巴黎气候大会召开后，国家相关部门应深入考虑煤炭补贴，这些行动要与严格的环境标准或气候目标相一致。我们应该履行 COP 21中缔约的国家提出的财政承诺，这些国家可通过财政支持来减少发行绿色债券的额外费用或通过第三方担保来减少投资前期成本。财政激励对促进绿色融资的影响立竿见影。长期来看，建议采用一种更系统的方式引入环境和气候变化风险定价方式。

行动建议二：建立绿色环保标准，鼓励投资影响的披露和报告

B20认为，各国监管当局已经开始对可持续发展效果进行披露和报告，但仍需要付出更多努力。这些也可以通过证券交易所的鼓励来实现，将自愿申报改为强制申报，并建立绿色指数和绿色信贷评级体系。B20鼓励资产所有者和他们的投资经理研究投资组合与气候和环境变化问题的潜在风险。这可能需要最契合环境、社会和治理（ESG）管理与披露的投资流程和政策。

行动建议三：通过G20平台提升机构建设和知识能力

B20发现许多国家的金融机构缺乏评估绿色项目的数据和相关知识，绿色金融的范畴也需要清晰划分。跨国企业需分享自己的最佳实践，建立绿色项目的统一判断标准和投资收益评估准则。

B20认为需要国际组织为所有绿色项目建立数据库，供任何区域的投资者使用，同时实行知识共享计划，分享值得借鉴的经验教训；鼓励公共和私人领域通过多边开发银行参与绿色金融，通过扩大风险分担机制更加紧密地与私人投资者合作，同时建立新的融资机制和工具，以吸引新的投资机会。

行动建议四：鼓励金融机构评估环境和社会风险

B20鼓励和引导金融业和其他行业改变他们的商业实践和盈利模式，将重点放在绿色经济和提高企业的持续竞争力。在很多国家，相关监管部门已经引入立法去鼓励环境、社会和风险治理报告。B20认为应该把环境风险评估纳入巴塞尔体系。B20报告中特别介绍了中国工商银行的环境风险压力测试研究，认为压力测试作为量化环境风险的工具，可以在全球金融机构中推广。

6.4 双管齐下，2017年德国G20继续推动绿色金融议题

鉴于发展绿色金融已成为G20共识，且G20绿色金融研究小组取得了积极成果，德国作为2017年G20主席国决定继续在财金渠道讨论绿色金融议题，中国人民银行和英格兰银行继续担任研究小组的共同主席。2017年1月16～17日，G20绿色金融研究小组在德国法兰克福举行了2017年第一次小组会，会议由中国人民银行研究局首席经济学家马骏和英格兰银行高级顾问Michael Sheren主持。会议回顾了2016年以来各国绿色金融的发展情况，研究了如何从推进金融业环境风险分析和改善环境数据的可得性两方面继续加强绿色金融。

6.4.1 继续加强金融领域环境风险分析

2016年，G20绿色金融研究小组已对金融业环境风险分析的现状进行了初步研究。如果要推动环境风险分析成为主流做法，还需要提升金融业对环境和气候风险的重要性的认识、提高环境数据可得性、开发更为实用的分析方法。环境因素可能对金融机构甚至金融体系的稳定性产生影响；大量环境风险（包括大气和水污染、气候变暖、水资源压力和自然灾害等）可能成为现实，部分风险对金融机构的冲击可能是非线性和突发性的；金融机构需要通过环境风险分析来更好地理解和管理环境风险，改善资产配置。但在金融业推广环境风险分析仍然面临不少的

障碍，包括缺乏政策信号、对情景假设的合理性难以判断、方法工具欠缺、数据不足等。

G20绿色金融研究小组计划在2017年梳理环境风险分析的最新进展，进行相关的环境风险案例分析并开发一套有助于优化环境风险分析的工具箱。此外，G20绿色金融研究小组提议建立一个长期平台，在国际层面推动开发和推广环境风险分析方法，并鼓励各国行业协会推动环境风险分析的运用。多数G20成员明确支持研究小组推动开展环境风险分析，同意建立某种平台，但对该平台的建立以及特定的风险分析模型或情景假设提出了诸多建议。澳大利亚、法国、意大利和欧盟表示有必要建立平台，但该平台的建立需要解决资金来源、任务和组成等问题，研究小组不应批准某些特定的分析方法。沙特表示，研究小组的工作计划过于超前，建议继续以经验分享为主。巴西与加拿大表示，不支持核准某些特定分析方法。印度与荷兰表示，该平台应当用来开展知识共享，场景假设应当考虑各国的实际情况和开展分析的能力。土耳其表示，金融业应当考虑环境风险，但政府部门应当保持中立。美国支持建立平台，认为公共部门的作用应该是召集者并鼓励经验交流和分享，具体分析方法的选择应当交给专家来决定。日本表示，设立平台是否应该经由G20主席国通过适当程序提出，并提出该平台是否可以交由OECD来组织。

6.4.2 着重改善公共环境数据的可得性

公共环境数据是指“由政府机构、国际组织、非政府组织和科研机构等非企业实体发布的、能够用于金融分析的环境数据”。为了分析环境风险和识别绿色投资机遇，金融机构需要大量环境数据，其中包括公共环境数据和企业披露的环境数据。为了避免与FSB气候相关信息披露工作组（TCFD）（侧重于企业层面的环境信息披露）的工作发生重复，G20绿色金融研究小组计划于2017年着重改善公共环境数据的可得性。

公共部门的不同机构掌握着大量环境数据，政府部门可以推动设立“一站式”环境数据平台来改善数据的可得性。虽然企业披露的信息能够用于评估金融机构的环境风险敞口，但风险分析还需要与气候、环境与政策变化相关的场景假设、预测和环境外部性信息，用于风险分析的“前瞻性”信息大多来自公共部门。另外，银行、投资基金和保险公司在进行绿色项目或资产投资决策时，需要评估未来收益和成本，而与之相关的环境信息大多也来自公共部门。但是，环境信息在金融机构的使用仍然面临诸多挑战，如：风险分析和评估方法仍不成熟；缺少广为接受的情景假设；环境数据技术性太强、不可比较、不适用于机器阅读；环境数据分散在不同来源，搜索成本较高等。针对上述挑战，G20绿色金融研究小组提出了改善公共环境数据可得性的若干选项，具体包括：一是通过知识共享，鼓励开发和运用环境风险分析方法；二是在国际层面建立“一站式”信息平台，改善公共环境数据的可得性并降低搜索成本；三是各国可以在国内推动环境数据共享。多数成员认可研究小组在改善环境数据可得性方面的努力方向，但一些成员担心“一站式”平台可能会被视为G20“核准”某些数据、情景和预测结果；会议最终达成建立一个公共环境数据指南（Catalogue of Publically Available Environmental Data）的初步共识。联合国环境规划署和OECD代表均主动表达了愿意承担此项任务的意向。

第七章 | 绿色金融与“一带一路”投资

7.1 “一带一路”战略的框架内涵及沿线市场机遇与风险

7.1.1 “一带一路”战略的框架内涵与投资概况

7.1.1.1 “一带一路”战略的框架内涵

（一）战略目的

“一带一路”①是中国提出的全方位开放战略，既基于中国本身的发展，也基于地区和世界的发展。从经济角度而言，“一带一路”的战略目的有以下几个方面：

首先，促进中国与沿线国家优势互补，化解国内富余产能。“一带一路”周边大部分国家近年经济增长放缓，一定程度上受制于落后的基础设施。以铁路建设为例，多数国家铁路里程与国土面积之比在1%以下，而欧盟和日本等发达国家普遍在5%以上。即使考虑国土面积因素，中国、俄罗斯等大国的铁路里程与国土面积之比分别为0.7%、0.5%，也要明显低于美国2.5%的水平。而与此相对照，中国在基础设施建设领域经验丰富，部分领域甚至存在产能过剩。中国不少基建相关行业均处于明显的产能过剩状态，五大产能过剩行业，钢铁、水泥、电解铝、玻璃和船舶的产能利用率均在80%以下。这些产能一方面需要限产减产，另一方面可以通过增加需求的方式来解决：国内基建是解决产能过剩的途径之一，如京津冀和长江经济带等发展战略；另一种扩大需求的方式便是扩展海外市场，通过加强与“一带一路”沿线国家的产能和技术合作，实现中国优势产能和富余产能的输出。

其次，通过更为多样和稳定的渠道通路实现互通有无。“一带一路”的发展必然依托铁路、公路、管道、海运和航线的逐步完善。在部分行业面临产能过剩的同时，中国的油气、矿产资源需求度同样较高，加强与更多周边资源类国家的合作，也有助于稳固和丰富资源的获取渠道。

最后，争取对于周边贸易的主动权和加强区域影响力。从另一个角度来说，通过不断建设“一带一路”，将进一步加强与周边友好国家的贸易合作，也可以减缓TPP（跨太平洋伙伴关系协定）和TTIP（跨大西洋贸易与投资伙伴协议）等对于中国贸易的不利影响，巩固和加强区域

---

① “一带”即丝绸之路经济带，是实现发展的地区均衡战略，也是对外关系结构均衡的战略。其重点畅通中国经中亚、俄罗斯至欧洲（波罗的海）；中国经中亚、西亚至波斯湾、地中海；中国至东南亚、南亚、印度洋。与此同时，依托国际大通道，以沿线中心城市为支撑，以重点经贸产业园区为合作平台，共同打造新亚欧大陆桥、中蒙俄、中国—中亚—西亚、中国—中南半岛等国际经济合作走廊等。“一路”即建设21世纪海上丝绸之路，旨在倡导和建设新时代的海洋新秩序。其重点方向是从中国沿海港口过南海到印度洋，延伸至欧洲；从中国沿海港口过南海到南太平洋。海上以重点港口为节点，共同建设通畅安全高效的运输大通道。中巴、孟中印缅两个经济走廊与推进“一带一路”建设关联紧密，要进一步推动合作，取得更大进展。

影响力（见图7-1）。

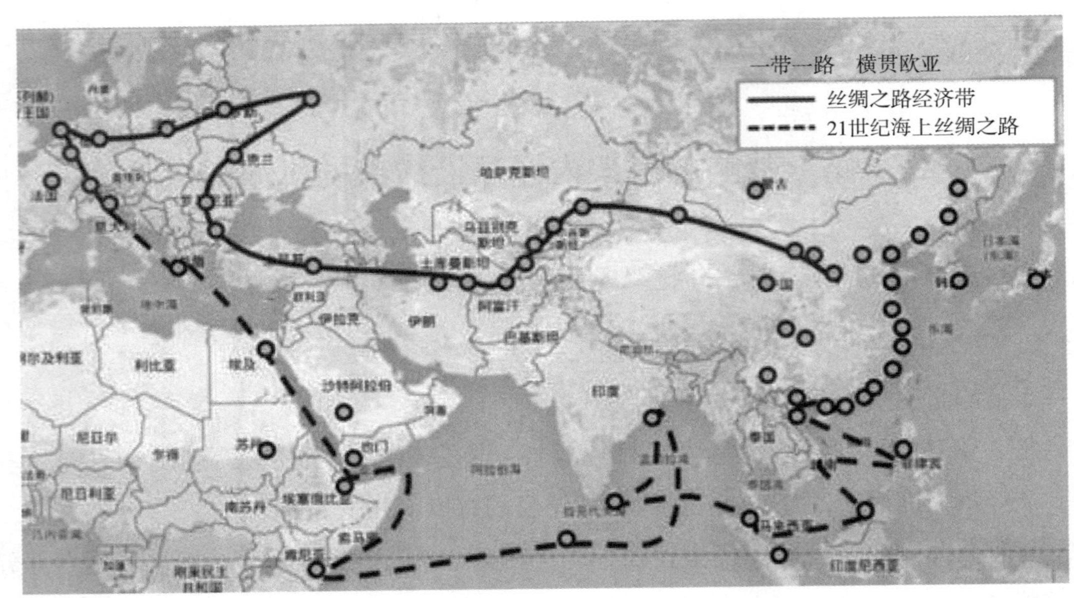

资料来源：互联网。

图7—1 “一带一路”路线示意图

（二）核心内容

“一带一路”的核心内容是“五通”，通过政策沟通、设施联通、贸易畅通、资金融通、民心相通等来推进贸易投资便利化，深化经济技术合作，建立自由贸易区，最终形成欧亚大市场。其中，政策沟通是保障，设施联通是优先，贸易畅通是重点，资金融通是支撑，民心相通是根基。“共商、共建、共享”是“一带一路”建设的核心原则。经济走廊是“一带一路”的重要依托。“一带一路”致力于在亚欧非大陆及附近海洋建立由铁路、公路、航空、航海、油气管道、输电线路和通信网络组成的综合性立体互联互通的交通网络，并通过产业集聚和辐射效应形成建筑、冶金、能源、金融、通讯、物流、旅游等综合发展的经济走廊。其中，中蒙俄、新亚欧大陆桥、中国—中亚—西亚、中国—中南半岛、中巴、孟中印缅等六大经济走廊，作为“一带一路”建设的战略支柱，是将“一带一路”落到实处的重要依托。此外，加快“互联网+”融入“一带一路”建设的步伐，让“互联互通、网络先行”成为“一带一路”信息驱动力的核心理念，提升“一带一路”建设的内涵和质量。

（三）重大成效

自2015年3月国务院发布《推动共建丝绸之路经济带和21世纪海上丝绸之路的愿景与行动》以来，“一带一路”建设从无到有、由点及面，进度和成果超出预期。

一是国际合作共识广泛达成。“一带一路”向沿线国家及全球明确传达出打造“利益共同体”和“命运共同体”的理念，国际社会越来越欢迎“一带一路”建设方案，越来越多的国家开始响应并与各自的发展战略积极对接。截至2016年底，已经有100多个国家和国际组织参与其中，40多个国家和国际组织与中国签署合作协议。中国成功就“一带一路”倡议同欧盟“容克投资计划”、蒙古“草原之路”、柬埔寨“四角战略”、老挝“变陆锁国为陆联国”战略等对接达成共识，推动“一带一路”倡议同捷克、波兰、乌兹别克斯坦、文莱等国以及欧亚经济联盟的发展战略对接。此外，中国已与法国、德国、韩国、英国、西班牙等国就共同开拓“一带一路”沿线第三方市场达成重要共识。联合国大会、安理会、联合国亚太经社会、亚太经合组织、亚欧会议、大湄公河次区域合作等国际组织的有关决议或文件都纳入或体现了“一带一路”建设内容。

二是基础设施建设合作快速推进。设计“一带一路”框架的时候，丝绸之路经济带涉及波罗的海、波斯湾、印度洋三大战略方向，21世纪海上丝绸之路有印度洋和南太平洋两大方向。目前在这五大战略方向上都有一批项目，或是新开工的，或是在建的。这些项目包括基础设施的互联互通、国际产能合作、资源开发等。中国与“一带一路”沿线国家的各类双边、多边产能合作基金规模超过1 000亿美元。

三是贸易与投资合作势头良好。2016年前11个月，中国与“一带一路”沿线国家贸易额达8 489亿美元，占同期中国外贸总额的25.7%，其中出口5 234亿美元、进口3 255亿美元；中国对“一带一路”沿线国家直接投资134亿美元，占同期中国对外投资总额的8.3%，与沿线国家新签对外承包工程合同额1 004亿美元，同比增长40.1%；沿线国家对华投资新设立企业2 472家，同比增长27.3%，实际利用外资63亿美元。

四是金融支持架构初步形成。为推进“一带一路”，中国专门设立了丝路基金。中国政府还倡议成立了亚洲基础设施投资银行，初衷是促进亚洲地区基础设施的互联互通以及经济一体化进程，与“一带一路”的建设目标高度吻合。政策性银行、大型国有银行也将国际化发展道路与“一带一路”国家战略紧密结合，正在发挥着积极的金融引领作用。

五是自贸区建设取得积极进展。中国把自贸区建设作为“一带一路”的重要内容，已完成与东盟的自贸区升级谈判、与格鲁吉亚的自贸谈判，正积极推进区域全面经济伙伴关系（RCEP）谈判，推进与马尔代夫自贸区谈判，启动与海合会、以色列等自贸区谈判，努力构建高标准自贸区网络。

总体而言，中国经济发展方式转变和贸易结构变革，与“一带一路”沿线国家经济再平衡的需求之间，具有结构相合性、基础连通性。“一带一路”已经在沿线国家和地区起到了可观的经济带动作用，在不同渠道和层面显现出积极的外溢效应，已逐渐成为带动区域乃至全球经济增长的关键热点。

7.1.1.2 “一带一路”沿线国家总体情况与对华关系

（一）“一带一路”沿线国家总体情况

从“一带一路”合作对象来看，在初始阶段，“一带一路”所覆盖的区域包括中亚、东南亚、南亚、西亚、东欧和北非中与中国有直接合作意向或此前已有经贸合作的国家，初期主要以发展中国家为主。陆上丝绸之路主要包括中亚、南亚、西亚和东欧的俄罗斯、印度、蒙古、哈萨克斯坦、巴基斯坦、伊朗、卡塔尔、阿联酋、阿曼等国家；海上丝绸之路包括印度尼西亚、马来西亚、新加坡、泰国、菲律宾、越南、缅甸、老挝、马尔代夫、沙特阿拉伯、埃及、苏丹、埃塞俄比亚等国家。中长期阶段，“一带一路”有望逐步扩展，将同更多有双边经贸共赢意愿的国家合作。

无论是从综合竞争力、经济发展及工业化水平来看，“一带一路”沿线国家的差异都十分巨大。

首先，根据世界经济论坛（WEF）发布的《2015—2016年全球竞争力报告》，在报告涉及的140个国家中，“一带一路”沿线主要国家竞争力差异极大。新加坡高居全球第二位，卡塔尔、阿联酋、马来西亚和沙特跻身前三十名，分别排名第14、17、18和25位。捷克、泰国、科威特、印度尼西亚、波兰等国也排名靠前。而伊朗、老挝、柬埔寨等国排名靠后，蒙古、巴基斯坦和缅甸更是排在第100位之后，分别为第104、126和131位（见表7-1）。

表7-1 “一带一路”沿线部分国家竞争力情况

国家	全球排名	制度	基础设施	宏观经济环境	金融市场发展	科技水平	市场容量	创新
新加坡	2	2	2	12	2	5	35	9
卡塔尔	14	4	18	2	13	31	56	14
阿联酋	17	9	4	7	20	30	31	26
马来西亚	18	23	24	35	9	47	26	20
沙特	25	24	30	4	41	42	17	34
捷克	31	57	41	21	24	29	47	35
泰国	32	82	44	27	39	58	18	57
科威特	34	56	54	3	73	56	58	109
印度尼西亚	37	55	62	33	49	85	10	30
波兰	41	58	56	46	43	41	21	64
哈萨克斯坦	42	50	58	25	91	61	46	72
俄罗斯	45	100	35	40	95	60	6	68
南非	49	38	68	85	12	50	29	38
土耳其	51	75	53	68	64	64	16	60
印度	55	60	81	91	53	120	3	42
越南	56	85	76	69	84	92	33	73
伊朗	74	94	63	66	134	99	19	90
老挝	83	71	98	70	74	119	109	108
柬埔寨	90	111	101	64	66	105	90	122
蒙古	104	95	112	133	125	67	100	97
巴基斯坦	126	119	117	128	99	113	28	89
缅甸	131	133	134	106	138	138	60	132

资料来源：世界经济论坛。

其次，“一带一路”沿线国家经济发展水平差异较大。根据世界银行的标准，卡塔尔、新加坡、阿联酋、科威特、沙特、捷克等国为高收入国家。波兰、哈萨克斯坦、马来西亚、土耳其、俄罗斯等国为中等偏上收入国家。蒙古、印度尼西亚、越南、老挝、印度、巴基斯坦等为中等偏下收入国家。

"一带一路"倡导的区域合作和经济共享，有助于中国与沿线国家开展广泛的产能合作，支持相关国家的工业化进程，激发沿线区域的发展权利，实现共同繁荣与发展（见表7–2）。

表7–2 "一带一路"沿线部分国家经济发展情况（2015年）

国 家	GDP（亿美元）	人均GDP（美元）	世界银行发展水平标准
卡塔尔	1 669	74 667	高收入国家
新加坡	2 927	52 889	高收入国家
阿联酋	3 703	40 438	高收入国家
科威特	1 128	28 985	高收入国家
沙特	6 460	20 482	高收入国家
捷克	1 818	17 231	高收入国家
波兰	4 748	12 495	中等偏上收入国家
哈萨克斯坦	1 844	10 508	中等偏上收入国家
马来西亚	2 962	9 766	中等偏上收入国家
土耳其	7 182	9 130	中等偏上收入国家
俄罗斯	13 260	9 057	中等偏上收入国家
泰国	3 953	5 816	中等偏上收入国家
南非	3 128	5 692	中等偏上收入国家
伊朗	4 253	5 443	中等偏上收入国家
蒙古	118	3 973	中等偏下收入国家
印度尼西亚	8 619	3 347	中等偏下收入国家
越南	1 936	2 111	中等偏下收入国家
老挝	123	1 812	中等偏下收入国家
印度	20 735	1 582	中等偏下收入国家
巴基斯坦	2 700	1 429	中等偏下收入国家
缅甸	669	1 292	中等偏下收入国家
柬埔寨	181	1 159	中等偏下收入国家

资料来源：世界银行。

最后，工业化水平差异大。总体来看，"一带一路"沿线国家之间工业化水平差距较大，涵盖了工业化进程的各个阶段。"一带一路"沿线国家总体上仍处于工业化进程中，且大多数国家处于工业化中后期阶段，大体呈现"倒梯形"的结构特征。这充分说明了"一带一路"战略"涵盖面宽"和"包容性强"的重要特征。若从各大板块来看"一带一路"沿线国家工业化水平的特征，可以发现中亚五国分布在工业化初期和工业化后期两头。东南亚和南亚的国家大部分处于工业化初期。而中东欧和西亚、中东国家的大部分处于工业化后期阶段，只有一个国家位于工业化初期阶段。

（二）对华关系

一方面，高等级的外交关系为推进“一带一路”建设营造了良好的政治氛围。在“一带一路”沿线国家关系网络中，中国与大部分国家建立了不同程度的伙伴关系，成为“一带一路”得以推行的基石。根据重要性依次为，俄罗斯与我国是全面战略协作伙伴关系。巴基斯坦与我国是全天候战略合作伙伴关系。越南、老挝、柬埔寨、缅甸、泰国与我国是全面战略合作伙伴关系。印度、土耳其与我国是战略合作伙伴关系。南非、哈萨克斯坦、马来西亚、印度尼西亚、蒙古、沙特阿拉伯、伊朗与我国是全面战略伙伴关系。波兰、阿联酋、卡塔尔、捷克与我国是战略伙伴关系。新加坡与我国是全方位合作伙伴关系（见表7–3）。

表7–3　“一带一路”沿线部分国家与我国结成伙伴关系一览

伙伴关系	国家
全面战略协作伙伴关系	俄罗斯
全天候战略合作伙伴关系	巴基斯坦
全面战略合作伙伴关系	越南、老挝、柬埔寨、缅甸、泰国
战略合作伙伴关系	印度、土耳其
全面战略伙伴关系	南非、哈萨克斯坦、马来西亚、印度尼西亚、蒙古、沙特阿拉伯、伊朗
战略伙伴关系	波兰、阿联酋、卡塔尔、捷克
全方位合作伙伴关系	新加坡

资料来源：中国外交部。

另一方面，密切的经贸合作为推动“一带一路”建设创造了巨大的互利共赢的机遇。“一带一路”沿线国家与中国经贸往来日益密切。双边贸易方面，马来西亚、越南、新加坡、泰国、印度、俄罗斯排名前六位。卡塔尔、蒙古、柬埔寨、老挝等国双边贸易额较小，未超过100万美元。中国直接投资方面，新加坡、俄罗斯、印度尼西亚位居前三位，分别达到319.81亿、140.2亿和81.3亿美元。科威特、卡塔尔、波兰、捷克的中国直接投资较少，未超过10亿美元（见表7–4）。

表7–4　“一带一路”沿线部分国家与中国经贸合作情况（2015年）

单位：万美元

国家	中国直接投资	双边贸易额
马来西亚	223 137	9 729 053
越南	337 356	9 596 568
新加坡	3 198 491	7 956 473
泰国	344 012	7 546 279
印度	377 047	7 162 289
俄罗斯	1 401 963	6 806 052
印度尼西亚	812 514	5 423 044

续表

国家	中国直接投资	双边贸易额
沙特	243 439	5 165 813
阿联酋	460 284	4 855 008
南非	472 297	4 604 293
伊朗	294 919	3 384 119
土耳其	132 884	2 156 527
巴基斯坦	403 593	1 892 709
波兰	35 211	1 708 988
缅甸	425 873	1 527 928
哈萨克斯坦	509 546	1 429 668
科威特	54 362	1 126 857
捷克	22 431	1 100 772
卡塔尔	44 993	688 848
蒙古	376 006	535 122
柬埔寨	367 586	443 153
老挝	484 171	278 145

资料来源：国家统计局，商务部。

7.1.1.3 “一带一路”战略下的对外投资概况

近年来，中国对外投资实力不断增强。根据《中国对外直接投资统计公报》最新披露的数据，2015年中国对外直接投资流量创下了1 457亿美元的历史新高，跃居全球第2位，同比增长18.3%[①]，实现了自2003年首次对外正式发布权威数据以来13年的连续增长。截至2015年底，已有约2万余家境内投资者在全球188个国家设立了3.08万家对外直接投资企业，对外直接投资存量突破了1万亿美元[②]。以联合国贸易和发展会议（UNCTAD）《2016世界投资报告》披露的全球境外直接投资数据为基数[③]，2015年中国对外直接投资分别占全球当年流量、存量的9.9%和4.4%，较2011年4.4%和2%[④]的占比增长了一倍以上，而在2003年，这一比例仅为0.45%和0.48%[⑤]。

“一带一路”建设作为沿线各国开放合作的宏大经济愿景，同样需要中国依托雄厚的对外投资实力和丰富的对外投资经验，在对外投资领域承担更大的责任义务，为亚欧非人民携手并进、务实合作作出贡献。我们可以从时间和空间两个维度对“一带一路”战略下的对外投资概况进行梳理。

① 数据来源：《2015年度中国对外直接投资统计公报》。

② 同①。

③ 根据联合国贸易和发展会议（UNCTAD）《2016 世界投资报告》公布的统计数据，2015年全球境外直接投资流量为1.47万亿美元；截至2015年底，存量达到了25.04 万亿美元。

④ 数据来源：《2011年度中国对外直接投资统计公报》。

⑤ 数据来源：《2003年度中国对外直接投资统计公报》。

（一）时间维度分析

1. “一带一路”年度投资规模

从年度数据看，如表7–5所示，根据商务部通报的最新数据，2015年和2016年[①]，中国累计向“一带一路”沿线国家进行非金融直接投资[②]293亿美元，占对外直接投资总量的10.17%。其中2016年投资规模为145亿美元，与2015年148亿美元的投资规模基本持平；但是由于2016年对外投资总量同比大幅增加，对“一带一路”沿线国家投资规模占比较2015年下降了4个百分点，为8.5%。

表7–5　　2015年、2016年中国对“一带一路”沿线国家投资规模

单位：亿美元，%

年份	对“一带一路”沿线国家直接投资[③]	增幅	全年对外直接投资[④]	总量占比
2016	145	–2.0	1 701	8.5
2015	148	18.20	1 180	12.5
合计	293	—	2 881	10.17

2. “一带一路”月度投资规模

从月度数据看，如图7–2所示，2015年1～12月，中国对“一带一路”沿线国家直接投资波动特征较为显著。其中2015年6月和8月，单月投资规模均突破20万美元，约为全年最低投资水平——2月份7.3万美元的3倍。较2015年同期而言，2016全年12个月中，中国对“一带一路”沿线国家直接投资规模整体趋于平稳。2016年8月和9月达到了单月投资额的峰值，全年最低投资水平出现在5月，当年最高投资额约为最低投资额的2.3倍。

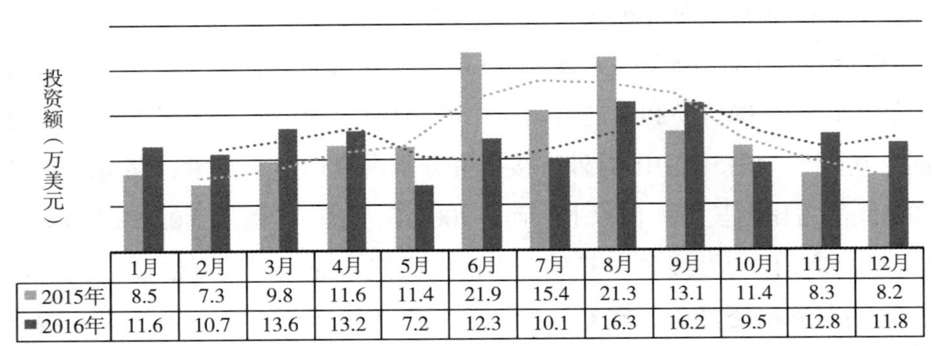

	1月	2月	3月	4月	5月	6月	7月	8月	9月	10月	11月	12月
2015年	8.5	7.3	9.8	11.6	11.4	21.9	15.4	21.3	13.1	11.4	8.3	8.2
2016年	11.6	10.7	13.6	13.2	7.2	12.3	10.1	16.3	16.2	9.5	12.8	11.8

图7–2　2015年、2016年中国对“一带一路”沿线国家投资规模（月度）

此外，2015年月度投资规模的方差为4.7，而2016年月度投资规模的方差仅为2.5。进一步印证了经过2015年的探索和积累，中国对“一带一路”国家月度投资规模已基本保持稳定并趋于

① 商务部官方网站“走出去”公共服务平台目前仅披露了2015年和2016年的“一带一路”对外投资数据。

② 如无特殊说明，本章中“直接投资”均指非金融直接投资。

③ 数据来源：中华人民共和国商务部官方网站，商务部“走出去”公共服务平台。

④ 数据来源：中华人民共和国商务部官方网站，商务数据中心。

常态化。

3.“一带一路”投资规模占对外投资比重

图7-3、图7-4、表7-6、表7-7分别为2016年和2015年度，中国对“一带一路”沿线国家投资规模占当月对外投资总量的比重。

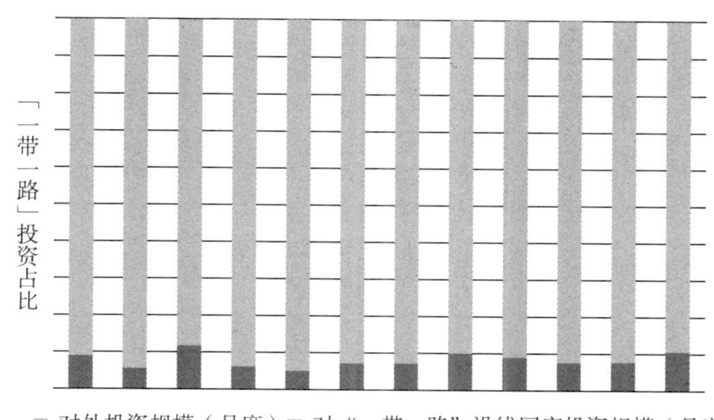

图7-3 2016年中国对“一带一路”沿线国家投资规模占当期对外投资比重（月度）

表7-6 2016年中国对“一带一路”沿线国家投资规模占当期对外投资比重（月度）

单位：%

	1月	2月	3月	4月	5月	6月	7月	8月	9月	10月	11月	12月
投资占比	9.70	6.00	13.40	6.60	5.40	7.70	7.70	10.80	9.70	8.30	8.30	11.70

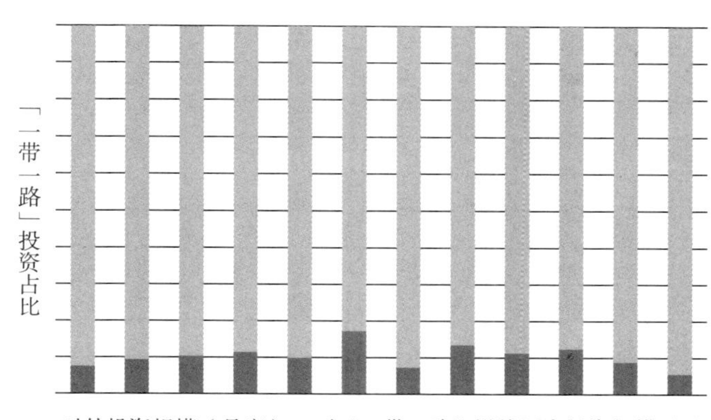

图7-4 2015年中国对“一带一路”沿线国家投资规模占当期对外投资比重（月度）

表7-7 2015年中国对“一带一路”沿线国家投资规模占当期对外投资比重（月度）

单位：%

	1月	2月	3月	4月	5月	6月	7月	8月	9月	10月	11月	12月
投资占比	8.3	10.1	11.7	12.6	10.9	20.7	20.6	15.8	12.7	14.4	9.3	5.9

根据以上数据计算，2015年中国对外投资总量中，“一带一路”投资的月平均占比为12.0%，2016年月平均占比仅为8.5%。2016年有9个月“一带一路”对外投资占当期对外投资的比重同比出现了下降。这主要是由于2016年中国对外投资规模大幅提高，月均对外投资额达到了142.5万美元，几乎是2015年月均对外投资规模的1.5倍，对“一带一路”沿线国家的月均投资规模则与2015年基本持平。

4.“一带一路”投资规模同比增速

图7–5和图7–6为2015年和2016年中国对“一带一路”沿线国家当年累计投资规模同比增长情况。

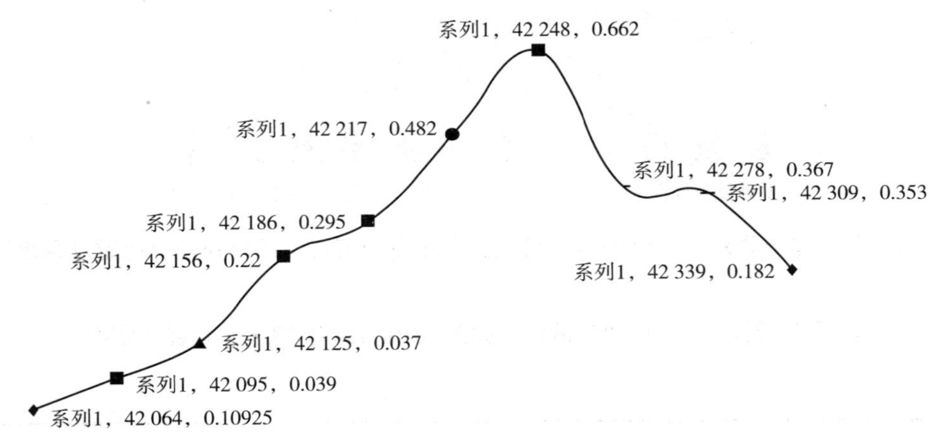

图7–5　2015年中国对“一带一路”沿线国家当年累计投资规模同比增速

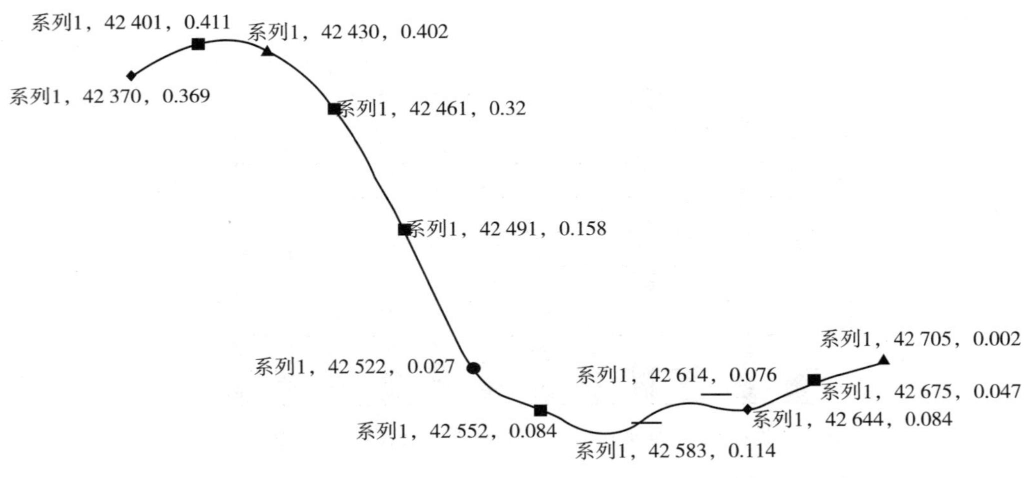

图7–6　2016年中国对“一带一路”沿线国家当年累计投资规模同比增速

由图7–5和图7–6可见，较2014年同期而言，2015年中国对“一带一路”沿线国家的当年累计投资规模增长十分显著。自2015年3月发布《推动共建丝绸之路经济带和21世纪海上丝绸之路的愿景与行动》以来，增速连续6个月创新高，达到66.2%后逐渐回落至18.2%的水平。另外，由于2015年基数较大，2016年累计投资规模同比增速变化趋势则与2015年完全相反。在2016年2月至8月间同比增速出现了连续6个月的下降，并于2016年6月达到拐点，当年累计对外投资规模呈现同比下降趋势。

（二）空间维度分析

商务部、国家统计局、国家外汇管理局联合推出的《中国对外直接投资统计公报》披露了2014年、2105年中国企业对“一带一路”相关国家（地区）投资情况。通过对这些数据的汇总分析，能够梳理出中国“一带一路”对外投资的空间特征，具体如下：

1. “一带一路”沿线各地区投资流量及占比①

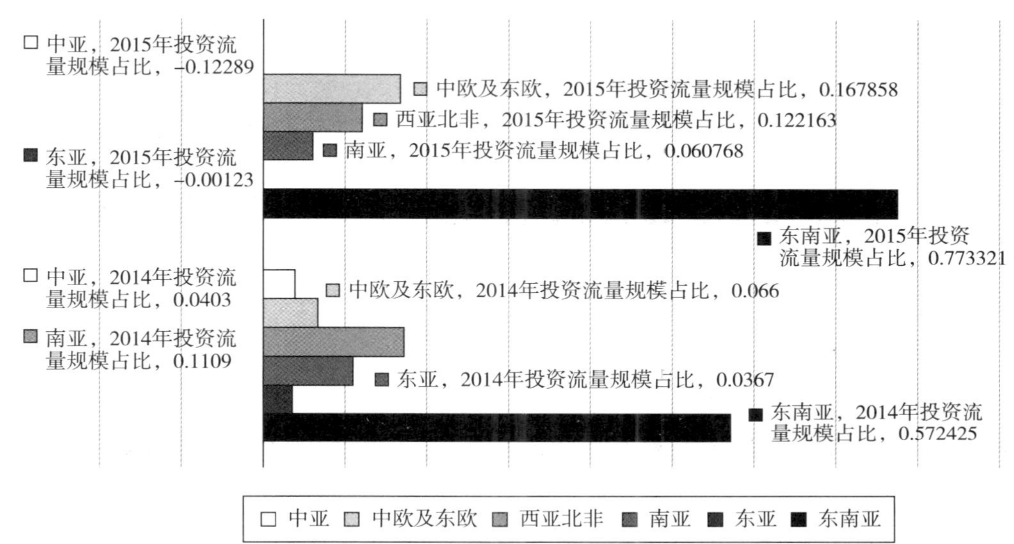

图7-7 2014年、2015年中国对“一带一路”沿线各地区投资流量占比

表7-8 2014年、2015年中国对“一带一路”沿线地区投资流量

单位：万美元

所属地区	2015年投资流量	2014年投资流量
东南亚	1 463 812	781 900
东亚	-2 319	50 261
南亚	115 027	151 525
西亚北非	231 242	236 216
中欧及东欧	317 737	90 972
中亚	-232 609	55 070
总计	1 892 890	1 365 944

图7-7和表7-8所示为2014年和2015年，中国对“一带一路”沿线地区投资的流量及占比，这一系列数据反映的是对外投资流量的年度变化，数据分析的主要发现如下：

2015年全年，在中国对“一带一路”沿线各地区的投资流量中，77.3%流向了东南亚地区，

① 统计口径：当期对外直接投资总额，减去当期境外企业对境内投资者的反向投资。

规模突破了146亿美元，较2014年的投资流量占比增长了约20%。

此外，2015年约16.8%的投资流向了中欧和东欧地区，规模达到了31亿美元，是2014年中国对该地区投资流量的3.5倍。这也使中欧和东欧地区成为2015年中国"一带一路"投资流量增长速度最快的地区。

与2014年相比，对东亚地区和中亚地区的投资流量出现了大幅下降且均为负值，这说明2015年东亚和中亚地区的境外企业对境内投资者的投资规模超过了对外投资的规模，而在中亚五国[①]，这一特征更为明显。

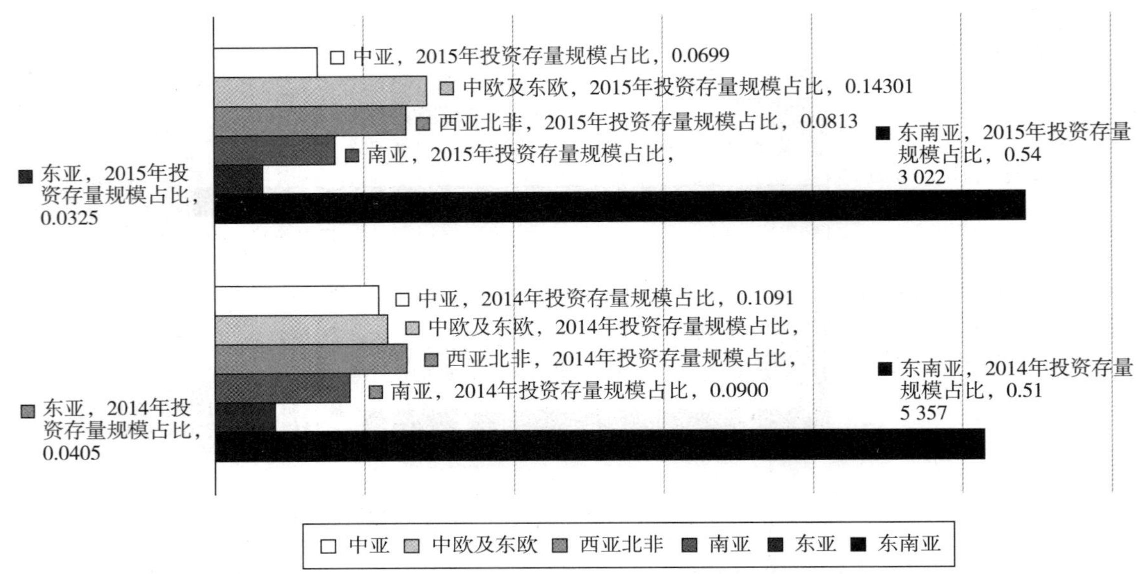

图7–8 2014年、2015年中国对"一带一路"沿线各地区投资存量占比

2. "一带一路"沿线各地区投资存量及占比[②]

表7–9 2014年和2015年中国对"一带一路"沿线地区投资存量

单位：万美元

所属地区	2015年投资存量	2014年投资存量
东南亚	6 281 625	4 764 831
东亚	376 006	376 246
南亚	948 157	832 738
西亚北非	1 498 753	1 191 248
中欧及东欧	1 654 328	1 071 244
中亚	809 022	1 009 391
总计	11 567 891	9 245 698

① 中亚五国为哈萨克斯坦、吉尔吉斯斯坦、塔吉克斯坦、土库曼斯坦、乌兹别克斯坦。

② 统计口径：等于年末对外直接投资总额减去境外企业累计对境内投资者的反向投资。

图7-8和表7-9展示了截至2014年底和2015年底，中国对“一带一路”沿线地区投资的存量及占比，这一系列数据反映了中国对外投资的历史积累情况。受2015年流量分布情况影响，在中欧和东欧地区、东南亚地区以及中亚地区，投资存量的变化较为显著。

随着中国对外投资实力的迅速增强和“一带一路”战略的提出，截至2015年底，中国对“一带一路”沿线各地区的投资存量几乎均有不同程度的增长。其中，在增速最快的中欧和东欧地区，投资存量增长了约54%，在“一带一路”对外投资存量中的占比则由2014年底的第三位上升至2015年底的第二位，达到了14.3%。

受益于中国—东盟（“10+1”）合作，中国对“一带一路”沿线东南亚地区国家的投资存量和占比实现了“双增长”——存量增速超30%，存量占比在六大地区中排在第一位，较2014年底增长了2.8个百分点。

受到2015年投资流量大幅下降的影响，中国对“一带一路”沿线中亚地区国家投资的存量由2014年底的100亿美元下降至2015年底的80亿美元，降幅约20%。存量占比也由2014年底的10.9%下降至2015年底的7.0%，存量占比排名也下降至第五位，分别位于东南亚、中欧及东欧、西亚北非和南亚之后。

3.“一带一路”投资流向的主要国家（地区）

表7-10　2015年“一带一路”对外投资流量排名前十位的国家

单位：万美元，%

排名	国别	2015年投资流量	投资流量占比[①]	所属区域
1	新加坡	1 045 248	55.2	东南亚
2	俄罗斯联邦	296 086	15.6	中欧及东欧
3	印度尼西亚	145 057	7.7	东南亚
4	阿联酋	126 868	6.7	西亚北非
5	印度	70 525	3.7	南亚
6	土耳其	62 831	3.3	西亚北非
7	越南	56 017	3.0	东南亚
8	老挝	51 721	2.7	东南亚
9	马来西亚	48 891	2.6	东南亚
10	柬埔寨	41 968	2.2	东南亚
合计		1 945 212	102.8[②]	—

① 统计口径，当年中国对该国投资流量/当年中国对“一带一路”沿线国家投资流量。

② 由于此处统计的是流量概念，可能为负值，故排名前十位的国家对外投资总量占比可能超过100%。

表7–11　　2014年"一带一路"对外投资流量排名前十位的国家

单位：万美元，%

排名	国别	2014年投资流量	投资流量占比[①]	所属区域
1	新加坡	281 363	20.6	东南亚
2	印度尼西亚	127 198	9.3	东南亚
3	老挝	102 690	7.5	东南亚
4	巴基斯坦	101 426	7.4	南亚
5	泰国	83 946	6.1	东南亚
6	阿联酋	70 534	5.2	西亚北非
7	俄罗斯联邦	63 356	4.6	中欧及东欧
8	伊朗	59 286	4.3	西亚北非
9	马来西亚	52 134	3.8	东南亚
10	蒙古	50 261	3.7	东亚
合计		992 194	72.7	—

如表7–10所示，2015年，中国对"一带一路"沿线国家投资流量，排在前十位的分别是：新加坡、俄罗斯联邦、印度尼西亚、阿联酋、印度、土耳其、越南、老挝、马来西亚和柬埔寨。其中，6个为东南亚国家，2个为西亚北非地区国家，中欧及东欧、南亚国家各1个。比照表7–11进行分析，有以下发现：

①2015年对外投资流量分布较2014年更为集中，前十位国家的投资流量占比累计超过100%；

②2015年，中国对新加坡的投资流量增长了近27倍，保持在第1位，投资总量占比上升了35个百分点；

③俄罗斯联邦成为了继新加坡之后第二大"一带一路"对外投资输出国；

④投资流量前十名国家的区域特征：南亚地区，印度取代巴基斯坦；西亚北非地区，土耳其取代了伊朗；东南亚地区，越南和柬埔寨投资流量增长迅速，取代了泰国；东亚地区唯一的蒙古未能进入前十名。

4."一带一路"投资的国家（地区）分布情况

表7–12　　2015年"一带一路"对外投资存量排名前十位的国家

单位：万美元，%

排名	国别	2015年投资存量	投资存量占比[②]	所属区域
1	新加坡	3 198 491	27.6	东南亚
2	俄罗斯联邦	1 401 963	12.1	中欧及东欧

① 统计口径，当年中国对该国投资流量/当年中国对"一带一路"沿线国家投资流量。

② 统计口径，截至2015年底，中国对该国投资存量/中国对"一带一路"沿线国家投资存量。

续表

排名	国别	2015年投资存量	投资存量占比	所属区域
3	印度尼西亚	812 514	7.0	东南亚
4	哈萨克斯坦	509 546	4.4	中亚
5	老挝	484 171	4.2	东南亚
6	阿联酋	460 284	4.0	西亚北非
7	缅甸	425 873	3.7	东南亚
8	巴基斯坦	403 593	3.5	南亚
9	印度	377 047	3.3	南亚
10	蒙古	376 006	3.3	东亚
合计		8 449 488	73.0	—

如表7-12所示，截至2015年底，中国对“一带一路”沿线国家投资存量，排在前十位的分别是：新加坡、俄罗斯联邦、印度尼西亚、哈萨克斯坦、老挝、阿联酋、缅甸、巴基斯坦、印度和蒙古。其中，4个为东南亚国家，2个为南亚国家，中欧及东欧、中亚、西亚北非、东亚国家各1个。比照表7-13进行分析可以得出以下结论：

①中国对“一带一路”沿线国家投资存量分布情况整体较为稳定，除西亚北非地区的阿联酋取代伊朗成为投资存量排名第6位的国家外，前十位国家的构成情况无显著变化；

②截至2015年底，对新加坡和俄罗斯的投资存量占比总计达到39.7%，较2014年底增长了8个百分点；

③在存量排名前十位的国家中，除哈萨克斯坦和蒙古外，投资存量均有不同幅度的增长。中国对哈萨克斯坦投资存量由2014年底的75.41亿美元下降至2015年底的50.95亿美元，降幅达32%，其投资存量占比则下降了3.8个百分点，降幅约86%。这一发现与前文中描述的，中亚地区投资流量、存量“双降”特征保持一致。

表7–13　　2014年“一带一路”对外投资存量排名前十位的国家

单位：万美元，%

排名	国别	2014年投资存量	投资存量占比[①]	所属区域
1	新加坡	2 063 995	22.3	东南亚
2	俄罗斯联邦	869 463	9.4	中欧及东欧
3	哈萨克斯坦	754 107	8.2	中亚
4	印度尼西亚	679 350	7.3	东南亚
5	老挝	449 099	4.9	东南亚

① 统计口径，截至2014年底，中国对该国投资存量/中国对“一带一路”沿线国家投资存量。

续表

排名	国别	2014年投资存量	投资存量占比	所属区域
6	缅甸	392 557	4.2	东南亚
7	蒙古	376 246	4.1	东亚
8	巴基斯坦	373 682	4.0	南亚
9	伊朗	348 415	3.8	西亚北非
10	印度	340 721	3.7	南亚
合计		6 647 635	71.9	—

7.1.2 “一带一路”下的市场机遇与风险

7.1.2.1 主要机遇

“一带一路”的战略愿景可分为远近两大层次：近期着眼于“基建互通、金融互通、产业对接、资源引入”，远期则致力于“商贸文化互通、区域经济一体化和共同繁荣”。从融资需求来看，“一带一路”的机遇主要集中在基础设施建设、产能合作、能源资源合作等领域。

（一）基础设施互联互通的重大机遇

从需求端来看，“一带一路”沿线国家以新兴和发展中经济体为主，无论是从自身加速工业化和城镇化或是未来区域经济合作的角度分析，这些国家的基础设施投资需求均十分迫切。据预测，2020年之前，亚洲地区（除中日韩）每年基础设施投资需求量约为8 000亿美元；非洲地区每年的基建投资缺口也达1 000亿美元。交通、电力、通信、水和卫生等基础设施领域的需求是重点。

从供给端来看，中国拥有世界最大规模的基础设施建设能力，且在部分行业的技术水平上具有国际领先水平，特别是在电力、水利、工业等领域成绩突出，技术、产品和服务可以对外输出。同时，据美国《工程新闻记录》（ENR）统计，水利领域全球业绩前10位的承包商中中国企业占据3席，电力领域多达4席。在高铁、电信、风电、核电等领域，中国企业也因技术能力和经验获得了国际市场的青睐。中国支持和鼓励中国企业与世界各国和地区开展基础设施领域的互利合作、分享建设技术和经验。《2015世界投资报告》显示，在“一带一路”等一系列区域合作倡议下，亚洲基础设施领域吸引外国投资不断上升。中国企业在亚洲的基础设施投资日益活跃，成为区域基础设施最大投资方之一。截至2015年底，中国已与沿线的60个国家签订了3 987个基础设施共建合作协议，包括高铁、港口、机场以及道路，涉及资金总额926亿美元（见表7–14）。

表7–14 基础设施投资需求占预测GDP（2010—2020年）的比例

国家和地区	投资占预测GDP的比例				
	交通	电力	通信	水与卫生	总和
中亚	1.86%	2.97%	1.40%	0.42%	6.64%

续表

国家和地区	投资占预测GDP的比例				
	交通	电力	通信	水与卫生	总和
阿富汗	6.21%	0	4.82%	0.89%	11.92%
亚美尼亚	1.20%	1.01%	0.98%	0.27%	3.46%
阿塞拜疆	0.60%	3.82%	0.44%	0.11%	4.97%
格鲁吉亚	1.20%	1.06%	0.69%	0.19%	3.14%
哈萨克斯坦	0.58%	2.92%	0.20%	0.07%	3.77%
吉尔吉斯斯坦	3.94%	6.24%	2.44%	0.67%	13.29%
巴基斯坦	2.65%	2.68%	2.22%	0.73%	8.27%
塔吉克斯坦	3.30%	9.83%	2.57%	0.51%	16.21%
乌兹别克斯坦	2.65%	4.65%	1.94%	0.58%	9.82%
东亚和东南亚	1.61%	3.22%	0.53%	0.17%	5.54%
柬埔寨	4.43%	0.95%	2.97%	0.36%	8.71%
中国	1.39%	3.42%	0.44%	0.13%	5.39%
印度尼西亚	3.88%	0.98%	0.97%	0.35%	6.18%
老挝	10.62%	0	2.40%	0.60%	13.61%
马来西亚	1.94%	4.42%	0.27%	0.04%	6.68%
蒙古国	12.04%	0	1.21%	0.21%	13.45%
缅甸	2.70%	0	1.46%	1.88%	6.04%
菲律宾	2.30%	1.87%	1.22%	0.65%	6.04%
泰国	0.58%	3.69%	0.45%	0.19%	4.91%
越南	2.07%	3.12%	2.38%	0.54%	8.12%
南亚	5.55%	3.03%	2.02%	0.39%	11.00%
孟加拉国	4.92%	1.24%	4.22%	1.19%	11.56%
不丹	2.84%	0	0.87%	0.36%	4.07%
印度	5.67%	3.23%	1.87%	0.34%	11.12%
尼泊尔	1.65%	0.58%	5.1%	1.10%	8.48%
斯里兰卡	4.23%	1.00%	1.39%	0.22%	6.85%
太平洋地区	2.60%	0	0.65%	0.30%	3.55%
斐济	1.01%	0	0.53%	0.14%	1.68%
基里巴斯	5.17%	0	0.16%	0.32%	5.65%
新几内亚岛	3.30%	0	0.73%	0.32%	4.35%
萨摩亚	3.33%	0	1.12%	0.26%	4.70%
所罗门群岛	3.50%	0	0.28%	0.35%	4.13%
东帝汶	0	0	0.07%	0.79%	0.86%
汤加	2.29%	0	1.13%	0.29%	3.71%
瓦努阿图	2.92%	0	0.92%	0.28%	4.13%
亚洲总和	2.30%	3.17%	0.82%	0.22%	6.52%

数据来源：亚洲开发银行。

（二）国际产能合作的机遇

经过多年的快速发展，我国装备制造业已形成了门类齐全、具有相当技术水平和成套水平的完整产业体系，产业规模已连续5年居全球第一。我国在推进国际产能和装备制造对外合作方面发展迅速，2015年中国装备制造业对外直接投资70.4亿美元，同比增长154.2%，同期大型成套设备出口额同比增长10%。"一带一路"战略下的区域经济合作深化将有力地促进沿线国家与中国开展产能合作。根据国家发展改革委2015年5月发布的《关于推进国际产能和装备制造合作的指导意见》，我国推进国际产能合作有"两个重点"：一是将与我国装备和产能契合度高、合作愿望强烈、合作条件和基础好的发展中国家作为推进国际产能和装备制造合作的重点国别，并积极开拓发达国家市场，以点带面，逐步扩张。二是将钢铁、有色、建材、铁路、电力、化工、轻纺、汽车、通信、工程机械、航空航天、船舶和海洋工程等12个行业作为推进国际产能和装备制造合作的重点领域，分类实施，有序推进。

"一带一路"沿线各个国家和地区所处的工业化阶段差异大、内部工业化结构各异，与我国的产能合作领域广泛。截至2015年底，我国与相关国家已合作建设了50多个境外经贸合作区，中白工业园、泰中罗勇工业园、中印尼综合产业园区等建设取得了相当积极高效的进展，土耳其东西高铁、缅甸皎漂经济特区等重点项目得到务实推进（见表7-5）。

表7-15　　中国与"一带一路"沿线国家产能合作机会

区域	国家	重点投资领域
中东	阿联酋	基建、交通、通讯、建筑类
	沙特	能源（油气）、铁路建设
	卡塔尔	路桥、铁路、电信等基建合作
	科威特	能源（油气）、基建、承包工程、金融
	土耳其	基建、能源
	伊朗	能源（油气）、基建、资源（钢铁）、汽车、农业、电子核工业
东南亚	印度尼西亚	能源（油气）、纺织、电子、钢铁、机械、汽车、旅游、金融、通信
	泰国	旅游、建材（水泥、钢铁）、农业
	马来西亚	计算机、基建、通信网络
	新加坡	高科技、金融、高端装备、交通设备、通信设备
	越南	食品、纺织、服装
	柬埔寨	基建、旅游
	老挝	资源、旅游
	缅甸	基建、纺织
中东欧	波兰	基础设施、运输、生物制药和能源
	捷克	高科技产品（汽车、医疗设备、能源）和服务领域
南亚	印度	基建、软件、钢铁等
	巴基斯坦	电力、食品、纺织、服装

续表

区域	国家	重点投资领域
独联体+蒙古	俄罗斯	基建、能源（油气）、高科技、经贸
	哈萨克斯坦	能源（油气、电站、电网）、基建、电信、金融（银行、保险）
非洲	南非	基建、电信、能源

资料来源：课题组根据公开资料整理。

（三）能源资源开发建设机遇

“一带一路”沿线国家与中国之间有着天然密切的能源合作基础，彼此互为最重要的能源供给方和能源需求方。“一带一路”在全球能源供应中占有核心地位，分别占全球石油、天然气储量分布的近60%和80%。其中，全球石油储量52%集中在沙特、伊朗、伊拉克、俄罗斯、科威特（全球前八大中的六大），天然气储量66%集中在伊朗、俄罗斯、卡塔尔、土库曼斯坦、沙特、阿联酋六国（全球前七大中的六大）。

我国石油天然气对外依存度高，2015年我国石油净进口量为3.28亿吨，对外依存度达到60.6%，天然气进口量为624亿立方米，对外依存度达到32.7%。我国石油天然气需求未来将持续增长，而由于国内资源有限，进口量和进口依存度还会持续上升，预计到2030年，石油对外依存度将超过70%，天然气对外依存度将超过40%。“一带一路”地区是我国主要的油气进口来源。2015年，我国前10大石油进口来源地有8个来自于“一带一路”地区，占当年我国石油进口的80%。前10大天然气进口国有9个来自于“一带一路”地区，占我国石油进口的95%以上。考虑到全球石油天然气资源分布和供求格局，“一带一路”地区作为中国油气主要供应地格局不会改变，甚至会进一步强化。

“一带一路”地区更是我国能源运输的主要通道。石油、天然气的海陆运输主要通道都要经过“一带一路”地区。例如，中国石油进口量的80%要经过马六甲海峡，38%要经过霍尔木兹海峡。在原有能源贸易和能源运输通道的基础上，中国还将进一步拓宽油气资源进口途径，建设新的能源通道，这将直接利好中国油气进口的管道建设相关产业（见图7–9、图7–10）。

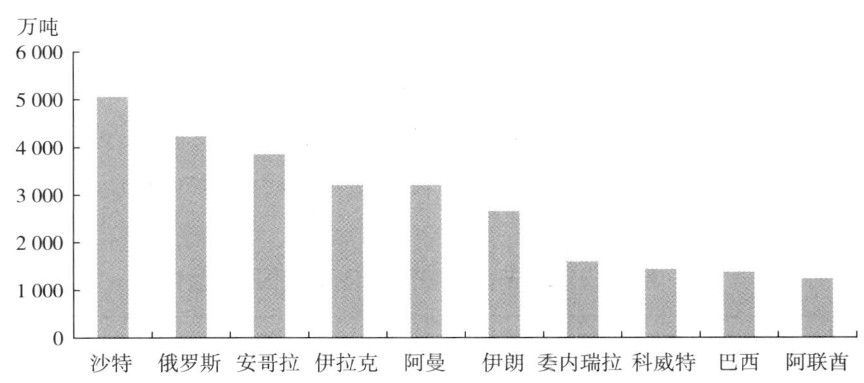

资料来源：Bloomberg。

图7–9　2015年中国十大原油来源国

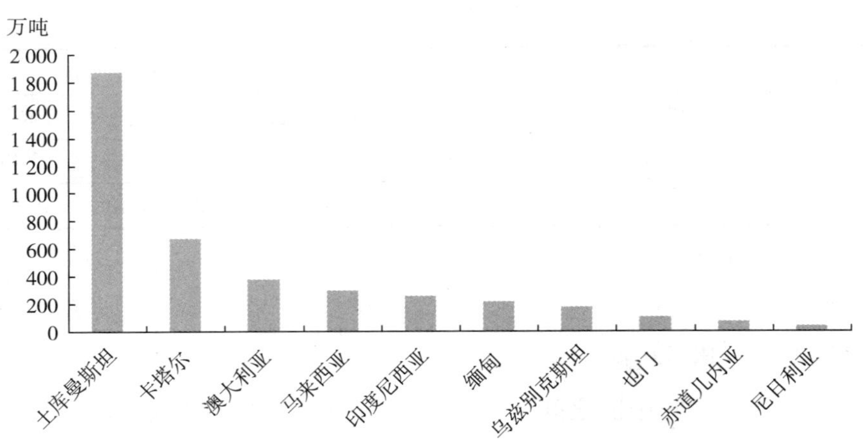

资料来源：Bloomberg。

图7–10　2015年中国前十大天然气进口来源国

（四）“互联网+”迎来新的机遇

“一带一路”建设是以全球视野对中国新一轮对外开放进行的战略构想，是推动中国区域经济合作向更大范围、更宽领域、更高水平拓展的战略布局。它以政策沟通、设施联通、贸易畅通、资金融通、民心相通为主要内容，而互联网无疑是加强这“五通”最便捷的方式。国务院发布的《推动“一带一路”的愿景与行动》明确指出：“共同推进跨境光缆等通信干线网络建设，提高国际通信互联互通水平，畅通信息丝绸之路。加快推进双边跨境光缆等建设，规划建设洲际海底光缆项目，完善空中（卫星）信息通道，扩大信息交流与合作。”目前“一带一路”沿线国家的互联网普及率达到了55.2%，而全球互联网的普及率为46.4%。

“一带一路”与“互联网+”的有机结合，将为“一带一路”战略的顺利实施创造条件。“互联网+”将促进沿线国家信息通信网络互联互通，降低沿线国家的接入成本、缩小数字鸿沟，使各国人民享受“互联网+”带来的红利。加快互联网信息化建设，才能让旨在发展“五通”的“一带一路”，成为一条增值之路 。“互联网+”也将从“一带一路”发展中获取巨大的成长空间。特别是为中国互联网企业做大做强，走国际化之路，建设国际化互联网企业提供宝贵的机遇。

7.1.2.2　主要风险

综合中国工商银行和标普、穆迪、惠誉三大评级机构的主权评级，新加坡、卡塔尔属于低风险国家，阿联酋、捷克、马来西亚、泰国等国属于较低风险国家，俄罗斯、土耳其、越南等国属于中等风险国家，伊朗、伊拉克等国属于较高风险国家（见表7–16）。

表7–16　“一带一路”沿线部分国家的主权评级及国别风险评级

国家	区域	风险等级	标普	穆迪	惠誉	主权内评	国别内评
新加坡	发达亚太国家	低风险	AAA	Aaa	AAA	AAA	AAA
卡塔尔	中东北非	低风险	AA	Aa2		AA	AA-

续表

国家	区域	风险等级	标普	穆迪	惠誉	主权内评	国别内评
阿联酋	中东北非	较低风险		Aa2		A+	A+
中国	中国	较低风险	AA–	Aa3	A+	AA	A+
捷克	发展中欧洲国家	较低风险	AA–	A1	A+	A+	A
马来西亚	发展亚太国家	较低风险	A–	A3	A–	A–	A–
泰国	发展亚太国家	较低风险	BBB+	Baa1	BBB+	BBB+	BBB–
印度	发展亚太国家	较低风险	BBB–	Baa3	BBB–	BBB	BBB
印度尼西亚	发展亚太国家	较低风险	BB+	Baa3	BBB–	BBB–	BBB–
俄罗斯	独联体	中等风险	BB+	Ba1	BBB–	BB+	BB
土耳其	发展中欧洲国家	中等风险	BB	Ba1	BBB–	BB+	BB+
越南	发展亚太国家	中等风险	BB–	B1	BB–	BB	BB+
埃及	中东北非	中等风险	B–	B3	B	B–	B
蒙古	独联体	中等风险	B–	Caa1	B–	B	B
巴基斯坦	发展亚太国家	中等风险	B–	B3	B	B+	B
伊朗	中东北非	较高风险				B+	CCC+
伊拉克	中东北非	较高风险			B–	C+	CC

注：以上为2016年底的评级结果。
资料来源：主权内评及国别内评为工商银行内评结果，其他为评级机构公开发布的评级结果。

（一）地缘政治风险

“一带一路”沿线国家具有重要的地理位置和战略价值，长期以来都是大国角力的焦点区域，多数沿线国家政治稳定性差，地缘政治风险较高。21世纪以来，全球最为重要的地缘政治风险主要包括十大风险，其中前八大风险均集中在“一带一路”沿线区域。可以说，“一带一路”沿线区域的地缘政治风险是全球最高的。

（二）宗教民族风险

“一带一路”国家处于东西方多个文明交汇的地区，由于历史和现实的原因，基督教（天主教、东正教）、伊斯兰教、佛教等的矛盾与冲突、不同民族与种族的矛盾与冲突，呈现易突发、多样性、复杂化、长期化的特点，某一特定事件的爆发可能对周边国家乃至多个国家产生较强的国家风险外溢效应。尤其值得关注的是，中东地区民族众多，而且是伊斯兰教、基督教和犹太教的发祥地，错综复杂的民族、宗教、教派结构致使中东地区成为全球宗教民族冲突的高发地区，进一步加剧了该地区的政治风险。

（三）经济金融风险

“一带一路”沿线大多数国家属新兴市场和发展中国家，经济发展水平还相对较低，经济增长波动性较大，金融稳定性较差。部分沿线国家系统性风险高，金融机构资产质量差、抗风险能力较低，银行信用等较级差。这些因素将使得国内金融机构在进入相关国家市场时面临极大的风险（见表7–17）。

表7–17　“一带一路”沿线区域经济金融风险分布

区域	经济风险	经济风险等级
南亚	由于南亚国家经济增长以内需为主，受全球经济放缓冲击较小，而且国际油价大跌有助于降低其通胀水平，推动其经济增长，经济风险相对较小。	★★
东南亚	东南亚国家面临三大风险：一是出口导向型经济发展模式的东南亚国家遭遇出口危机，经常账户和财政“双赤字”问题突出；二是资金外流日趋严重，货币抛售潮蔓延，出现大幅贬值，并引发金融市场剧烈波动；三是中国南海争端加大该区域的地缘政治风险，加剧经济增长困境。	★★★
中亚	中亚国家面临三大风险：一是受俄罗斯经济衰退影响巨大，经济受到冲击；二是国际油价大幅下跌冲击出口贸易，致使货币汇率剧烈波动；三是资本外流日趋严重。	★★★
中东欧	中东欧国家面临三大风险：一是俄乌冲突加剧了中东地区的地缘政治风险，对经济增长造成较大冲击；二是俄罗斯受到美欧经济制裁，再加上国际油价暴跌，俄罗斯经济陷入衰退，对整个地区经济增长产生较大负面影响；三是美联储加息预期致使中东欧国家资本加速外流，货币大幅贬值，进一步加剧经济风险。	★★★★
中东	国际油价大跌对中东地区经济增长和金融稳定的影响非常巨大：一是低油价将降低这些国家的原油出口收入，进而削弱其外债偿还能力，并对政府实现财政平衡带来巨大压力，甚至会由此产生债务风险；二是给这些国家的经济增长带来较大拖累，推动经济增速大幅放缓；三是可能引致社会混乱，加大政府压力，进而最终导致这些国家在地缘政治动荡中表现得更加激进，加剧全球地缘政治风险。	★★★★
非洲	政治动乱和国际油价大跌致使经济面临困境，通胀和失业问题十分严重。	★★★★

资料来源：课题组根据公开资料自行整理。

“一带一路”沿线国家金融市场规模差别较大，汇率制度较为复杂。根据世界银行2015年的数据，从上市公司总市值看，印度高居首位，达到1.5万亿美元，南非位居第二，不足印度总市值的一半，为7 359亿美元。新加坡以6 400亿美元排名第三。第4～6位依次是沙特、俄罗斯和马来西亚。从存款性金融机构总资产来看，印度仍居首位，达到1.4万亿美元，俄罗斯为第二位，达到1.1万亿美元，土耳其居第三，为6 502.5亿美元。柬埔寨、蒙古、老挝未超过100亿美元。从汇率制度看，印度、南非、马来西亚、印度尼西亚、泰国等为有管理的浮动汇率制度，沙特、阿联酋、卡塔尔等为盯住美元汇率制度、俄罗斯为自由浮动汇率制度，科威特、巴基斯坦等国为盯住一揽子货币汇率制度，捷克等国为盯住欧元汇率制度（见表7–18）。

表7–18　“一带一路”沿线部分国家金融发展状况

指标名称	上市公司总市值（亿美元）	存款性金融机构总资产（亿美元）	汇率制度
印度	15 162	13 688.07	有管理的浮动汇率制度
南非	7 359	2 692.39	有管理的浮动汇率制度
新加坡	6 400	4 752.44	参考一篮子货币有管理的浮动汇率制度
沙特	4 211	3 950.30	盯住美元汇率制度
俄罗斯	3 932	11 243.09	自由浮动汇率制度
马来西亚	3 830	4 432.36	有管理的浮动汇率制度
印度尼西亚	3 533	3 189.70	有管理的浮动汇率制度
泰国	3 488	5 061.92	有管理的浮动汇率制度

续表

阿联酋	1 959	3 465.03	盯住美元汇率制度
土耳其	1 889	6 502.51	有管理的浮动汇率制度
卡塔尔	1 426	1 846.14	盯住美元汇率制度
波兰	1 378	3 543.20	有管理的浮动汇率制度
科威特	971	1 093.72	盯住一篮子货币汇率制度
伊朗	894	2 391.24	有管理的浮动汇率制度
越南	519	2 063.44	有管理的浮动汇率制度
巴基斯坦	437	886.92	盯住一篮子货币汇率制度
捷克	372	1 444.93	盯住欧元汇率制度
哈萨克斯坦	349	866.94	有管理的浮动汇率制度
蒙古	13	80.17	有管理的浮动汇率制度
缅甸		123.10	有管理的浮动汇率制度
柬埔寨		81.60	自由浮动汇率制度
老挝		25.55	有管理的浮动汇率制度

资料来源：根据相关公开资料整理。

（四）环境与社会风险

近年来，全球环境治理形势日益严峻，环境风险正成为投资风险的重要不确定因素。生态环境的问题在“一带一路”尤为明显，部分国家的森林植被资源很短缺，面临的水风险也很大。中国海外投资在发达国家容易遭遇“绿色壁垒”问题的同时，在“一带一路”沿线发展中国家面临的环境和社会风险也十分突出。由于这些国家环境和社会标准较低，或者缺失，导致一些环境和社会问题在投资进入阶段没有得到足够重视和评估，通常表现为因较长时间矛盾积累集中爆发的群体性事件，对企业声誉造成严重影响，往往带来较大经济损失。这不仅会影响“走出去”企业的国际化进程，损失巨大的甚至危及企业生存。

7.2 “一带一路”建设背景下的对外投融资环境风险管理

7.2.1 “一带一路”对外投融资环境风险管理战略背景和意义

如前节所述，“一带一路”对外投融资活动在时间和空间维度都呈现着良好的发展态势。绿色丝绸之路是“一带一路”建设的一个重要目标。《推动共建丝绸之路经济带和21世纪海上丝绸之路的愿景与行动》指出，“在投资贸易中突出生态文明理念，加强生态环境、生物多样性和应对气候变化合作，共建绿色丝绸之路”。纵观国内外经济社会发展背景和趋势，秉承可持续发展和生态文明理念，加强中国在“一带一路”沿线国家投融资过程中的环境风险管理，既是中国“一带一路”建设的要求，亦符合中国自身发展的战略需求，更是顺应联合国2030年可持续发展目标要求。

7.2.1.1 “一带一路”战略对投融资环境风险管理的目标定位

（一）绿色丝绸之路是“一带一路”建设的重要目标

党的十八大之后，中央着眼于“十三五”时期和更长时期的发展，2014年中国通过了《丝绸之路经济带和21世纪海上丝绸之路建设战略规划》，2015年对外发布了《推动共建丝绸之路经济带和21世纪海上丝绸之路的愿景与行动》，得到国际社会的广泛关注，并越来越多地得到国际社会的支持与参与。联合国安理会决议呼吁各国推进“一带一路”建设，构建人类命运共同体。

绿色丝绸之路是“一带一路”建设的一个重要目标。习近平总书记在推进“一带一路”建设工作座谈会上强调，“一带一路”建设核心在于“聚焦政策沟通、设施联通、贸易畅通、资金融通、民心相通，聚焦构建互利合作网络、新型合作模式、多元合作平台，聚焦携手打造绿色丝绸之路、健康丝绸之路、智力丝绸之路、和平丝绸之路”①，让“一带一路”建设造福沿线各国人民。《推动共建丝绸之路经济带和21世纪海上丝绸之路的愿景与行动》中也指出：要“强化基础设施绿色低碳化建设和运营管理，在建设中充分考虑气候变化影响”，“在投资贸易中突出生态文明理念，加强生态环境、生物多样性和应对气候变化合作，共建绿色丝绸之路”②。这为中国“一带一路”建设开展对外投资活动明确提出了要求，要充分了解东道国的自然环境状况、可持续的开发和利用自然资源、支持东道国开展环境保护基础设施建设，推动“一带一路”沿线国家环境保护意识、能力和技术的升级。实现绿色丝绸之路，必须全面提升“一带一路”建设过程的环境风险管理能力。

（二）可持续发展是人类社会进步的基本共识

自18世纪工业革命的“蒸汽时代”、“电气时代”到当今的“信息时代”，人类社会发展的脚步从未停歇。但是在全球经济发展过程中，环境污染、能源资源过度消耗、全球气候变暖等环境问题的日益凸显，也改变了人类的生存环境，平衡经济发展与环境保护成为广泛关注的议题。

1987年，世界环境与发展委员会（WCED）公布了具有划时代意义的《我们共同的未来》研究报告，提出了“可持续发展”的理念，并在接下来的20年间唤醒了全球各国对环境和资源约束的再认识。人们开始探索能够实现经济、社会与环境协调发展的“绿色发展道路”。环境风险管理作为预防、应对、处置环境污染和生态破坏的一种管理方法，正在向着系统化、科学化、专业化的方向发展。环境风险的管理过程是决策者权衡经济、社会发展与环境保护之间相互关系，根据现有经济、社会、技术发展水平和环境状况作出的综合决策过程。在开展对外投融资活动的决策与实施过程中，坚持做好环境风险管理工作，是对可持续发展要求的具体落实。

---

① 同上。

② 国家发展改革委、外交部、商务部：《推动共建丝绸之路经济带和21世纪海上丝绸之路的愿景与行动》，2015。

（三）绿色发展是中国社会发展的时代命题

对于中国而言，绿色发展是一个具有时代性、紧迫性、战略性的命题。改革开放30多年来，中国经济发展取得了辉煌成就，居民生活水平大幅提高，但是由于过去中国经济增长主要依赖要素投入，发展方式较为粗放，对于环境、资源可持续关注不够，因此带来了不利影响。当前中国面临着资源环境的强约束压力，绿色发展形势十分紧迫。资源约束方面，土地资源情况不容乐观①，水资源供需矛盾尖锐②，能源资源对外依存度不断升高③。环境压力方面，大气污染、水污染④、土壤污染⑤以及中国面临的节能减排压力依然十分严峻⑥。在这样背景下，如何加快绿色发展，推动发展方式转变，形成可持续发展的局面，关乎中国未来。

2015年7月，习近平总书记在中国共产党十八届五中全会上提出了“绿色发展”理念，并将其作为“十三五”乃至更长时期内中国经济社会发展的一项基本理念。中国——一个拥有全世界五分之一人口的国家，充分意识到资源环境对经济和社会发展的支持和保障作用，并正在举全国之力，为实现人类社会的可持续发展而做出行动。

“绿色发展”的理念不仅唱响中国，在对外投资活动中同样得到了充分的关注和认可。截至2016年底，中国政府已在《关于构建绿色金融体系的指导意见》《对外投资合作和对外贸易领域不良信用记录试行办法》《规范对外投资合作领域竞争行为的规定》《对外投资合作环境保护指南》《中国境外企业文化建设若干意见》《关于境外投资联合年检工作有关事项的通知》《关于进一步规范我国企业对外投资合作的通知》等七项政策文件中就投资行为提出了环保要求，并在此基础上提出要“通过‘一带一路’战略，上海合作组织、中国—东盟等区域合

① 第二次全国土地调查显示，中国人均耕地仍处于下降进程中，耕地总质量不高、后备资源不足的国情没有改变。资料来源：中华人民共和国国土资源部，《第二次全国土地调查：人多地少基本国情不变》，http：//www.mlr.gov.cn/xwdt/mtsy/people/201312/t20131231-1298980.htm，2013-12-31。

② 水利部数据显示，全国近2/3城市不同程度缺水，水资源供需矛盾尖锐，部分地区水资源开发已经接近或超出水资源和水环境承载能力。资料来源：人民网，《水利部：全国近2/3城市不同程度缺水 水资源承载力预警机制将建》，http：//legal.people.com.cn/n/2015/1109/c188502-27795031.html，2015-11-09。

③ 从能源资源来看，我国油气资源人均占有量很低，仅为世界平均水平的5.3%和7.7%，能源对外依存度不断抬高。资源来源：努力·白克力. 走中国特色能源发展道路[J]. 求是，2016年（11）。

④ 环境保护部发布的2016年上半年全国空气和地表水环境质量状况数据表明，在全国338个地级及以上城市中，仅有78个城市空气质量达标，占比23.1%，除此之外，260个城市空气质量超标，占比76.9%，虽然与上年同期相比空气质量有所改善，但大气污染形势依然严峻；在全国地表水资源质量监测网1 940个断面中，水质优良（Ⅰ-Ⅲ类）断面比例为68.8%，Ⅳ、Ⅴ类占20.6%，劣Ⅴ类占10.5%，主要污染物为化学需氧量、总磷和氨氮，水体污染状况仍在持续。资料来源：中华人民共和国环境保护部网站，《环境保护部发布上半年全国空气和地表水环境质量状况 重点区域大气颗粒物浓度持续下降全国地表水环境质量总体保持稳定》，http：//www.mep.gov.cn/home/ztbd/rdzl/swrfzjh/zygz/201607/t20160718_360859.shtml，2016-07-18。

⑤ 环保部、国土资源部发布的最新《全国土壤污染状况调查公报》显示，全国土壤环境状况总体不容乐观，部分地区土壤污染较重，耕地土壤环境质量堪忧，工矿业废弃地土壤环境问题突出。全国土壤总的超标率为16.1%。其中轻微、轻度、中度和重度污染点位比例分别为11.2%、2.3%、1.5%和1.1%。资源来源：中华人民共和国环境保护部、国土资源部《全国土壤污染状况调查公报》，2014-04-17。

⑥ 步入新时期，面对经济转型升级，虽然我国能耗强度有所下降，但节能减排压力仍然较大。中国在“国家自主贡献”中提出将于2030年左右使二氧化碳排放达到峰值并争取尽早实现，2030年单位国内生产总值二氧化碳排放比2005年下降60%～65%，非化石能源占一次能源消费比重达到20%左右，这需要付出艰苦的努力。资料来源：中华人民共和国国务院新闻办公室网站，《强化应对气候变化行动——中国国家自主贡献（全文）》，http：//www.scio.gov.cn/xwfbh/xwbfbh/wqfbh/2015/20151119/xgbd33811/Document/1455864/1455864.htm，2015-11-18。

作机制和南南合作，以及亚洲基础设施投资银行和金砖国家新开发银行撬动民间绿色投资的作用，推动区域性绿色金融国际合作，支持相关国家的绿色投资”[①]。这表明，在“一带一路”对外投融资过程中，绿色发展战略将发挥更加积极的引导作用，注重并加强投融资环境风险管理，实现对外投资的绿色化。

7.2.1.2 实施“一带一路”对外投融资环境风险管理的战略意义

“一带一路”对外投融资过程中，加强环境风险管理对保障绿色投资、打造绿色丝绸之路、实现亚欧非协同绿色发展意义重大。

一方面，在“一带一路”对外投融资过程中，通过着重培养环境风险管理意识、提升环境风险管理能力、丰富环境风险资金来源、打造环境风险管理专业团队等措施，帮助中国企业更好地“走出去”，实现更高层次、更高质量、更高水平的对外开放。

另一方面，由于“一带一路”沿线的60多个国家大都是发展中国家，与发达国家相比，在基础设施建设、交通运输发展、工业化进程方面有着迫切的投融资需求，但是在环境和生态保护、气候改善等方面受到的关注相对较少。通过加强“一带一路”对外投融资的环境风险管理，能够提高“一带一路”沿线国家对绿色发展的关注，形成区域绿色发展共识，进而实现打造“一带一路”绿色发展命运共同体；完善“一带一路”绿色发展治理体系；提升“一带一路”沿线国家绿色发展能力的战略意义。

（一）以点带面，打造“一带一路”绿色发展命运共同体

在可持续发展成为人类社会发展共识的背景下，对“一带一路”沿线的任何一个国家而言，坚持走绿色发展道路都是大有裨益的。

首先，中国在“一带一路”对外投融资过程中开展环境风险管理，能够发挥“以点带面”的作用，在率先表明中国绿色发展态度，展示中国绿色发展做法的同时，积极带动沿线国家携手合作，共同致力于全人类的绿色未来。

在此基础上，以“绿色认同”为前提，坚持“命运共同”与“和而不同”相统一，结合“一带一路”沿线各国的经济、环境和社会发展特征实施环境风险管理，将环境风险管理转化为绿色发展潜力和动力。

最后，将环境风险管理贯穿对外投融资活动的全过程，将中国利益与“一带一路”沿线东道国的普遍利益结合起来，从而打造愿景一致、多元发展、协同进步的“一带一路”沿线国家绿色发展的命运共同体，最终为“一带一路”绿色丝绸之路建设打下基础。

（二）互联互通，完善“一带一路”绿色发展治理体系

日益增长的经济对自然资源以及生态环境的保护是“一带一路”沿线国家共同面临的挑战。就现状而言，“一带一路”沿线国家生产、消费和贸易活动所带来的环境风险虽然在一些

---

① 引自2016年8月中国人民银行、财政部、国家发展改革委、环境保护部、银监会、证监会、保监会七部委联合印发的《关于构建绿色金融体系的指导意见》。

国家较为突出，但风险发生所产生的负面影响往往并不限于本国内，甚至是跨境的，继而演变成区域乃至世界性的环境问题。因此，无论是发达国家还是发展中国家，不管能否从经济发展的活动中获益，所面临的资源与环境的压力和挑战是共同且不可回避的。

加强双边合作，强化多边合作机制作用，发挥沿线各国区域、次区域相关国际合作平台的作用[①]是中国在“一带一路”对外合作实践中坚持的总体路线。对外投融资作为“一带一路”建设的重要活动之一，在区域合作方面同样应当遵循这一思路。

因此，围绕“一带一路”对外投融资在沿线各国间建立一套环境风险管理的多边协调交流机制，能够加强沿线各国在环境风险管理领域的信息共享、互联互通；同时能够以开放交流、合作治理为主题，完善“一带一路”沿线国家绿色治理机制[②]，这将极大程度地推动“一带一路”沿线各国的绿色发展，帮助“一带一路”沿线各国发展经济的同时做好自然资源可持续利用与生态环境保护，实现经济、社会与环境的可持续发展。

（三）弥补短板，提升“一带一路”沿线国家绿色发展能力

根据木桶理论，木桶的短板是影响整体发展最重要的因素。因此，发展中国家绿色发展水平和能力的高低对于全球可持续发展而言至关重要。正如世界环境与发展委员会在《我们共同的未来》中指出的，许多工业化国家也面临着公共设施老化、环境退化等问题，但大部分工业国家具有处理这种问题的手段和资金。而发展中国家政府往往缺乏能力、资金和人力资源向迅速增长的人口提供品质生活所需要的土地、服务和设施。这在“一带一路”沿线国家中表现得更为明显。因此，“一带一路”沿线各国必须重视各自在环境和生态保护、气候改善等领域担负的“共同但有区别”的责任[③]。

中国作为“一带一路”建设的发起国，全球第二大对外投资输出国，依托较强的对外投资实力；借助上海合作组织（SCO）、中国—东盟（“10+1”）、亚太经合组织（APEC）等多边合

① 国家发展改革委、外交部、商务部：《推动共建丝绸之路经济带和21世纪海上丝绸之路的愿景与行动》，2015。

② 完善“一带一路”沿线国家绿色治理机制，一方面，“一带一路”沿线国家绿色发展需求的一致性，要求有一个有效的多边系统。因此，“一带一路”沿线国家绿色发展，要在整体上，重点整合地区各种双多边合作机制，尽可能合作解决众多跨国界、跨洲界、跨领域的治理问题，重点围绕气候变化、能源资源安全、经济增长乏力等现实挑战，消除治理机制低效率、碎片化的现象，完善多边机制，连通“一带一路”沿线国家，对接新兴与发达经济体，共同构建面向未来的“一带一路”沿线国家绿色发展伙伴关系、共同打造开放型“一带一路”沿线国家合作格局、让“一带一路”从地理概念演变为一个影响全球绿色发展的综合体。另一方面，要重点建立“一带一路”沿线国家区域生态环境保护协调机制，在跨区域、跨国生态环境核心问题上建立协调机制，推动各国共同推进制定跨区域生态环境保护规划，推进区域范围内共同划定生态保护区域，统筹山、海、林、水等环境要素，构建生态安全格局，并确定阶段性工作要求、工作重点和主要任务，在应对和处理生态环境问题时高效沟通、快速反应、联合行动，既考虑各国的具体情况的特殊性，又兼顾生态环境保护方面的共同要求，解决共同面对的环境问题。

③ 毫无疑问，应对生态危机、削减环境损害、促进社会公平是“一带一路”沿线国家所需要履行的共同责任。但是，绿色发展问题不是一个时点问题，而是一个历史、现实和未来结合的时序问题。历史上，不平等的国际经济关系形成了国家发展的不均衡特征，发展中国家是国际经济技术状况的被动接受者，而不是国际经济技术发展和标准的引领者和影响者。在这种情况下，发展中国家往往处于产业链的下游，自然资源和初级产品的出口占了很大的比例，而又不能影响国际资源产品的价格体系，往往使得这些国家成为了资源环境损害的直接受害者。而旧国际秩序的延续，加上金融危机条件下各国经济增长率急剧下降、债务负担的加重和发达国家保护主义的滋长，也加剧了发展中国家的不利地位，导致环境恶化和资源枯竭的影响仍然存在并在有些地方相当严重。因此，“一带一路”绿色发展仍需要考虑发展中国家的特点，在责任承担上有所区别，特别在绿色发展目标、路径和进度安排方面，给予发展中国家更多的回旋余地和发展空间。

作机制；通过加强对外投融资环境风险管理，分享对外投融资环境风险管理经验，将会带动“一带一路”沿线各国共同提升绿色发展能力，有效弥补发展中国家在环境、生态和气候方面能力不足，缩短与发达国家的差距，走出一条共同发展、共同繁荣的“一带一路”合作共赢之路。

7.2.2 “一带一路”对外投融资面临的风险与挑战

7.2.2.1 “一带一路”对外投融资面临的外部风险

（一）自然生态环境复杂，投融资风险增加

“一带一路”地区是世界上自然环境最复杂的区域之一，集中了全球海拔超过8 000米的所有山脉，1 000公里以上的河流有60多条[①]。海拔高度的快速变化造就了多样的气候条件和极端的自然环境。例如，高海拔的青藏高原地区几乎是不毛之地，沙漠化影响了中国境内丝绸之路沿线人口的三分之一，这些地方的生态环境十分脆弱，频繁的自然灾害例如沙尘暴和地震经常给经济带来惨重的损失。对于参与其中的对外投融资者而言，环境风险大大增加了投资收益的风险和不确定性。

（二）资源分布不均，投资成本高昂

“一带一路”区域拥有丰富的自然资源储备，然而这些资源的分配却不能与经济发展的需要相匹配。例如，在水资源方面，中国占全球人口的20%，但只有全球5%～7%的淡水，喜马拉雅山被称为“亚洲的水塔”，然而约三分之二的中国城市仍然存在饮用水短缺的问题[②]。在能源方面，供求的不匹配导致了对石油和煤等高碳能源的过度依赖，2001年以来中国大约60%的进口原油来自于中东、俄罗斯、北非和中亚[③]。能源供给的波动性影响了全球经济的稳定性，而且高碳能源对于全球气候和欧亚大陆环境变化都产生了较大的影响。这意味着，如果在资源稀缺的国家开展对外投资，投资者将在水和燃料等资源的获取方面花费更多的开销。与此同时，为了满足东道国环境法律的标准和可持续发展的需要，过多依赖化石能源的投资项目，需要额外为废气、废渣的排放、处置支付相应的污染治理费用。这都将直接导致投融资成本的增加。

（三）环境问题突出，投资环境有待优化

“一带一路”国家面临着共同的环境问题，如气候变化、生物多样性损失、荒漠化、空气、水、土壤、海洋污染以及自然灾害。这些势必会对投融资者的投资活动产生阻力。据世界卫生组织估计：在亚洲，每年有超过100万名的未成年人因室外空气污染而死亡[④]。全球36个生物多样性热点地区中，有14个集中在“一带一路”地区，包括高加索、东非海岸以及中亚山

---

① Dewei Yang，Jingjing Cai，Vanessa Hull，Kaiyang Wang，Yin-Phan Tsang，Jianguo Liu，New road for telecoupling global prosperity and ecological sustainability，Ecosystem Healthy and Sustainablity.

② Liu，J.，and W. Yang. 2012. Water sustainability for China and beyond. Science 337：649-650.

③ Gong，P.，Z. Song，and W. Liu. 2015. Commodity structure of trade between China and countries in the Belt and Road Initiative area. Progress in Geography 34：571-580（In Chinese）.

④ Silva，R. A.，et al. 2013. Global premature mortality due to anthropogenic outdoor air pollution and the contribution of past climate change. Environmental Research Letters 8：034005.

脉[①]。此外，海洋生物也正在受到滥捕、生物入侵、水污染以及快速城镇化和集中工业化带来的海洋酸化的严重威胁，这对于从事远洋捕捞、海产养殖加工、海运贸易的对外投资者都产生了直接或间接的影响。整体来看，“一带一路”沿线国家的投资环境正遭受到由外部自然环境破坏带来的负面影响的冲击，投融资环境有待优化。

（四）各国国情各异，投资背景复杂

UNCTAD[②] 的数据显示，从1992—2013 年，“一带一路”沿线国家吸引外商直接投资的流量实现了高速增长，年均增长率为12%[③]；吸收外商直接投资的存量从1 821亿美元上升到38 498亿美元，年均增长率为15.6%[④]，增速十分显著。但是实际上，由于“一带一路”沿线国家众多，各国的政治、经济、文化和社会发展情况存在着较大差异。这就要求投资者要投入更多的人力、物力、财力对东道国的投资环境做出深入、客观的研究。针对不同的投资对象，要逐一分析，区别对待。特别是在部分沿线国家，政局复杂、社会动荡、发展的不确定因素较多、环境法律和管理体系仍不够健全和完善，这些因素都使对外投资决策的环境风险识别和管理面临着更加复杂的挑战。

7.2.2.2 “一带一路”对外投融资面临的内部挑战

（一）环境风险管理意识有待加强

提及“一带一路”对外投融资，更多的关注被集中在规模、行业分布、区域分布等内容上，对于这一过程中的环境风险管理关注不足。目前，虽然在政府层面提出了构建绿色丝绸之路的号召和总体思路，但在对外投融资实践中，中国企业的环境风险管理经验相对较少，管理意识和管理水平与欧盟等发达国家和地区相比仍有差距。近年来，在对外投资过程中环境事件的发生，多导致对外投资项目进展受阻甚至投资失败，也给投资者的声誉与形象带来了负面影响。追究其原因，对投融资过程中的环境风险管理的重视程度不够，缺少充分的咨询、调查、沟通与评估，解决环境问题的技术储备及合理的资金安排不足等系列问题导致了在发生环境问题时投资人的举足无措。

（二）环境风险管理需系统化

目前，中国对于环境风险管理的顶层设计还在完善的过程中，相关部门在环境风险管理工作中的权责不清，存在一定的职能交叉和缺位，监管过程中难免出现监管真空状态。而对于投融资决策，由于环境风险管理的原则、流程和评价标准等的不健全，在开展环境风险管理实践时，往往存在很大的差异性，管理结果难以进行评价和比较，无法形成有效的反馈调整机制，这与环境风险管理科学化、系统化、专业化的特点也不尽相符，因此增加了投融资决策误判与错判的风险。

---

① Critical Ecosystem Partnership Fund. 2016. The biodiversity hotspots. http：//www.cepf.net/resources/hotspots/Pages/default.aspx.

② United Nations Conference on Trade and Development，即全文提到的联合国贸易和发展会议。

③ 宁丹虹、乔元波. “一带一路”沿线国家吸引FDI的时空演变研究[J]. 投资研究，总第388期，第35卷，第7页。

④ 同上。

另外，环境风险管理工作不能完全依赖于政府的监督，企业同样应当主动地进行环保信息披露，接受社会公众的监督。虽然，在环保部的积极推动下，《企业事业单位环境信息公开办法》已于2015年正式施行，全国企业环境信息公开平台也已经投入使用，但是根据《中华人民共和国环境保护法》中的现行规定，需强制披露环境信息的主体为环保部确定的部门重点排污单位。换言之，其他企业保有自愿披露环境信息的权利。因此，可从全国企业环境信息公开平台获得的企业环境信息寥寥可数。环境信息的公开为外部监督提供了有效的途径和依据，在"一带一路"对外投融资过程中，投资者环境信息披露不仅有利于中国与东道国政府部门对投资活动的监督，更有利于有效的信息沟通与共识的达成。

（三）环境风险管理工具急需开发

环境风险管理是一项专业性强、复杂的技术性工作，同时需要来自环境、经济、管理、信息技术等多个专业领域的知识与技术支撑，除具备较强专业实力的投资机构（如亚洲基础设施投资银行、丝路基金等）外，一般的投资者难以独立完成环境风险管理的全流程工作。欧盟等较早地在国际经济合作中进行了"环境主流化"实践，形成了包括ISO 14000系列环境管理标准、世界银行下属国际金融公司的《环境和社会可持续绩效标准》《环境和社会可持续政策》《环境、健康、安全指南》以及被全球金融机构广泛应用的"赤道原则"等在内的多种环境风险管理体系，并已经取得了广泛的认可和应用。这对于欧盟对外经济合作的环境风险管理提供了重要的指导与技术支持。

中国已有的环境保护、污染防治、绿色投资相关法律、法规、标准等制度体系，环境管理建立了良好的政策基础，进一步开发、完善环境风险标准化管理流程、技术导则、评估工具，将有助于中国投融资者在对外投资环境风险管理实践中更好地执行和落实相关环境保护要求。

（四）环境风险管理资金保障仍需扩充

中国企业在"走出去"的过程中，除直接参与绿色项目建设、投资发展绿色产业外，围绕环境和社会风险管理全过程，如开展风险评估、污染防治、生态环境恢复等都需要资金的支持。在实践中，企业的自有资本往往难以满足以上全部需求，因此，需要创新金融产品，拓宽融资渠道来满足企业的环境风险管理资金需求。目前，除传统的绿色信贷、绿色债券等融资手段外，中国在成立绿色投资基金、吸引私人部门参与绿色投资、推行绿色IPO方面还需进行更多积极的尝试。除此之外，金融系统在服务企业"走出去"的过程中应当平衡好环境风险管理成本投入与商业利润获取。鼓励商业银行更多借鉴"赤道原则"，主动提升环境风险管理金融支持的责任感和能力。

（五）环境风险管理知识和智力支持有待加强

专家学者往往通过科学研究和学术讨论来验证经济活动对环境产生的负面影响；非政府组织和社会团体，则积极推动公众环境意识的提高和为政府提供建议以促进政府采取积极的环保行动。因此，应发挥"一带一路"沿线国家科学界和非政府组织的作用，加强科研机构、大学和学术团体对对外投融资环境风险管理问题的研究，鼓励和支持其向各国公共部门和私营部门提供对外投融资环境风险管理的建议。同时，积极发挥非政府组织在识别生态危险、评价环境影响、制定与实施处理措施、协调公众与政府关系方面的能力，鼓励非政府组织正面参与对外投融资项目环境影响的咨询过程。扩大政府与非政府组织在绿色发展项目计划、监测、评价等方面的合作，共同为对外投融资环境风险管理发展提供智力保障。

7.2.3 “一带一路”对外投融资环境风险管理切入点

7.2.3.1 “一带一路”对外投融资环境风险管理总体目标

（一）明确职责划分，提高全社会的环境风险管理意识

在“一带一路”对外投融资过程中，环境风险不是投资者单方面的责任，应当得到政府部门、投融资主体、金融机构乃至东道国居民的共同关注。明确相关参与方的环境风险管理责任，提高全社会的环境风险管理意识对于推动“一带一路”环境风险管理实践，实现“绿色丝绸之路”的发展目标具有重要的意义。

政府部门：从顶层设计入手，抓住“引导、约束”两个关键，把握政策导向，加强制度约束。重点完善环境风险综合防控、企业履责评价、外部监督等机制设计，引导国际政策对话，借鉴全球先进经验，制定“一带一路”重点投融资领域环境和社会风险管理行业指南，加快原有政策制度落地。

投融资主体：作为“一带一路”对外投融资的行为主体，企业或机构投资者应将环境风险管理上升至企业发展战略的高度，明确并履行环境风险管理责任，切实做好风险识别与评估，围绕具体项目制定环境风险管理预案，提升环境风险管理的主动性和能力，完善自我约束和监督制度。

金融机构：关注投融资项目本身的环境影响，充分发挥金融中介职能优势，抓住资本供给命脉，在项目融资和资管环节融入环境风险管理理念，设置环境风险管理标准，评价环境风险管理效果，开拓投融资主体环境风险管理行为对对外投融资资本供给的动态反馈路径。

东道国利益相关方：要做好与利益相关方的沟通，立足社会可持续发展，关注社区发展，传播绿色发展理念。

（二）加强制度建设，构建完善环境风险管理政策体系

在明确环境风险管理各参与主体的职责之后，应重点加强制度建设，为政府和市场在对外投融资环境风险管理中发挥作用提供依据和指南。

首先，要明确对外投融资环境风险管理的普遍要求。具体可在《对外投资环境保护指南》的基础上丰富完善管理细则，形成普遍适用于对外投融资的环境风险管理办法、规章，强化制度约束，细化管理要求，建立政府部门间的管理联动机制，填补对外投融资环境风险管理制度空白。

其次，要结合“一带一路”沿线国家的具体国情。借鉴商务部《对外投资合作国别（地区）指南》的模式，结合“一带一路”沿线国家的生态环境法律法规、基本特征编制《“一带

一路”对外投融资环境风险管理国别指南》。

最后，要优化管理反馈机制设计。借助强制信息公开、管理绩效评价、外部监督投诉“三大法宝”，将投融资主体的环境风险管理效率与企业声誉和社会形象结合在一起。这将有利于借助市场调节机制来引导企业开展对外投融资过程中的环境风险管理，从而使环境风险管理由满足政策需要的被动行为转变为企业适应市场需求的主动选择。

（三）实现内外联动，提升投融资主体环境风险管理能力

针对“一带一路”对外投融资环境风险管理方面存在的标准化流程、技术导则、评价工具缺乏等具体问题。要以切实提升对外投融资主体环境风险管理能力为目标，基于规范、科学、专业的要求加快相关技术标准的制定和推广工作。

一方面，要建立“一带一路”对外投融资环境风险管理技术体系。例如制定具备可操作性的投融资主体的环境与社会审查评估及风险管理的程序性标准，出台根据行业实际特点制定的环境和社会风险评估行业技术标准和操作指南，优化环境风险管理评价指标体系设计，加快“一带一路”大数据平台的建设等。

另一方面，要加强国际交流与合作。在对外投融资环境风险管理领域，被广为接受的五大国际最佳实践为：与利益相关方开展磋商、建立投诉机制、满足国际环境法律和法规的要求、开展独立审核与评估、订立与合规相关的契约[①]。“一带一路”对外投融资环境风险管理要借鉴这些国际最新经验，与国际同行合作并从他们身上学习。这实际意味着“一带一路”对外投融资环境风险管理机构和企业应当积极扩大国际合作，力求避免、降低及分担政治和环境等方面的风险。

（四）拓宽融资渠道，充实丰富环境风险管理资金储备

在实践中，基于环境风险管理的需求，投资者可能面临着更高额的成本支出。具体可能包括：污染物防治费用、环保节能技术引进费、环境风险评估咨询费以及环境风险人力资本费用等。这些费用开支在降低投资项目和东道国环境风险的同时，压缩了对外投融资的利润空间。一方面，环境风险管理制约了投资行为的“趋利性”，投资者易“顾此失彼”；另一方面，面对高额的管理成本，一些资本基础相对薄弱的企业常感到“力不从心”。因此，“一带一路”对外投融资风险管理：一是要灵活运用多种绿色投融资工具，重点要创新运用“绿色金融”专业工具，拓宽“一带一路”对外投融资主体的环境风险管理渠道；二是要充分发挥机构投资者“投资行为”的规模效应，着重提升国家开发银行、中国进出口银行、亚洲基础设施投资银行、丝路基金以及其他产业基金、养老基金的环境风险管理意识、理念、标准，以政策性投资带动其他投融资主体的绿色化；三是要积极引导私人投资者参与“一带一路”对外投融资环境风险管理，撬动总量巨大的社会资本，丰富环境风险管理资金储备。

（五）发挥机构合力，组织保障环境风险管理有序开展

“一带一路”建设，是一项着眼于区域协同繁荣发展、不同文明交流互鉴的系统化工程，

① 凯文·P. 盖力格：《从审慎中获利：中国的政策性银行如何提高社会和环保标准》。

需要跨地区、跨专业、多层级的组织支持，具体可以从组织架构、组织职能、组织管理三个方面展开。

首先，集中精力构建一套与环境风险管理权责范围相匹配的组织架构，整合国际合作、国内管理、投融资主体内部机构设置、第三方机构这四个层级现有的组织机构，使之成为“一带一路”对外投融资环境风险管理的基础支持架构。

其次，在组织职能上，除了通过发挥区域政策对话、经济发展协作等传统功能来推进环境风险管理外，还应侧重对外投融资过程中的“环境主流化”。要注重发挥国内外绿色投资基金、PPP创新产业基金、环境风险管理评估咨询机构的专业化作用，从而直接提升“一带一路”对外投融资环境风险管理水平。

最后，要从微观单位入手，抓住“人”的核心要素，做好组织管理工作。加快环境风险管理专业团队的构建，政府相关部门、对外投融资主体、金融机构以及第三方评估咨询公司，应当组建环境风险管理专业团队，吸纳具有环境工程、环境科学、能源工程、化学、生物学、物理学、财务管理等相关专业背景的技术人才，为环境风险管理工作提供跨学科专业支持。同时完善环境风险管理教育培训制度。除依托高等院校外，着重通过专业技术培训和职业技能培训提升环境风险管理从业人员的实践技能，创造环境风险管理水平提升的不竭动力。

7.2.3.2 “一带一路”对外投融资环境风险管理切入点

区域绿色发展需要富裕的物质基础，需要持续的经济增长。“一带一路”沿线国家大多为发展中国家，更需要通过经济增长来提高居民收入，改善民生，积累资本。因此，首先应通过对“一带一路”沿线国家和地区有效的对外投资，来为经济增长服务。同时，要加强和落实“一带一路”对外投融资环境风险管理，引导沿线国家和地区利用知识和科技，通过创新形成促进区域经济高效、稳定增长的动力机制，摆脱经济发展以高污染排放、高资源消耗和环境破坏为代价的僵局，在经济增长与资源节约及环境改善之间形成相互促进关系。最后，要优化资源环境承载，避免对环境破坏的投资，一方面需要保护区域赖以生存和发展的自然生态环境，另一方面需要结合区域的气候特征、地理特征、资源禀赋，通过合理的区域资源配置和高效率的资源利用体系，开发适合当地发展的绿色投资项目。

具体而言，“一带一路”对外投融资环境风险管理可以从政策体系、技术体系、资金保障和组织结构四个方面加强并提升能力，来推动“一带一路”沿线国家绿色发展进程，并在此基础上实现“共建绿色丝绸之路”的战略目标。

（一）政策体系

根据政治经济学理论，一个有效的政策体系要包含三大部分，分别是政策目标、政策内容、政策实施机制。“一带一路”对外投融资环境风险管理政策体系的构建也应从这三大部分入手。建立3个政策目标，融合3大政策内容，构建2个政策实施机制。

1. 制定政策目标方面

主要实现3个政策目标，一是提高“一带一路”沿线国家绿色发展认识，形成绿色发展共识，打造绿色发展命运共同体；二是完善“一带一路”绿色发展治理体系，保障“一带一路”建设的绿色化及可持续发展；三是提升“一带一路”沿线国家绿色发展能力。

2. 政策内容方面

要融合法律、法规、政策3个层面的要求，在遵守现有法律、制度、政策前提下，积极配合好国家立法机构和各主管部门，整合金融和环境保护的技术力量，在立法、制度构建以及政策方面进行创新。

一是要制定“一带一路”对外投融资环境风险管理指导意见。“一带一路”建设作为区域经济协作的一种有效实践，同时需要满足国内外的环境和投融资政策。因此这方面的指导意见需要统筹国际和国内两个层面的法律与政策，需要将这些法律法规、政策战略、规章制度的要求融入“一带一路”对外投融资环境风险管理指导意见中来。

国际层面，首先需要考虑的是与对外投融资环境风险管理相关的多边协定。这些协定，既包括环境方面的国际公约，更包括那些经济、贸易方面与环境直接相关的部分或者条文。前者包括了如《保护臭氧层维也纳公约》《生物多样性公约》《关于持久性有机污染物的斯德哥尔摩公约》《联合国气候变化框架公约》等在内的环境国际公约。包括中国在内，“一带一路”战略实施沿线的许多国家都是上述公约的缔约方，以上协定的内容，将直接影响这些国家环境方面的国内立法。后者包括了多边和区域的贸易协定中对环境的特殊条款。如WTO框架下的《服务贸易总协定》《贸易技术壁垒协议》《与贸易有关的知识产权协议》等协定中都有直接与环境相关的条款，都能对跨国家的投融资行为产生影响，需要政策的制定方给予充分的认识。

除国际层面的法律与政策之外，也应重视国内环境风险管理相关的法律法规、政策战略、规章制度等。如《中华人民共和国环境保护法》《中华人民共和国国民经济和社会发展第十三个五年规划纲要》《生态文明体制改革总体方案》《对外投资合作环境保护指南》《关于构建绿色金融体系的指导意见》制度层面的项目环评相关机制、政策层面的《水污染防治行动计划》《大气污染防治行动计划》《土壤污染防治行动计划》等。

二是制定国别对外投融资环境风险管理指南。梳理 “一带一路”沿线国家的政策、法规，融合东道国环境保护战略与规划、重点产业发展规划，形成一套具有实效性的、可指导中国项目、企业在东道国投融资的环境风险管理政策指南。同时也该注意到，因为“一带一路”涉及的国家较多，制定这些对外投融资环境风险管理的指南不可能一蹴而就，因此可以从重点国家的指南做起，以点带面，逐步完善。

三是加强与“一带一路”国家的环境政策对话。建议借助上海合作组织（SCO）、中国—东盟“10+1”、亚太经合组织（APEC）、亚欧会议（ASEM）、亚洲合作对话（ACD）、亚信会议（CICA）、中阿合作论坛、中国—海合会战略对话、大湄公河次区域（GMS）经济合作、中亚区域经济合作（CAREC）等多边合作机制，充分交流、沟通并对“一带一路”沿线国家不同的经济发展需求和生态环境保护要求达成共识，促进对外投融资环境风险管理政策的沟通与互信，确保投融资安全与成效。

3. 政策实施机制方面

“一带一路”对外投融资环境风险管理政策必然涉及国内和国外两个方面，因此在政策实施机制上要实现国内和国际双协调。第一，国内应建立环保部、发展改革委、财政部、商务部等相关部委，各主要金融投资机构，以及社会组织参与的“一带一路”对外投融资环境风险管理协调机制，建设必要的信息共享机制，促进各部门之间信息的双向或多向流动，加强社会参与和监督。第二，国际上应借助国际机构与国际多边金融机构的平台，构建“一带一路”多边对外投融资环境风险管理沟通与协调机制，同时加强国家间的协调与沟通。

（二）技术体系

政策体系明确了“一带一路”对外投融资环境风险管理的方向和原则，而政策的落地和项目实践需要有程序性的管理标准、明确定量的操作指南、符合实际的实用工具以及坚实的服务平台。这些就构成了环境风险管理的另一大基石，即技术支持体系。基于国际经验，“一带一路”对外投融资环境风险管理技术体系可以从管理标准、操作指南、实用工具、服务平台等四个方面构建，具体有以下四个切入点：

1. 制定“一带一路”对外投融资环境风险管理标准

标准设计要兼顾系统性和可操作性，要全面覆盖项目的筛选、筹备、批准、执行建设、监督、评价等环节，从而能够为对外投融资主体的环境风险管理提供具体可参考的管理全流程指引。由于我国在“一带一路”建设中，参与基础设施建设、资源能源开发项目的比重较大，更易引发环境和社会风险，因此对“一带一路”对外投融资环境风险管理标准的需求更为紧迫。相关标准的制定应充分借鉴国际先进经验，在充分考虑“一带一路”建设区域特征的基础上，力求与国际主流标准接轨。如世界银行、亚洲开发银行等多边银行针对战略规划和项目实施两个层面制定了严密的环境与社会保障政策；经合组织、欧盟等为区域内的企业如何进行可持续投资制定了具体的行为指南。这些良好的国际经验都可以为“一带一路”对外投融资的环境风险管理所用。

2. 制定重点行业的环境风险评估技术标准和环境风险管理操作指南

目前，这一方面的最佳国际实践为世界银行下属的国际金融公司的《环境、健康、安全指南》（Environmental，Health，and Safety Guidelines，以下简称《EHS指南》）。IFC的《EHS指南》体系十分庞大，包括总则以及多达8个类别共64个工业部门的分则，且随着IFC业务的发展不断更新。我国可以充分借鉴IFC的这一成功经验，结合现有的污染防控国家标准，分行业门类制定具体的环境风险评估技术标准和环境风险管理操作指南，为评估和管理具体项目的环境风险提供量化的标准。这些标准和指南的制定是实施“一带一路”对外投融资环境风险管理的基础性工程，涉及行业部门类别较多，不可能一蹴而就。因此，可以以“一带一路”建设的重点行业为突破口，分阶段推进，逐一落实。

3. 丰富“一带一路”生态环境信息数据

目前，国家信息中心“一带一路”大数据中心正在开展“一带一路”大数据的搜集、分析工作。建议充分利用现有的平台和资源，进一步扩充“一带一路”生态环境信息数据。在丰富

"一带一路"沿线国家生态环境基础数据的同时，补充具体投资项目的环境风险评估结果。为政府、金融机构、社会投资者投资决策提供环境风险评估的基础数据，以降低投资风险、提高投资的环境、经济、社会效益。

4. 建立信息披露与服务平台

建立投融资主体对项目环境影响信息公开的标准和强制要求，同时进一步完善第三方评估和咨询平台的建设工作。针对项目相关信息披露进行独立审议，确保"一带一路"对外投融资项目的环境保障措施能够落到实处，从而保障各利益相关方的利益不受侵害。

具体操作流程上，需要对投资项目开展事前、事中及事后等三个阶段的全链条的闭环评估与管理，强调广泛参与、信息披露、独立审计以及投诉机制。其中，事前侧重环境审查（这是在尽职调查过程中必须要遵循的强制性要求，包括项目的准备、批准、监测和监管均需按照程序、标准和披露原则进行审查）、环境影响评估（评估投融资项目对环境的影响）、信息披露（包括向公众公开和向利益相关方通知）、与投资项目利益相关方沟通、建立举报机制、订立合规契约。事中侧重：进程监测、与投融资项目利益相关方实时沟通、持续信息披露、跟进举报热线。事后侧重：独立审计、环境绩效评价、责任追究、跟进举报热线等。

（三）资金保障

"一带一路"对外投融资环境风险管理的资金来源，不应局限于投资者的自有资金和金融机构的信贷资金，应当充分利用和调动多种融资渠道，借助国际金融合作和绿色金融产品创新，进一步拓宽融资视野。具体可从以下几个方面进行尝试：

1. 加强与多边环境基金的有效互动

多边环境基金致力于为"绿色"投资项目提供资金支持。与商业银行相比，它们更加关注环境保护领域，如可持续有机污染物处置、生态环境改善等。其中，全球环境基金（GEF）和绿色气候基金（GCF）是最为主要的两只多边环境基金。

全球环境基金（GEF）是一个由183个国家和地区组成的国际合作机构，其宗旨是与国际机构、社会团体及私营部门合作，协力解决环境问题。中国"一带一路"投融资可以借助GEF项目的共同参与，一是在项目设计期初就充分考虑环境问题的解决，同时，GEF项目资金可以作为投资项目环境管理能力建设的资金投入，从而保障投资项目的绿色化。因此，有必要全面总结GEF在"一带一路"沿线国家开展的项目、项目所属领域及其成果，这些成果可以作为中国投资的基础，并在投资中引入中国的环境技术与标准。

绿色气候基金（GCF）是2011年《联合国气候变化框架公约》第17次缔约方会议决定实施《京都议定书》第二承诺期并启动绿色气候基金由发达国家在2020年前每年拿出1 000亿美元帮助发展中国家应对气候变化。中国作为该基金委员会成员之一，在"一带一路"投融资中应充分撬动GCF在该国的投资作为项目融资的一部分，这不仅是资金渠道的扩充更是发挥多边合作机制的优势带动资金投向减少碳排放的绿色项目。

2. 发挥机构投资者的示范作用

在“一带一路”建设过程中，以中非发展基金、丝路基金、中拉合作基金、中国—东盟基金为代表的专项投资基金，以及以亚洲基础设施投资银行、金砖银行等为代表的专项金融机构，也发挥着积极的作用。这些机构投资者的“环境友好性”投资，将对“一带一路”对外投融资的环境风险管理产生正向的示范效应。因此，要重点以专项投资基金和金融机构为“一带一路”绿色化对外投融资的标杆，带动社会投资者参与到对外投融资的环境风险管理中去，撬动潜力巨大的社会资本，进一步充实环境风险管理的资金保障。

3. 加快绿色金融产品创新

立足可持续发展、以市场驱动为导向的绿色金融产品能够为“一带一路”对外投融资环境风险管理提供有力的资金支持。通过对以绿色信贷、绿色债券和绿色投资基金为代表的金融工具的充分利用，借助市场化的机制安排引导资本向绿色产业和项目流动，能够实现资本的有效分配。而以财政贴息、担保和再贷款等为代表的补偿机制，则能够实现投资者的风险补偿，从而进一步提升投资者收益水平或降低其损失风险。最后，以绿色保险为代表的保障机制，通过将环境污染外部性的内部化、污染成本的显性化来分散企业的污染治理的成本，从而引导其主动承担环境和社会责任，并作出相应的资金安排。

近年来，我国国内的绿色金融实践蓬勃开展，以绿色债券和绿色信贷为代表的绿色融资工具进一步拓宽了企业开展绿色化投资的资金来源渠道。但是，绿色资产证券化、绿色银行、绿色产业基金、绿色保险、碳金融期权交易产品的研发和设计方面，我国较欧美等发达国家和地区还存在较大的差距。因此，应加快绿色金融产品创新的步伐，同时配套贴息、再贷款、税收优惠等财政金融支持政策，进一步丰富我国绿色金融产品市场，从而为“一带一路”绿色化投资提供更多可发展的思路。

4. 成立“一带一路”绿色发展基金

除上述资金来源渠道外，建议条件成熟时设立“一带一路”绿色发展基金，其功能定位在：①支持开展“一带一路”沿线国家环境状况、环境保护法律法规体系、绿色投资机遇方面的研究；②支持“一带一路”沿线国家环境管理能力提升，如环境国际公约履约、机构人员培训、实验室设备和监测设备升级等；③开展环境保护示范项目建设等。

综上所述，“一带一路”对外投融资环境风险管理应秉承开放理念，建立开放合作的协调机制，积极邀约、欢迎包括世界银行、国际金融公司、国际货币基金组织、亚洲开发银行等在内的国际金融机构参与进来，实现全面协同发展。面向全球范围构建多种机制、工具结合的资金保障体系，有助于中国深度挖掘“一带一路”绿色化投资需求，带动沿线国家和地区的环境风险管理实践、高效能设备设计研发、绿色交通和绿色建筑等产业的发展，更好地实现共同打造政治互信、经济融合、文化包容的利益共同体、命运共同体和责任共同体这一“一带一路”战略目标。

（四）组织结构

科学合理的组织结构设置和管理能够有效地调配管理资源，提高环境和社会风险管理质量。“一带一路”对外投融资环境风险管理需要政府、企业、金融机构、第三方评估咨询机构和社区的通力合作，需要跨地区、跨专业、多层级的组织支持。建议具体可以从以下四个层面进行组织结构的优化和完善。

1. 充分利用现有的多边经济合作机制，巧妙借力新兴多边金融机构

在联合国系统、世界银行系统、区域多边银行系统、上海合作组织、中国—东盟等区域合作机制中，应更加积极主动地发挥中国作用，在对外投融资环境风险管理中，强调管理责任，做出管理承诺，组建管理机构，明确管理政策、流程与标准。

此外，以亚洲基础设施投资银行、金砖国家新开发银行为代表的新兴多边投资机构，在环境保护、可持续发展方面的业务投入和组织资源正在迅速发展过程当中。“一带一路”对外投融资环境风险管理应借助这些机构的力量，适时开展投资合作，促使其在环境风险管理方面为“一带一路”建设贡献力量。

2. 创新“一带一路”对外投融资环境风险管理配套机制

一是要建立“一带一路”环境风险管理联络机制。建议成立由中国人民银行、财政部、发展改革委、商务部、环境保护部、银监会、证监会、保监会等多部委以及“一带一路”沿线国家政府和相关职能部门共同参与的“一带一路”环境风险管理联席会议机制，加强各主管部门在“一带一路”环境风险管理议题上的联络和沟通。

二是要推动“一带一路”对外投融资环境风险管理的电子治理。要将互联网条件下的电子治理理念、方法结合起来。首先，要充分把握互联网时代特点，创新治理机制，以便捷、分享、互动、高效的治理模式，实现功能定位的精确化和政府管理的人性化，从根本上改变传统治理方式，围绕“一带一路”对外投融资各利益相关方，提高信息服务内容和方式的主动性。其次，要采用先进大数据、云计算、新媒体等信息技术工具，建设标准统一、功能完善、安全可靠的信息网络基础设施，建设高效快捷、功能完善、覆盖面广、安全可靠的“一带一路”对外投融资环境风险管理应用系统。最后，要形成一套保障电子治理顺利运行的机制，加强部门间统筹，使“一带一路”对外投融资环境风险管理信息能够在国家之间、政府部门之间、政府部门与公众之间以及项目利益相关方之间有效分享。

3. 加强“一带一路”对外投融资环境风险管理专业队伍建设

投融资主体是“一带一路”建设的重要参与方。因此，应鼓励“一带一路”对外投融资机构、企业完善环境风险管理组织架构。结合对外投融资业务规模、环境风险管理工作的复杂化程度，在机构、企业内部设置“环境风险管理部”，负责相关工作的组织开展、技术支持。对于暂不具备设置独立部门条件的机构、企业，可以在风险管理部门或团队中设置“环境风险管理专员”岗位，使得环境风险管理成为投融资者的一种自发性行为。

另外，要在对外投融资机构、企业中建立完善的环境风险管理培训制度，创造管理水平提升的原动力。环境风险管理对于开展对外投融资的机构、企业而言，应当处于一种发展战略的高度，这要求机构、企业建立一套针对不同层级、不同岗位的环境风险管理培训制度。培训工

作应当重点围绕董事会及高级管理人员、风险管理人员和对外投资业务具体经办人员展开，分别对其宣传环境和社会风险管理理念、管理标准和管理的具体措施，有侧重、有区别、有计划地开展机构、企业环境风险管理队伍的管理能力提升工作。

4. 积极发挥社会组织的作用

从国内外实践来看，社会组织有助于动员资源、沟通渠道。同时，社会组织还可以发动、组织资金，或共同自助去解决区域或国家的环境和健康等问题，来弥补政府机构服务的不足。在“一带一路”对外投融资环境风险管理过程中，也应积极引导、大力扶持涉及环境保护的社会组织发育成长。鼓励社会组织就恢复、保护和改进“一带一路”沿线国家绿色发展的措施和方法提供咨询、建议和指导；对“一带一路”区域、国家、城市或者投融资项目的绿色发展变化情况进行定期的监测、评价和报告；对影响“一带一路”绿色发展的重要问题进行科学研究；对投融资机构、企业的相关人员进行培训；对“一带一路”绿色发展的具体行动和活动进行组织和开展。

7.3 森林风险是“一带一路”基础设施投资中的主要环境风险

“一带一路”基础设施投资，毫无疑问给金融机构带来了巨大的投资机遇。如果以7为基础设施最佳指数，全球的基础设施平均指数是4.2，而大部分“一带一路”国家是远远低于平均水平的，如缅甸只有2.3，蒙古3.1，越南和巴基斯坦是3.3，柬埔寨3.4，菲律宾和印度3.7，伊朗3.9，泰国和俄罗斯4.1等。这说明“一带一路”国家极度缺乏基础设施。

但“一带一路”基础设施投资也给金融机构带来了风险和挑战。本报告分析了“一带一路”基础设施投资中可能面临的森林风险。

7.3.1 森林是“一带一路”沙漠国家可持续存在的生命基础

“一带一路”国家的生态环境是非常脆弱的，特别是中亚西亚大部分是沙漠国家，极度缺水，森林覆盖率很低。而基础设施建设需要耗费大量的水和林木，这对沙漠国家来说是极具环境风险的。水和森林在生态环境方面具有共生循环互相影响的关系，这种共生循环互相影响的关系在沙漠国家更为突出。森林的保持和成长需要大量的水资源供给，所以在沙漠国家，一般森林绿洲都分布在河流的两岸。另外，森林具有涵养和清洁水源、固土防沙的作用，河流两岸的森林维系决定了河流水质和水量。大量森林的砍伐将导致流域区域气候失调，洪水和旱灾交替，水源流失，最终导致河流的消失和绿洲的沙漠化。而绿洲是沙漠国家居民生存的基础。

7.3.2 基础设施需要项目融资的特点加剧了银行投资的森林风险

对于银行的基础设施融资来说，基础设施投资的特点是项目收益的回收期很长，一般是长于20年。而且，基础设施投资规模大、投资回收期很长的特点，会迫使银行一般只能选择项目融资。项目融资意味着银行收回本息的主要资金来源要靠基础设施长期的项目收益，而且回收期很长的特点意味着，这样的投资资金的回收更容易受到环境风险的影响，因为环境风险的发生一般具有累积性，如果是短期投资，银行可能在环境风险爆发前就抽身而退，但对于长达20～30年的长期投资，则很难躲开环境风险的累积爆发。这是“一带一路”基础设施投资在面对环境风险方面与一般投资的显著不同，一方面来自于“一带一路”国家特殊的生态环境特点，另一方面来自于基础设施投资本身的长期性和规模巨大的特性。

基础设施建设属于较高环境风险的作业行为。本报告详细地列出了各类基础设施建设可能引发的森林风险，包括公路、铁路、水利、供气系统、电信基础设施等，包括森林生物多样性丧失、污染森林水体、产生废弃物及有害物质对森林的危害等。但是，本报告强调，这些风险是可以管理的，当我们指出这些存在的森林风险时，不是奉劝金融机构减少对“一带一路”的投资，而是呼吁金融机构关注森林风险。本报告也详细地列出了防范和管理森林风险可以采取的行动措施。

基础设施建设本身已经有较大的森林风险，但其森林风险的发生区域基本上还是限于基础设施所在的区域内，是局部性的。然而，基础设施供应链，在强劲的基础设施建设需求的带动下，如森林采伐等行业其导致的环境风险是可能呈现弥漫性全局性的，如果没有详细的风险管理策略，有可能带来全局性不可逆的环境风险。

7.3.3 森林主要的生态环境功能

森林的生态功能主要体现在以下方面：

第一，调节局部气候，涵养水源、防止水土流失，防止沙漠化和荒漠化。森林具有通过蒸腾作用等维持局部地区气候稳定、加强土壤的保水能力从而防止水土流失等重要性作用。森林可以通过降低风速、改变风向，以减少风蚀的强度；可以通过涵养水源调节径流量和枯水期的水量，促进天上水、地表水和地下水的正常循环，所以森林被称为天然的“绿色水库”，具有很大的保水能力。

第二，吸收和固定二氧化碳。森林在控制全球变暖过程中发挥着不可替代的作用，主要因为陆地上绝大部分碳储存在森林生态系统中。虽然二氧化碳是重要的温室气体，但却是植物生长的重要营养物质。树木通过叶片的光合作用吸收二氧化碳、释放氧气，并将光合产物通过一系列生理生化过程固定在生物量中。这种通过光合作用将太阳能转化为化学能、将大气中的二氧化碳转化成有机物的过程，就形成了森林的固碳效果。根据科学研究，森林每生长1立方米木材大约可以吸收1.83吨二氧化碳、释放1.62吨氧气。随着森林年龄的增加，固定二氧化碳的效率也在提高，长寿命的树种可以将这些固定的碳保持几百年。因此，从这个角度来讲，森林是一个长期吸收和固定二氧化碳的“汇”，即通常所说的“森林的C（碳）汇作用”。从全球来看，热带森林每年每公顷吸收约为11.5～36吨二氧化碳，温带森林约为2.5～27吨二氧化碳，寒温带森林约为2.9～8.6吨二氧化碳。由此可见，热带雨林具有远高于其他森林的吸纳二氧化碳能力，是稳定全球气候的重要生态资源。

第三，保护生物多样性。世界上物种的50%以上在各类森林主要是天然林中栖息繁衍。

7.3.4 森林风险是银行业“一带一路”投资中面临的主要环境风险

“一带一路”沿线涉及国家超过65个，从地域角度看，跨越亚欧大陆，涉及东南亚、南亚、中亚、西亚及北非等不同的地形地貌。由于不同国家的经济发展水平不同，资源和环境禀赋也不同，在具体的投资过程中需要防范不同的风险。但毫无疑问，森林风险是银行业“一带一路”投资中面临的主要环境风险。

（一）“一带一路”中沙漠及荒漠化国家的森林风险

根据我们的研究分析，在“一带一路”沿线中，沙漠及荒漠化风险主要集中在西亚和中亚国家。该地区是世界上森林最少的区域，其森林覆盖率只有4%（全球森林面积的1.1%）。绝大部分森林位于少数几个国家境内，19个国家拥有不到10%的森林面积。该区域大约75%的土地干旱、生物生产力低。对于缺水严重和风沙严重的沙漠国家来说，保证森林对水源的涵养和风沙的屏蔽的生态功能至关重要，几乎关系到这些沙漠国家的未来可持续存在。

森林的防护功能对干旱地区来说比其他地方更为重要。森林通过增加渗透、降低径流流速和地表侵蚀、减缓沉积来保护水资源。森林还能够过滤水污染物、控制出水量和流量、减轻洪涝、促进降雨并减少盐渍。中亚地区涉及“一带一路”的国家包括土库曼斯坦、吉尔吉斯斯坦、乌兹别克斯坦、塔吉克斯坦、哈萨克斯坦，中亚地区荒漠化水平严重，达到土地总面积的三分之一，生态较为脆弱的过渡带地区占比较高。中亚地区较大的沙漠群主要包括环卡拉库姆沙漠和克孜勒库姆沙漠，荒漠区包括哈萨克斯坦西部的盐碱地带等。克孜勒库姆沙漠地跨乌兹别克斯坦、哈萨克斯坦、土库曼斯坦。

中亚地区的主要城市分布在西南部咸海和里海周围、东南部帕米尔高原和中部河流经过的地区等环境较为适宜人类生存的地区。近年来人类毁林毁草已经导致脆弱的生态区进一步退化现象。强烈退化的地区位于卡拉库姆沙漠、克孜勒库姆沙漠边缘的绿洲经济带和哈萨克斯坦西部盐碱地带，尤以土库曼斯坦南部最为严重。

在西亚和北非地区，“一带一路”主要涉及伊朗、伊拉克、格鲁吉亚、亚美尼亚、阿塞拜疆、土耳其、叙利亚、约旦、以色列、巴基斯坦、沙特阿拉伯、巴林、卡塔尔、也门、阿曼、阿拉伯联合酋长国、科威特和黎巴嫩等国家。大部分国家是荒漠和高原地貌。

我们列出了“一带一路”中沙漠占国土面积40%以上的国家名单（见表7-19）：

表7-19 沙漠覆盖率大于40%的国家

单位：%

国家	沙漠覆盖率	国家	沙漠覆盖率
约旦	100.00	阿曼	80.13
巴勒斯坦	95.88	阿联酋	74.65

续表

国家	沙漠覆盖率	国家	沙漠覆盖率
埃及的西奈半岛	95.86	巴基斯坦	73.92
以色列	89.56	也门	67.48
沙特阿拉伯	89.11	叙利亚	65.37
科威特	86.89	哈萨克斯坦	52.90
卡塔尔	85.39	伊拉克	48.09
乌兹别克斯坦	80.39	土库曼斯坦	44.79

如表7–19所示，在“一带一路”沿线共有16个国家沙漠覆盖率高于40%，具有较高的沙漠化风险。一些国家由于地理原因，虽然沙漠覆盖率小于40%，但是依然面临严重的沙漠及荒漠化风险。以下部分选取典型的沙漠国家进行具体分析（见表7–20）：

表7–20　具有沙漠化风险的国家及其风险情况

风险分类	国家	风险情况
沙漠化风险（沙漠面积超过40%）	哈萨克斯坦	哈萨克斯坦森林覆盖率1.2%，沙漠占比52.9%。 近20年来 哈萨克斯坦森林减少了约11.3万公顷，平均每年约减少5 650公顷，年减少率为0.17% 。有70%的土地面临荒漠化。
	沙特阿拉伯	沙特阿拉伯森林覆盖率0.5%，沙漠占比89.11%。其北部有大内夫得沙漠，南部有鲁卜哈利沙漠。 由于沙漠和荒地面积较大，沙特阿拉伯的土壤保水能力较低。
	巴基斯坦	巴基斯坦森林覆盖率1.2%，沙漠占比73.92%。 巴基斯坦自独立以来为提高人民生活水平大力发展经济，开展大规模的工农业建设活动，但是未考虑环境问题，致使森林砍伐率较高。
	以色列	以色列森林覆盖率7.6%，沙漠占比89.56%。 以色列是少有的森林覆盖率高于百年前的国家，政府大规模开展人工造林，并制定了严格的法律对森林进行保护。
	阿联酋	阿联酋的森林覆盖率为3.9%，沙漠占比74.65%。 阿联酋的森林资源主要是由于近二三十年政府大力植树，人工栽种棕榈树和红树。
	埃及	森林覆盖率0.1%，沙漠占比95%。 西部利比亚沙漠，占全国面积的三分之二，大部为流沙，间有哈里杰、锡瓦等绿洲；东部阿拉伯沙漠，多砾漠和裸露岩丘。 土壤盐渍化现象严重。尼罗河沿岸绿洲难以满足人口扩张需要。

目前大多数沙漠国家没有建立起完整的森林保护机制，但是由于这些地区生态环境问题受到广泛关注，银行应当关注非政府组织及国际社会的可能干预。

（二）“一带一路”中热带雨林国家的森林风险

在“一带一路”国家中，第二类对森林具有敏感性的国家是热带雨林占国土面积较大的国家。大区域的热带雨林对全球气候变化具有非常重要的稳定的作用，热带雨林吸碳和固碳能力要高于普通森林的5 ~ 10倍，因此，在建设基础设施获取林木供给的时候，银行要特别关注林木的采伐地，要尽可能避免购买在热带雨林中采伐的林木，或者要关注其采伐中是否采取了生态功能保全措施，例如间伐、禁止在30度以上坡度的林区采伐、根据林区林木的再生能力制订采伐计划等。主要的热带雨林密集国家集中在东南亚，如印度尼西亚、马来西亚、柬埔寨等国。

印度尼西亚是亚太地区热带雨林面积最大的国家和世界上热带雨林面积位列第三的国家，

拥有亚太地区将近半数的热带雨林，但是在“2010—2015年报告最大年度森林面积净损失量的国家”中排名第二位，因此，印度尼西亚的森林保护受到国际社会的关注。柬埔寨森林资源丰富，联合国粮农组织发表的《全球森林资源2015年评估报告》指出，柬埔寨的国土森林覆盖率53.6%，保护区森林占国土总面积的比例为17.08%，大多数是热带雨林。但是，柬埔寨的热带雨林砍伐和破坏非常严重，2002年，柬埔寨颁布了森林禁伐令，全面停止了对天然林的采伐。目前，柬埔寨大部分森林已经被划归为森林公园和自然保护区，这些森林受到国际社会及环保组织的严密监视，禁止一切采伐。马来西亚地处热带，热带森林资源极其丰富，这引起了全球气候工作者对其森林保护的关注。

（三）濒危物种是“一带一路”基础设施投资中特别需要关注的森林风险。

濒危物种指所有由于物种自身的原因或受到人类活动或自然灾害的影响而导致其野生种群在不久的将来面临绝灭的概率很高的物种。一个关键物种的灭绝可能破坏当地的食物链，造成生态系统的不稳定，并可能最终导致整个生态系统的崩解。

70%以上的濒危物种栖息在森林，因此森林大面积砍伐和大面积减少会导致濒危物种的丧失。或者因为基础设施建设，例如铁路、公路、飞机场、大坝等的建设，影响到濒危物种的繁衍。因此本报告列出了“一带一路”国家主要的濒危物种，以供银行在进行“一带一路”投资时参考。

通过分析“一带一路”中林木采集对森林带来的环境风险可以看到，关注基础设施建设及供应链的森林风险对银行资金流的稳定以及声誉风险管理非常重要。如果林木采集没有关注森林风险，导致沙漠国家大片森林的丧失，或者东南亚国家大片热带雨林的丧失，其带来的环境后果将会影响到项目的可持续性，从而导致银行有可能无法有效回收资金，还会带来声誉损失。因此银行业在“一带一路”投资中需要高度关注森林风险。

7.3.5 森林采伐可能导致的环境风险

森林采伐业可能产生以下环境风险：

- 栖息地改变和生物多样性丧失；
- 水质恶化及水土流失；
- 土壤的生产力下降致土壤沙漠化。

具体内容如表7–21所示。

表7–21 森林采伐业可能导致的环境风险

环境风险	具体内容
栖息地改变和生物多样性丧失	开设人造林以及随后的伐木活动，会涉及以本地生或非本地生物种取代现有的植被，从而造成生物多样性丧失，并随之导致野生动物和植物种类的丧失。 受管理天然林中生物多样性的丧失可能由几个因素造成。某些植物和动物种类可能无法承受森林管理和开发活动造成的扰乱，因此会在受扰乱后离开该地区。另一些物种则可能无法生存于受森林采伐方式改变的栖息地中：例如，需要树木遮盖的物种可能无法穿越道路空地，因而无法获得生存所必需的某种资源，由此造成动物栖息地的改变和森林生物多样性的丧失。

续表

环境风险	具体内容
水质恶化及水土流失	水质恶化 森林业务（例如木材砍伐业务和道路修筑）可能对河流、水体、地下水的水量和水质产生不利影响，因而造成季节性水文变化，并可能对下流河流生物区、社区、渔业带来不利影响。对水质的影响可能来自于以下几个方面：水土流失和沉积物及生物残骸在森林道路和集材道过河处等水体中累积；使用杀虫剂、燃料、润滑油、冷却液等化学物质造成化学污染；由于水土流失和使用化肥造成氮、磷等营养物质增加；温度和河流情况等的变化可能影响鱼类和水生物群体。对水质和河流的影响可能来源于降雨规律变化而造成的植被量减少，空间分布不均以及其他生态系统的破坏。防止对水资源的直接不利影响以及维护河岸区，对于保护水质和水量以及保护水生物和陆地森林生境具有至关重要的意义。 水土流失 森林的水土流失可能来源于天然原因（例如刮风下雨）、木材砍伐作业、道路基础设施的修筑和使用。人造林通常采用轮伐、皆伐方式，采伐后由于植被减少，会使得土壤容易受到风雨的侵蚀。深松也可能导致水流成渠和大规模的水土流失。堆积灌木和砍下的枝丫、使用集材道也可能把水流导向侵蚀而成的渠道。在天然林中，当保护土层和有固定作用的根系被破坏后，一般就会导致表土的流失。当阔叶树种（例如柚木）将水导向裸露的表层土壤时，就可能导致更多的水土流失。不稳固的土壤可能受到森林管理活动的破坏，造成下大雨时或土壤饱和状况下山坡出现块体移动和碎屑流。 道路修筑、使用、维护活动可能造成严重的水土流失，并对水质产生不利影响。修路过程中的铲削和填平活动可能扰乱地下水流，使水移动到新区的地表，或破坏脆弱山坡的稳定性，造成滑坡。路面可能造成水无限制地流动，导致地表水土流失加快，地面冲刷成沟，将沉积物冲入水体。在热带地区的大多数天然林伐木业务中，都是用一次性道路或集材道路进行大树集材。集材道路往往比道路造成的影响更大，因为集材道的用途有限，因此其位置可能规划不周。在极端情况下，道路可能深入地表或穿过永久性水流。如果在热带地区因道路设计不周而限制排水，则可能导致森林永久淹没，通常还会造成森林大面积消失。天然林中的道路可能和人造林中的道路产生相似的影响，而且还可能直接阻碍动物的移动。
土壤的生产力下降导致土壤沙漠化	土壤的生产力对于伐木作业的可持续性以及森林生态系统及野生动物的总体健康至关重要。森林采伐作业和道路修筑可能对土壤产生物理影响，包括压实、辙迹、移位、侵蚀等影响。对土壤化学性质的影响包括改变酸碱值和养分平衡。对土壤生物性质的影响可能包括改变对土壤形成、分解、养分循环具有关键作用的微植物群和微动物群，而这几种功能都有助于树木的生长（例如根菌）。 水土流失会造成土壤生产力下降，进而造成土地荒漠化。

7.3.6 森林采伐业的环境保障措施

1. 预防和控制生物多样性丧失

表7–22　　预防和控制生物多样性丧失的措施

保障措施	具体内容
预防和控制生物多样性丧失	在控制和预防生物多样性丧失方面，对人造林和受管理天然林有一些相同的行动建议，其中包括[①]： • 在伐木区域留下（保存）一些树木或树木群体，以便达到再生目的，同时为野生动物（包括猛禽类）提供洞穴、筑巢处、食物来源、遮挡、移动走廊。适当保护林下物种以及场地上的枯立木、采伐迹地、木屑也应看作有助于改善野生动物栖息地。 • 保存和维护永久性季节栖息地，确保能让动物用于迁徙、产卵、育仔。 • 对河岸区[②]进行管理，以维护水的质量和野生动物栖息地。河岸区应连接于穿越流域边界的天然植被走廊，以便动物和植物移动。 • 道路上空应有树木遮掩，以保持栖息地的连续性。

① 《威斯康星州森林管理指南》(2003)。

② 陆地生态系统与水上生态系统之间的过渡区，邻近于常年性的和间歇性的溪流、湖泊、河流入海处沿岸地区。河岸区的特征是：生物物理环境、生态过程、生物区都具有斜坡，表面及地下水文结构通过斜坡将水域和附近的高地联系起来。

续表

保障措施	具体内容
预防和控制生物多样性丧失	● 采伐活动的时间安排应避开极危或濒危野生动物的产仔和筑巢季节。 ● 应对森林管理区的天然植被加以管理，以确保有各种演替阶段。 ● 道路边坡应保留天然植被。 ● 不得用杀虫剂处理天然植被。 此外，以下建议具体针对受管理天然林： ● 应当建立、管理和监督生物多样性保留地，以便保护关键性天然栖息地；同时应当建立、管理和监督具有较高保护价值的森林，作为现有生态系统天然状态的标本。 ● 应当进行长期采伐规划，确保将林业活动限制在尽量小的区域内，并避免使林业活动在长时期内集中于一个区域。 ● 为了避免采伐期间损害森林生态系统，建议采纳以下概念和做法： 制订长期的森林管理计划[①]。 在选择伐木系统（即采伐工艺和设备）时，应考虑到具体的地形特征、道路位置与设计、水土流失风险、土壤生产力所受影响，并考虑到其他既定的森林管理目标。 进行采伐前资源盘点，记录林分中超过一定胸高直径（简称胸径，单位厘米）的所有树木（取决于林分的性质）。 确定和记录选择采伐的所有树木，描述定向伐倒方法（通常只在热带森林进行）。 根据将分批轮伐的树木分布状况规划进入道、集材道、集材场。在规划进入道、集材道、集材场时应避免对土壤和水资源的影响。采伐前应确定区内的集材道，伐木时应尽量利用预先规划的集材道。 如果有藤蔓连接树冠，应在采伐前斩除藤蔓（通常只在热带森林进行）。 由训练有素的员工进行定向伐倒可减少对森林树冠的损害，并可缩短与集材道的距离。砍伐后树桩应接近地面，树干横切时要合理，以尽量提高可用率。 限制被采伐树木之间的距离，避免造成大面积树冠空缺。 采用对环境影响较小的圆木拖曳和收集方法，例如钢索拖曳和圆木提举。确保地面集材设备尽量保持在集材道上。集材时限制可碰撞的树木，减少对遗留树木树干的伤害。[②] ● 进入道的建设和维修应尽量减少对森林功能的影响； ● 如果地面坡度超过30%，就应避免采伐。如果在超过30%的坡面上运输圆木，就应使用完全或部分提取的钢索系统。 除了以上的共同点之外，以下建议具体针对人造林： ● 应促进人造林林分中的多样性（例如：多树龄和多树种，分区（树群）面积和间隔距离有所不同）；[③] ● 在将土地改造成人造林之前，应针对项目区进行勘测，以便鉴定、区分、描述天然生境和改造生境类型，并确定其在生物多样性方面对所在区域或全国的价值； ● 确保计划改造成人造林的天然生境和改造生境不含有关键性生境包括已知的极危或濒危物种生境，或重要野生动物的产仔区、取食区、集结区；[④] ● 查明以用于人造林的地区是否有极危或濒危物种，并确保正确管理其生境； ● 保留查明的关键性生境，以便保护生物多样性，并最终恢复天然林覆盖。 外来物种 如果有意或无意将外来的、非本地生的植物群和动物群引入其通常不出现的地区，可能对生物多样性造成重大威胁，因为有些外来物种可能具有侵入性，会迅速蔓延并在竞争中打败本地生物种。林业经营者不应故意引入新的外来物种(目前未在项目所在国家或地区立足的物种)，除非这种行动符合目前关于此类引入行动的法规(如果有此种法规)，或应评估其风险(作为社会和环境评估的一部分)，确定发生侵入性行为的可能性。林业经营者不得故意引入发生侵入性行为的风险较高的外来物种，也不得故意引入已知具有侵入性的物种，并须采取措施防止因事故或意外而引入。林业经营者还应采取措施预防因林业操作而使现有的外来物种蔓延。这方面的管理方法包括在设备(例如卡车、器材设备)从有外来物种区移动到无外来物种区之前用高压冲洗机加以冲洗。

① 《森林管理委员会森林管理原则与标准》的标准 7管理计划列出了森林管理计划应包含的各种事项，请参见http://www.fscus.org/images/documents/FSC_Principles_Criteria.pdf.

② 《粮食和农业组织（粮农组织）林业规范方式》含有更多关于自装集材机、地面集材设备、集材绞盘机、绳索集材系统、空中集材系统(例如直升飞机、气球)、水上运输设备的正确使用指南。可在以下网站查阅:http://www.fao.org/docrep/ V6530E/V6530E00.htm.

③ 已确定管理方向的一块土地或树林。一个分区或树群可由包含不同树种和树龄的林分组成。

④ 不使用的道路和集材道应关闭，以减少偷猎者和打野味者使用。

续表

保障措施	具体内容
预防和控制生物多样性丧失	热带森林资源的可持续性 目前对于天然混合林的增长率缺乏了解（尤其是在热带地区），因此没有足够的信息可供森林管理行业参考。这些地区资源的使用通常并不依据对增长率的科学测量数据。在许多地区，一些树种被过度砍伐，可能濒临绝种。 关于加强资源可持续性的建议如下： ● 为了确保采伐率可持续，每公顷采伐标准应当依据对有关树种的再生成功率、增长率以及分布的科学了解； ● 森林管理人员所保留的树种范围应当尽量广泛； ● 应当根据林分内目标树种的密度和直径规定直径下限； ● 应避免形成林下空地； ● 采伐周期应当根据树种再生研究的结果而确定，同时参照当地条件。

2. 预防和控制水质恶化①

表7–23　预防和控制水质恶化的措施

保障措施	具体内容
预防和控制水质恶化	为了在人造林和受管理天然林防止和控制对水质量和数量、河岸区、湿地的影响，建议采取如下方法： ● 执行河岸管理区（简称RMZ）计划。河岸管理区通常建立于水体的边缘（例如湖泊、可航行常年性/间歇性河流、不可航行河流），通过提供缓冲区来保护水体。 ● 将道路、集材道、集材场建立在河岸管理区和湿地之外。 ● 在适当的情况下，应当将砍下的枝丫、废材存放在高潮线以上，防止材料进入湖泊、河流、湿地。 ● 避免在湖泊和可航行常年性河流的普通高潮线附近使用轮式或履带式采伐设备（不包括道路和过河处），以免土壤受损和被压实，从而保护地面植被和半腐烂落叶堆层。 ● 尽量减少森林管理区内车辆过河处的数量和规模。如果需要过河，则应采用较好的方式，例如使用渡桥、硬地浅滩、管涵等。 ● 加固河床、河岸、引桥路的裸露土壤，以防止产生沉积物。 ● 在规划期间防止和限制对水资源的干扰。 ● 保持有效的河流洪泛区，以容纳常见的洪水。对于有下流洪泛风险的区域，应制订应急计划，以便保护人员和宝贵的资源。 ● 在完成或放弃项目业务和设施之前，将受到影响的地区恢复或复原到理想的生态状况。这方面应包括在集材道上设置拦水埂以及恢复集材场原貌（例如通过深松、播种恢复天然植被）。 ● 除以上措施之外，以下建议具体针对受管理天然林： ● 尽量减少车辆穿越常年性/间歇性河流和在湿地区域行驶。不应允许车辆穿越未受保护的河床或在其中行驶。如果必须穿越，则应采用直角方式，或采用渡桥、硬地浅滩、管涵等方法，以减少对河岸、水流、水质量的影响。 ● 尽量利用现有的集材道和集材场，并防止未经导流和沉积物控制（例如排水沟、边坡截水沟，以及使用草捆、淤泥围栏、沉积区）的径流直接排入水体。 ● 尽量减少在道路外使用设备。在必要的地点（例如湿地和低地），采用对地面压力较小的设备（例如宽轮胎或宽履带设备）。 ● 将砍下的枝丫铺在集材道的路面上。在火灾风险高的地区，作业结束后可能需要清除铺设路面的枝丫（例如撒到别处、打成碎片、或捆扎/焚烧）。因使用设备而造成的地面辙迹应当用有机地表覆盖物和种子加以填平和处理，应当尽可能恢复土壤的可耕性，并应将径流引导到沉积物处理区。 除了以上共同点之外，下列建议具体针对人造林： ● 应当使用水文模型预测对河流的影响，并根据预测结果修改人造林的设计方案。 ● 应采取措施减少裸露地表造成的水土流失。应避免完全耕作；如有必要，应当沿着等高线进行深松（一种用于使硬土层或石线障碍松动的方法）。

① 这个有关水质量的部分改编自粮农组织（1996）和《威斯康星州森林管理指南》（2003）所包含的建议。

3. 预防和控制形成荒漠化

表7-24 预防和控制形成荒漠化的措施

保障措施	具体内容
预防和控制形成荒漠化	水土流失是荒漠化的前提原因，预防和控制形成荒漠化首先就要防控水土流失。建议从伐木、道路、集材道和集材场、过河处几个阶段着手进行水土流失的预防和控制。 伐木 进行伐木作业时，建议采取以下措施控制和防止水土流失： ● 进行皆伐后应尽快重新恢复森林覆盖，可以考虑暂时采用有机地表覆盖物或砍下的枝丫保护易受侵蚀的土壤，直到理想的植被获得恢复； ● 分区（树群）应尽量缩小（在经济上可行的范围内），以缩小受风雨侵蚀的连块地表面积。分区面积通常不应超过50hm^2； ● 安排采伐作业时间应避开潮湿季节和特别潮湿期间（这时土壤中的水达到饱和）； ● 选择的采伐设备以及拖拉牲口应尽量减少对土地的影响（例如压实、辙迹）； ● 在超过30%的斜坡上，应当使用钢索集材系统，避免因在容易受侵蚀的斜坡上使用车辆； ● 应将砍下的枝丫和废材沿等高线堆积。 道路 进行道路修筑、使用、维护活动时，建议采取以下措施控制和防止对水的质量和生境造成的影响： ● 筑路前的规划和设计事项包括： ● 尽可能使用现有的道路网络； ● 在设计阶段考虑未来对道路的使用，这方面可以包括：如果计划在林业用途完成后长期使用道路，则调整设计考虑因素； ● 根据预计的长期交通类型和交通量设计和修筑道路（例如宽度、路面）； ● 尽可能多采用临时性道路； ● 尽量减少过河处的数量，并将道路过河处安排在适当的位置（例如安排在石头河床以及河岸较低处）； ● 将道路设置在排水能力良好的土壤上，尽可能多采用高山脊路线，避免低谷； ● 将道路设置在森林管理区和湿地以外； ● 预先设计道路网络，尽量缩短道路长度，减少道路密度，应在兼顾安全和运输需要的同时尽量缩小道路宽度； ● 道路的设计和位置选择应避免形成水堤，以免使水积聚起来； ● 要使树冠覆盖路面，以维持生境的连续性； ● 遵循天然路线的等高线，避免铲削和填平作业； ● 道路坡度应尽量不超过10%，最佳坡度为5%； ● 应相隔适当距离修筑道路排水设施（例如拦水埂、排水孔、排水沟、横向排水沟），将路面的水排走； ● 路面形状（例如采用凸形坡、外斜坡、凸球面）应确保径流水流入合适的排水渠道和植被，避免沿着辙迹流动； ● 应采用固定间隔的路边排水装置（例如边坡截水沟、排水沟、管涵）把水导向道路以外的植被；外流水排放区采用有机地表覆盖物、种子、水窖、石护床等土壤固定措施可能有助于保持外流水排放区的稳定性；排水系统不应直接排入水道，并应有能力排出本地 雨水和径流；应根据需要维护排水系统，以便容纳预计的流量； ● 应考虑在陡峭的路面和急转弯处铺放碎石和其他表面物； ● 应避免将废材埋入路基，因为这样可能使表面高低不平和出现洞穴，造成水土流失，道路使用前应压实。 如果修建道路不可避免，为了防止和控制其不利影响，建议采用以下方法： ● 设计和修筑道路时（例如填平处的位置），应避免或限制对湿地与河岸区水中和陆地生境及野生动物的不利影响（例如在筑巢区和取食区）； ● 湿地的引桥路应当建成上斜角，避免道路径流排入湿地； ● 集材场不应建在湿地； ● 应采用横向排水方法（例如管涵、桥梁、可渗透路面材料等），尽量避免影响穿过湿地的天然水流； ● 车辆活动应尽可能保持在硬地上，以免造成辙迹。最好使用对地面压力较小的设备（例如宽轮胎和/或宽履带设备），并在集材道上铺设垫子或木头；如果辙迹过多，应暂停活动。 在进行道路保养时，建议考虑采取以下预防和控制措施： ● 设立定期保养和检查时间表； ● 将废材从排水沟和其他排水结构中清除出去； ● 路面坡度应保持排水等高线，应及时填补洞穴； ● 如果采用尘土防控措施，应避免径流对周围水体和地下水的水质量产生不利影响。

续表

保障措施	具体内容
预防和控制形成荒漠化	道路停止使用后，应采取以下措施防止和控制不利影响： ● 如果土路停止使用的时间较长，应当耕开并用合适的短植物（最好是本地生物种）重新覆盖；如果路面形状没有完全恢复原状，则可能需要增加道路定期排水装置，充分防止积聚的水流侵蚀路面； ● 应当拆除临时性排水装置和桥梁； ● 应采用斜坡和其他方法长期保证路面的排水； ● 设置必要的拦水埂和排水引导装置； ● 应关闭停止使用的道路，以免公众使用，并防止无管制的伐木和偷猎活动。 集材道和集材场 为了防止和控制集材场和集材道的不利影响，建议采用以下方法： ● 将集材道和集材场设置在森林管理区和湿地之外，集材道应在进行采伐活动之前修筑，做到最大限度地使用预先规划的集材道； ● 集材场应建在排水良好的区域，并应稍有坡度，以引导径流进入转移渠道，排入灌木植被或其他径流过滤系统； ● 集材场可能需要定期清除尘土（例如用水清除），使用完毕后应当耕开并恢复植被（如果被压实，则需要深松）； ● 集材道应尽量保持平直，只有在需要爬上超过30度的斜坡时才可弯曲； ● 确定的集材道应当尽可能地反复使用，在特别潮湿的情况下，应停止集材，以防水土流失； ● 应尽量少用集材车铲修筑集材道，道路灌木丛应放在集材道上，砍伐后树桩应接近地面。 过河处 在过河处，建议考虑采用以下预防和控制措施： ● 尽量减少车辆穿越常年性/间歇性河流和在湿地区域行驶，如果必须穿越，则应采用直角方式，或采用渡桥、硬地浅滩、管涵等方法，以减少对河岸、水流、水质量的影响； ● 过河设施（例如桥梁、管涵、浅滩）的设计应能抵抗大暴雨的高峰流量，并确保水生物种的移动不受到影响； ● 应避免车辆在未受保护的河床上行驶，集材道不应穿越河流或水沟；如果必须穿越，则最好穿越硬石子河床； ● 排放的雨水应引向植被，而不引向河流； ● 应采用粒料桩加固过河处的引桥路，避免更多沉积物进入河流；采用有机地表覆盖物和种子、淤泥围栏、草捆来加固过河处河岸的土壤。 除了上述管理水土流失的建议之外，还建议采取以下措施管理土壤生产力： ● 森林作业的时间应当避开地表水分饱和期（例如初春时节和大雨后）； ● 尽量减少用于集材场、道路、集材道的土地，考虑采用对地面压力较小的设备并在集材道上铺设砍下的枝丫； ● 在采伐规划和管理过程中，兼顾土壤生产力和养分周期因素；道路和集材道上的辙迹应不断修复，防止形成水沟； ● 在重新造林/播种之前，应避免过多用机械方式准备场地，以免失去过多的土壤水分和有保护作用的半腐烂落叶堆层； ● 砍下的枝丫应当撒在场地上，为树苗提供保护和有机物质； ● 应考虑根据综合养分管理方法（简称INM）给土壤添加养分。重新植树时，为了弥补损失的养分，可以向人造林添加养分。综合养分管理方法的目标应当是在增产的同时保持和改进土壤养分状况，防止径流污染地下水资源和使地表水资源发生富营养化，并过滤掉过多的养分。

第八章 | 绿色金融理论、制度、技术研究及前景分析

绿色金融体系一般分为绿色金融制度体系和绿色金融技术体系。绿色金融制度体系主要指国家的绿色金融法规政策，是在制度层面对金融系统绿化的规范，它使以追求利润为导向的金融机构必须将可持续发展和绿色发展纳入经营战略和经营业务，否则就会丧失市场、利润和商机。也就是说，绿色金融制度体系的任务是，通过制度激励约束，使金融机构追求市场利润与绿色发展，实现二者一致。绿色金融技术体系，包括绿色金融风险管理和绿色金融机遇管理，是在技术层面实现对绿色项目的融资并使金融机构在融资业务中获利，以及对金融机构规避环境风险的保护。这两个层面是互动的，只有绿色金融制度体系的构建和完善，才能催生绿色金融技术体系的发展，而绿色金融技术体系的发展则保障了绿色金融制度的实际可贯彻性和可实施性。从实施主体来说，绿色金融制度体系的构建和完善是由政府的金融监管机构来主持完成，而绿色金融技术体系则是金融机构在绿色金融制度体系推动下主动进行的绿色金融技术创新。

8.1 绿色金融理论基础

绿色金融分为广义的绿色金融和狭义的绿色金融。广义绿色金融是指绿化整个金融系统，狭义绿色金融特指对绿色和环保公共物品及服务的投融资。广义绿色金融的理论基础是可持续发展经济学，狭义绿色金融的理论基础是新公共金融。

8.1.1 广义绿色金融的理论基础：可持续发展经济学

广义绿色金融的理论基础首先来自于可持续发展经济学。这门经济学分支学科的产生其实是建立在对主流经济学基本假设批判和完善的基础上。经济学的核心主题是资源配置，其逻辑体现为技术、制度、经济增长之间的良性互动。在传统经济学的思维中，资源的稀缺都是相对的，因此，通过技术革新、制度创新总能解决资源的相对稀缺所带来的经济增长困境，从而刺激经济增长并带来整个社会福利的提升。如果按照传统经济学的逻辑，可持续发展经济学没有存在的必要，因为可持续发展经济学研究的核心问题是如何实现代际公平，即怎样保障自然资源和环境容量不仅在当代获得有效的资源配置，而且还可以实现代际间的有效配置，使我们人类可持续地繁衍下去。在可持续发展经济学产生的初期，自然资源与环境容量的稀缺到底是刚性的、绝对的还是相对的，是经济学家们辩论的主要议题。如果自然资源与环境容量的稀缺是相对的，我们当代人就可以不用考虑子孙后代而尽情享受技术为我们带来的丰盛物质文明，我们子孙后代的福利可以由技术创新来保障新的资源供给他们，那么经济学中的资

源配置问题，就不用有漫长的时间跨度。但是很多现实的问题，使经济学家们开始思考，自然资源与环境容量的稀缺真的是相对的吗？技术创新与制度变革真地能解决一切资源稀缺问题吗？

在经历对自然资源和环境容量从不稀缺到相对稀缺到其有刚性供给边界和阈值之后，可持续发展经济学才得以建立起来。最早对这种自然资源和环境资源刚性稀缺进行较完整论述的是美国的著名经济学家鲍尔丁提出的“飞船经济”理论，该理论将地球视为人类赖以生存的唯一生态系统，其承载人口的能力、自然资源总量和接受消纳废弃物的环境容量是有限的，是具有刚性稀缺特征的，如果我们不受限制地使用这些自然资源和环境容量，地球上人类的生存就不可能持续。①人们总是习惯于认为，技术创新可以通过寻求稀缺资源的替代品来实现经济持续增长，但是，我们考虑的是地球上所有资源的总量，当我们在开发出越来越多的自然资源时，潜在可开发的自然资源就在减少，某种资源在现在的时点也许是相对稀缺的，但是地球上可供开发的资源总量是有限的，如果我们考虑到地球上可供开发资源总量的有限性，技术创新不断开发出新的替代品的过程，就是急速消耗地球资源总量的过程。地球资源总量的稀缺是绝对的，在漫漫宇宙中，我们并没有找到地球的替代品，因此，我们必须承认地球上自然资源和环境容量总量的绝对稀缺。

因为自然资源和环境容量有刚性供给边界和阈值，一旦我们当代人过量使用，就会使我们的子孙后代因为缺乏自然资源和环境容量的支撑而无法可持续地繁衍下去，所以，我们对自然资源和环境容量的资源配置，其最优的标准就有了跨代的漫长时间段，不仅是静态的最优还需要是动态的最优，对自然资源和环境容量怎样配置才能既保障当代人的福利又保障我们子孙后代的福利，实现当代人和我们子孙后代共同的福利最大化，这是可持续发展经济学家们必须回答的命题，也是经济学在面临自然资源与环境容量逐渐表现出刚性稀缺特征后必须接受的挑战。

绿色金融的产生，建立在经济学家们对自然资源与环境资源刚性稀缺认识的基础上。金融手段作为宏观经济调控手段之一，主要功能就是在一国范围内，通过货币信贷政策等实现资源在宏观意义上的良性配置。但是，这种对资源良性配置的判断，其时间区间一直是点状的静态的。然而，如果考虑到自然资源与环境容量稀缺的刚性特征，考虑到一国民众可持续发展需求，金融所支持的资源配置，其最优的判断就应该是跨代际的，是具有较长时间区间的动态分析过程。从理论上说，绿色金融要实现的使命之一，就是如何通过货币信贷政策的引导，帮助国家实现资源在代际间的公平和有效配置。

当经济学家们还在忧虑自然资源和环境容量会在我们的子孙后代中出现刚性稀缺时，当代的人们就已经遇到了自然资源和环境容量刚性稀缺带给我们的困境。随着工业化的发展，世界范围内环境问题日益凸显，环境污染事件层出不穷，美国、欧洲、日本等国都爆发了环境污染

① 罗杰·拍曼、詹姆斯·麦吉利夫等著，侯元兆等译.自然资源与环境资源经济学：第二版[M]北京，中国经济出版社，2002.

事件，给人类健康和福利带来了巨大损失，并严重制约着经济增长。而且，环境污染事件还从局部区域性向全球性扩展，导致联合国不得不在1972年专门成立了联合国环境署，以统筹全球环境污染问题的控制和解决。预计将在子孙后代出现的自然资源与环境容量刚性稀缺特征在当代的呈现，不仅加强了跨代际配置自然资源和环境容量的紧迫性，更是要求当代人在资源配置中要更加认真地考虑如何实现自然资源和环境容量在当代的有效配置。

这样的现实问题加重了绿色金融的任务，使其与传统金融具有更鲜明的差异性，其目标是要运用金融特有的手段和工具实现自然资源和环境容量在代际间配置的公平和效率以及在当代配置的公平与效率。目标鲜明的不同，必然带来政策制度的差异性。但无论如何，绿色金融是未来金融发展的必然方向，因为地球只有一个是客观的现实，自然资源和环境容量刚性稀缺是全球都逐渐感受到的挑战，因此，提出可持续发展理念。中国的生态文明建设、绿色发展，都是为了实现中国民众的可持续发展，在这样的背景下，金融在支撑整个宏观经济调控时要实现的使命，必然是跨代际的，必然是要强调自然资源与环境容量稀缺刚性的。以这样基本假设构建的所有金融制度政策工具和手段，必然都带有鲜明的绿色特征。

对自然资源和环境容量的稀缺性是相对的还是绝对的刚性的判断，决定了绿色金融到底仅仅是金融的一小部分还是未来整体金融的发展方向。如果自然资源和环境容量是相对稀缺的，我们只需要发展出绿色金融这个部门金融学来解决其相对稀缺问题，不需要整个金融系统的全部绿化。但是，如果我们认为自然资源和环境容量的稀缺性是绝对的，其资源供给是有刚性的边界和阈值，一旦我们的超量使用越过该阈值，就可能导致整个生态系统和经济系统的崩溃，甚至影响到整个民族的存亡，在这样的背景下，金融系统就必须实现全面绿色化，在考虑任何金融法律政策规则工具和手段时，都要以最有效配置及使用自然资源和环境容量为前提。当然，金融的全面绿色化有个逐渐演进的过程，随着自然资源和环境容量稀缺度的提升而逐渐扩展。

所以，绿色金融理论基础的研究任务是非常艰巨的，需要对传统经济学微观理论基础和宏观理论体系进行整体的突破和完善，并将其作为金融理论体系整体框架的基础进行研究。

8.1.2 狭义绿色金融的理论基础：新公共金融

狭义绿色金融的理论基础是新公共金融。公共金融在学科发展中不断变动和完善。最初的公共金融被界定为政府的财政，其主要框架是财政税收和财政支出，因为，公共金融，其根本的要义，就是如何为公共物品和公共服务融资。在传统的财政学著作中，我们得知，因为公共物品和公共服务的非排他性和非竞争性，因为公共物品供给的外部性特征，导致其无法通过市场供给，只能由财政来提供。因此，政府需要通过征收税来为公共物品和服务融资，通过财政支出的设计来为公共物品和服务投资。

但公共物品和服务只能由政府来供给这一论断被科斯的灯塔理论打破。17世纪初期，灯塔是由领港公会负责建造。这是一个隶属政府的机构，专门管理航海事宜。航海业的发展导致了船只对建造灯塔以保证航运安全的急迫需求，但领港公会却没有足够的资金建造很多的灯塔。

私营投资者有投资的动力，但却寻求不到合适的收费机制，无法保障合理回报。航海中的灯塔，在收费机制问题上，无法避免因为公共物品使用中的非排他性特征而导致的“搭便车”问题，如何完善收费机制使私人投资者可以获得合理回报，就成为灯塔这种公共物品民营化的关键。最后的解决方案是由隶属政府的港口解决。港口的公务人员根据船只的大小及航程中经过了多少灯塔来收费，不同航程收取不同的灯塔费用，甚至将其印成了小册子，以正规化和完善收费机制。港口的公务人员代收灯塔费后，再转给各个灯塔建设运营商，作为他们投资建设运营和维护灯塔的利润回报。这样，作为公共物品的灯塔的供给，就完成了由政府和财政供给向市场和金融供给的转型。

我们需要讨论的关键是，当灯塔转变为由市场供给，由金融融资时，灯塔还是公共物品吗？笔者认为，公共物品和公共服务的认定，应该根据其受益的范围，如果其建设可以造福的是非常广泛的人群，且这种收益是无法排他无法分割的，就应该认为这是公共物品。灯塔虽然是转由市场建设和融资，但是，并没有改变灯塔受益者的广泛性和收益的不可分割性，因此，灯塔应该还是公共物品，只是这种公共物品是由市场来提供，由金融来融资。但是，灯塔这种公共物品，即使是由市场提供，它也与一般的经济物品的供给有显著不同，那就是，它对政府存在严重依赖，其市场化程度，完全取决于政府的扶持程度，也就是说，这是政府建立的市场。比如，在灯塔的市场化供给中，如果没有政府的代表（港口的公务人员）帮助私人投资者向船只收费，灯塔的市场化供给是不可能实现的。科斯的不足在于，他发现了灯塔这类公共物品可以由市场供给，却没有发现政府在这类公共物品的供给中，其发挥的作用远远要大于私人物品，这是一种特殊的市场。

之所以政府在公共物品市场化供给中发挥的作用要远远大于私人物品的供给， 在于：由于受益人群的广泛性和不可分割性，公共物品的供给一般具有天然的垄断特征，并具有被规划的需求，无法在运营阶段实现市场竞争。比如污水处理厂，目前在世界很多国家都实现了由政府供给向市场供给的转型。但是，污水处理厂的建设和运营必须是由政府颁发特许经营许可证来规划性管理的，一旦授予特许经营权，政府就要维护承担公司的垄断地位，不允许其他公司在已授权区域竞争，否则，污水处理厂就会建设和运营失败，并出现极大的浪费。首先，公共基础设施服务涉及千家万户，污水处理收集管网在地下铺设必须具有规划性，如果很多企业竞争，大家都竞争性地铺设地下管网，城市将会变得混乱不堪。 其次，作为可以提供广泛人群服务的污水处理厂，其建设和运营资金来源是广大的污水排放家庭和企业缴纳的污水处理费，作为大型基础设施，其规模设计都是依据区域污水产生量，如果这样大型的污水处理厂建造运营后，因为竞争而没有那么多污水量送来处理，意味着很大部分设备和处理能力闲置，必然会出现严重亏损。大部分公共物品在建设和运营中都具有天然垄断的需求，自由竞争主要体现在获得特许经营权的招投标竞争中。

因此，政府对这种市场化公共物品更严格的监管和更深入的参与，是政府和市场双方都需求的。对承担公共物品供给的市场经营者来说，没有政府的参与就无法完成收费，毕竟其收益仍然是无法排他无法分割的；没有政府参与也无法实现垄断经营，必然会导致经营失败。对政府来说，公共基础设施和公共服务必须规划供给，不能任由市场自由竞争带来各种不确定性，特许经营权的颁发就是这种严格规划的体现，而且，公共物品和服务往往关系到广大居民的最基础福利，如果供给质量不好，由于其天然垄断的特征，居民也无法通过选择其他公司来获得有效服务，其服务质量的保障和价格的公平性必须由政府通过严格监管来保障。我们可以看到，没有一个污水处理厂是可以自己自由定价和提价的，要提高价格，必须与政府协商谈判，政府往往还要召开市民听证会来征求市民对提价的意见。这些特征显然和私人物品的市场化运作是显著不同的。

由此可见，即使实现了市场化供给，这些公共产品和服务也并没有改变其特性，他们还是公共物品，与私人物品的市场化供给有显著区别。那么，这就证明了，公共物品和服务不是只能由财政来融资和投资的，完全可以通过市场和金融实现。其实，开发性金融和政策性金融的出现，已经是金融参与公共物品供给的证明。开发性金融和政策性金融，是一种政府性资金，如果所投项目不具有一定的公共物品属性，为什么不使用一般性金融资金，而要使用开发性金融和政府性金融这种政府性金融资金呢?

由此可见，公共金融的现实演进，已经从单纯的财政税收和支出，而走向多元化，现实显示，公共物品和服务的融资，财政和金融都在承担，而且，随着公共事业民营化进程，金融在公共物品融资中发挥的作用日益加大。

目前，新公共金融虽然将公私合作纳入其中，但是，其主体框架还是财政的税收和支出，他们将PPP看作财政支出中的一种。目前新公共金融努力的方向，是如何在全球化中将原来的财政税收和支出模型扩展。但这显然无法追上现实需求。绿色公共物品和环境公共物品的供给，绿色金融的全球兴起，是有力的证明，说明金融在公共物品的供给中发挥着越来越重要的作用，甚至在很多领域，财政已经退出，金融在其中发挥着主体供给的作用。

PPP模式有两种界定方式，或者是政府给特许经营权，或者是政府采购。我们分析欧洲和美国的PPP发展史，可以发现，如果用政府财政资金的参与来定义PPP项目，那么欧洲和美国的PPP项目，在经历了20世纪的发展高峰期后，目前已经逐渐减少了，也就是说，其很多领域的公共物品供给，已经完成了从全部的财政供给，到财政和私人资本联合供给，到完全的私人资本供给阶段。金融如何更好地供给公共物品，或者金融监管机构如何指导金融机构，更好地参与到这种公共物品供给的融资服务中，并帮助财政资金逐渐退出，就应该成为公共金融研究的重要内容。

相对于财政资金，金融供给公共物品的优势主要体现在以下三方面：第一，资金使用效率更高；第二，公共物品融资可获得的资金量更大；第三，提高付费者的针对性，从而可以更有效地筹措资金。

绿色金融参与绿色和环保公共物品的供给，急需理论的构建和指导，必须对新公共金融理论框架和范式进行突破，以构建绿色金融理论体系。

8.2 绿色产业发展前景分析与绿色金融研究

金融对经济增长的引导和支撑作用，是通过对各种产业的引导和扶持来体现的，所以，金融政策对产业发展具有重要推动作用。绿色金融在经济增长中发挥作用，也是需要通过扶持绿色产业来体现。不同的产业特征需要不同的金融政策和工具，因此，判断绿色产业发展前景，分析金融应该扶持的产业发展方向，是绿色金融正确发挥作用的基础。

绿色产业类别很多，因此产业发展方向也各不相同。但是，值得关注的是，环保产业近期正在以迅猛之势聚合，配合着PPP的热潮，向规模化、现代化方向发展，这不仅是绿色金融需要支持的热点，也是金融业获得盈利商机的新方向。

环保产业迅猛发展并迅速聚合的原因来自两个方面：第一，环保欠账较多，聚合爆发环境污染事件，导致了对环保产业的需求急剧增加。过去在经济高涨期，为了拉动经济持续增长，大量资金都投在钢铁、公路、建筑等大型基建设施和制造业，这些行业都具有高污染和高资源消耗特征，因此，产生了极大的污染治理需求，所谓的环保欠账，不仅包括大气和水方面的欠账，主要是来自于经济高速增长期，而且还包括土壤污染治理的欠账，主要来自中国自从开始建立工业基础以来，在将近30多年的时间里，固体废弃物一直是采取直接填埋的方式，这种直接填埋方式造成的土壤和地下水污染隐患，在潜伏30多年之后，近期将进入高发期。世界各国，无论是欧洲还是美国，都没有躲过早期固体废弃物处理技术中存在问题在潜伏30多年后带来的土壤污染爆发期。美国是20世纪80年代进入了土壤污染爆发期。对于我国2014年爆发的兰州水污染事件，人们关注的焦点大多是水污染造成的影响等问题，却没有深究水污染的原因是什么。据报道，自流沟周边地下含油污水形成的原因有两个：一是原兰化公司（中石油兰州石化公司的前身）一渣油罐在1987年发生物理爆破事故，有34吨渣油渗入地下；二是原兰化公司一出口总管道曾于2002年发生开裂着火，泄漏的渣油及救火过程中产生的大量消防污水渗入地下。由此可以发现，此次自来水苯污染事故的污染源应该是27年前和12年前中石油的渣油罐泄漏，泄漏的污染物不是直接排向水体，而是渗透到地下，从而污染了土壤。也就是说，这次水污染是土壤污染导致的地下水污染事件。相对于水污染和大气污染，土壤污染具有长期性、渐进性特征，所以在这次水污染事件中，27年前的泄漏才会在今天发作，因为污染物由土壤层向地下水渗透有一个长期渐进的过程。

第二，环境治理技术特征导致环保企业正在综合发展形成环保综合服务平台。对于环保公司来说，只在某一领域深耕，空间有限，很难做大做强，通过拓展产业链、打造综合环境服务商，是环保企业发展的特点。大气、水、土壤污染的产生本身就有因果循环的特征，大气、水、土壤的治理在技术上往往也存在衔接性。例如，污水处理重要环节之一是污泥的无害化处理，而污泥无害化处理的各种技术，也往往可以用于土壤污染的治理。更重要的是，目前很多环保PPP项目是以区域打捆的方式出现的，以绩效考核为导向的环保项目考核特征也需要区域综合评价体系。例如，一些新能源项目，虽然节约了能源，但是产生了大量的水污染，处理水污染，又要消耗大量的能源，水污染处理过程中如果对污泥处置不当，就会带来土壤污染，土壤污染处理，无论是水洗、焚烧还是植物法，如果处置不当，目标土壤即使处理好了，也会带来新的水污染或者大气污染。这种环保综合服务平台，可以关注大气、水、土壤的综合治理。

根据财政部全国PPP综合信息平台公布的项目库，截至2016年2月29日，全国PPP项目总数为7 110个，总投资额为82 879.99亿元。这些PPP项目分布在19个行业，能源133个、交通运输816个、水利建设338个、生态建设和环境保护989个、农业80个、林业5个、科技54个、保障性安居工程398个、医疗卫生350个、养老182个、教育380个、文化207个、体育127个、市政工程1 876个、政府基础设施79个、片区开发450个、旅游377个、社会保障84个、其他185个。全国环保PPP项目共1 787个，占全国PPP项目总数的25.13%，投资额达12 001.5025亿元，占全国PPP项目投资额的14.48%。通过识别，在已有的1 787个环保PPP项目中，共有424个区域环保PPP项目，总投资额约为7 033.74亿元，占所有环保PPP项目的58.61%。其中资金需求额度最高的是楚雄市海绵城市建设PPP项目，资金总需求额度为243亿元。这样大型的区域PPP项目，必须是具有较大融资和建设运营实力的大型公司才能担当，在一定程度上刺激和催生了环保企业规模化发展趋势。

环保产业现在正处于纷争与聚合过程，在重组、兼并、并购热潮中，中小环保企业正在向大型综合性环保企业聚合，这是行业发展的大趋势，中国的绿色金融应该帮助中国的环保企业重组兼并和并购，只有形成大型的现代化环保企业，中国环保产业才能真正成为新常态下的新型经济增长点。未来10年，是中国环保产业繁盛发展时期，需求的资金额度极大，“十三五”期间，我国环保产业的全社会投资有望达到17万亿元：“水十条”预计拉动4万～5万亿元社会投资；“土十条”发布带动的投资预计远超5.7万亿元；如果算上“气十条”的1.7万亿元，则三大行动投资计划超过12.4万亿元。

如果说以上只是估算的需求，不能代表真正的市场热度，那么环保市场真实的数据可以反映目前环保行业发展状况。截至2015年底，环保产业产值达到了4.5万亿元。2015年国内环保行业并购案例约120起，涉及交易金额超过600亿元。环保行业还走出国门进行并购，其动机主要为：一是吸纳国际环保技术；二是将环保服务市场扩张到国际市场。中国环保产业的未来走向是，将会整合出一些超大型的环境综合服务公司，发展先进的环保技术，不仅服务于国内市场，还将跨出国门，参与国际市场的竞争。

国内环保企业以收购国际环保先进技术为目的的海外并购，如2013年8月先河环保收购美国环境监测公司CES51%的股权；2014年2月国中水务收购了瑞典研发净水设备的上市公司Josab International AB的控股权，花费6 527.343万元；2014年11月，国中水务与博天环境又共同参股了丹麦哥本哈根的AQP公司；永清环保2015年8月9日完成了对美国土壤修复公司IST的收购等。

国内环保企业以扩张海外环保服务市场为目的的并购，最典型的是首创集团收购新西兰固废公司Transpacific New Zealand公司100%的股权，以及收购新加坡危废处理排名第一的ECO公司100%的股权。2014年6月30日，首创集团收购新西兰固废公司Transpacific New Zealand公司100%的股权，收购价为9.5亿新西兰元，约合50亿元人民币。TPI公司为新西兰废弃物处理行业排名第一的公司，业务范围遍及新西兰各主要城市，拥有或运营新西兰处理规模排名前7位垃圾填埋场中的5座、29处垃圾转运站、17座资源回收处理站，800余辆垃圾收运专业车辆，以及15台发电机组。2015年6月首创再次出手，以上市公司全资子公司首创香港收购新加坡危废处理排名第一的ECO公司100%的股权，标的公司股权交易价格为不超过2.46亿新加坡元，约合人民币11亿元。ECO是新加坡危废处理行业的领先者，是新加坡仅有的三家持有国家环境署发放的全方位垃圾收集服务牌照的公司之一，可收集废物包括有毒废物、腐蚀物、易燃物及工业公司产生的其他危险废弃物。标的公司在新加坡危废处理整体市场份额中遥遥领先，目前业务包括危废焚烧、污水处理、溶剂回收、石油回收及固化处理。

环保产业并购相关研究上，谢静波（2011）针对环保并购中存在的风险，分别利用现金流量折现法、相对估价法和期权估价法，构建了环保并购中对环保产业进行估值的方法体系，并利用奥图泰公司的具体案例对评估方法进行了验证[①]。胥朝阳、周超（2013）综述了并购绩效、绿色绩效相关文献，建立了一套评估绿色并购绩效的评价体系，并以华孚色纺的并购事项为例进行了评价，得出了绿色并购改善印染企业绩效的结论[②]。胥朝阳（2015）认为，并购重组是推进我国传统制造业绿色转型的助推器，并购重组能够促进企业技术能力提升，进一步带动传统制造业绿色转型[③]。王小平等人（2014）分析了我国先河环保公司并购美国 CES 公司的案例，指出该并购引入了国际先进的产品生产技术，获得了美国CES世界领先的重金属在线监测技术；业务领域被拓宽，开始进军土壤监测领域和烟气领域；并购使得公司国内外业绩同步增长。此外，该文章还分析了我国环保业跨国并购的影响因素，指出跨国并购是企业国际化战略的重要举措[④]。

对于绿色产业发展前景的分析和判断，是确定未来我国绿色金融研究重点的重要依据。不同的产业特征需要不同的金融政策和工具扶持。过去，我们一般会认为，环保企业一般是中小企业，所以主要的金融创新就是如何针对环保中小企业抵押担保缺乏、贷款风险高来进行，最为突出的是IFC引入中国的打捆式中小企业节能减排项目融资技术，其特点是引入项目融资模式解决中小企业抵押担保困难的问题，但项目融资模式组织运营成本高，在国际上一般要超过1 000万美元的项目采取项目融资模式才具有效率，IFC采取将中小项目打捆的模式，每个打捆的项目包内包含很多同类的中小型节能减排项目，但每个项目包总融资额度超过1 000万美元。另外的金融创新是，用节能减排项目未来产生的碳当量作为贷款的抵押，虽然还是运用项目融资以项目未来收益为抵押的模式，但引入了碳金融的元素。

然而，目前中国大气、水、土壤污染控制领域环保综合发展市场聚合的前景，决定了这样

① 谢静波. 环保产业企业估值并购的研究[D].上海交通大学，2011.

② 胥朝阳，周超. 绿色并购绩效评价体系构建及应用——以华孚色纺为例[J]. 武汉纺织大学学报，2013（6）.

③ 胥朝阳. 并购重组：传统制造业绿色转型的推进器[J]. 会计之友，2015（10）.

④ 王小平，赵娜，李文生.我国环保业跨国并购的影响因素与路径选择——以先河环保公司并购美国CES公司为例[J]，对外经贸实务，2014（5）：79–82.

大规模的企业发展军团，其对金融创新的需求肯定不同于中小企业。目前，主要的金融创新模式是运用大型环保公司和金融机构捆绑作战共同成立环保产业并购基金，在国内和海外完成环保企业的并购，这种环保产业并购基金的成立，不仅构成了技术、商业模式和融资三位一体的优势，还通过基金平台可以聚合更多的社会资金，实现杠杆效用。

本章后面将更加详细地分析基于目前中国环保产业发展前景需要的金融创新，在这里，笔者想阐述的是，中国环保产业在产业特征、技术特征、商业模式等方面的特殊性，导致了对金融创新特殊的需求，在趋势上体现为产融结合的紧密性，即要求金融机构不仅承担融资的责任，还要求更深入地介入经营，这是规避环境风险获得环境商机的重要手段。大型环保企业联合金融机构形成的环保产业并购基金，毫无疑问，因为是在环保产业并购基金内部合作，金融机构与环保企业必须紧密合作，产融结合。而IFC引入的针对中小企业节能项目的打捆式融资模式，作为银行，在其中不仅扮演融资的角色，因为他们还需要将项目分类打包并管理，为了规避风险，他们必须对整体项目的资金流严加监控，甚至介入到项目的管理中，因此，其在整体项目运作中的角色也超越了传统的仅仅融资的职能，而且具有了某种监管者、运营者甚至是会计和出纳的角色。比传统金融更深入地介入项目实现更深度的产融结合是扶持环保产业未来发展的金融创新需求的趋势。

8.3 主要绿色金融技术分析

正如前面分析，中国的绿色产业和环保产业正处于产业聚合状态，而很多绿色项目的基础设施特性，也决定了其在融资方面有资金需求额巨大、融资需求时间长（一般包含10年以上的项目周期）、必须按照项目设计进展按期匹配资金、项目收益率不高等特点。在一定制度条件限制下，要实现对这些绿色项目的融资就需要进行绿色金融技术创新以提高绿色项目融资的成功率，在国际上，目前主要运用于绿色项目融资的技术创新有项目融资、资产证券化、各类绿色基金等。

项目融资是运用于绿色基础设施项目最常见的融资工具。绿色项目的特点决定了其基本都是新产业新公司，很难提供传统公司融资需求的连续三年良好的财务报表，或者抵押担保，或者良好的经营信誉记录等，但是绿色项目，特别是特许经营类绿色项目，因为已经在招投标阶段完成了市场竞争，获得了政府超过20年的经营合约，在一定区域内享有垄断经营优势，未来收益非常稳定，几乎没有市场竞争。对于着重于对企业现状分析的传统金融风险评估来说，绿色项目是高风险的，对于着眼于未来收益分析的项目融资业务来说，具有稳定未来收益的绿色项目有其经营的优势。而且，国际领先金融机构专门针对项目融资所开发出的一系列风险防范措施，例如赤道原则，为项目融资的风险管理也提供了技术支撑。对于绿色项目来说，项目融资不仅增加了其获得融资的机会，而且可以按照项目计划为其提供匹配的长期贷款，一般来说，项目融资都是超过十年期的长期贷款。

资产证券化对于绿色项目的重要性在于，它可以盘活已经建成的项目资产，从而为后续的项目计划提供资金支持。绿色项目不仅是长期的，而且往往包含多个建设项目，例如一个污水处理厂项目，往往包含一期二期，建设的不是一个污水处理厂，而是污水处理厂群，资金在投入一期污水处理厂建设后，二期污水处理厂建设往往就存在融资困难，这时，将一期已经建成并运营的污水处理厂进行资产证券化，就可以为二期的建设募集资金。在中国，资产证券化还被运用于绿色项目财政专项资金的滚动使用。按照财政部的规定，财政专项资金必须按照要求的时间使用，将运用财政资金建成的绿色基础设施或者工程项目进行资产证券化，就盘活了财政资金，使其可以继续用于后续的项目，在一定程度上缓解绿色项目长期巨额融资的难度。

绿色基金最大的优点是其种类的多样性，可以结合的融资工具的多样性，可以设计的风险分担和利益分享机制的多样性，这种多样性融资平台为绿色项目融资提供了最大化的融资空间。特别是，绿色基金所构成的融资平台，不仅可以聚合资金，还可以实现技术衔接、产业链的延伸和整合、项目的打捆处理等，这些设计技术，可以扩大绿色项目的赢利空间，将原来赢利太低不能推向市场的绿色项目转化为可投资项目，例如在南方，稻田面源污染处理、湿地过滤净化、河流水生植物和动物净化、生态旅游、生态产品生产和深加工打捆在一起；在北方，将厨余垃圾处理、生活垃圾处理、猪牛羊养殖业粪便处理、生物质能、沼气置换等技术和产业链衔接，可以将单项不赢利项目，通过衔接捆绑的方式，理顺产业上下游关系，最终转化为赢利的绿色项目。但是，这样大规模的区域产业链理顺和衔接，需要有充足的财力和组织力做后盾，绿色基金在此时，不仅是融资平台，还是技术衔接和产业链整合的组织方。

通过这些绿色金融技术创新，可以在一定程度上提高绿色项目获得融资的机会，从而推动绿色产业发展。笔者以为，在中国目前特定环境下，绿色金融技术的开发十分重要，我们很难要求投资者仅仅出于绿色责任而投资，金融机构应通过绿色技术创新，使绿色项目实现赢利，在技术层面实现投资者既要实现市场赢利又要满足其绿色投资责任的双层目标，从而吸引更多的投资者。

8.3.1 项目融资与绿色金融

因为绿色和环保的公益性特征，绿色项目中很多都是从公共事业民营化转化而来，例如城市污水处理、垃圾填埋或者焚烧等。这样的大型特许经营项目，具有投资额度巨大、付费机制清晰、收益回报期长的特点。这些特征导致民营企业不愿意作为其偿债主体，因为会面临债务占其资金比重过高、回报期长又使其不能迅速收回成本等问题，导致公共事业民营化面临着融资瓶颈。在这种情况下，国际领先银行创新出项目融资模式，专门承接对这类项目的融资业务。一般而言，可以应用项目融资的项目（包括商业项目和公共项目）必须具有这些特征：经济上和法律上都有一定的独立性、项目本身产生的现金流稳定且足够还本付息、项目有明确的目标而且常常有限定的运营期，规模比较大、长期合同关系比较清楚。而很多绿色项目，特别是PPP模式的绿色项目正好具备了这些特征，故国际上这些领域的PPP项目很多会采取项目融资模式。

应该指出的是，项目融资不是绿色项目和PPP项目的唯一融资模式，债券、基金等各种金融手段的灵活运用也能适应绿色项目的融资需求并降低融资成本。然而，项目融资虽然不是绿色项目唯一的融资工具，但其在很多绿色项目的融资中是不可替代的金融工具，很多其他的金融工具的配套使用要依靠其奠定基础。因此，笔者认为，如何运用项目融资更好地扶持绿色项目是中国绿色金融研究的重要内容之一。

巴塞尔新资本协议从公司风险暴露中区分出专业贷款（specialized lending），其中包括项目融资。新巴塞尔协议认为："在项目融资中，贷款人通常只能通过运营这些项目、设备产生的货币得到偿还（例如电厂售电收入）。借款人通常是特殊目的的实体（SPV），除了建设、拥有和运营这些设施外，不允许特殊目的实体履行其他职能。因此，还款主要依赖项目的现金流和项目资产抵押品的价值。"国家计委、国家外汇管理局1997年4月16日印发《境外进行项目融资管理暂行办法》中称"项目融资是世界各国、特别是发展中国家进行基础设施建设逐渐采用的一种国际融资方式"。并称"项目融资是项目发起人为筹措较大规模外汇资金，同时又避免承担过大的项目风险和债务偿还责任而采取的一种融资方式。它与传统的公司融资有所不同，在项目结构、融资结构、风险分担、权益抵押等方面更复杂，对项目的质量、主要投资者的资格、稳定的预期收入以及法律环境等有更高的要求，融资成本通常也更高"。银监会2009年7月18日发布《项目融资业务指引》，第三条称"本指引所称项目融资，是指符合以下特征的贷款"，第一，贷款用途通常是用于建造一个或一组大型生产装置、基础设施、房地产项目或其他项目，包括对在建或已建项目的再融资；第二，借款人通常是为建设、经营该项目或为该项目融资而专门组建的企事业法人，包括主要从事该项目建设、经营或融资的既有企事业法人；第三，还款资金来源主要依赖该项目产生的销售收入、补贴收入或其他收入，一般不具备其他还款来源。

项目融资被巴塞尔新资本协议列为专业贷款，说明其风险管理的特殊性，但是，如果能专业化管理风险，并有严格的《合同法》保护，在一定程度上，项目融资的风险甚至可以低于公司融资。银行进行项目融资贷款时，是无追索权或只有有限追索权的，而且贷款对象是为项目专门组建的特殊目的实体（SPV），这个新成立的SPV公司是不可能有连续三年的良好财务报表的，其自有资金（SPV自有资金加股权融资）一般不超过项目融资总额的30%，有些项目融资甚至是在无任何自有资金的状态下向银行申请项目融资贷款，按照现阶段我国银行采用的传统风险管理模式，肯定会认为这样的贷款风险极高。但是，项目融资业务针对的项目必须是未来收益十分稳定的，这就是为什么环保项目中的特许经营如污水处理厂最早成为银行项目融资业务的客户群。

特许经营意味着是政府特别授予某类公共服务的经营权，其市场竞争体现在招投标时期，等银行与其开展业务时，他已经获得了政府的特许经营权，也就是说，这个SPV公司已经获得了在某一区域水污染处理方面的垄断经营权利，没有市场竞争风险了。政府特许经营合同里一般还有保底合约，也就是说，如果送来的日处理污水量达不到保最低利润的要求，政府按照最低利润量购买服务。这样的特许经营项目，一般体现为政府风险，即政府是否按既定合同对提供的公共服务付费，不可否认，新兴市场经济体中政府违约的案例时有发生，但是，比起变幻莫测的市场风险，政府风险更具有可防范性。另外，规定项目融资必须成立SPV公司，这个SPV公司只能运营这个特许经营项目，项目融资贷款只能归SPV公司使用，保障了资金全额使用在项目中，不被挪用。最后，为了保障银行的贷款安全，项目融资业务一般规定SPV公司必须在贷款银行开户，所有项目融资贷款只进入该银行账户，银行有权监控资金的使用，甚至有权参与SPV公司的重大决策，特别是在项目进展遇到重大问题时，因为贷款银行在无追索权或者有限追索权的情况下，将承担最大损失，所以项目融资业务赋予银行在该时期很大的决策权利。中国财政部规定PPP项目如果在实施中遇到重大困境，进行了项目融资的银行可以作为重要利益相关者参与决策，而且最后决策必须获得银行的同意。

从以上特征可以发现，项目融资虽然仍然是一种贷款，是债权融资，但是，无追索权或有限追索权，使其比一般的债权融资承担了更高的风险，而赋予其在项目运营中的种种监控、参与决策等的权利，使其比一般债权融资更深入地介入项目，带有某种股权融资特征，从某种程度上看，项目融资有点像银行开发出来的介于债权融资和股权融资之间的一种金融工具。

因为项目融资开发出的一整套规避和管理风险的措施，以及该业务选择贷款项目的特殊性，很多国际领先银行认为，在某种程度上，项目融资业务比公司融资可以实施更好的风险管理，所以他们在中国的大部分重大项目投资，都是采取项目融资业务进行的。目前的形势是，外资银行在争抢中国环保市场的项目融资业务，而中国的银行因为还不熟悉环保项目特征，认为是公益性项目，也不太熟悉项目融资业务及风险管理，对该业务领域有所回避。绿色项目中很大一个板块是特许经营，这些特许经营的绿色项目的项目融资业务开展，一般是外资银行在进行。例如位于朝阳区北京高安屯垃圾焚烧发电厂建设和运营是北京2008年奥运工程的重点项目，以项目公司方式设立，特许经营期为30年。在申请贷款时，项目资产已经全部被抵押出去了，而且项目还没有运行，所以没有任何企业收益，更没有可供银行参考的业绩。因此，如果以企业信用贷款的方式操作，项目公司很难凭借其自身的资质为项目取得融资。但是，该项目如果建成，其未来30年的收益是有特许经营合同保障的，这个30年的特许经营合同条约包括朝阳区政府为处理垃圾所支付的垃圾补贴费、北京电力公司为收购项目所发电力支付的电费等，根据可再生能源法的规定，该项目还享受0.25元人民币每度电的再生能源上网补贴。当时渣打银行联合招商银行和渤海银行积极地组成了银团贷款，为该项目提供了十年期的项目融资。渣打银行之所以联合招商银行和渤海银行，是为了规避政府风险，一旦发生政府违约，必须要有东道国银行的加入来应对。

自国际领先银行开发出项目融资业务以来，发展非常迅速。在20世纪90年代的大部分时间里都以20%左右的速度增长。研究表明美国目前大约10%～15%的投资是以项目为基础的，50%以上投资超过5亿美元以上的资本项目是采用项目融资的。项目融资在绿色大型项目开发中发挥着重要的作用，国内银行在进行国际投资时，也在积极参与国际项目融资业务。例如，2015年，亚洲参与项目融资十大银团牵头方中，中国建设银行与中国工商银行分别以64.03亿美元（3项交易）和46.31亿美元（共6项交易）的投资额排在亚洲参与项目融资的金融机构第2位和第5位。而以非牵头方参与项目融资的金融机构排名中，中国建设银行与中国工商银行分别排在第2位和第5位。前者共出资63.53亿美元，投资了3个项目。后者出资47.49亿美元，投资了8个项目。因此，项目融资研究，不仅对国内绿色项目投资十分重要，而且对国际绿色项目投资也非常重要。

因为项目融资可以适应绿色特许经营项目规模大、投资额巨大、回报周期长、自有资金少、特许经营期长（一般超过10年）等特征，在国际上成为绿色特许经营项目的最主体的融资工具。而项目融资成功的关键就是风险管理，要对绿色特许经营项目有非常深入的了解和分析，对其进行识别并设计合理的风险分担机制，项目融资重要的特点之一是超长贷款，为了保障贷款安全，必须强化项目融资的全过程风险管理，积极与承担项目建设运营的SPV公司互动，主动参与审核和监控其项目运作，以防止被动承担巨大的风险损失。

8.3.2 资产证券化与绿色金融

绿色项目具有投资额度大、建设运营期长、回收资金期长的特点。特别是绿色PPP项目，按照最新规定，建设运营期必须达到25年以上。这样长的时间跨度，特别是绿色项目往往还带有项目集合的特色，在时间长度内，资金是否按照项目建设运营计划按期到位，是保障绿色项目成功的关键。目前中国国内大型绿色项目的融资业务还没有大规模推进，即使借助绿色基金，一般也要求5年或者10年退出，虽然可以用信托或者过桥贷款来短期衔接，但很难保障长期按项目执行计划匹配资金，所以在中国，绿色项目缺的不是资金总量，而是可以满足绿色项目长期融资需求的融资手段和匹配资金。特别是，对于大型绿色项目，例如流域治理等往往资金需求总量达几十亿元以上，财政贴息无法在这种大型项目中发挥很好的撬动作用，更多的是使用财政专项资金的形式直接对这些项目进行拨款补贴，例如流域治理专项资金，东江源的财政专项资金安排为21亿元。但财政专项资金的使用有时间期限，一般最长是5年，而项目执行期长达20年以上，在这种情况下，如何将5年期的财政专项资金也可以作用于后期的项目执行，就成为解决资金匹配问题的重要难题。资产证券化（ABS）可以通过将5年期财政投入建立的环保基础设施证券化的方式回收资金，循环运用于后期的项目建设，因此成为绿色大型项目融资组合设计中的重要融资工具。

资产证券化融资（Asset Backed Securitization）是指以目标项目所拥有的资产为基础，以该项目未来的收益为保证，通过在资本市场上发行债券来筹集资金的一种项目证券融资方式。在ABS 方式中，项目资产的所有权根据双方签订的买卖合同而由原始权益人即项目公司转至特殊目的公司 SPC（Special Purpose Corporation，SPC）， SPC 通过证券承销商销售资产支持证券，取得发行收入后，再按资产买卖合同规定的价格把发行收入的大部分作为出售资产的交换支付给原始权益人，从而将原始权益人（买方）缺乏流动性但能够产生可预见未来现金流收入的资产转变成为资本市场可销售和流通的金融产品。

ABS可以降低融资成本。ABS 方式的运作只涉及原始投资人、SPC、投资者、证券承销商等几个主体，无须政府的许可、授权及外汇担保， 是一种按市场经济规则运作的融资方式。环保基础设施融资中运用ABS，可以最大限度地减少酬金、差价等中间费用，降低融资成本。另外，ABS证券采用“真实出售”、“破产隔离”、“信用增加”等一系列技术提高了资产的资信等级，使得一些资产流动性差的环保基础设施项目有机会进入证券市场以较低成本进行融资。ABS还可以降低融资风险。首先，ABS是以现存和未来可预见现金流量支撑的固定回报投资证券，而不是以发起人信用支撑的证券，因而可以降低证券的风险。其次，ABS采用“真实出售”，即在债券发行期内SPC拥有项目资产的所有权，原始权益人一旦发生破产时，能带来预期收入的资产将不被列入清算范围，实现了“破产隔离”，避免了投资者受到原始权益人信用风险影响。再次，SPC还将运用超值抵押、一种或多种附属次级债券、开具现金保障账户、直接进行金融担保即开具信用证等方法提高债券的质量，使投资者省去了分析研究证券风险收益的成本，提高了其自身资产的总体质量，降低了自身的经营风险。最后，发起人把持有的各种流动性较差的资产，转化成国际资本市场上的债券，增加了投资者的数量，增强了债券的流动性，降低了投资者的投资风险。

但是，目前在中国大家只是停留于讨论ABS运用于绿色大型项目融资的可行性，因为各种技术难点，并没有真正广泛开展。目前，只有大型污水处理厂的ABS做得比较好，因为ABS是以现存和未来可预见现金流量支撑的固定回报投资证券，大型污水处理厂合同的签署一般是和较高级别的政府机构，违约的可能性相对较小。另外，污水处理费是和水费一起收取的，收费机制比较畅通。

笔者认为，由于大型绿色项目的特点，将ABS广泛地运用于绿色项目，既可解决资金在项目中长期配置问题，降低融资成本和融资风险，还可以利用国际债权市场的资金服务于我国的绿色发展。因此，ABS应该是绿色金融技术研究中亟须突破和关注的难点和重点。

8.3.3 林业碳汇与乡村扶贫

在国际上，绿色碳汇总是和乡村扶贫紧密地结合在一起。因为一块土地要通过植树造林获得绿色碳汇收益，是有很多技术指标要求的，而且绿色碳汇收益并不很高，如果是在富裕地区，土地可选择的使用方式很多，且都比较容易获得较高收益，因此，做绿色碳汇对土地主人来说不是一种明智选择。只有在贫困山区，市场经济不太发达，林木覆盖率不高的山地，当地农民往往只是采集枯树枝做薪柴，没有很高的收益。在这种情况下，引入先进的林木种植技术，将原来林木覆盖率不高的山地开发成绿色碳汇林，对当地农民和经营者来说，就是具有经济收益的理性选择。

例如，世界银行在中国进行林业碳汇试点的广西珠江流域再造林林业碳汇项目，是中国开发的经联合国CDM执行理事会批准的第一个林业碳汇项目。该项目地处广西珠江流域的苍梧县和环江县，于2006年启动，周期30年（2006—2035年），计划造林4 000公顷，林地均为1989年12月31日以前的无林地。世界银行生物碳基金出资200万美元购买该项目所产生的核证碳汇48万吨，每吨4.35美元。苍梧县和环江县地处广西的偏远贫困山区，是少数民族聚集区。环江县是毛南族少数民族自治县、全国贫困县，山地面积比例为70%以上，水、电、路等基础设施落后，山民贫困且居住分散。2005年，苍梧县农民人均年收入267美元，环江县为245美元。[①]

由于林业碳汇项目的运营，世界银行生物碳基金向当地预付了200万美元的林业碳汇销售收入；公司加农户的林地经营实体，增强了农户经营实力，有效降低了贷款风险，扩大了项目及项目属下农户的融资渠道。因为林业碳汇项目的实施增加了当地生态林供给，保障了生态安全。

该试点项目推进了中国林业碳汇期货的发展。林业碳汇项目的实施包括建设期和运行管理期。上述项目建设期为2006—2009年，主要是整地、育苗、造林等。2006年造林1 660公顷，2007年造林2 340公顷。运行管理期27年（2009—2035年）。在完成造林后的第二年就可以收获林业碳汇，收获期长达29年。世界银行生物碳基金预购约48万吨碳汇，就是林业碳汇期货产品。超出部分，还可以开发出更多的碳金融衍生产品，也可以林业碳汇作为抵押品，获得贷款资金，或发行碳汇债券，引导资金回流农村，发展当地生产。

当地农民参与上述林业碳汇项目的主要形式是以村集体为代表与环江县绿环林业开发公司以股份方式合作造林，开发林业碳汇项目。农户以林地产权入股，林业公司投资造林，提供技术、管理并承担投资风险。村集体代表农户与造林公司签订合同，明确造林管理责任、投入和收益分成。收益分成比例为：林产品净收入的40%、林业碳汇销售收入的60%归当地农民；其余归造林公司。另外，实施林业碳汇项目要求尽量减少机械使用，对劳动力具有较大需求，要求造林公司优先雇用当地农民参与整地、造林和管护等活动，并对农民的劳务投入支付报酬。据估算，开展此项目的受益农户达到4 815户，可增加农户收入1 820万美元，其中1 560万美元为就业收入（雇用每个劳动力的日均收入大约为 3 美元，长期岗位每人每年900美元），40%的林产品净收入为140万美元，60%的林业碳汇收入120万美元。由于上述林业碳汇项目的实施，2006年这些农户人均年收入较上年增加34美元。

该项目的实施还极大地改善了当地交通道路等基础设施。林业碳汇项目的实施涉及大量的交通运输业务，促使项目实施方和当地政府加大了对项目执行地交通道路等基础设施建设，由此对当地带来的潜在社会效益不可估量，对促进当地农户发展生产、改善生计发挥着重要的积极推动作用，因为项目地处偏远山区，交通十分落后，山路难走是导致当地村民贫困的重要原因之一。例如，在项目的谈判中已经明确，造林公司将协助村集体为当地农村修建公路，解决交通困难问题，以便更好地管理林区，加强与外界市场交易，同时也方便村民与外界的联系，由此也进一步提高了农户的融资能力。

但是，我们必须注意的是，CDM市场已经衰落了，在中国如果要做林业碳汇与乡村扶贫的试点，必须与一个试点的碳交易省市合作，将开发出的林业碳汇作为碳补偿（Carbon offset）

① 蓝虹，朱迎，穆争社.论化解农村金融排斥的创新模式——林业碳汇交易引导资金回流农村的实证分析[J].经济理论与经济管理，2013（4）.

进入其碳交易系统。也可以与国际碳交易市场合作，将其作为自愿减排碳当量出售。或者中国人民银行为主导，在贫困山区开发出一批林业碳汇，然后邀请阿里巴巴的马云等企业以及中国的银行界认购。试点的一般路径是：第一步，先搜寻选择设计具有购买林业碳汇意愿的市场模式。第二步，搜寻适合的林业碳汇试点区域，可以将其与金融扶贫相结合。第三步是成立专家团队并设计具体的试点方案。第四步是组织实施。

林业碳汇的需求者多处于城市或发达地区，而其生产地都位于农村的偏远贫困地区，通过开展林业碳汇交易，可以吸引城市或发达地区金融资源回流农村。同时，因为发展林业碳汇项目，建立了林业专业合作社或者公司加农户经济实体，成为了农户贷款的坚实后盾，降低了农户贷款的金融风险；形成了以林业碳汇为基础的衍生产品，扩大了林业碳汇的交易范围和规模，拓宽了当地农户融资渠道；促进了当地交通道路等基础设施建设，增强了吸纳当地农民的就业能力。这些因素的共同作用，改善了农村金融生态，提高了金融机构在当地开展金融服务的盈利水平，必将激励金融机构扩大对贫困农村资金供给。

8.3.4 金融机构环境风险管理

绿色金融在技术层面分为风险管理技术和机遇管理技术。前面的项目融资、资产证券化和绿色基金，都是金融机构在捕获绿色金融机遇时可以采取的金融创新工具和手段。但是，环境风险管理也始终是绿色金融技术层面非常重要的内容。

我们比较中国的绿色金融和欧美的绿色金融，会发现中国的金融机构更多的是将其作为一种社会责任，但国际的金融机构则是将绿色金融作为业务内生的需求，特别是环境风险管理。

中国的金融机构似乎还没有产生防范和管理环境风险的需求，肯定是和绿色金融制度体系构建还不够完善有关，但从技术层面分析，最容易给金融机构带来环境风险的技术层面的因素有两个，第一，土壤污染；第二，项目融资业务。如果一个国家的金融机构面临着土壤污染的高发期，同时项目融资业务又在其业务体系中所占的比重较大，那么这个国家的金融机构就会比较关注环境风险。

中国目前已经逐渐进入土壤污染高发期，这是因为三十年前中国的固废填埋技术基本是采取挖深坑直接填埋，经过几十年的渐进发展，我们很难获得文献数据判断哪些土地曾经进行过固废填埋，而土壤污染在潜伏十几年后也逐渐进入高发期，金融机构在接受土地作为抵押品时，就面临着这种重要资产爆发土壤污染的可能性。另外，项目融资在大型项目融资领域发挥着越来越重要的作用，中国的金融机构如果要走出去，必然面临着参与国际的项目融资业务，而在国内，大量PPP项目正在推出，项目融资不是PPP项目的唯一融资方式，但是，却是公用事业民营化过程中特许经营项目采取的主要融资模式。土壤污染的潜在爆发和国内PPP项目对项目融资业务的需求，都将会推动中国的金融机构从内生的业务领域产生对环境风险管理的强烈需求。

（一）土壤污染与金融机构环境风险

世界各领先银行，如渣打银行、花旗银行等，都把土壤污染作为其最需要防范的环境风险。金融机构关注环境问题，作为业务来说，是因为担心环境污染影响其投资项目的现金流。大气污染、水污染虽然也会影响金融机构投资项目的现金流，但是都不如土壤污染那么直接，因为土壤污染的是土地，而土地是重要的资产，也往往是银行提供贷款的重要抵押品。所以，土壤污染对金融机构资金流的影响是最直接的。

土壤污染的另一特点是潜伏性和治理的复杂性和高成本。因为土壤污染潜伏在土地深处，现有的勘探技术不一定可以排除所有的土壤污染源，当银行接受一块土地作为贷款抵押品时，比较难判断这块土地是否有爆发土壤污染的风险性。而潜伏在土地深层的土壤污染一旦爆发出来，其污染一般是两个路径，或者向上蔓延影响附近人群的健康，或者向下蔓延导致地下水污染，而导致地下水污染后果又更加严重。很多城市的自来水水源是来自地下水，地下水污染有可能导致整个城市供水系统的瘫痪。地下水看不见摸不着，勘探、修复费用都比地表水要高昂很多，再加上赔偿损失的费用，一般公司遇到这样的情况都只能倒闭，而这块土地作为银行贷款的抵押品就会归银行所有，由于这块土地污染所带来的污染治理和损失赔付责任也将由银行承担。

大气污染、水污染产生的偿付与银行一般很难形成直接的相关性，除非有特定的绿色金融法规定只要金融机构投资的项目发生了污染事故，银行都要承担责任，否则，法院很难判定银行需要承担责任。但是，因为土地往往作为贷款的抵押品，土壤污染因此很容易与银行发生直接的责任关系，即使没有特定的绿色金融法，也容易因民事责任法而被追究直接的或者连带的责任。另外，相对于大气污染和水污染，因为土壤污染不具有流动性，治理成本要高很多，再加上赔付成本，会给银行的资金流带来较大的影响。因此，渣打银行、花旗银行等都把土壤污染作为最先防范的环境风险，在接受一块土地或者厂房作为贷款抵押品时，要对这块土地是否可能爆发土壤污染进行评估，是尽职调查的重要内容之一。

（二）项目融资与赤道原则

赤道原则是金融机构在进行项目融资业务时管理环境和社会风险的行业准则。很多专家认为赤道原则带有国际法的特征，是属于绿色金融制度体系范畴。笔者认为，赤道原则是金融风险管理技术，属于绿色金融技术体系的组成部分。

制度约束可以规范人们的行为，使人们的自利本性与社会利益最大化紧密结合，体现其约束力的支撑体系是可置信威胁。如果一项制度不具有可置信威胁，就无法规范人们的行为，体现制度的作用。赤道原则是一套风险管理技术，它最初的产生，是花旗银行、渣打银行等国际领先银行在实施项目融资业务中遇到了环境和社会风险带来的巨大资金和声誉损失，为了保护金融机构的利益，才制定了这样一整套风险管理体系，不仅包含原则，还包含可持续发展政策、信息公开政策、八项绩效管理标准、执行程序、八项绩效标准执行指南、良好做法等，具有极强的可操作性，但是不具有强迫性和可置信威胁。最能体现其是风险管理技术而不是制度约束的，是其1 000万美元的实施基线。赤道原则提出，一般项目总融资额度超过1 000万美元的项目融资业务才执行赤道原则。这个基线值曾经引起了很多环保专家的不满，难道1 000万美元以下的项目就不具有环境风险了吗？其实，将赤道原则作为金融机构在运作项目融资业务时的环境和社会风险管理技术就好理解了。如果是从全社会的角度防范环境风险，当然不一定要超过1 000万美元的项目才能带来较大的环境风险；但是，如果从保护金融机构利益和金融风险防范的角度，任何金融风险的管理都是有成本的，只有收益大于成本的风险管理才值得金融机构去做，而1 000万美元的基线是国际领先银行的经验值，在1 000万美元这个基线上，对项目融资业务进行环境风险管理是收益大于成本的，值得去做。

目前赤道原则的运用范围也扩展到传统公司融资业务，但是，基线更高，是5 000万美元，因为传统公司融资金融机构拥有完全的追索权，环境和社会风险程度相对项目融资要小些，管理风险得到的收益就少些，只有到5 000万美元，才能获得收益大于成本的风险管理收益。

项目融资业务的产生，是商业银行环境风险管理产生的重要原因之一。因为获得政府特许经营权的一般是大型基础设施项目，具有高环境风险的特征，在传统公司融资模式下，风险是由企业承担，贷款银行可以通过完全追索权要求企业无论项目是否成功都要全额归还贷款，一直可以追索到公司破产。但是在项目融资业务中，因为银行无追索权或只有有限追索权，其贷款的回收完全依靠项目本身产生的收益，一旦项目因为环境风险而被叫停，银行成为最大损失方，在这种情况下，银行非常关注项目的环境和社会风险，并在国际上形成了一整套完整的防范措施、手段，最著名的就是赤道原则。赤道原则的产生就是国际领先银行开发的对银行项目融资业务进行环境和社会风险管理的国际准则和标准。赤道原则从本质上来说是保护银行的，是为了帮助银行规避环境和社会风险。环境和社会风险没有进入巴塞尔新资本协议被认为是其非常不足的地方，因为项目融资业务中所产生的环境和社会风险，正逐渐成为从事项目融资业务的银行的主要金融风险之一。

项目融资中的环境风险可以理解为：由于可能发生的环境污染或保护环境的开支而给项目投资者和贷款人造成损失的可能性（蒋先玲，2004）[①]。蓝虹（2011）[②]认为，从环境风险的起因分析，贷款银行从事项目融资业务面临的环境和社会风险可以分为两大部分：一是项目所在国的环境法律法规对贷款银行带来的直接或间接环境和社会责任；二是项目利益相关者因抵制项目产生的负面环境和社会影响而采取的激烈对抗行动。具体来说，包括：（1）环境法律法规要求贷款银行对环境污染承担直接和间接责任。许多国家环境法律法规规定，贷款银行要对融资项目引起的环境污染问题承担直接和间接责任。直接责任是指由于贷款银行对融资项目运行拥有较大的控制权力，一旦融资项目引起严重的环境污染，许多国家的法律法规将会直接追究贷款银行的责任。间接责任是指如果环境污染问题引起了融资项目的现金流量变化，导致项目公司无法按期或者足额归还贷款，从而间接地将环境污染风险转嫁给贷款银行。（2）环境污染引起利益相关者对融资项目的抵制，导致其迁移，甚至关闭；项目融资中的利益相关者主要包括融资项目所在地居民、各种环保NGO（即非政府组织）、爱好环境产品的消费者等。（3）环

① 蒋先玲.论BOT项目融资模式的“国产化”[J].金融理论与实践，2004（7）.

② 蓝虹.项目融资推动赤道原则产生与发展的内在机理分析[J].中央财经大学学报，2011（2）.

境污染造成项目融资抵押品贬值以及贷款银行对环境清洁承担连带责任；项目在建设或运行过程中如果出现了环境问题，导致项目公司贷款违约或破产无法还贷，项目资产就成为贷款银行所获得的主要赔偿品。这时候，银行将不得不变卖抵押资产以获得补偿。但是，被污染的项目资产往往变现困难或者贬值严重，使得银行由于项目公司违约的损失更加严重。（4）突发性环境污染事件会对融资项目及贷款银行造成灾难性影响；突发性环境污染事件是指在瞬间或短时间内大量排放污染物，对环境造成严重污染和破坏，进而对生命和财产造成重大损失的恶性事故。突发性环境污染事件不但会增加融资项目的成本而使其丧失原有的经济强度，更为严重的是，一旦项目公司因为突发性的环境污染事件而倒闭破产，贷款银行因为当初的协议而成为项目所有权和经营权的拥有者，就必须承担污染的清洁、赔偿等压力和责任，甚至可能会导致贷款银行的破产。

此外，王晓昀（2010）[①]认为，银行参与项目融资中的环境风险主要有两类：一是间接风险。环境污染问题的治理会增加项目的运营成本，使项目丧失原有的经济效益，使得项目公司的还贷变得困难，增加银行的信贷风险。例如，为了符合环境保护法规的规定或满足严格的环境政策要求，往往需要对项目的机器设备、工艺流程、劳动保护甚至污染控制技术等方面进行大规模的投资整改，一般来说，这些整改活动大部分是非生产性投资，这就会直接导致项目本身的成本增加，进而使贷款风险大大增加。二是直接风险。一旦项目投资者无法偿还债务时，贷款银行取得项目资产的所有权和经营权之后，也必须承担环境污染的赔偿责任和清洁责任；同时，环境污染可能使得项目资产贬值，导致资产变现受到限制，贷款银行难以从抵押物品中收回部分贷款资金。由于银行收回资金的依据是项目自身的现金流量和资产状况，其通常将项目场地和项目资产作为担保物，一旦银行行使对担保物的权利进而接管项目，那么它将完全可能对该项目造成的环境影响承担直接的责任。

因为项目融资业务中环境和社会风险对银行资金流稳定性带来的显著影响，商业银行环境和社会风险管理才成为绿色金融重要板块之一。蓝虹（2011）在《项目融资推动赤道原则产生与发展的内在机理分析》[②]中指出，近30年来，项目融资已逐渐发展成为大型工程项目开发建设筹集资金的卓有成效的融资手段，成为融资市场的主流。正是由于贷款银行对项目融资环境和社会风险管理的内生需求和公民社会要求贷款银行承担环境和社会责任的外在压力，推动了赤道原则的产生和发展，进而使赤道原则成为贷款银行管理项目融资环境和社会风险的国际标准，成为贷款银行项目融资风险管理的必要和重要组成部分。中国的贷款银行要开展项目融资业务，就必须将赤道原则纳入其风险管理系统。

在应对项目融资的环境风险上，世界银行、亚洲开发银行、联合国环境署金融行动机构等都开发出很多的环境和社会风险管理工具，最著名和可操作性最强的还是赤道原则，但其他银

① 王晓昀. 银行项目融资环境风险的法律控制——以赤道原则为视角[D]. 对外经济贸易大学，2010.

② 蓝虹. 项目融资推动赤道原则产生与发展的内在机理分析[J]. 中央财经大学学报，2011.

行和机构开发出的环境和社会风险防范工具可以作为赤道原则的补充。

在商业银行环境风险管理上，陈伟光，卢丽红（2011）[①]认为，商业银行环境风险是指企业及企业实施的项目中的污染行为导致严重的环境恶化，能源极度消耗，突破了环境的承载能力及公众对环境可持续发展的要求，进而给企业的资金供给者商业银行带来的风险。它包括污染企业无力还贷的风险、银行承担污染连带责任的风险、第三方要求损害赔偿的法律风险、声誉风险和不适应新的环境要求而失去市场份额的风险。而管理商业银行环境风险正是对这类风险进行识别、评估、控制、转移和监控的过程。常杪等人（2008）[②]认为，通过环保部门下发限制贷款企业的名单是远远不够的，商业银行更应当在国家政策的基础上建立起自身的绿色信贷判定标准，即环境风险管理体系。蓝虹（2011）[③]认为，建立利益相关者互动机制是贷款银行项目融资中防范环境和社会风险的重要措施，该机制有利于项目公司及时收集环境和社会风险信息，从而加强环境和社会风险防范；也可以建立利益相关者与项目最高管理人员的沟通渠道，通过协商及时化解因为项目的环境和社会影响导致的利益相关者对项目的强烈抵制。胡乃武等（2011）指出，目前商业银行对借款人环境风险的评价过分依赖于环保部门的环境评价，内部尚未建立环境风险的评价标准和流程是目前存在的主要问题。[④]

对于执行赤道原则对商业银行风险管理的意义，国际金融界给予了高度的肯定及赞扬。国际金融界公司前执行副总裁和世界银行执行董事彼得·沃奇（Peter Woicke）指出："私营商业银行或金融机构接受赤道原则是社会可持续发展的重要里程碑。"国际金融公司的前任官员苏伦·拉扎卢斯（Suellen hzarus）认为，"赤道原则已经成为新的市场标准，从而改变了项目融资"。Ryan Hansen（2006）指出，赤道原则能有效地识别出潜在的环境风险[⑤]。Lawrence 和 Thomas（2004）认为，应用赤道原则将会减少风险，并且可以提高或至少改善品牌和声誉。[⑥]

陈小梅（2010）提出商业银行实行赤道原则有利于银行自身多方面的发展[⑦]。陈雁（2008）指出实施赤道原则有助于商业银行管理环境风险[⑧]。在实施赤道原则对商业银行经营状况的影响上，苗建青和苗建春（2008）对日本银行界研究表明，在5%的显著水平下，环境经营指数如上升1%则银行贷款名义利率可直接降低约0.008%。利率的降低无疑会促进贷款的需求，贷款总额的增加又可降低客户的边际手续费，从而降低了企业的边际经营成本。他们最终得出，尽管

---

① 陈伟光，卢丽红.中国商业银行绿色信贷外部障碍与环境风险管理框架的构建[J].广东金融学院学报，2011（2）.

② 常杪，王世汶，李冬溦.绿色信贷的实施基础——银行业环境风险管理体系[J].环境经济，2008（7）.

③ 蓝虹.论赤道原则中的利益相关者互动机制[J].中南财经政法大学学报，2011（3）.

④ 胡乃武，曹大伟.绿色信贷与商业银行环境风险管理[J].经济问题，2011（3）.

⑤ Hansen R C. The Impact of the Equator Principles on Lender Liability：Risks of Responsible Lending[J]. Ssrn Electronic Journal，2006.

⑥ Lawrence R F，Thomas W L. Equator Principles and Project Finance：Sustainability in Practice，The[J]. Nat.resources & Envt，2004，19（2）：20–26.

⑦ 陈小梅.赤道原则本土化战略研究[J].科技和产业.2010（9）.

⑧ 陈雁.商业银行践行社会责任的国际借鉴[J].金融理论与实践，2008（10）.

“赤道原则”是一项自愿性的行为守则，但是银行若能承诺以特定的社会和环境标准约束考察贷款的项目，则可以获得良好的经济效益和社会效益[①]。高山（2009）用日本瑞穗银行多年的实践经验事实说明实施赤道原则将有利于银行的可持续发展[②]。

8.4 国内外绿色金融政策进展

党的十八大以来，我国不断加强生态文明建设，推动建立绿色金融体系。2014年4月，全国人大常委会第八次会议修订通过了新《环境保护法》，被称为“史上最严的环保法”，新法于2015年1月1日起正式实施。2015年9月，中共中央、国务院印发了《生态文明体制改革总体方案》，提出健全资源有偿使用和生态补偿制度、完善生态文明绩效评价考核和责任追究制度以及健全环境治理和生态保护市场体系等要求，其中就包括建立绿色金融体系。

2016年被称为我国绿色金融“元年”，各项重要的政策和指引相继发布。同年8月，中国人民银行等七部委联合发布《关于构建绿色金融体系的指导意见》，指出要大力发展绿色信贷、推动证券市场支持绿色投资、设立绿色发展基金及支持在绿色产业中引入PPP模式、发展绿色保险和完善环境权益市场。9月，央行发布《G20绿色金融报告》，首次由G20领导人在峰会年度公报中提到绿色金融的重要性。报告提出了一系列发展绿色金融可选措施，包括提供战略性政策信号与框架、推广绿色金融自愿原则、扩大能力建设学习网络和支持本币绿色债券市场发展等建议。

8.4.1 绿色银行和绿色信贷

银行以贷款的形式向绿色项目提供融资是最早出现的，也是目前最主要的绿色项目融资方式。早在1974年，前西德就设立了世界上第一家环境银行。1991年波兰也成立了环保银行，重点支持促进环保的投资项目发展。1997年联合国环境规划署出台了《银行业、保险业关于环境可持续发展的声明》，这是签字银行对环境和可持续发展的公开承诺，也是国际金融机构开始系统实施环境管理体系的重要标志。2003年“赤道原则”（EP）推出后，绿色信贷进一步跨入了规范化、规模化发展的路径。最新版赤道原则III从2013年6月4日起开始实施。其核心部分“原则声明”，列举了采用赤道原则的金融机构（EPFIs，即赤道银行）做出投资决策时需依据的10条特别条款和原则，包括审查和分类、环境和社会评估、适用的环境和社会标准、环境和社会管理系统以及赤道原则行动计划、利益相关者的参与、投诉机制、独立审查、承诺性条款、独立检测和报告以及报告和透明度。

发达国家绿色银行和绿色信贷发展较为成熟。1995年，美国进出口银行以世界银行发布的《污染防治和削减手册》相关规定为主要依据，专门制定了《环境程序和指导方针》，随后进行多次修订和扩充。2003年12月，包括美国在内的OECD国家达成协议，出口信贷机构采用《共同方

① 苗建青，苗建春：关于日本银行界在融资过程中环境风险控制的研究[J].国际金融研究，2008（2）.

② 高山：赤道原则与商业银行发展[J].金融教学与研究，2009（6）.

法》，要求根据潜在环境影响程度对大型融资项目进行筛选和分类，必要时进行环境评价。2007年，日本环境省成立了由金融机构参加的环境类融资贷款贴息部门，在国家层面组织绿色信贷。2010年，环境省又发布了《环境与金融：金融部门在建设低碳社会中的新作用》，提出了环境金融行动原则，鼓励绿色金融广泛应用。随后于2011年提出《21世纪金融行动原则》（PFA），制定了7条具体行动原则，建立了相应组织机构，强调金融业应为日本可持续发展服务。

在我国绿色金融体系当中，绿色信贷起步最早、规模最大、发展最成熟。早在1995年，人民银行就下发了《关于贯彻信贷政策与加强环境保护工作有关问题的通知》，对金融部门在信贷工作中落实国家的环境政策问题做出规定。2007年，为加强环保和信贷管理工作的协调配合，强化环境监督管理，严格信贷环保要求，促进污染减排，防范信贷风险，原国家环保总局、人民银行和银监会联合下发了《关于落实环境保护政策法规防范信贷风险的意见》（环发〔2007〕108号），明确指出对企业和建设项目的环境监管和信贷管理已经成为一项紧迫的任务。

目前，我国绿色信贷发展体系已基本形成：一是绿色信贷框架。2007年以来，银监会陆续出台了《节能减排授信工作指导意见》《绿色信贷指引》《能效信贷指引》。目前已基本建立了以《绿色信贷指引》为核心的绿色信贷制度框架，对银行业金融机构开展节能环保授信和绿色信贷的政策界限、管理方式、考核评价等做出明确规定，有效促进信贷资金投向环保、低碳领域。二是信贷统计监测体系。2013年，银监会印发了《绿色信贷统计制度》，对银行业金融机构涉及落后产能、环境、安全等重大风险企业信贷情况，支持节能环保项目及服务贷款情况，绿色信贷资产质量情况，贷款支持的节能环保项目所形成的年节能减排能力情况进行定期统计，为完善绿色信贷考核评价机制奠定基础。三是综合考核评价体系。2014年，银监会印发了《绿色信贷实施情况关键评价指标》，并在《银行业金融机构绩效考评监管指引》中设置社会责任类指标。

8.4.2 绿色债券和绿色基金

绿色债券指募集资金专门用于符合规定条件的现有或新建绿色项目的债券工具。目前国际市场主要的绿色债券标准包括国际资本市场协会（ICMA）与国际金融机构合作推出的绿色债券原则（GBP），以及由气候债券倡议组织（CBI）开发的气候债券标准（CBS）。按照GBP和CBS，绿色债券可以分为绿色用途债券、绿色收益债券、绿色项目债券以及绿色证券化债券。其中，绿色用途债券主要由国际开发性金融机构发行，募集资金用于绿色标示项目但不指定具体项目；绿色收益债券和绿色项目债券主要由企业发行，用于特定绿色项目融资；绿色证券化债券则大多由银行或大型企业集团发行，用于分散绿色贷款风险，或提高绿色债券的流动性。

目前，我国已经是全球最大的绿色债券市场。2015年12月，中国金融学会绿色金融专业委员会发布了《绿色债券支持项目目录（2015年版）》。作为我国第一份关于绿色债券界定与分类的文件，它为绿色债券审批与注册、第三方绿色债券评估、绿色债券评级和相关信息披露提供了重要的参考依据。同年，中国人民银行发布《关于在银行间债券市场发行绿色金融债券事宜的公告》，国家发展改革委印发《绿色债券发行指引》，分别对绿色金融债券和绿色企业债券发行支持范围和备案（审核）要求作出规定。次年，上海证券交易所和深圳证券交易所先后发布《关于开展绿色公司债券试点的通知》《关于开展绿色公司债券业务试点的通知》，明确规定绿色公司债券是依照《公司债券管理办法》及相关规则发行的、募集资金用于支持绿色产业的公司债券。其中，绿色产业项目范围可参考《绿色债券支持项目目录（2015年版）》。2017年3月22日，中国银行间市场交易商协会正式发布《非金融企业绿色债务融资工具业务指引》及配套表格，要求企业发行绿色债务融资工具应在注册文件中明确披露绿色项目的具体信息，并鼓励第三方认证机构对企业发行的绿色债务融资工具进行评估。

国际上，绿色基金大致有绿色公共财政基金和绿色共同基金两种。1995年荷兰政府在部分大型银行设立绿色基金，为政府主导的绿色项目提供融资。投资者购买这些绿色基金的股份可以获得一定程度的税收优惠。绿色产业的蓬勃发展催生了绿色投资共同基金，目前全球已有约35%的专业管理投资资产价值明确了“社会责任投资”（SRI）战略。

我国从2010年开始大力推行绿色基金的建立，出台了多项鼓励政策。2010年国务院先后发布了《关于支持循环经济发展的投融资政策措施意见》《国务院关于培育战略性新兴产业的指导意见》《国务院关于培育战略性新兴产业的指导意见》和《关于加强环境保护重点工作的意见（2011）》等多个明确支持绿色产业基金发展的文件，其中提到的战略性新兴产业有节能环保产业、新能源产业、新能源汽车产业等。2012年6月16日，国家发展改革委公布了《“十二五”节能环保产业发展规划》，规划提出要拓宽投融资渠道，研究设立节能环保产业投资基金。 2015年12月，财政部出台《关于财政资金注资政府投资基金支持产业发展的指导意见》，要求政府投资基金支持外部性强、基础性、带动性、战略性特征明显的产业领域及中小企业创业成长。2016年8月22日，中共中央办公厅、国务院办公厅印发的《国家生态文明试验区（福建）实施方案》中明确提出“支持各类绿色发展基金并实行市场化运作”。

8.4.3 绿色保险和绿色PPP

目前，国际上绿色保险主要有以下两种：一是环境责任保险。美国制定了完善的环境污染责任保险制度，主要包括两个方面：明确被保险人因污染水、土地或空气等而依法承担的环境损害责任；明确自有地治理责任保险。此外，美国针对有毒物质和废弃物的处理可能引发的损害赔偿责任实行强制保险制度。德国的环境责任保险制度在国际上走在前列，目前已构建了《环境责任保险一般条款》、《环境责任基础保险一般条款》和《环境损害保险一般条款》等标准保险合同。这些合同对保险标的、被保险的风险、保险事故、合同后责任、系列损害等做了合理的规定，科学地面对和解决了环境责任的可保性问题。二是气候保险。日本气候保险最早可以追溯到1923年《小作保险法》的制定。1938年日本政府制定《农业保险法》，逐步尝试建立农业保险制度。美国气候保险由联邦政府与特定的地方政府首先订立“防洪契约”，地方政府根据防洪契约制定并实施相应的“涝原管理法令”以减少“特殊洪水灾害区”。全球最大的再保险商Munich Re发起建立的《慕尼黑气候保险行动计划》，旨在开发制定保险解决方案以应对极端天气事件所造成的巨大损失，尤其是在发展中国家通过发展小额保险来支持发展中国家的企业。2010年，联合国粮食计划署在坎昆宣布启动2 800万美元的适应资金，为穷国农民设置“气候危险保险”，帮助他们保护庄稼、维系生计。

我国绿色保险起步较晚。2006年6月，国务院发布了《关于保险业改革发展的若干意见》，明确指出要大力发展环境责任保险。2007年，原国家环保总局和中国保监会联合发布《关于开展环境污染责任保险工作的意见》，规定环境污染责任保险是以企业发生污染事故对第三者造成的损害依法应承担的赔偿责任为标的的保险，并要求逐步建立和完善环境污染责任保险制度。同年6月，中国保险监督管理委员会下发了《关于做好保险业应对全球变暖引发极端天气气候事件有关事项的通知》，要求各保险公司和保监局充分发挥保险经济补偿、资金融通和社会管理功能，提高应对极端天气气候事件的能力。2008年2月，原国家环保总局和中国保监会联合出台《关于环境污染责任保险工作的指导意见》，正式确立 “绿色保险”制度路线图。2013年1月，环境保护部和中国保监会联合发布《关于开展环境污染强制责任保险试点工作的指导意见》，规定了试点行业范围，并要求地方环保部门和保险监管部门推动试点工作取得实际成效。2014年4月修订的《环境保护法》在第五十二条新增“国家鼓励投保环境污染责任保险”。

绿色PPP是指政府和社会资本合作发展绿色产业的模式。近年来，我国绿色PPP发展较快。2014年11月，国务院发布《关于创新重点领域投融资机制鼓励社会投资的指导意见》，明确提出要创新生态环保投资运营机制。同年12月，国家发展改革委出台《关于开展政府和社会资本合作的指导意见》，指出污水及垃圾处理、水利、资源环境和生态保护等项目均可推行PPP模式。此后，PPP相关政策进展迅速，环保项目一直是我国PPP投资的重点：（1）财政部陆续发布了《关于印发政府和社会资本合作模式操作指南（试行）的通知》《关于规范政府和社会资本合作合同管理工作的通知》和《关于印发〈政府和社会资本合作（PPP）综合信息平台信息公开管理暂行办法〉的通知》等文件，PPP运作规范逐步形成；（2）国务院在《关于推进海绵城市建设的指导意见》和《关于印发土壤污染防治行动计划的通知》等文件中均鼓励采用PPP模式引导社会资本投入到环保项目中；（3）国家发展改革委和中国证监会于2016年12月联合发布《关于推进传统基础设施领域政府和社会资本合作（PPP）项目资产证券化相关工作的通知》，更好地吸引了社会资本参与，提高了资金使用效率。

8.4.4 碳金融

1992年6月，在里约热内卢举行的联合国环境与发展大会上，160多个国家签署了《联合国气候变化框架公约》，该公约为采取减缓和稳定气候变化的行动制定了议事日程。1997年，各国政府在防止气候变化不利影响的进程中再迈一步，通过了《联合国气候变化框架公约·京都议定书》，为工业国家制定了减排温室气体的目标，其产生的温室气体贸易市场占全球碳交易市场的绝大部分。京都体制外自愿或者强制的碳交易占比很小。《京都议定书》设计了三种基于市场机制的国际合作减排机制。一是国际排放交易（IET），即附件1国家之间针对配额排放单位的交易；二是联合履约机制（JI），即附件1国家之间对排放单位的交易。产生这种减排单位的方法主要有建立低于标准排放量的项目（如采用低排放的技术）、发展能吸收温室气体的项目（如植树造林）等；三是清洁发展机制（CDM），即附件1国家的投资者从其在发展中国家实施的、并有利于发展中国家可持续发展的减排项目中获取“经核证的减排量”。该减排量可冲抵附件1国家的减排指标，这是《京都议定书》中唯一涉及发展中国家的一种机制。2015年12月12日，《联合国气候变化框架公约》近200个缔约方在巴黎气候变化大会上一致同意通过《巴黎协定》，2016年11月4日该协定正式生效。作为一份具有一定约束力的国际性减缓全球气候变暖的协议，它代表了近十年来气候变化国际法转折性的改变，为全球“节能减排”提供了有力的国际法律保障，而不再是基于社会承诺或道义承诺。

我国碳交易主要有三种：一是以项目为基础的交易，依据是清洁发展机制。2011年，国家发展改革委发布《清洁发展机制项目运行管理办法》，明确指出清洁发展机制是发达国家缔约方为实现其温室气体减排义务与发展中国家缔约方进行项目合作的机制。通过项目合作，可以促进《联合国气候变化框架公约》最终目标的实现，并协助发展中国家缔约方实现可持续发展，协助发达国家缔约方实现其量化限制和减少温室气体排放的承诺。二是核证自愿减排量交易（CCER），2012年，国家发展改革委印发《温室气体自愿减排交易管理暂行办法》，在自愿减排项目管理、减排量交易和自愿减排审定与核证管理等方面做了说明，规定自愿减排项目减排量经备案后，在国家登记簿登记并在经备案的交易机构内交易。2014年出台的《碳排放权交易管理暂行办法》指出，碳排放权交易市场初期的交易产品为排放配额和国家核证自愿减排量。三是以配额为基础的交易，即碳排放权交易，这是目前我国碳交易市场发展重点。2011年10月，《国家发展改革委办公厅关于开展碳排放权交易试点工作的通知》开启北京市、天津市、上海市、重庆市、湖北省、广东省及深圳市碳排放权交易试点；2013年到2014年，国家发展改革委相继出台两批共14个行业企业温室气体排放核算方法与报告指南，有效配合了碳排放权交易试点工作；2014年12月，为推动建立全国碳排放权交易市场，国家发展改革委出台《碳排放权交易管理暂行办法》，在配额管理、排放交易、核查与配额清缴、监督管理和法律责任等五个方面做出了安排；2016年1月，《国家发展改革委办公厅关于切实做好全国碳排放权交易市场启动重点工作的通知》指出工作目标是确保2017年启动全国碳排放权交易，实施碳排放权交易制度。

8.4.5 相关环境政策

绿色金融的发展离不开相关环境制度的支持，主要表现在以下几个方面：一是环境责任的明确是绿色金融发展的重要推动力。1980年美国通过《综合环境反应、补偿与责任法》，又称为“超级基金法案”，扩大了环境污染治理责任主体范围，使得美国银行可能承担污染治理的连带责任，从而激发美国银行对贷款进行环境风险管理。2016年12月，我国国务院发布《关于印发生产者责任延伸制度推行方案的通知》，旨在将生产者对其产品承担的资源环境责任从生产环节延伸到产品设计、流通消费、回收利用、废物处置等全生命周期。此外，我国《关于构建绿色金融体系的指导意见》也要求研究明确贷款人环境法律责任。二是环境许可制度能够推动许可证市场的发展从而达到资源节约的目的。1981年巴西《环境基本法》规定，国家应制定环境政策，实施环境许可制度，防止污染发生与扩散。此外，巴西还实行用水权制度，1988年巴西联邦环境审议会第5号决议书规定对环境有较大影响的上下水道计划实施环境行政许可政策。2016年11月，我国国务院印发《控制污染物排放许可制实施方案》，指出控制污染物排放许可制是依法规范企事业单位排污行为的基础性环境管理制度，环境保护部门对企事业单位发放排污许可证并依证监管。三是环境信息披露制度是绿色金融体系的重要基础设施。美国是最早启动环境信息强制披露的国家之一。美国证券交易委员会（SEC）对上市公司环境信息披露的规定散见于S-K和S-X规章、财务报告条例（FRR）和专职会计公报（SAB）中，要求上市公司披露控制污染的日常成本和资本性支出、重大环境未决诉讼事项以及与场地恢复和其他退出成本相关的重大负债等环境信息。我国环境信息披露制度建设始于2007年。当年2月，原国家环保总局公布《环境信息公开办法（试行）》，规定环保部门应当在职责权限范围内向社会主动公开环境保护创建审批结果、环境保护规划和环保行政事业性收费的项目等政府环境信息，并鼓励企业自愿公开企业环境保护方针、企业年度资源消耗总量和企业环保投资和环境技术开发情况等自身环境信息；2008年5月，上海证券交易所发布《上海证券交易所上市公司环境信息披露指引》，指出上市公司发生规定的与环境保护相关的重大事件，且可能对其股票及衍生品种交易价格产生较大影响的，上市公司应当自该事件发生之日起两日内及时披露事件情况及对公司经营以及利益相关者可能产生的影响；2016年12月，证监会新修订的上市公司年报准则、半年报准则中明确提出对属于环境保护部门公布的重点排污单位的上市公司实行强制性环境信息披露要求。

第九章 结论与建议

9.1 主要研究结论

结论1：2015—2016年，我国绿色投融资资金总量分别达到1.66万亿元和1.76万亿元，两年间增长6%；2017年，我国绿色投融资资金总量预计达到2.35万亿元，较2016年增长34%，占2017年预期GDP的3%。这种趋势一方面说明，随着2016年我国绿色发展领域“十三五”规划的全面出台，绿色投融资资金的预期更为明朗；然而，另一方面，2017年绿色投融资资金量的快速增长来自更为严格的环境标准，当前绿色投融资动力相对不足的局面亟待改观。

在《“十三五”规划纲要》及相关政策制定的目标下，我国面临着环境治理、生态保护与绿色发展的重大机遇，绿色投融资的资金需求正是现实而迫切的需求。根据中国绿色发展和环境保护规划，中国的绿色投融资资金来自六个领域：可持续能源、基础设施建设、环境修复、工业污染治理、能源与资源节约、绿色产品。

2015年绿色投融资资金量直接来自相关领域的官方统计数据，或者根据国家制定的2015年绿色发展目标和2015年实际达到的环境保护水平，计算得到的绿色投融资资金量；2016年绿色投融资资金量直接来自相关领域的官方统计数据，或者根据国家制定的2016年环境保护标准和2016年绿色发展目标、结合2015—2016年的绿色发展实际趋势，估算得到的绿色投融资资金量；2017年绿色投融资资金量是达到国家制定的2017年绿色发展目标和2017年应达到的环境保护标准，测算得到的绿色投融资资金量。

2015—2016年，我国绿色投融资资金总量分别达到1.56万亿元和1.76万亿元，两年间增长6%；2017年，我国绿色投融资资金总量预计达到2.35万亿元，较2016年增长34%，占2017年预期GDP的3%。我国绿色投融资资金需求量最大的行业为可再生与清洁能源发电行业，2017年资金需求为6 430亿元，占当年绿色投融资资金需求总量的27%；紧随其后的，依次是城市轨道交通和工业废气治理，占当年绿色投融资资金需求总量的比例分别为24%和11%。虽然环境修复的市场潜力巨大，然而工商业场地修复、耕地土壤修复和地下水修复三项投融资资金需求加起来不过420亿元，不足2017年绿色投融资资金需求总量的2%。这种局面反映出我国绿色投融资冷热不均。

2017年我国绿色投融资资金需求量的大幅增长，是2016年中后期我国绿色发展领域“十三五”规划全面正式发布、绿色投融资资金预期更为明朗的结果，彰显了我国建设生态文明、走绿色发展道路坚定不移的决心。2017年绿色投融资资金量的快速增长来自更为严格的环境标准，比如环境修复领域投资资金量绝对值虽然不高，但在2017年将出现5倍以上的增长，就是因为在2016年出台的《土壤污染防治计划》与《“十三五”生态环境保护规划》中对环境修复提出了明确的目标和更为严格的标准。但是，2017年绿色投融资资金需求量的快速增长反衬出当前绿色投融资动力的相对不足，需要通过环境保护制度层面的完善加以保证。

结论2：绿色信贷是我国最重要的绿色融资方式之一。我国绿色信贷已经形成较为完善的政策制度体系，市场规模不断扩大，银行业金融机构的绿色信贷实践持续推进，风险管理方法不断完善，有力地支持了我国经济的可持续转型。

近年来，中国绿色金融实践取得了明显进展，可持续发展理念逐步建立，绿色产品不断创新，绿色金融市场也在逐步形成。其中，中国银行业在绿色信贷领域发展较早，在政策、流程、监管等方面的实践进展较快，有些做法甚至领先于国际同业。

目前，我国已经基本上形成了由绿色信贷指引、绿色信贷统计制度、绿色信贷考核评价体系以及银行业金融机构自身绿色信贷政策组成的政策体系，顶层设计较为完善。各银行业金融机构积极落实政策，将绿色信贷理念纳入战略布局、组织架构、流程管理、风险监控等运营过程中，不断开展业务创新。

绿色信贷市场持续稳健发展，截至2016年6月末，21家主要银行机构绿色信贷余额达7.26万亿元，占各项贷款的9.0%。预计可年节约标准煤1.87亿吨，减排二氧化碳当量4.35亿吨，减排化学需氧量397.73万吨、氨氮43.45万吨、二氧化硫399.65万吨、氮氧化物200.60万吨，节水6.23亿吨，绿色信贷为我国经济绿色转型作出了重要贡献。

结论3：中国整个债券市场正处于改革进程中，债券市场不断完善，为绿色债券的发行提供了便利条件。中国绿色债券的发行增速快，并在全球掀起了发展绿色金融的热潮。

首先，在政策层面，中国政府及时出台了服务绿色债券市场建设的政策。在绿色金融债方面，2015年12月22日，人民银行发布39号文，对发行绿色金融债券的有关事宜进行了公布，随同中国金融学会绿色金融专业委员会制定的《绿色债券项目支持目录》一同发布。39号文和《目录》是我国首个对绿色债券发行制定的正式规则，是一项重要的基础性和指导性工作。在绿色企业债方面，2015年12月31日，国家发展改革委公布了《绿色债券发行指引》，对其监管的企业债发行主体发行绿色债券确定了规则，并出台了一系列激励措施。其次，在实践层面，中国绿色债券的发行在2016年迅速增长，从几乎为零增长到人民币2 380亿元，占全球发行规模的39%。中国在担任G20主席国的期间在国际上充分展示了绿色金融方面的领导力：中国建立了G20绿色金融研究小组，在全球掀起了关于绿色金融的热潮。

结论4： 中国绿色基金发展迅猛，但主要集中在绿色产业基金。在地方政府主导的区域绿色基金发展中，也还是按照绿色产业基金的模式构建，没有与地区绿色发展目标和环境治理目标相挂钩，因此无法有效发挥绿色基金在解决区域绿色发展目标和环境治理目标中的金融支撑作用。

我国从2010年开始大力推动绿色基金的建立，出台了多个鼓励政策，但这些政策基本上都是集中在绿色产业基金方面。在政策的引导下，绿色基金进入快速发展阶段，截至2016年底，全国已设立并在中国基金业协会备案的节能环保、绿色基金共265只，其中约59只由地方政府及地方融资平台公司参与发起设立，占比达到22%；成立于2012年及之前的共21只；2013年共成立22只；2014年共成立21只；2015年共成立80只；2016年共成立121只，呈明显上升趋势。但这些基金基本上都是绿色产业基金，或者都是按照绿色产业基金的模式构建，只规定投资领域，并没有与具体绿色发展目标和环境目标相挂钩。

绿色发展基金分为绿色产业基金和绿色区域PPP基金。绿色产业基金是纯金融性基金，其与一般产业基金的区别在于，其投资总额的60%以上必须投资于绿色项目。但是，其管理和运作与一般的纯金融性基金没有区别，它的主要任务是在绿色项目领域投资中实现基金的增值。绿色产业基金并没有专门的环境目标，其绿色项目的选择也主要是根据项目潜在收益的高低，而不是根据其实现环境目标的绩效。因此，绿色产业基金的设立并不需要特殊的基金设计。

而绿色PPP区域基金，是为实现一个区域的专门绿色目标或者环境目标而设立的，例如京津冀大气污染防治基金、流域水环境保护基金等。在这里，基金只是一种手段，具体绿色目标和环境目标的实现才是目的，基金是作为一个金融平台在为整个绿色目标的实现而进行综合性的金融运作，因此，基金在选择项目投资时必须考虑项目的环境目标和绩效。一般来说，这样的基金是需要进行严格的基金模式设计的，否则就无法实现与具体绿色目标的配合。

这两种绿色基金的特征、实现目标以及在推动绿色产业发展中所起的作用都不一样，需要互相配合共同推动。绿色产业基金主要扶持具体绿色产业的发展，而绿色PPP区域基金主要为实现地区具体绿色发展目标而搭建融资平台，这样的基金融资平台，不仅要为实现具体绿色发展目标整合金融资源，还要整合商业资源和技术资源，对地区绿色发展目标的实现是非常重要的。

目前各地区成立的PPP模式绿色发展基金，虽然政府出资了，但在基金管理方面，往往只是引入基金管理公司，采取与普通市场基金一样的管理方法，这将导致政府出资的资金无法有效发挥引导实现绿色发展目标的作用。PPP模式绿色发展基金应该有明确的绿色发展目标，例如，在区域内，希望通过绿色发展基金解决怎样的生态环境问题，要解决这些生态环境问题需要采取哪些措施和建设哪些项目，这些项目的总体资金需求是多少，融资特征怎样，存在怎样的融资困难或者技术以及商业模式发展的困难。也就是说，PPP模式绿色发展基金，是为解决特定生态环境问题所形成的一种新型融资工具。为了保障基金的运作真正能实现这些生态环境目标，在基金管理层形成政府与社会资本共同管理的模式很重要。

PPP模式绿色发展基金，本质上是一种政府融资行为，是政府为实现绿色发展目标向社会资本进行融资，因此融资前的规划编制就十分重要。例如，如果是流域绿色发展基金，就要基于流域生态环境保护规划；如果是某个地区绿色发展基金，就要基于该地区的生态环境保护规划。根据规划的生态环境目标，确定所需融通的资金总量，以及项目群特征和金融需要扶持发展的方向。

结论5：环境污染责任保险开办十年来，中央政府和地方政府的重视不断提高。但强制环境污染责任保险的试点显示，发展现状仍不容乐观。法律依据不足，供需两头不旺，赔偿金额过低，不足以实现激励环境污染责任企业改变行为、弥补受害者遭受的环境损害的初衷。市场存在呼声，希望政府为投保企业和保险公司提供更多资金援助及法律保障。地方试点实施方案中规定的试点期限将陆续结束，下一步如何进一步开展环境污染责任保险，尚存在不确定因素。

我国正式全面开展环境污染责任保险十年来，历经了从任意型还责险到强制还责险试点的两个阶段。国务院、中国保险监督管理委员会和国家环保部颁布了环境污染责任保险的指导性文件，奠定了环责险的政策基础。2009—2014年，陆续有15个涉及环境污染责任保险的地方法规正式实施，以鼓励为主。相关条例中约80%是针对涉水污染物排放的环境污染责任保险规定，显示相关政策基础还有很大完善空间。

当前，试点地方参加环责险的企业不断增加，投保企业和理赔案例呈上升趋势。根据部分试点地区2013—2015年底的数据，2013年我国试点地方的投保企业数量大幅增长，增幅相比2011年达到150%。然而，2015年和2013年相比，多数试点地区投保企业数量呈现缩减趋势。

强制责任保险的试点企业范围包括涉重金属企业、按地方有关规定已被纳入投保范围的企业以及其他高环境风险企业。

各试点地方的开展情况差异比较大：一是投保情况不均。大部分省份的环责险投保企业约数百家，有些省份的环责险投保企业只有十几家，有些省份的环责险投保企业则多达两千多家；二是各地环责险的平均保险费率有别，平均保险费率基本在1%～2%。有些省市的环责险平均保险费率低于1%，有些省市的环责险平均保险费率高达3%。具体企业的环责险保险费率低的有0.1%，高的有10.8%；三是环责险赔付率极低。从四川省不完全统计数据情况看，其赔付率仅不到4%。保险公司的赔付金额一般仅在数千元至数万元之间，很少有几十万甚至是上百万元的赔付情况，与环境污染责任的赔偿需求差异甚大，不足以改变环境污染责任主体的行为。

当前，强制环责险试点中的问题主要包括：（1）法律依据不足。由于强制性政策试点与新《环境保护法》的鼓励投保规定不符，出现企业拒绝投保的现象。环境污染强制责任保险试点缺乏上位法依据，目前只能依靠行政手段推行，受地方政府部门的工作方式、领导人风格等影响较大。（2）相关法律在责任认定、赔偿范围和索赔期限方面尚存明显不足。由于环境侵权责任的认定、追责与相关法律中的违法性要件方面有冲突，导致环境侵权责任的认定和追责存在困难。环境侵权赔偿范围偏窄，不包括生态环境本身所遭受的污染损失以及精神损害。环境侵权索赔期限仅为3年，与环境污染的长期性、潜伏性特征不匹配，助长了风险企业的侥幸心理，削弱了环境污染强制责任保险制度的公益性。（3）技术标准不健全。环境污染行业风险评估机制不健全，评估标准不明确、不全面，评估程序不规范；缺乏对第三方专业技术评估机构及人员的相应资质要求，难以突破重大复杂技术；环境污染损害鉴定评估机构数量有限，在能力建设、机构设置和人才培养上都比较薄弱；保险公司在风险评估、标的定价、事故定损等专业细节缺乏客观、详细的数据支撑，致使保险费率的科学厘定、保险险种的拓展研发和保险条款的合理设计均存在现实困难。

结论6：为推动低碳发展转型，我国在顶层设计中提出了不同的经济政策和市场化工具机制以拓宽低碳融资渠道，初步建立了多样化的低碳融资方式。这些融资方式在低碳项目发展过程中发挥了重要的作用，但也存在缺乏稳定的碳价格机制，信息披露制度不健全，政府主导、私人资本参与较少，低碳金融产品有待进一步丰富等问题。

国际能源署（IEA）在最新发布的《能源技术展望2015》中评估了不同领域的技术对中国实现2050年低碳转型的贡献率。结果表明，工业、建筑和交通等部门的能源效率技术对减排的贡献将达到41%，可再生能源技术的贡献将达到31%，核能技术的贡献为10%，碳捕获利用与封存技术的贡献为11%，电力和终端能源消耗部门的燃料转换贡献占7%。可见，以能源和碳要素效率取向的发展方式转型、能源结构与经济结构调整的低碳技术支撑体系对于中国实现低碳发展转型具有关键作用。

而部署这些低碳技术，实现中国INDC目标及低碳发展转型，需要巨额的增量投资和成本。中国人民大学能源与气候经济学项目组强化低碳情景模拟结果发现，中国实现INDC目标将带来巨额的增量投资和成本。为了实现INDC目标，我国从2015年到2030年间的年均增量投资需求将达到2 100亿美元，2030年达到峰值以后为了实现碳排放持续下降，年均增量投资将达到5 000亿美元。随着减排目标的严格化，相应的增量投资需求也相应大幅提高。此外，应该注意到，由于众多将对减排产生重大贡献的减排潜力巨大的技术如第四代核能、CCS、高效电动汽车、燃料电池等将在2030年前后才实现商业化并大规模推广，绝大多数的增量投资将发生在2030年后。

为了满足低碳领域的投资需求推动中国实现低碳发展转型，我国在顶层设计中提出了不同的经济政策和市场化工具机制以拓宽低碳融资渠道，初步建立了多样化的低碳融资方式。2016年8月30日，中国人民银行、财政部等七部委联合印发了《关于构建绿色金融体系的指导意见》，提出构建绿色金融体系的重要意义；大力发展绿色信贷；推动证券市场支持绿色投资；设立绿色发展基金，通过政府和社会资本合作（PPP）模式动员社会资本；发展绿色保险；完善环境权益交易市场、丰富融资工具；支持地方发展绿色金融；推动开展绿色金融国际合作；防范金融风险，强化组织落实。《加快推进生态文明建设的意见》中也提出推广绿色信贷，支持符合条件的项目通过资本市场融资。建立节能量、碳排放权交易制度，推动建立全国碳排放权交易市场。

这些较为多样的融资方式为中国低碳发展提供了较好的动力，推动了低碳环保行业的发展。2015年，中国可再生能源投资约为1 000亿美元，比2014年增长17%，占全球可再生能源总投资的36%。2016年中国绿色债券发行量为302亿美元，成为最大的绿色债券市场。在接下来的五年中，中国的绿色债券市场将实现2 300亿美元的可再生能源投资。但是关于低碳融资金额的统计和估计存在较大的差异性。根据中央财经大学、清华大学、国务院发展研究中心的统计，近年间相关投资规模在800亿～2 000亿美元这个范围。政府财政只能提供低碳融资的一小部分，作为对私人投资增加的重要推进剂，大部分低碳项目的资金需要预计将来自民间部门。我国的低碳发展需要政府、金融和民间资本共同推动。低碳融资项目因为依赖政府财政，较长时间的回收期，以及一些绿色技术的创新性，在投资者看来具有较高的风险。反过来，由于开发商和投资者对于低碳投资的谨慎态度也在某种程度上影响了政府和公共机构对于项目的支持。

结论7：2016年中国碳市场在交易表现、产品创新、机制设计、风险防范等方面都取得了重要进展，在构建中国绿色金融体系进程中发挥了重大作用。同时中国碳市场也成为全球碳市场的中坚力量，有力地配合了中国在全球应对气候变化行动中的大国承诺。

2016年在中国和国际各国的积极推动下，《巴黎协定》生效，取得诸多积极成果，成为国际应对气候变化谈判道路上的新里程碑。2016年也是中国碳市场发展的转折年，碳交易试点进入收官阶段，同时全国碳市场建设开启了序幕，轰轰烈烈的中国碳市场无疑是全球碳市场的焦点，将成为全球总量最大的碳市场。

2016年中国七个试点碳市场继续稳步发展，新增四川和福建两个碳市场，九个交易市场全年交易额超过10亿元，截至2016年末，中国碳市场累计交易额超过25亿元。中国的碳价格保持基本稳定，北京碳市场的价格基本稳定在50元左右，超过欧盟碳价格，位于全球碳市场前列。2016年试点碳市场在碳金融方面不断创新，除期货外相继推出远期、场外期权、场外掉期等碳配额衍生品交易，在碳配额融资方面继续开展配额回购、配额质押融资业务，同时开展跨市场交易，推出结构化产品如电热碳等。

2016年全国碳市场建设准备工作也取得重大进展。国家层面研究制定了碳排放权交易市场总体设计方案，确定了全国碳市场的范围，涵盖石化、化工、建材、钢铁、有色、造纸、电力、航空八大行业18 个子行业。编制了全国碳排放权配额总量设定与分配方案，并已获国务院批准。全国碳排放交易体系中的政策法规标准不断完善，《全国碳排放权交易管理条例》也被国务院法制办列入优先立法的计划。截至2016年末，全国碳排放历史数据报告和核查工作基本完成，为2017年启动全国碳市场奠定了坚实的基础。

2017年全国碳市场启动后至2019年间，是全国碳市场打牢基础、启动交易、不断完善的重要发展时期。初步预测，这一阶段的现货交易市场规模，保守情景下（碳价20元/吨、年度换手率5%）大约在30亿～80亿元，乐观情景下（碳价150元/吨、年度换手率20%）大约在900亿～2 400亿元，中值（碳价50元/吨、年度换手率10%）大约在150亿～400亿元。而在2020年后，保守情景下大约为50亿～120亿元，乐观情景下大约为1 500亿～3 600亿元，中值为250亿～600亿元。

结论8： 环境风险管理已日益成为金融机构风险管理的重要内容。从国际银行业来看，西方发达国家目前已经出台了针对环境风险管理的政策管理体系，主要包含总体原则、行业指引、IFC绩效标准、赤道原则、责任投资原则等。在环境风险管理的过程中，最为重要的是环境风险的量化。

环境风险管理已日益成为金融机构风险管理的重要内容。从国际银行业来看，西方发达国家目前已经出台了针对环境风险管理的政策管理体系，主要包含总体原则、行业指引、IFC绩效标准、赤道原则、责任投资原则等。国际银行对此高度重视，纷纷成立专门的委员会，组建专职机构与团队。如汇丰银行、渣打银行、巴克莱银行等。国际银行的环境风险管理流程主要包含了风险识别、风险评估、审查审批、监测检查等四个环节。从国内银行业来看，2008年以来，随着中国金融业的不断开放，部分银行开始采纳国际化标准来指导自身的环境风险管理工作。多数国内银行建立了环境和社会评级体系，评级结果能与客户评级和质量分类结果关联，实现了对客户环境与社会风险的科学量化管理和动态评估，评级结果作为信贷准入、贷款“三查”、贷款定价、经济资本分配等方面的重要依据。如工商银行借鉴赤道原则和IFC绩效标准，结合国内实际，按照贷款企业或项目对环境影响程度及其面临的环境风险大小，将全部贷款划分为四级、十二类。部分风险管理能力较强的银行还将环境和社会评级结果纳入内部评级体系，对提高银行的环境风险管理水平发挥了积极作用。如交通银行、兴业银行均建立了有效的环境与社会风险管理体系。

在环境风险管理的过程中，最为重要的是环境风险的量化。金融机构作为调配资金的主要部门，只有将环境风险以货币的形式加以确认并最终体现在企业运营能力和盈利能力上，才能更好地帮助投资者和金融机构了解环境风险溢价，从而更好地指导资金流向。

结论9：2016年中国金融机构在环境风险压力测试、绿色指数编制、绿色评级等方面均取得了很大的进展。

总体来看，有两方面特色特别值得关注。一是越来越多的中国金融机构参与到环境风险量化体系、模型和方法的研究中，如工商银行压力测试工作在电力、水泥、钢铁、铝等行业取得了新进展；二是环境量化工具和模型的开发越来越注重与中国自身发展特征和政策环境的结合。

工商银行作为绿色金融和环境风险管理的先行者，在近两年理论探索和应用过程中走在了国内外银行同业的前列。从环境压力测试来看，目前工商银行创建了环境因素对商业银行资产负债表产生影响的理论架构，并应用压力测试方法，打通了环境因素对商业银行信用风险影响进行评估的技术渠道。鉴于工商银行自身对于客户环保资质的严格把控，利用环境因素压力测试对特定行业的研究发现：工商银行的环境风险均处于可控范围；从ESG评级和ESG指数的开发来看，尽管数据缺乏依然是相关工作面临的最大困难，但工行的实践表明，以商业银行自主研发为原则、寻求第三方机构支持的开发思路是可行的。特别是，以上市公司作为绿色评级的突破口，搭建诸如ESG指数的相应绿色投资指数，可以起到同时促进直接和间接渠道绿色投融资的双重效果。

结论10：2016年，作为G20的东道主，中国首次将绿色金融列入核心议题，绿色金融成为G20主流议题，而且通过G20领导人杭州峰会公报成为全球共识。

G20积极参与国际秩序的制定，在世界性事务中发挥着越来越重要的作用，对全球问题的话语权更具有号召力和凝聚力，逐步成为了除联合国以外最具影响力的国际治理平台。2016年，作为G20的东道主，中国首次将绿色金融列入核心议题，绿色金融成了G20主流议题，而且通过G20领导人杭州峰会公报成为全球共识。

在中国的倡议下，二十国集团自2016年初发起了绿色金融研究小组，由中国人民银行和英格兰银行共同主持，并由联合国环境规划署（UNEP）担任秘书处。该研究小组的参与者包括80多位来自所有G20成员国，受邀嘉宾国和相关国际组织的官员和专家。G20绿色金融研究小组的工作旨在支持G20 实现强劲、可持续和平衡增长的战略目标，主要任务是“识别绿色金融发展所面临的体制和市场障碍，并在总结各国经验的基础上，提出可提升金融体系动员私人部门绿色投资能力的可选措施。”研究小组的工作主要涉及五个领域，包括银行业、债券市场、机构投资者这三个专门领域，以及风险分析和指标体系这两个跨领域问题。

G20绿色金融研究小组向G20杭州峰会提交第一份《G20绿色金融综合报告》，提出了七项具体建议：提供清晰的战略性政策信号、推动实施绿色金融的自愿原则、强化绿色金融能力建设、支持本地绿色债券市场发展、推动跨境绿色债券投资、开发和推广环境风险分析方法、完善对绿色金融的定义和指标体系。在发展绿色金融成为全球共识的背景下，这七条建议代表了绿色金融未来在全球发展的重点和方向。

为了配合中国举办G20峰会，中国贸易促进委员会（简称贸促会）牵头筹办2016年B20。中国工商银行张红力副行长作为B20金融促增长工作组联席主席正式提出将绿色金融议题纳入B20核心议题之中，受到了二十国集团金融代表的强烈响应和积极支持，绿色金融议题首次列入了B20核心议题。B20金融促增长工作组提出了与绿色金融相关的四项政策建议，具体建议主要包括创造激励措施并降低绿色投融资成本、建立绿色环保标准以及鼓励投资影响的披露和报告。

结论11：“一带一路”建设从无到有、由点及面，进度和成果超出预期。主要表现在：国际合作共识广泛达成；基础设施建设合作快速推进；贸易与投资合作势头良好；金融支持架构初步形成；自贸区建设取得积极进展。中国对“一带一路”的投资保持稳定。

2015年和2016年，中国累计向“一带一路”沿线国家进行非金融直接投资293亿美元。2015年全年，在中国对“一带一路”沿线各地区的投资流量中，77.3%流向了东南亚地区，规模突破了146亿美元，较2014年的投资流量占比增长了约20%。截至2015年底，中国对“一带一路”沿线各地区的投资存量几乎均有不同程度的增长。其中，在增速最快的中欧和东欧地区，投资存量增长了约54%。无论是从综合竞争力、经济发展及工业化水平来看，“一带一路”沿线国家的差异都十分巨大。“一带一路”沿线国家对华外交与经贸关系总体良好。一方面，高等级的外交关系为推进“一带一路”建设营造了良好的政治氛围。在“一带一路”沿线国家关系网络中，中国与大部分国家建立了不同程度的伙伴关系，成为“一带一路”得以推行的基石。另一方面，密切的经贸合作为推动“一带一路”建设创造了巨大的互利共赢的机遇。“一带一路”的机遇主要集中在基础设施建设、产能合作、能源资源合作等领域。综合工行和标普、穆迪、惠誉三大评级机构的主权评级，新加坡、卡塔尔属于低风险国家，阿联酋、捷克、马来西亚、泰国等国属于较低风险国家，俄罗斯、土耳其、越南等国属于中等风险国家，伊朗、伊拉克等国属于较高风险国家。

结论12：绿色丝绸之路是“一带一路”建设的一个重要目标，“一带一路”对外投融资环境风险管理需要从多方面切入。

绿色丝绸之路是“一带一路”建设的一个重要目标。《推动共建丝绸之路经济带和21世纪海上丝绸之路的愿景与行动》指出，“在投资贸易中突出生态文明理念，加强生态环境、生物多样性和应对气候变化合作，共建绿色丝绸之路”。随着“一带一路”建设的推进，我国在“一带一路”沿线国家的投融资活动日益活跃。这就要求在“一带一路”对外投融资过程中加强环境风险管理，实现打造“一带一路”绿色发展命运共同体，完善“一带一路”绿色发展治理体系，提升“一带一路”沿线国家绿色发展能力。

“一带一路”对外投融资环境风险管理需要从多方面切入，包括：明确职责划分，提高全社会的环境风险管理意识；加强制度建设，构建完善环境风险管理政策体系；实现内外联动，提升投融资主体环境风险管理能力；拓宽融资渠道，充实丰富环境风险管理资金储备；以及发挥机构合力，组织保障环境风险管理有序开展等。

结论13：“一带一路”基础设施投资，毫无疑问给金融机构带来了巨大的投资机遇，但“一带一路”基础设施投资也给金融机构带来了风险和挑战，而森林风险是最主要的环境风险。

80%以上的“一带一路”国家属于沙漠国家，特别是中亚西亚地区，极度缺水，森林覆盖率很低。而森林是沙漠国家可持续存在的生命基础。水和森林在生态环境方面具有共生循环互相影响的关系，这种共生循环互相影响的关系在沙漠国家更为突出。森林的保持和成长需要大量的水的供给，所以在沙漠国家一般森林绿洲都分布在河流的两岸。森林具有涵养和清洁水源、固土防沙的作用，河流两岸的森林维系决定了河流水质和水量。大量森林的砍伐将导致流域区域气候失调，洪水和旱灾交替，水源流失，最终导致河流的消失和绿洲的沙漠化。而绿洲是沙漠国家居民生存的基础。

9.2 政策建议

建议1：绿色投融资在2017年度要实现比2015—2016年更快的增长，将绿色投融资的资金需求从潜在需求落实为有效需求，需要完善的政策体系作为保障，包括严格的环境保护制度、加强环境监管、环境资源价格税费政策改革、财政资金支持与引导。在绿色发展的共同目标下，环境、财政、金融等部门和其他社会各界需要进一步形成共识，以强有力的政策和创新性的工具加以引导、规范，确保绿色投融资的发展达到预期目标与效果。

严格的环境保护制度是扩大环境保护投资规模的最直接手段。通过进一步修订水、大气、土壤、海洋等环境质量标准，并以环境质量无退化为原则修订污水、废气、固体废弃物等污染物排放标准，制定资源与能源利用效率、清洁生产评价指标体系等措施，能够直接增加污染物减排总量，提高对污染治理和环境修复服务、可持续能源和绿色产品的直接需求。

加强环境监管是确保环境保护制度执行效果的最紧要任务。目前我国部分地区和重点行业依然存在污染物超标排放现象，环境监管不足，将使污染者的违法收益大于其落实绿色投资的获益，导致各类约束性环境标准形同虚设。实现绿色金融的资金需求，需要积极落实《“十三五”规划纲要》的相关要求，建立省以下环保机构监测监察执法垂直管理制度，建立全国统一的实时在线环境监控系统，健全环境信息公布制度；严格执行新修订版《环境保护法》，形成持续、稳定环境责任追究机制；提高排污者的违法成本，促使其将污染治理、环境修复、清洁生产等目标转变为切实行动和迫切需求。

环境资源价格税费政策改革是推动绿色金融体系良性运转的最根本前提。环境损害与环境资源利用的合理定价（费率、税率制定）是利用经济杠杆提高环境资源利用效率的重要条件，也是绿色金融资金获得合理投资收益的根本前提。在现行资源与环境税费价政策基础上，需要加快推进环境保护税立法和资源税费改革，将高耗能、高污染产品纳入消费税等征收范围，对绿色产品实行税收减免优惠；修订排污费征收办法，其征收标准不应低于污染处理和处置成本；全面实行供水、污水处理、用电、燃气、生活垃圾处理等费用的（工业、生活）分类定价、阶梯定价和超额累进加价制度；推进农业用水价格综合改革，研究农业面源污染排污收费制度。

财政资金支持与引导是提供基本环境保护服务、鼓励社会资本共同参与绿色金融的最有力保障。需要中央财政对属于中央事权的环境保护项目加大支持力度，合理承担部分属于中央和地方共同事权的环境保护投资，并向欠发达地区和重点地区倾斜。需要地方财政重点投入生态修复、饮用水源地保护、污染治理、环境基础设施建设与运营、环境污染应急处置等区域性项目。需要国、省两级财政对环境监管能力建设及运行费用予以充分保障。同时，需要以财政资金为基础，与社会资本共同设立国家和地方各级绿色发展基金，针对各类大中型、中长期、战略型、示范性绿色项目进行投资；以财政基金为担保，通过债权、股权、排污权质押等方式进行绿色项目融资；通过环境绩效合同服务、特许经营等方式，积极鼓励社会资本加大环境保护投入。

建议2：落实绿色贷款贴息等优惠政策，一方面能够通过金融杠杆撬动民间资本，支持绿色产业；另一方面能够提高银行业发放绿色信贷的积极性，进一步扩大绿色信贷规模。

实现我国经济绿色转型，需要大量资本支持，仅靠财政资金无法满足需求，需要发展绿色金融市场，通过多渠道融资来解决。人民银行的统计数据显示，目前我国贷款余额占社会融资规模存量的70%左右，绿色信贷也是我国绿色融资市场中的“主力军”，应当大力支持。

落实财政贴息等一系列优惠政策支持绿色信贷发展是较为有效的手段。从政府层面来讲，财政贴息可以发挥资金的杠杆作用，用较少的贴息撬动较多的资本金投入市场，此外，财政贴息优于政府直接投资的原因还在于，财政部门在识别绿色项目方面缺乏相应经验，银行等金融机构在长期践行绿色信贷过程中，积累了很多专业知识和客户资源，能够更有效地运用资金。

从金融机构的角度来讲，绿色项目具有前期投入大、技术不确定性强、投资回报期长等特点，单纯从成本效益以及风险等因素等方面考虑，对资金的吸引力不足。财政贴息等一系列优惠政策，对银行支持风险高、收益低的低碳环保项目进行补贴，能够有效提升金融机构发放绿色信贷的积极性，将发行绿色信贷由“责任驱动”的公益活动变为“市场选择”的主动行为。

建议3：目前中国环境污染压力及气候变化挑战规模大且具有紧迫性，对相应的环境基础设施和相关投资的需求不断增长，客观上要求中国促进绿色债券市场的快速发展。

首先，简化绿债审批流程。将绿色金融债券的发行由银监会和中国人民银行“先后审批”的程序改为同时“并联审批”，并给予额外的额度，提升金融机构择机选择绿色债券最佳发行时点的能力。其次，拓宽绿色债券的担保和增信渠道。由政府设立专项基金，对较低评级的绿色债券新品种提供担保，实现外部增信，提升绿色资产价值。最后，统一绿色债券标准和披露。加强政策协调，推动建立绿色债券的统一界定标准，有助于简化发行过程，鼓励绿色债券的发行。国内和国际的绿色债券标准也应该保持一致。信息披露方面的要求应得到统一，比如报告的频率，发行后报告应当披露的信息包括募集资金用途和环境效益等。统一绿色债券标准和披露应具有灵活性，并保持各标准之间的可比性。

建议4：政府在地方绿色金融试点中要关注绿色区域PPP基金的设计和运用。绿色产业基金主要运用于全国范围内的绿色产业的培育和扶持，而绿色区域PPP基金主要适用于为实现区域绿色发展目标和环境目标而形成的集融资、产业链整合和技术创新整合为一体的投融资平台，政府通过规定环境绩效考核指标来对基金的运作进行监督管理。

不同地区有不同的绿色产业特色，其需求金融支持的发展方向和趋势是不同的。例如，脱硫脱硝除尘以及污水处理厂等重资产行业，适合单项做强做大，形成具有核心技术优势的领先企业。在这种情况下，绿色发展基金或者下设的子基金就可以采取股权投资的方式，通过资金注入帮助其上市或者帮助其并购重组等。因为重资产行业市场淘汰以提高市场聚合度的需要，绿色股权投资基金嫌贫爱富的特征是有益于优质企业的识别和培育的。但是，对于流域治理、生态改良等区域性或者地域性较强且需要多产业联动治理的生态环保问题，就需要绿色发展基金或者下设的子基金将整个区域当作一个大项目包进行全面的综合融资和管理，因为区域产业链间环环相扣的关系，如果只是运用股权投资基金选择收益好的产业，就会导致产业链的失衡，使一些在产业链衔接中很重要但单项收益不高的产业面临困境，最终影响整个区域生态环境保护大项目包市场化的推进。目前大部分地方绿色发展基金采取的是股权投资模式，在绿色项目中选择盈利较高的项目，并规定对所有绿色项目投资总额不超过项目资金总需求的10%或者20%，这很适合扶持单项做大做强的绿色项目，但是，对于大型的流域治理、生态城建设、海绵城市、工业园区综合环境整治等项目，需要培育可以提供环境综合服务的强大企业，这种环保企业不是以单项做强取胜，而是提供综合的环境服务，并可以就区域环境问题设计具有国际领先的综合治理规划和方案，通过产业链的综合衔接设计，既提高生态环境保护绩效，又增强整体项目包的市场盈利能力。这就需要绿色区域PPP基金。

环境治理和绿色发展目标的实现，越来越需要各种产业的综合配合，特别是区域环境目标的实现，绝不是单一产业可以实现的，因此，基于绿色发展目标而构建的绿色区域PPP基金，就可以成为一种特定的融资平台，直接对应于具体的环境目标，组合各种产业链通过产业结构重组来从源头治理环境。未来的环境管理发展趋势将是以绩效管理为主导、以综合治理为模式、以政府行政长官统一监管为体制，而绿色区域PPP基金是支撑这种环境管理模式的重要金融平台，因此，在未来的发展中，绿色区域PPP基金将会发挥重要作用。

建议5：建议中国保险监督管理委员会和环境保护部努力推动高污染风险领域的“环境污染强制责任保险”方案的落地。在总结试点经验的基础上，考虑逐步设立统一的环境污染责任保险业务承保机构或信息共享平台，并建立一系列配套机制促进强制性环境责任保险的发展。

建议中国保险监督管理委员会和环境保护部努力推动高污染风险领域的“环境污染强制责任保险”方案的落地。试点中已经发现的问题应得到重视和应对，希望在中央层面展开机制安排、法律完善、推动平台等基础设施建设工作。

建议中央政府在总结试点经验的基础上，考虑逐步设立统一的环境污染责任保险业务承保机构或信息共享平台。目前依靠少数保险公司分兵作战的方式，在诸多方面存在明显的能力不足。国际上解决这个问题，主要有两个方法：一是美国，成立专门的环境责任保险公司承保所有环境责任保险业务。二是欧洲国家，设立保险公司环境责任保险联合体。意大利式的联保集团：1990 年成立的由76 家保险公司组成的联合承保集团。法国也成立了由外国保险公司和本国保险公司组成的污染再保险联营集团。建议中央政府参照美国、芬兰模式建立专门的国家环境保险公司，或者意大利、法国模式，建立国家环境保险联合集团。

强制性环境责任保险在试行之初，需要一系列配套机制促进其发展。迫切需求包括：政府提供财政补贴、税收优惠或者其他盈利高的险种开办优惠，鼓励、扶持保险公司提供环责险。二是加快建立和完善环境污染损害鉴定评估机制，规范环境污染事故的责任认定和损害鉴定工作。三是提供激励手段，鼓励企业主动采取措施降低环境风险。如将风险评估结果与投保档次挂钩，将环境污染责任保险的投保情况与企业信贷资质 / 评级、信用评定、信息公开、上市公司环保核查以及日常监管等联系起来。

建议6：为了满足低碳融资需求，建议建立稳定的碳价格机制，通过市场作用，推动全社会逐渐形成稳定的碳价格预期。融资过程中，除政府引导外，金融机构应该积极创新，开发出丰富多样的碳金融产品，从而构建更加完善的低碳融资体系。

为了满足低碳融资需求，建立综合的低碳融资政策体系，建议：

将满足低碳融资需求明确纳入现有生态文明体制框架中，在建设绿色金融体系中得到进一步体现，并和中国应对气候变化规划、落实国家自主贡献目标的相关行动计划等进行更好的衔接；

针对低碳基础设施的长期性和可能具有的锁定效应，设定明确且逐步严格的碳减排目标以及清晰的长期政策框架，从而为市场提供稳定的投资收益预期；

结合PPP等融资形式，加强公共部门的引领作用，进一步解决社会资本的进入障碍，提高低碳项目对社会资本的吸引力；

随着2017年全国碳市场启动以后，结合稳定的碳价格机制以及对化石能源补贴的逐步削减，改变低碳项目相对传统化石能源项目的收益预期，引导资金流向低碳项目；

对低碳项目的设计、建设以及运行等设定更加严格的低碳标准，发展碳标示、碳标签等，完善碳评估方法与流程，发展低碳项目碳减排效果的可测量、可报告和可核查的技术标准体系，从而规范低碳投资市场；

针对低碳基础设施提出设计标准，要求相关基础设施预留未来进行低碳化改造的接口，以便未来随着技术成熟、融资渠道畅通以后还能对当前大规模建设的基础设施进行低碳化改造，以便当前所建设的相对高碳基础设施的锁定效应形成。

在以上建议中，建立一个稳定的碳价格形成机制至关重要，当前与形成碳价格最密切相关的是全国碳市场的建设与启动。

2016年12月中央经济工作会议提出，供给侧结构性改革的“根本途径是深化改革，就是要完善市场在资源配置中起决定性作用的体制机制，深化行政管理体制改革，打破垄断，健全要素市场，使价格机制真正引导资源配置”。国务院发布的《“十三五”温室气体排放控制方案》提出“2017年启动全国碳排放权交易市场。到2020年力争建成制度完善、交易活跃、监管严格、公开透明的全国碳排放权交易市场，实现稳定、健康、持续发展”。

我国通过发展碳市场，形成覆盖重点行业的碳价格机制，并通过市场传导，有利于促进环境要素市场的形成，推动全社会逐渐形成碳价格意识，为市场提供长期稳定的碳价格预期，从而影响利益相关者的投资和消费行为决策，推动节能减碳的技术创新和技术应用。通过碳排放配额总量的稀缺性、包含碳金融在内的市场机制设计以及严格的监管等确保一定的碳价格水平基准，将使得低碳项目带来的碳排放收益通过市场得到兑现，有助于改变低碳项目相对现有化石能源等相对高碳项目的收益率，从而有利于吸引更多商业及社会资本，满足低碳项目的融资需求。碳价格机制，需要制订和颁布清晰可靠的路线图以及配套政策框架与体系，实现市场主体对市场碳价格的长期稳定预期，通过有效的价格传导机制实现对企业投资决策的影响，推动企业加强低碳技术与产品的创新，从而有利于解决部分低碳项目投资周期较长，收益不确定带来的融资障碍。

建议7：中国碳市场具备成为世界最领先碳市场的“碳红利”，需要继续完善碳市场制度，在借鉴国际经验基础上自主创新，尤其在市场过渡和市场连接机制上自主创新，将中国碳市场建设成为全球碳交易中心。

一是将碳市场基础设施建设纳入供给侧改革统筹考虑。加快推动相关法律法规及配套政策供给，尤其是《全国碳排放权交易管理条例》出台，确保全国碳排放权交易市场尽快启动。针对目前部分地区在启动碳市场时面临的资金问题，建议加大财政投入，支持全国碳市场这一战略性基础设施。完善的碳市场能够有力地配合供给侧改革，用市场手段去高耗能产能，用低碳技术去库存，用碳金融去杠杆，通过节能降成本。

二是健全碳排放交易市场管理体制。包括探索成立中国统一的碳排放权交易所参与国际竞争，成立中国统一的碳排放权登记结算机构为全国碳市场提供专业化的登记结算服务，规避交易风险和创新风险，建立统一的数据标准和数据管理系统，确保数据质量。

三是创新中国碳市场的衔接和连接模式。首先是碳市场自身的衔接。包括现有试点碳市场与全国碳市场的衔接，新增地方碳市场与全国碳市场的衔接，还有试点阶段碳市场与正式阶段碳市场的过渡问题。其次是碳市场与其他环境权益市场的衔接，包括与新能源汽车碳配额交易的衔接，与碳汇交易的衔接，与用能权交易和可再生能源绿色电力证书交易的衔接等。最后是中国碳市场与国际碳市场的衔接，参与“一带一路”国家的气候合作，积极推动全球气候治理。

建议8：目前，以工商银行为代表的银行业金融机构在推动银行业环境风险识别与管理方面取得了长足进步和巨大成效，但未来还需要从风险识别、风险监测、风险处置、责任追究方面，进一步强化环境与社会风险的管理框架，同时提高量化工具在风险识别方面的运用。

目前，以工商银行为代表的银行业金融机构在推动银行业环境风险识别与管理方面取得了长足进步和巨大成效，但未来还需要从风险识别、风险监测、风险处置、责任追究方面，进一步强化环境与社会风险的管理框架，同时提高量化工具在风险识别方面的运用：建议在风险识别领域，进一步推进和完善风险识别工具，将绿色分类纳入正在研究开发的绿色评级工具，互为应用。在风险监测方面，应将环境风险监测纳入到各级行风险监测岗位职责中，明晰风险监测报告内容、报告路线和具体措施，并将其纳入商业银行监测系统管理。在风险处置方面，除了针对高风险项目进行收贷、压贷，还应提出解决方案，帮助客户及时纠正、改善和提升环境社会风险管理能力，促进客户实现绿色改进。在责任追究方面，在明确岗位职责的基础上做到尽职免责，明确追责机构，并纳入内控合规部的责任认定。就量化工具的开发与应用而言，应加快开发绿色评级工具，建立绿色评级机制，提高量化工具在风险识别方面的运用，同时发掘具有可持续发展潜力的价值客户。

此外，环境风险识别与管理仅仅依靠银行业金融机构是远远不够的，还需要政府、企业和社会公众等各方协作共建、共同努力，营造一个促进发展的良好环境。建议：一是环保部门继续制定和完善环保法律法规，及时向金融机构和社会公众共享企业环境与社会风险信息，同时通过严格环保监管和执法，不断加大对环境违法违规企业的处罚力度，提高企业环保违法违规成本。二是金融监管部门加强对银行业绿色风险管理的评价与监管，鼓励和引导银行把更多的贷款投向资源节约、环境友好领域。三是企业摒弃盲目追求财务利润最大化和唯一化的发展战略，将环境责任真正融入到企业价值观和战略管理中，主动顺应国家经济发展方式转变和产业结构转型升级，持续推进自身节能减排，积极支持绿色产业，培育企业新的经济和利润增长点。四是社会公众积极对政府部门、社会团体和企业机构可持续发展和环境与社会表现进行监督，不断引导企业生产经营的“绿色化”和“可持续化”。

建议9：建议由相关部委牵头，总结国内先进银行经验与做法，鼓励更多商业银行进行环境因素压力测试的探索和实践。

可以在中国金融协会绿色金融专业委员会的框架内，定期组织各银行内部风控团队进行交流。就ESG绿色指数开发来看，各商业银行应借鉴工商银行绿色评级和绿色指数开发的相关经验，在完善自身绿色评级的基础上，可尝试在资本市场上推出更多的指数类投融资产品。在这一过程中，监管机构、商业银行、评级公司的通力合作是加快这一进程的有效保证。

建议10：建议G20应重点推动绿色金融基础设施的建设。

金融机构加强通过环境风险分析来更好地理解和管理环境风险，改善资产配置。目前，金融业推广环境风险分析仍然面临不少的障碍，包括缺乏政策信号、对情景假设的合理性难以判断、方法工具欠缺、数据不足等，G20应重点推动此类基础设施的建设。为了分析环境风险和识别绿色投资机遇，金融机构需要大量环境数据，其中包括公共环境数据和企业披露的环境数据。公共部门的不同机构掌握着大量环境数据，政府部门可以推动设立“一站式”环境数据平台来改善数据的可得性。

建议11：金融机构应把握“一带一路”中风险的独特性，完善差异化的全球风险管理体系。

由于“一带一路”沿线国家多为发展中国家，且地缘政治关系和宗教势力错综复杂，我国金融机构在推进当地业务发展时须高度重视、全面看待、理性评估所存在的经济金融、政治、法律、经营等多重风险，尤其要在通行原则的基础上突出不同国家风险的独特性，注重把控实质风险，充分运用多元化的风险管理工具实现风险经营而非单纯的风险规避，既守住质量底线，又把握危中之机。

一是严格遵守我国相关法律法规，加强对敏感国家或地区的项目把关，优选与东道国基于收益共享、风险共担原则而采取规范的市场化运作模式的项目，以及多边机构参与、法律要件齐全的项目。

二是进一步丰富国别风险的多元化评价标准和避险手段，在评定国别风险等级时除参照中信保的承保情况外，亦应关注两国政府关系走向、当地政府和企业的历史偿债记录等信息，强调实质风险水平。在此基础上，加强与世界多边组织的风险管理合作力度。

三是审慎管理汇率风险。密切关注全球、美国及“一带一路”目标市场国的宏观经济形势和金融环境变化，以及当地货币汇率、利率波动情况，采取持有美元等强势货币为主、根据各币种资金来源及运用情况，灵活调整资产负债币种及期限结构的策略。适当调整经营中产生的美元敞口头寸，主要使用掉期（swap）等金融衍生品工具，降低汇率和利率风险；丰富资金来源渠道，扩大美元、人民币等币种的资金来源渠道，优化筹资结构，促进美元等外汇资产增加。

四是严格控制各类非经营风险，金融机构应从商业角度作出专业判断，用商业行为助力政治交往，而不是反其道而行之，同时要严格遵守所在国的法律、法规和合规监管政策，不断提高反洗钱管理水平，尤其应针对汇款等合规制裁重点领域，及时查漏补缺。

建议12："一带一路"对外投融资环境风险管理可以从政策体系、技术体系、资金保障和组织结构四个主要方面展开，加强并提升能力。

政策体系方面，需设定三个政策目标，即通过建立"一带一路"对外投融资环境风险管理机制，形成绿色发展共识，打造绿色发展命运共同体；完善"一带一路"绿色发展治理体系；提升"一带一路"沿线国家绿色发展能力。为此，需做好三个层面的实际工作，即制定"一带一路"对外投融资环境风险管理指导意见，制定国别对外投融资环境风险管理指南，以及加强与"一带一路"国家的环境政策对话。

技术体系方面，重点做好四个方面的工作：即制定"一带一路"对外投融资环境风险管理标准；制定重点行业的环境风险评估技术标准和环境风险管理操作指南，为执行环境风险管理提供量化的标准依据；结合国家信息中心"一带一路"大数据中心建设，丰富"一带一路"生态环境信息数据，为政府决策、金融机构、社会投资者提供投资项目的生态环境风险评估，以降低投资风险、提高投资的环境、经济、社会效益；以及建立信息披露与服务平台，对投融资项目开展事前、事中及事后等三个阶段的全链条的闭环评估与管理，并强调广泛参与、信息披露、独立审计以及投诉机制。

资金保障方面，"一带一路"对外投融资环境风险管理的资金来源，不应局限于投资者的自有资金和金融机构的信贷资金，应当充分利用和调动多种融资渠道，借助国际金融合作和绿色金融产品创新，进一步拓宽融资视野。可采用的做法包括：加强与多边环境基金的有效互动；发挥中非发展基金、丝路基金、中拉合作基金、中国—东盟基金、亚洲基础设施银行、金砖银行等机构投资者在环境风险管理上的示范作用；加快绿色债券、绿色信贷等绿色金融产品的创新；以及在条件成熟时设立"一带一路"绿色发展基金。

组织机构方面，"一带一路"对外投融资环境风险管理需要政府、企业、金融机构、第三方评估咨询机构和社区的通力合作，需要跨地区、跨专业、多层级的组织支持。建议采取的措施包括：充分利用现有的多边经济合作机制，巧妙借力新兴多边金融机构；创新"一带一路"对外投融资环境风险管理配套机制，如多方参与的"一带一路"环境风险管理联席会议机制、"一带一路"对外投融资环境风险管理的电子治理等；同时还要加强"一带一路"对外投融资机构、企业环境风险管理专业队伍建设，并积极发挥社会组织的作用。

总之，在我国"一带一路"建设投融资过程中，从多方面入手，加强制度建设、完善技术标准、拓宽资金渠道、内外通力协作，系统化地做好对外投融资环境风险管理是对“一带一路”建设投融资绿色化的基本保障。要避免和降低投融资风险、兼顾经济与环境效益双赢，环境风险管理必须先行，为绿色“一带一路”建设保驾护航。

建议13：目前“一带一路”大多数沙漠国家没有建立起完整的森林保护机制，但是由于这些地区生态环境问题受到广泛关注，建议银行在“一带一路”基础设施投资中要格外关注森林风险。

基础设施的建设需要消耗大量的木材，而“一带一路”国家特殊的沙漠化生态系统又导致了对森林采伐风险的高度敏感。如果林木采集没有关注环境风险，导致沙漠国家大片森林的丧失，或者东南亚国家大片热带雨林的丧失，其带来的环境后果将会影响到项目的可持续性，从而导致银行有可能无法有效回收资金，还会带来声誉损失。因此银行业在“一带一路”投资中需要高度关注森林风险。

附录

附录1　已设立节能环保、绿色基金汇总表

序号	基金名称	基金管理人	基金发起人	基金类型	主要投资领域	成立时间
1	湖南新能源创业投资基金企业（有限合伙）	湖南清源投资管理有限公司	国投高科技投资有限公司/湖南高新创业投资有限责任公司/株洲南车时代高新投资担保有限责任公司/湖南瑞驰丰和创业投资管理有限公司	创业投资基金	新型能源、节能降耗、环保、清洁技术、可再生能源等新能源相关领域	2010/5/14
2	建银城投（上海）绿色环保股权投资有限公司	建银城投（上海）环保股权投资管理有限公司	建银国际财富管理（天津）有限公司/上海城投（集团）有限公司/上海城建投资发展有限公司/上海建工集团股份有限公司/上海电气（集团）总公司	股权投资基金	绿色环保领域，主要包括节能减排、污染防治、新能源、新材料等国家战略性新兴产业	2010/7/20
3	浙江华睿祥生环境产业创业投资有限公司	浙江富华睿银投资管理有限公司		创业投资基金	环保类行业	2010/11/15
4	江苏金茂环保产业创业投资有限公司	江苏金茂投资管理股份有限公司		创业投资基金	节能环保产业	2010/12/17
5	西安航天新能源产业基金投资有限公司	海通创新资本管理有限公司	陕西省创业投资引导基金管理中心/西安航天基地创新投资有限公司	股权投资基金	重点投资于民用航天工业、新能源、清洁技术及与之相关的新材料等行业中具有发展潜力的企业，也将适当配置国家拟大力发展的战略性新兴产业中有发展前景的企业	2011/1/8
6	重庆圆基新能源创业投资基金合伙企业	圆基（重庆）股权投资基金管理有限公司	国投高科技投资有限公司/重庆天使投资引导基金有限公司/重庆市能源投资集团有限公司/重庆渝中国有资产经营管理有限公司	股权投资基金	创业投资；从事对未上市企业的股权投资；创业投资咨询；为创业企业提供创业管理服务	2011/1/27
7	上海诚毅新能源创业投资有限公司	上海诚毅创业投资管理有限公司	上海创业投资有限公司/国投高科技投资有限公司/上海浦东新兴产业投资有限公司	创业投资基金	新能源、节能环保以及其他相关行业的早中期企业	2011/7/12
8	谦德咏仁新能源投资（苏州）有限公司	上海谌朴守仁投资管理中心		股权投资基金	股权投资中节能太阳能科技股份有限公司	2011/8/5
9	南京华睿环保产业投资中心（有限合伙）	江苏华睿投资管理有限公司		股权投资基金	环保产业投资；股权投资；投资管理；投资咨询	2011/9/6
10	湖北新能源创业投资基金有限公司	湖北新能源投资管理有限公司	湖北省能源集团有限公司/湖北省创业投资引导基金管理中心/国投高科技投资有限公司/湖北新能源投资管理有限公司	股权投资基金	新能源及相关战略性新兴产业和高新技术改造提升传统产业领域	2012/1/21

续表

序号	基金名称	基金管理人	基金发起人	基金类型	主要投资领域	成立时间
11	盛驰污水处理环保基金	铸山股权投资基金管理（上海）股份有限公司		股权投资基金	未公开上市企业股权	2012/2/29
12	深圳力合新能源创业投资基金有限公司	深圳市力合科创基金管理有限公司		创业投资基金	新能源新材料	2012/3/5
13	福建红桥新能源发展创业投资有限公司	福建红桥创业投资管理有限公司		创业投资基金	新能源领域	2012/4/12
14	山东乐赛新能源创业投资基金有限合伙企业	山东赛伯乐投资管理有限公司	盈富泰克创业投资有限公司/山东省鲁信投资控股集团有限公司	创业投资基金	重点投资山东省内的新能源及节能环保领域	2012/5/16
15	山西金智节能环保创业投资有限公司	山西金丰承树投资管理有限公司		创业投资基金	主要专注于对山西省范围内，在节能环保领域从事技术研发，装备制造，材料、产品生产，“三废”治理，节能管理，碳交易平台建设和运营（CDM）这一产业链上具有潜在优势的中小型高科技企业为主要投资对象	2012/5/31
16	无锡江南仁和新能源产业投资中心（有限合伙）	无锡江南仁和新能源投资管理中心（有限合伙）		创业投资基金	创业投资业务；代理其他创业企业等机构或个人的产业投资业务；创业投资咨询服务；为创业企业提供创业管理服务业务；参与设立创业投资企业与创业投资管理顾问机构	2012/6/14
17	深圳市中能绿色启航壹号投资企业（有限合伙）	深圳市中能绿色基金管理有限公司		证券投资基金	基金主要投资于上市公司曙光股份（600303）的2015年定向增发项目	2012/7/10
18	北京中节投华禹投资有限公司	中节能华禹基金管理有限公司		股权投资基金	项目投资，投资管理，投资咨询	2012/8/28
19	大连港航清洁能源创业投资基金（有限合伙）	大连港航产业基金管理有限公司	大连港航产业基金管理有限公司/大连港投融资控股有限公司/大连创业投资有限公司/盈富泰克创业投资有限公司	创业投资基金	清洁能源领域利用及其技术改造，服务等领域	2012/10/31
20	吉林省国家新能源创业投资基金合伙企业（有限合伙）	北京鼎典泰富投资管理有限公司	吉林省城建实业有限公司/盈富泰克创业投资有限公司/吉林省创业投资引导基金有限责任公司	创业投资基金	新能源、环保节能、战略性新兴产业等	2012/11/27
21	云南融源节能环保产业创业投资基金合伙企业（有限合伙）	云南融源通达股权投资基金管理有限公司		创业投资基金	环保产业、节能领域、新能源及其他	2012/12/19

续表

序号	基金名称	基金管理人	基金发起人	基金类型	主要投资领域	成立时间
22	海口中汇环保科技投资中心（有限合伙）	海南中汇创业投资管理有限公司		股权投资基金	高科技项目及咨询服务	2013/1/31
23	中节能南通合同环境管理投资基金中心（有限合伙）	中英低碳创业投资有限公司		股权投资基金	环境合同管理；投资咨询；投资管理；资产管理；项目投资	2013/4/3
24	内蒙古国储新能源创业投资中心（有限合伙）	内蒙古中汇富瑞投资管理有限公司	国投高科技投资有限公司/中国国储能源化工集团股份公司	证券投资基金	以新能源、节能环保为主要投资领域，兼顾信息、生物与新医药、新材料、先进装备制造、新能源汽车、高技术服务业等战略性新兴产业和高新技术改造提升传统产业领域	2013/4/20
25	贵州兴黔卡本环境资源产业投资基金合伙企业（有限合伙）	贵州兴黔财富资本管理有限公司		股权投资基金	环境资源	2013/5/29
26	河南华祺节能环保创业投资有限公司	北京海豫祺创业投资管理有限公司	河南投资集团有限公司/盈富泰克创业投资有限公司	创业投资基金	节能环保领域	2013/6/20
27	深圳市同创伟业创新节能环保创业投资企业（有限合伙）	深圳同创锦绣资产管理有限公司	深圳市引导基金投资有限公司/盈富泰克创业投资有限公司	创业投资基金	国家支持的新兴产业，重点投资节能环保行业	2013/7/1
28	湖南高新新能源创业投资企业（有限合伙）	湖南高新创业投资管理有限公司	湖南高新创业投资管理有限公司/湖南湘西高新创业投资企业/湖南湘潭高新创业投资企业（有限合伙）/ 湖南高新创业投资集团有限公司	创业投资基金	新能源方面	2013/7/10
29	中财瑞达CTE联盟基金——环保1号	中财瑞达（北京）资产管理有限公司		股权投资基金		2013/8/1
30	辽宁海通新能源低碳产业股权投资基金有限公司	海通新能源股权投资管理有限公司	辽宁能源投资（集团）有限责任公司/海通开元投资有限公司	股权投资基金	太阳能、风能、地热能、生物质能、海洋能、水合物、氢能等在内的各类新能源的生产、存储、输送，以及相关运营维护管理服务；与新能源生产、存储、输送相关的设备制造、零配件制造、基础材料制造、系统集成；包括新能源汽车等在内的以新能源驱动的产品、设备的制造与销售；节能减排产品的开发制造，如节能材料、LED照明等节能低碳产品的开发生产、节能系统集成技术应用等；节能减排生产技术开发应用，如节能节水关键技术装备、节能或清洁生产工艺开发应用等；其他战略性新兴产业领域	2013/8/8

续表

序号	基金名称	基金管理人	基金发起人	基金类型	主要投资领域	成立时间
31	中日节能环保创业投资有限公司	中日节能环保创业投资管理有限公司	中国进出口银行/ JAPAN-CHINA ECO FUD PTE.LTD/杭州市产业发展投资有限公司/杭州上城区投资控股集团有限公司	创业投资基金	创业投资，即主要向节能、环保领域的非上市高新技术企业进行股权投资，对所投资企业一年以上的企业债券的投资和对优先股、可转换优先股、可以转换为所投资企业股权的债券性质的投资等，并为被投资企业提供管理咨询服务	2013/8/14
32	上海诚鼎环境产业股权投资基金	上海诚鼎创拓股权投资基金有限公司	交银国际（上海）股权投资管理有限公司/上海城投控股股份有限公司	股权投资基金	母基金资金主要投资于大环境产业，包括但不限于水处理、大气保护、固体废弃物处理产业链，与环境改善相关的新材料、新能源、高端装备以及信息化产业，与生命健康、绿色生活方式相关的安全食品、低碳环保产品等新消费产业及其他与节能环保相关的产业	2013/8/29
33	冀商环保石家庄股权投资基金中心（有限合伙）	河北冀商股权投资基金管理有限公司		股权投资基金	非证券类股权投资	2013/9/9
34	安徽省天地源新能源产业投资基金（有限合伙）	安徽省瑞富基金管理有限公司		股权投资基金	新能源产业投资	2013/9/13
35	中房联合——环保基建产业基金	中房联合（北京）投资基金管理有限公司		股权投资基金	深圳市华南水务集团项目的收购、扩建及对部分项目的完善建设和升级改造等	2013/9/16
36	广东粤财节能环保创业投资基金有限公司	深圳前海粤财节能环保投资基金管理有限公司	国投高科技投资有限公司/广东中小企业股权投资基金有限公司/广东粤财创业投资有限公司/广东省粤科风险投资集团有限公司/广东省广业资产经营有限公司	创业投资基金	以自有资金进行股权投资、创业投资业务、创业投资咨询业务、为创业企业提供创业管理服务业务	2013/11/5
37	中投环境与健康（常州）产业投资基金合伙企业（有限合伙）	中投鑫瑞基金管理有限公司		股权投资基金	从事对环境与健康产业领域内未上市企业的投资，对上市公司非公开发行股票的投资以及相关咨询服务；对不动产及相关金融产品投资以及相关咨询服务	2013/11/7
38	武汉经开环保创业投资基金合伙企业（有限合伙）	武汉东湖长瑞投资管理有限公司	武汉国有资产经营公司/武汉东湖创新科技投资有限公司/国投高科技投资有限公司	创业投资基金	节能环保、新能源	2013/11/19
39	深圳市中节投华禹投资有限公司	深圳市中节能华禹新能源基金管理有限公司	中国节能环保集团公司	股权投资基金	对未上市企业进行股权投资、企业上市咨询业务	2013/11/29

续表

序号	基金名称	基金管理人	基金发起人	基金类型	主要投资领域	成立时间
40	深圳市中节投华禹投资有限公司	深圳市中节能华禹新能源基金管理有限公司	中国节能环保集团公司	股权投资基金	对未上市企业进行股权投资、企业上市咨询业务	2013/11/29
41	宁波同策新能源发展合伙企业（有限合伙）	深圳同策股权投资管理有限公司		股权投资基金	本次基金投资东海基金金龙16号资管计划产品	2013/12/12
42	宁波华电金泰新能源投资合伙企业（有限合伙）	华电金泰（北京）投资基金管理有限公司	中国华电集团资本控股有限公司	股权投资基金	新能源投资，实业投资	2013/12/19
43	陕西省节能环保创业投资基金（有限合伙）	陕西盛德玖富投资管理企业（有限合伙）	盈富泰克创业投资有限公司/陕西金融控股集团有限公司/陕西榆林能源集团有限公司	创业投资基金	节能环保及国家战略性新兴产业等相关行业	2013/12/24
44	宜兴中禾节能环保创业投资企业（有限合伙）	宜兴杰宜投资管理有限公司	国投高科技投资有限公司/江苏省产权交易所（江苏省股权登记中心）	创业投资基金	节能环保	2014/1/2
45	山东多盈节能环保产业创业投资有限公司	山东多盈股权投资管理有限公司	盈富泰克创业投资有限公司/山东省鲁信投资控股集团有限公司/潍坊市金融控股集团有限公司	创业投资基金	环保产业：污水处理、垃圾处理、大气污染排放物治理、重金属污染治理等领域的新技术、新工艺开发和产品制造企业，以及传统企业通过新技术、新工艺的应用，减少或消除“三废”污染；节能领域：工业节能、建筑节能，温室气体减排等领域的新技术、新工艺开发和产品制造企业；清洁能源、替代能源，包括天然气应用推广、太阳能、风能、核能，LED，传统化石能源利用率提高，资源综合利用等领域的新技术、新工艺应用和产品制造企业，以及传统企业的节能改造和能源、资源使用效用提高	2014/1/7
46	漳州市漳龙红桥节能环保创业投资合伙企业（有限合伙）	福建红桥创业投资管理有限公司	福建省投资开发集团有限责任公司	创业投资基金	节能环保领域	2014/1/10
47	深圳远致富海新能源投资企业（有限合伙）	深圳市远致富海投资管理有限公司		股权投资基金	新能源基金主要投资方向为投资于非上市公司新能源企业项目。主要是股权投资	2014/3/25

续表

序号	基金名称	基金管理人	基金发起人	基金类型	主要投资领域	成立时间
48	北京绿色春天股权投资基金（有限合伙）	北京当代绿色投资基金管理有限公司		股权投资基金	非证券业务类投资、咨询。房地产项目股权投资，投资管理，投资咨询等	2014/4/17
49	华富基金——基德置业特定客户资产管理计划	上海锐宝环保科技有限公司		基金专户		2014/4/21
50	四川水务环保股权投资中心（有限合伙）	四川鼎浩发展股权投资基金管理有限公司	四川发展股权投资基金管理有限公司	股权投资基金	主要投资于四川省内外城市供排水、节能减排、环境污染控制与污染治理以及废物处理等环境保护与治污相关领域，包括城市供水、污水处理、中水回用、污泥处理、城市生活垃圾处理、工业污水及工业废弃物处理、绿化工程、生态工程等项目	2014/5/7
51	鼎盛恒辉四号——微风新能源产业发展基金	鼎盛恒辉（北京）投资基金管理有限公司		创业投资基金	微风新能源汽车扩大规模生产	2014/6/11
52	长沙臻泰新能源投资企业（有限合伙）	湖南臻泰股权投资管理合伙企业（有限合伙）		股权投资基金	新能源及新材料	2014/7/24
53	厦门七匹狼节能环保产业创业投资基金合伙企业（有限合伙）	厦门七匹狼节能环保产业创业投资管理有限公司	国投高科技投资有限公司/厦门市创业投资有限公司	创业投资基金	节能环保产业战略性新兴产业和高新技术改造提升传统产业领域	2014/8/8
54	北京华软零壹环保新能源投资合伙企业（有限合伙）	北京金陵华新投资管理有限公司		股权投资基金	直接投资于环保新能源领域的未上市企业股权	2014/9/4
55	北京中海绿色投资管理中心（有限合伙）	北京中海长益投资管理中心（有限合伙）		股权投资基金	以普通股、优先股、可转换股等方式进行股权投资	2014/9/4
56	上海容百新能源投资企业（有限合伙）	北京容百新能源投资管理有限公司		股权投资基金	在全球范围内选择符合宏观经济趋势，具备高成长、高盈利能力的新能源产业的公司进行股权投资、并购重组，通过帮助公司高速成长，实现投资增值，为合伙人创造低风险、高收益的投资回报	2014/9/22

续表

序号	基金名称	基金管理人	基金发起人	基金类型	主要投资领域	成立时间
57	深圳前海金聚源壹号水电产业基金中心（有限合伙）	深圳前海金聚源基金管理有限公司		股权投资基金	以股权形式投资湖南天雄水电有限公司，由湖南天雄水电有限公司再投资云南天雄水电开发有限公司属下的董湖水电站与董布水电站的开发建设	2014/10/24
58	展瑞新富——绿色能源——恒晟水电	上海展瑞新富股权投资基金管理有限公司		股权投资基金	本基金投资于展瑞新富—绿色能源—恒晟水电集合计划，该集合计划以股权增资方式投资于镇康县恒晟水电开发有限责任公司，持有其49%的股权，投资款用于竹林岗、坝尾和林家寨水电站的建设	2014/10/29
59	天津光大金控新能源投资中心（有限合伙）	光大金控（天津）产业投资基金管理有限公司		股权投资基金	投资未上市公司企业	2014/12/2
60	内蒙古源创绿能节能环保产业创业投资合伙企业（有限合伙）	内蒙古融丰源创股权投资管理有限公司	国投高科技投资有限公司/北京碧水源科技股份有限公司	创业投资基金	许可经营项目：无一般经营项目。节能环保及相关领域的股权投资，创业投资咨询业务，为创业企业提供创业管理服务	2014/12/10
61	重庆宸新投资合伙企业（有限合伙）	上海大丰新能源投资控股有限公司		股权投资基金	目前投资人民币16亿元购买重庆国际信托有限公司信托产品——重庆信托·恒信价值投资5号集合资金	2014/12/11
62	贵州水利产业投资基金中心（有限合伙）	建银城投（上海）环保股权投资管理有限公司	贵州省水利投资（集团）有限责任公司/建信资本管理有限责任公司	股权投资基金	本基金主要投资方向为贵州省重点骨干水源工程。具体项目包括夹岩水利枢纽及黔西北供水工程、安龙县平桥水库工程、晴隆县西泌河水库工程、兴仁尖山水库工程等项目。例如其中的夹岩水利枢纽位于乌江一级支流六冲河中游，受水区主要涉及黔西北的毕节市和遵义市的西南部地区，区内有毕节市、遵义市等重要地级市以及黔西、金沙、大方等重要工业和能源基地，夹岩水利枢纽及黔西北供水工程项目由水源工程、毕大提水工程、灌区工程组成	2014/12/22
63	深圳中植产投环保投资合伙企业（有限合伙）	深圳京控融华投资管理有限公司		股权投资基金	投资兴办实业（具体项目另行申报）；受托资产管理、投资管理（不得从事信托、金融资产管理、证券资产管理及其他限制项目）；股权投资；投资咨询、会务策划、展览展示策划、企业营销策划、企业形象策划、市场营销策划、经济贸易咨询、企业管理咨询、财务信息咨询、经济信息咨询、商务信息咨询	2014/12/26

续表

序号	基金名称	基金管理人	基金发起人	基金类型	主要投资领域	成立时间
64	惠昌2号新能源基金	江苏金百灵资产管理有限责任公司		证券投资基金	本基金主要投资于包括国内依法发行债券、各种固定收益产品、银行存款、货币基金、基金、资产支持证券、资产支持票据、可转债、可交换债券、中小企业私募债、非公开定向债务融资工具、债权、股权、收益（受益）权、收费权、中小企业集合债、股票、定增、股指期货、证券公司专项资产管理计划、商业银行理财计划、集合资金信托计划、基金专户、私募基金（包括基金管理人管理的私募基金）、有限合伙、基金子公司专项资产管理计划、券商集合资产管理计划等结构化金融产品以及金融监管部门批准或备案发行的金融产品或中国证监会认可的其他投资品种或在陆金所交易的固定收益产品或上海黄金交易所等投资品种	2014/12/31
65	新能源产业基金	江苏金百灵资产管理有限责任公司		证券投资基金	本基金主要投资于包括国内依法发行债券、各种固定收益产品、银行存款、货币基金、基金、资产支持证券、资产支持票据、可转债、可交换债券、中小企业私募债、非公开定向债务融资工具、债权、股权、收益（受益）权、收费权、中小企业集合债、股票、定增、股指期货、证券公司专项资产管理计划、商业银行理财计划、集合资金信托计划、基金专户、私募基金（包括基金管理人管理的私募基金）、有限合伙、基金子公司专项资产管理计划、券商集合资产管理计划等结构化金融产品以及金融监管部门批准或备案发行的金融产品或中国证监会认可的其他投资品种或在陆金所交易的固定收益产品或上海黄金交易所等投资品种	2015/1/23
66	深圳春阳互联新能源产业基金（有限合伙）	深圳前海春阳资产管理有限公司		股权投资基金	成长期和成熟期的新能源汽车产业链特别是新能源汽车运营领域优质公司及优秀团队；为了提高资金收益，经投委会决议可进行短期理财投资	2015/1/30
67	展瑞新富·绿色能源·岔河水电私募股权投资基金	上海展瑞新富股权投资基金管理有限公司		其他投资基金	本基金与金平岔河发电有限责任公司签署《供电收益权转让及回购合同》，约定本基金用于投资金平岔河发电有限责任公司未来5年的供电业务的收益权	2015/2/4

续表

序号	基金名称	基金管理人	基金发起人	基金类型	主要投资领域	成立时间
68	河南新安财富节能环保创业投资基金（有限合伙）	河南中原海云股权投资基金管理有限公司	盈富泰克创业投资有限公司/河南农开产业基金投资有限责任公司	股权投资基金	合伙企业对外投资的百分之六十（60%）以上应投资于节能环保及其相关产业；合伙企业剩余的对外投资应投资于其他战略新兴产业。合伙企业对外投资的百分之六十（60%）以上应投资于河南省内的企业。合伙企业重点投向具备原始创新、集成创新或消化吸收再创新属性、且处于初创期、早中期的创新型企业，投资此类企业的资金比例不低于合伙人对合伙企业承诺出资额的百分之六十（60%）	2015/2/9
69	深圳国华智达壹号新能源投资基金企业（有限合伙）	深圳市国华投资管理股份有限公司		股权投资基金	投资深圳市依思普林科技有限公司股权	2015/3/3
70	陕西省新能源汽车高技术创业投资基金（有限合伙）	陕西鸿创投资管理有限公司	陕西金融控股集团有限公司/陕西汽车控股集团有限公司/盈富泰克创业投资有限公司	股权投资基金	新能源汽车产业链相关领域，股权投资	2015/3/11
71	北京国投北排水环境投资基金（有限合伙）	国投创新投资管理有限公司		股权投资基金	作为环保领域水环境专业股权投资基金，为投资人创造稳定的投资回报	2015/4/3
72	深圳中植产投新能源投资合伙企业（有限合伙）	深圳京控融华投资管理有限公司	北京北排水环境发展有限公司/国投创新投资管理有限公司	股权投资基金	投资方向：投资兴办实业（具体项目另行申报）；受托资产管理、投资管理（不得从事信托、金融资产管理、证券资产管理及其他限制项目）；股权投资；投资咨询、会务策划、展览展示策划、企业营销策划、企业形象策划、市场营销策划、经济贸易咨询、企业管理咨询、财务信息咨询、经济信息咨询、商务信息咨询	2015/4/16
73	杭州中来锦聚新能源合伙企业（有限合伙）	杭州中来锦聚投资管理有限公司		股权投资基金	实业投资、投资管理、投资咨询（除证券、期货）投资方式：股权投资标的：未上市公司股权	2015/4/20
74	摩山保理——环保1号资产管理计划	上海摩山投资管理有限公司		其他投资基金	本资产管理计划主要投资于霍尔果斯摩山商业保理有限公司项下保理资产收益权，对应的保理资产为北京三聚创洁科技发展有限公司与卫辉市豫北化工有限公司之间的应收账款资产	2015/4/30
75	南昌西域红业节能投资中心（有限合伙）	安徽国耀创业投资管理有限公司		创业投资基金	股权投资中节能太阳能科技股份有限公司	2015/4/30

续表

序号	基金名称	基金管理人	基金发起人	基金类型	主要投资领域	成立时间
76	湖南金源低碳节能环保创业投资基金合伙企业（有限合伙）	湖南金源创业投资管理有限公司	国投高科技投资有限公司/湖南高新创业投资集团有限公司	创业投资基金	低碳（节能环保）领域中发展潜力大、具有高成长性的处于初创期、早中期的未上市高新技术创新型企业及国家产业政策重点支持在湖南省内的低碳（节能环保）企业	2015/5/6
77	深圳市中广核汇联1号新能源股权投资合伙企业（有限合伙）	深圳中广核亨风股权投资基金管理有限公司		股权投资基金	对处于各个发展阶段的具有良好发展前景企业进行直接或间接的股权投资或与股权相关的投资	2015/6/2
78	珠海横琴勇华环保产业投资合伙企业（有限合伙）	广东中科招商创业投资管理有限责任公司		股权投资基金	定向用于投资中山环保产业股份有限公司	2015/6/3
79	沃土新三板环保证券投资基金	广东中科招商创业投资管理有限责任公司		证券投资基金	定向投资珠海国佳新材股份有限公司	2015/6/10
80	舍得之道资本——行业精选A期新能源产业投资基金	深圳舍得之道资产管理有限公司		股权投资基金	本基金主要投资于国内新能源产业链各核心环节，包括：新能源开发、新能源利用、新能源研究、新能源推广及新能源经营的高科技成长型企业及上下游相关产业投资等	2015/6/15
81	盐城海瀛环保产业股权投资合伙企业（有限合伙）	盐城锦狮佐业投资管理有限公司		股权投资基金	对国内环保产业的企业进行股权投资，以引导环保企业的进一步发展，并获取股权投资收益	2015/6/15
82	尚信环保水务投资基金	尚信资本管理有限公司		股权投资基金	本基金主要投资于拟在全国中小企业股份转让系统挂牌的公司的股份，可投资于现金及银行存款（含定期存款等）	2015/6/18
83	国核核电及清洁能源投资1号专项资产管理计划	国核投资有限公司		股权投资基金	（1）股权投资，其中投资于核电及清洁能源产业的股权投资（包括投资于投资核电及清洁能源产业的有限合伙企业的有限合伙份额）比例不低于股权投资总额的80%；（2）具有较低风险与较高流动性特点的金融工具或产品	2015/6/19
84	青岛中欧博仁新能源企业（有限合伙）	北京盛世共赢资产管理有限公司		股权投资基金	直接投资，投资于青岛昌盛日电太阳能科技有限公司的股权	2015/6/19
85	青岛中欧泰兴新能源企业（有限合伙）	北京盛世共赢资产管理有限公司		股权投资基金	直接投资，投资于青岛昌盛日电太阳能科技有限公司的股权	2015/6/19
86	中节能中咨环境投资管理有限公司	中节能中咨环境投资管理有限公司		股权投资基金	节能环保等领域	2015/6/19

续表

序号	基金名称	基金管理人	基金发起人	基金类型	主要投资领域	成立时间
87	摩山保理——环保2号资产管理计划	上海摩山投资管理有限公司		其他投资基金	本资产管理计划主要投资于上海摩山商业保理有限公司项下保理资产收益权，对应的保理资产为北京三聚环保新材料股份有限公司与鹤壁华石联合能源科技有限公司之间的应收账款资产	2015/6/23
88	新余熔拓环保投资管理中心（有限合伙）	北京熔拓达园投资管理有限公司		股权投资基金	本基金仅投资于环保行业的高成长性的成长期企业	2015/6/24
89	摩山保理——环保3号资产管理计划	上海摩山投资管理有限公司		其他投资基金	本资产管理计划主要投资于上海摩山商业保理有限公司项下保理资产收益权，对应的保理资产为北京三聚环保新材料股份有限公司与鹤壁华石联合能源科技有限公司之间的应收账款资产	2015/7/7
90	摩山保理——环保4号资产管理计划	上海摩山投资管理有限公司		其他投资基金	本资产管理计划主要投资于上海摩山商业保理有限公司项下保理资产收益权，对应的保理资产为北京三聚环保新材料股份有限公司与鹤壁华石联合能源科技有限公司之间的应收账款资产	2015/7/10
91	井冈山北汽（景德镇）新能源投资中心（有限合伙）	江西省井冈山北汽投资管理有限公司		股权投资基金	股权投资、投资管理、咨询服务	2015/7/30
92	盐城枫杨环保产业投资基金（有限合伙）	北京枫杨投资基金管理有限公司		股权投资基金	环保产业投资等	2015/8/4
93	九鼎东江——东旭新能源一号基金	九鼎东江投资管理有限公司		其他投资基金	本基金全部财产通过委托贷款、股权或其他法律允许的方式投资于东旭集团已取得省级发展改革委备案的地面电站及已取得市级发展改革委备案的分布式电站项目，总装机容量约192MW	2015/8/5
94	九鼎东江——东旭新能源三号基金	九鼎东江投资管理有限公司		其他投资基金	本基金全部财产通过委托贷款、股权或其他法律允许的方式投资于东旭集团已取得省级发展改革委备案的地面电站及已取得市级发展改革委备案的分布式电站项目，总装机容量约192MW	2015/8/6
95	北京易二零壹号环境投资中心（有限合伙）	北京上善易和投资管理有限公司		股权投资基金	本基金主要投资方向为环保、节能、新能源领域中商业模式创新，具备跨越式增长潜力的企业；优秀的企业家和团队；在细分领域领先的，轻资产的企业；在投资后1～2年内有上市或（被）并购可能性的企业	2015/8/7

续表

序号	基金名称	基金管理人	基金发起人	基金类型	主要投资领域	成立时间
96	九鼎东江——东旭新能源二号基金	九鼎东江投资管理有限公司		其他投资基金	本基金全部财产通过委托贷款、股权或其他法律允许的方式投资于东旭集团已取得省级发展改革委备案的地面电站及已取得市级发展改革委备案的分布式电站项目，总装机容量约192MW	2015/8/7
97	天堂硅谷——新能源汽车二号资产管理计划	浙江天堂硅谷资产管理集团有限公司		股权投资基金	认购宁波天堂硅谷融创股权投资合伙企业（有限合伙）份额，间接投资浙江时空电动汽车有限公司股权	2015/8/7
98	天堂硅谷——新能源汽车一号资产管理计划	浙江天堂硅谷资产管理集团有限公司		股权投资基金	认购宁波天堂硅谷融创股权投资合伙企业（有限合伙）份额，间接投资浙江时空电动汽车有限公司股权	2015/8/7
99	九鼎东江——东旭新能源四号基金	九鼎东江投资管理有限公司		其他投资基金	本基金全部财产通过委托贷款、股权或其他法律允许的方式投资于东旭集团已取得省级发展改革委备案的地面电站及已取得市级发展改革委备案的分布式电站项目，总装机容量约192MW	2015/8/10
100	武汉高德盛环保新能源创业投资基金合伙企业（有限合伙）	武汉高投德盛创业投资管理有限公司	湖北高投资本经营有限公司	创业投资基金	基金主要投资于已在新三板挂牌或拟挂牌新三板的节能环保、新能源项目企业	2015/8/10
101	上海欢缘新能源投资发展中心（有限合伙）	上海星正投资管理中心（有限合伙）		股权投资基金	从事于新能源领域的投资管理的业务	2015/8/13
102	国泰元鑫蓝天环保嘉和专项资产管理计划	盛世嘉和投资基金管理（北京）有限公司			新三板股票及非上市股权（含优先认股权）：主要包括在新三板市场（即全国中小企业股份转让系统）转让的股权，有计划在新三板挂牌的非上市公司的股权（包括普通股、优先股及普通股优先认股权）；重点关注新兴成长性行业，包括但不限于信息技术、新能源、新能源汽车、高端装备制造、生物医药、新材料、影视传媒、节能环保等	2015/8/18
103	六安徽银绿色发展基金（有限合伙）	安徽国厚投资管理有限公司		其他投资基金	（1）置换地方政府的债务（包括但不限于地方政府在他行的银行借款、信托、保险、证券及企业债券）；（2）政府应付账款；（3）其他符合国家文件精神鼓励的公共服务领域，但是不得投向国家政策要求退出的行业，严禁投放于商业性房地产项目	2015/8/20

续表

序号	基金名称	基金管理人	基金发起人	基金类型	主要投资领域	成立时间
104	宁波联合创新新能源投资管理合伙企业（有限合伙）	浙江浙大联合创新投资管理合伙企业（有限合伙）		股权投资基金	新能源产业的投资	2015/8/20
105	中金正值节能1号证券投资基金	北京君盛财富投资管理有限公司		证券投资基金	本基金投资于深圳前海金桥壹号基金中心（有限合伙）（以下简称为“有限合伙企业”），作为该有限合伙企业的有限合伙人，有限合伙企业将认购北京国科恒通电气自动化科技有限公司新增注册资本	2015/8/20
106	宁波华禹新能投资合伙企业（有限合伙）	中节能华禹基金管理有限公司		股权投资基金	新材料、节能减排、环境保护	2015/8/26
107	晟视天下——新能源1号投资基金	北京晟视天下投资管理有限公司		证券投资基金	本基金的基金财产主要用于受让“晟视天下投资基金1号”（该基金的基金编码为S22939）所持有的威海鼎能新能源有限公司租赁项目收益权	2015/8/26
108	中财国盛环保产业投资基金	中财国龙（北京）资本管理有限公司		其他投资基金	本基金的主要投资对象是未上市的公司股权和债权，可以直接投资，或者通过设立有限合伙企业或特殊目的公司等实现间接投资	2015/9/11
109	贵州智汇节能环保产业并购基金中心（有限合伙）	北京智汇通盛资本管理有限公司		股权投资基金	侧重于水处理项目或节能环保企业的股权投资	2015/9/16
110	仁和智本环保股权投资基金	上海仁和智本股权投资基金管理有限公司		股权投资基金	本基金拟投资于有限合伙企业的有限合伙份额，最终该有限合伙企业投资于拟挂牌新三板企业，所投资的有限合伙份额由基金管理人代为持有。但上述投资收益权及本金仍归属于基金财产，独立于管理人的固有财产	2015/9/16
111	国泰元鑫蓝天环保嘉和1号专项资产管理计划	盛世嘉和投资基金管理（北京）有限公司			主要投资新兴产业及银行固定收益产品	2015/9/30
112	贵阳市吉山一号新能源产业发展基金（有限合伙）	贵阳市贵山基金管理有限公司	贵阳市科技金融投资有限公司/贵阳市贵山基金管理有限公司	股权投资基金	围绕贵阳市吉利新能源汽车项目，直接以股权投资方式进行投资	2015/10/16
113	上海中电投融和新能源投资管理中心（有限合伙）	国家电投集团产业基金管理有限公司		股权投资基金	通过国家电投融和新能源产业基金四号投资和本基金直投等方式。主要投资标的是新能源（风电和光伏发电）项目公司的股权、可转债等	2015/10/16

续表

序号	基金名称	基金管理人	基金发起人	基金类型	主要投资领域	成立时间
114	华夏绿色（深圳）基金发展企业（有限合伙）	深圳市中能绿色基金管理有限公司		股权投资基金	基金主要投资于上市公司青山纸业（600103）的定向增发项目	2015/10/20
115	华夏兴邦（深圳）基金发展企业（有限合伙）	深圳市中能绿色基金管理有限公司		股权投资基金	基金主要投资于上市公司青山纸业（600103）的定向增发项目	2015/10/20
116	国泰元鑫蓝天环保嘉和2号专项资产管理计划	盛世嘉和投资基金管理（北京）有限公司			主要投资新兴产业及银行固定收益产品	2015/10/21
117	国家电投融和新能源产业基金二号	国家电投集团产业基金管理有限公司		其他投资基金	受让中电投融和融资租赁有限公司合法持有的陕西定边清洁能源发电有限公司的应收租金收益权	2015/10/23
118	国家电投融和新能源产业基金三号	国家电投集团产业基金管理有限公司		其他投资基金	受让中电投融和融资租赁有限公司合法持有的陕西定边光能发电有限公司的应收租金收益权	2015/10/23
119	国家电投融和新能源产业基金一号	国家电投集团产业基金管理有限公司		其他投资基金	投资百瑞信托有限责任公司设立的事务管理类信托“百瑞恒益269号单一资金信托（华仪租赁）”	2015/10/23
120	嘉泰101秦皇岛戴河环境改造工程资产管理计划	杭州嘉锐基金管理有限公司		其他投资基金	本资产管理计划的投资范围为在严格控制风险的前提下，受让秦皇岛华江投资有限公司持有的对秦皇岛经济技术开发区城市发展局约20 000万元应收账款债权，该应收账款为秦皇岛华江投资有限公司承揽的秦皇岛经济技术开发区戴河流域水污染防治及沿岸旅游度假开发工程的前期已完结部分	2015/11/3
121	国泰元鑫蓝天环保嘉和3号专项资产管理计划	盛世嘉和投资基金管理（北京）有限公司			主要投资新兴产业及银行固定收益产品	2015/11/12
122	山西科元新能源汽车股权投资合伙企业（有限合伙）	中合盛资本管理有限公司		股权投资基金	对非上市新能源汽车企业的股权、上市公司非公开发行的股权等非公开交易的股权投资以及相关咨询服务	2015/11/17
123	环能睿泽（深圳）环境产业基金合伙企业（有限合伙）	深圳环能睿泽环境产业基金管理有限公司		股权投资基金	本产业基金主要投资于优质的环境相关产业项目	2015/11/18

续表

序号	基金名称	基金管理人	基金发起人	基金类型	主要投资领域	成立时间
124	友财华山2号绿色发展基金	北京友财投资管理有限公司		股权投资基金	基金财产主要投资于非上市公司股权、对其他私募基金的份额进行投资、有限合伙制企业、信托公司管理的有效存续的信托计划、基金管理公司或基金管理公司的子公司或证券公司或期货公司管理的有效存续的资产管理计划、银行理财产品、第三方理财机构理财产品	2015/11/19
125	安徽祯瑞能节能环保产业投资合伙企业（有限合伙）	上海瑞力投资基金管理有限公司	合肥市创业投资引导基金有限公司	股权投资基金	本基金重点直接投资于节能环保、国企混合所有制改革等领域	2015/11/25
126	深圳市前海清源志成光伏投资中心（有限合伙）	蓝天伟业清洁能源基金管理（深圳）有限公司		股权投资基金	投资于英大国际信托有限责任公司设立的信托计划，资金最终用于光伏电站建设	2015/11/25
127	元邦七号环保指数基金	中投元邦资产管理（北京）有限公司		证券投资基金	国内沪深证券交易所发行上市的股票、新股申购、沪港通中的港股通投资标的，股指期货、股票期权对冲系统风险	2015/11/25
128	深圳海峡环保投资基金合伙企业（有限合伙）	深圳海峡资产管理有限公司		股权投资基金	新能源汽车产业链、清洁能源产业链、低碳节能产业链	2015/11/26
129	深圳春阳鑫材新能源产业投资基金（有限合伙）	深圳前海春阳资产管理有限公司		股权投资基金	对嘉元科技及其他优秀新三板企业的股权投资	2015/11/27
130	大丰新能源1号私募基金	上海大丰新能源投资控股有限公司		股权投资基金	投资于国内债券市场、资金货币市场、企业股权投资、基金管理公司及其子公司特定客户资产管理计划、证券公司资产管理计划、期货公司资产管理计划、信托计划、私募投资系基金、有限合伙份额、各类固定收益类产品等	2015/11/30
131	政府引导新能源汽车7号	高通盛融财富投资集团有限公司	贵州安远新能源汽车有限公司	股权投资基金	高通盛融财富投资集团有限公司通过发行政府引导新能源汽车7号基金主要投资于贵州安远新能源汽车有限公司100%股权收益权	2015/11/30
132	国家电投融和新能源产业基金四号	国家电投集团产业基金管理有限公司		其他投资基金	投资百瑞信托有限责任公司设立的事务管理类信托产品	2015/12/3

续表

序号	基金名称	基金管理人	基金发起人	基金类型	主要投资领域	成立时间
133	南京扬子环境基础设施投资基金一期企业（有限合伙）	南京扬子江投资基金管理有限公司	浦口经济开发区	股权投资基金	投资于“原浦口经济开发区部分地块资源整理项目”。本基金投资方式为直接投资，投资标的为未上市公司“南京市浦口新城开发建设有限公司股权”	2015/12/5
134	招银无锡新能源产业投资基金	深圳市招商金葵资本管理有限责任公司		其他投资基金	致力于光伏电站项目的并购投资、建设和运营，推动新能源产业的集约化、规模化健康发展；可适度参与光伏产业链科技投资	2015/12/9
135	道得投资清洁能源夹层基金一号	上海道得投资管理合伙企业（有限合伙）		股权投资基金	本基金财产拟直接或间接投资清洁能源行业	2015/12/10
136	江苏悦达中小企业绿色发展创业投资基金（有限合伙）	江苏悦达善达股权投资基金管理有限公司	盐城市创新创业投资有限公司	股权投资基金	主要投资方向为股权投资	2015/12/14
137	山东中泰齐东世华节能投资中心（有限合伙）	中泰世华节能投资有限公司	山东省经济开发投资公司/威海市国有资本运营有限公司	股权投资基金	以自有资金对节能领域的投资及股权投资	2015/12/15
138	山高（烟台）新能源基金管理中心（有限合伙）	山东高速投资基金管理有限公司	山东高速投资基金管理有限公司	股权投资基金	参与上市公司股票定向增发	2015/12/22
139	深圳市盈峰环保产业并购基金合伙企业（有限合伙）	盈峰资本管理有限公司		股权投资基金	一般经营项目：受托管理股权投资基金（不得从事证券投资活动，不得以公开方式募集资金开展投资活动；不得从事公开募集基金管理业务）；受托资产管理、投资管理（不得从事信托、金融资产管理、证券资产管理及其他限制项目）；投资兴办实业（具体项目另行申报）；投资咨询、企业管理咨询、商务信息咨询、经济信息咨询（以上均不含限制项目）；为创业企业提供创业管理服务业务；参与设立创业投资企业	2015/12/22
140	综彩绿色宝新能源专项定增私募证券投资基金	深圳市综彩绿色投资管理合伙企业（有限合伙）		证券投资基金	本基金可参与上市公司股票非公开发行，合伙企业份额，公募及私募证券投资基金，特定资产管理计划或其份额受益权，集合资产管理计划或其份额受益权，信托计划或其份额受益权，银行理财产品，银行协议存款	2015/12/22

续表

序号	基金名称	基金管理人	基金发起人	基金类型	主要投资领域	成立时间
141	综彩绿色宝新能源专项定增私募证券投资基金	深圳市综彩绿色投资管理合伙企业（有限合伙）		证券投资基金	本基金可参与上市公司股票非公开发行，合伙企业份额，公募及私募证券投资基金，特定资产管理计划或其份额受益权，集合资产管理计划或其份额受益权，信托计划或其份额受益权，银行理财产品，银行协议存款	2015/12/22
142	骥才千里马新能源汽车证券投资基金	北京骥才资本管理有限公司		证券投资基金	在上海和深圳证券交易所上市交易的业务与新能源汽车产业相关的上市公司股票以及可转换债券；以资产配置为目的而投资的公募基金（含交易所交易的基金）；逆向回购等各类现金管理工具	2015/12/28
143	天创水电主题投资基金	广东天创投资管理有限公司		证券投资基金	股票、交易所债券、债券逆回购、转融通证券出借、协议存款、定期存款、银行理财	2015/12/28
144	植瑞——新能源1号投资基金	植瑞投资管理有限公司		其他投资基金	本基金将投资于浙江润成控股集团有限公司持有的股权收益权	2015/12/31
145	汇达投资稳健精选1号证券投资基金	萍乡皓熙汇达新能源产业投资基金（有限合伙）		证券投资基金	沪深证券交易所发行、上市的股票（包括上市公司非公开发行股票、新股申购）、新三板挂牌公司股份、沪港通中港股通标的范围内的股票、债券、资产支持证券、债券回购、商业银行理财产品、银行存款（包括定期存款、协议存款和其他银行存款）、融资融券、股指期货、商品期货、国债期货、股票期权、权证、仅以证券公司为交易对手的收益互换、公募基金、信托计划、证券公司资产管理计划、保险公司资产管理计划、期货公司资产管理计划、基金公司及其子公司特定客户资产管理计划、取得基金业协会颁发的管理人登记证书的私募管理人发行的私募基金，以及法律法规或中国证监会允许本基金投资的其他于证券交易所或期货交易所发行、上市的证券或金融衍生品	2016/1/6
146	宁波东融资本管理有限公司清洁能源产业基金一号	宁波东融资本管理有限公司		其他投资基金	（1）受让水力发电行业相关企业的股权、债权或收益权，投资规模为本投资基金总规模的0~100%，包括但不限于受让新疆阿克代水电投资开发有限公司的股权收益权。（2）基金管理人认可的其他投资产品	2016/1/8
147	环保新材料基金	中兴联合投资有限公司		股权投资基金	本基金通过增加注册资本金的形式投资于绿塑科技股份有限公司	2016/1/14

续表

序号	基金名称	基金管理人	基金发起人	基金类型	主要投资领域	成立时间
148	植瑞——新能源2号投资基金	植瑞投资管理有限公司		其他投资基金	本基金将投资于浙江润成控股集团有限公司持有的股权收益权	2016/1/18
149	利派合盈新能源汽车股权投资基金2号	利派（上海）股权投资基金管理有限公司		股权投资基金	本基金将以每股1.5元的价格主要投资于安徽广通汽车制造股份有限公司的股权，但是不得超过安徽广通汽车制造股份有限公司的股权的49%，最终资金将用于补充安徽广通汽车制造股份有限公司的流动性，通过企业上市、并购、企业分红、大股东回购等方式实现退出	2016/1/25
150	深圳市中广核汇联二号新能源股权投资合伙企业（有限合伙）	深圳中广核亨风股权投资基金管理有限公司		股权投资基金	对处于各个发展阶段的具有良好发展前景企业进行直接或间接的股权投资或与股权相关的投资	2016/1/25
151	相兑新能源私募股权投资基金1号	上海相兑资产管理有限公司		创业投资基金	本基金的基金财产在先支付完基金管理人第一年、第二年及第三年的管理费和基金托管人第一年、第二年及第三年的托管费后，剩余财产全部认购上海相兑简史投资管理中心（有限合伙）的有限合伙人份额	2016/1/25
152	深圳弈胜环保投资中心（有限合伙）	深圳弈胜投资管理有限公司		股权投资基金	专注于投资拟在新三板挂牌的环保及其相关产业公司股权	2016/1/26
153	北京菊华环保产业投资基金（有限合伙）	北京菊华投资基金管理中心（有限合伙）		股权投资基金	主要投向：开展对大气污染治理技术、供水与污水处理、土地管理与资源保护、环境健康与安全、绿色产品与服务等优质项目。进行股权投资与管理投资方式：直接投资、通过合伙企业投资范围：未上市公司股权	2016/2/1
154	弢瑞金元3号青州宏利水务专项资产管理计划	上海弢瑞资产管理有限公司		其他投资基金	用于受让青州市宏利水务有限公司合法拥有的对青州市财政局的4亿元应收账款	2016/2/1
155	中诚信——郫县水环境治理投资基金	深圳中诚信基金管理有限公司		其他投资基金	用于受让成都市西汇投资有限公司因“犀浦镇龙梓万片区旧城改造项目基础设施建设（二期）”，“犀浦双铁站站前下穿隧道工程项目”对郫县政府享有的6.8亿元应收账款	2016/2/2
156	展瑞新富绿色能源岔河水电2号私募投资基金	上海展瑞新富股权投资基金管理有限公司		其他投资基金	金平岔河发电有限责任公司（“金平岔河”）的供电收益权	2016/2/4

续表

序号	基金名称	基金管理人	基金发起人	基金类型	主要投资领域	成立时间
157	珠海鼎富一期工业节能投资基金（有限合伙）	上海乾义资产管理有限公司		股权投资基金	合伙目的：通过合伙，聚集整合各方之资源及资金，对工业节能相关项目、具有良好发展前景和具备新三板挂牌、上市、并购条件，或具备良好退出渠道的企业进行直接或者间接的股权投资或与股权相关的投资，以期分享被投资项目以及被投资企业的发展成果，为工业节能建设提供资金支持，为本合伙企业取得最佳经济效益，为全体合伙人创造满意的投资回报	2016/2/4
158	国家电投融和新能源产业基金五号	国家电投集团产业基金管理有限公司		股权投资基金	投资于中国电力投资集团公司华北分公司与资源方开展的新能源合作开发项目	2016/2/17
159	新能源汽车科技创新（合肥）股权投资合伙企业（有限合伙）	合肥国科新能股权投资管理合伙企业（有限合伙）	合肥高新建设投资集团公司/合肥市创新科技风险投资有限公司/国家科技风险开发事业中心	创业投资基金	主要投资于科技成果转化项目库中新能源汽车相关项目；投资方向应符合国家重点支持的高新技术领域	2016/2/25
160	上饶市中汽零新能源汽车产业投资中心（有限合伙）	中汽零投资管理有限公司		其他投资基金	投资建设新能源商用车及其配套核心零部件生产项目	2016/3/7
161	上海海尚环保科技投资基金	上海海尚金融信息服务有限公司		股权投资基金	拟投资于从事环保科技行业未上市企业股权	2016/3/8
162	汇达投资量化对冲1号证券投资基金	萍乡皓熙汇达新能源产业投资基金（有限合伙）		证券投资基金	沪深证券交易所发行、上市的股票（包括上市公司非公开发行股票、新股申购）、新三板挂牌公司股份、沪港通中港股通标的范围内的股票、债券、资产支持证券、债券回购、商业银行理财产品、银行存款（包括定期存款、协议存款和其他银行存款）、融资融券、股指期货、商品期货、国债期货、股票期权、权证、仅以证券公司为交易对手的收益互换、公募基金、信托计划、证券公司资产管理计划、保险公司资产管理计划、期货公司资产管理计划、基金公司及其子公司特定客户资产管理计划、取得基金业协会颁发的管理人登记证书的私募管理人发行的私募基金，以及法律法规或中国证监会允许本基金投资的其他于证券交易所或期货交易所发行、上市的证券或金融衍生品	2016/3/10

续表

序号	基金名称	基金管理人	基金发起人	基金类型	主要投资领域	成立时间
163	环保新材料基金二期	中兴联合投资有限公司		股权投资基金	本基金通过增加注册资本金的形式投资于绿塑科技股份有限公司，用于绿塑科技马鞍山工厂建设	2016/3/11
164	深圳聚禧新能源产业基金合伙企业（有限合伙）	北京千佳圆投资基金管理有限公司		股权投资基金	旨在投资参与传统工业“互联网+”、智能制造、工业机器人、智能化管理、智能化服务等行业为代表的中国制造2025与工业4.0领域，以及包括新能源汽车、高档数控机床、智能电网成套装备等行业在内的高端装备产业领域相关项目的投资	2016/3/15
165	深圳井冈山新能源投资中心（有限合伙）	江西省井冈山北汽投资管理有限公司		股权投资基金	受托资产管理（不得从事信托、金融资产管理、证券资产管理及其他限制项目）；投资咨询，企业管理咨询	2016/3/17
166	西咸新区沣西新城民沣绿色城市管网建设投资管理合伙企业（有限合伙）	民加资本投资管理有限公司	陕西省西咸新区沣西新城管理委员会	股权投资基金	向西咸新区沣西新城绿色城市建设有限公司发放委托贷款，且限定用于“陕西省西咸新区海绵城市建设试点政府投资类项目”建设支出	2016/3/17
167	大唐财富神龙2号新能源汽车投资基金	大唐财富投资管理有限公司		其他投资基金	本基金募集资金用于受让由中海晟泰（北京）资本管理有限公司（以下简称“中海晟泰”）持有的中植新能源汽车有限公司（以下简称“中植新能源汽车”）价值25 000万元的股权对应的收益权，通过但不限于通过银行委托贷款、信托计划、资产管理计划、契约型基金等方式受让	2016/3/21
168	山西省改善城市人居环境投资引导基金（有限合伙）	北京首创资本投资管理有限公司	山西省保障性安居工程投资有限公司/北京首创股份有限公司	股权投资基金	对城市供水、供气、供热、污水处理、垃圾处理、园林绿化、地下综合管廊和轨道交通等项目进行投资	2016/3/25
169	国家电投融和新能源产业基金六号	国家电投集团产业基金管理有限公司		股权投资基金	中国电力投资集团公司华北分公司与资源方开展的新能源合作开发项目，是直接投资新能源项目公司的股权	2016/3/28
170	新能源基金	国盈投资基金管理（北京）有限公司		股权投资基金	本基金通过收购股份的形式投资于安徽凯普卢森新能源科技股份有限公司	2016/3/28
171	宁夏华融西部节能环保投资基金合伙企业（有限合伙）	华融西部开发投资股份有限公司	宁夏宁鲁石化有限公司	其他投资基金	节能环保产业	2016/4/1

续表

序号	基金名称	基金管理人	基金发起人	基金类型	主要投资领域	成立时间
172	重庆环保产业股权投资基金合伙企业（有限合伙）	重庆环保产业股权投资基金管理有限公司	重庆环保投资有限公司/重庆市环保产业投资建设集团有限公司	股权投资基金	主要针对股权投资类企业及国内成长性较好的生态环保类企业进行份额投资或者股权投资，业务领域具体包括但不限于生态资料保护与利用、清洁产品与服务、新能源、节能减排、固体废弃物处置、污染治理、环境修复、资源回收再利用、环保第三方服务等多个领域的节能环保行业的优质企业和项目	2016/4/1
173	鼎益资本——斐然节能1号资产管理计划私募基金	北京万达鼎益资本管理有限公司		其他投资基金	主要受让浙江斐然节能科技有限公司的应收账款收益权，该收益权主要为政府及相应机构与斐然节能科技公司的能源管理合同中涉及的收益权	2016/4/3
174	天津海纳通金房节能环保科技合伙企业（有限合伙）	海纳通投资有限公司		股权投资基金	以股权方式专项投资“北京金房暖通节能技术股份有限公司”	2016/4/12
175	普洱市绿色经济发展基金合伙企业（有限合伙）	中非信银（上海）股权投资管理有限公司	普洱市国有资产经营有限责任公司	股权投资基金	投资于普洱市基础设施建设、绿色产业、生态环保、公共服务等绿色经济发展领域等项目	2016/4/13
176	河北毅信联合节能环保产业股权投资基金中心（有限合伙）	河北新元信股权投资基金管理有限公司	河北信息产业投资集团有限公司	股权投资基金	非证券类股权投资及相关咨询服务	2016/4/19
177	人保资本——中节能新材料环保产业基金股权投资计划	人保远望产业投资管理（天津）有限公司		股权投资基金	节能、环保领域	2016/4/19
178	人保资产——中节能新材料环保产业基金股权投资计划	人保远望产业投资管理（天津）有限公司		股权投资基金	节能、环保领域	2016/4/19
179	交投佰仕德（宜昌）健康环保产业投资中心（有限合伙）	湖北交投资本投资管理有限公司	湖北交投资本投资管理有限公司	股权投资基金	从事非证券类股权投资活动及相关咨询服务业务	2016/4/20
180	广州怡珀新能源产业股权投资合伙企业（有限合伙）	广州怡珀新能源产业投资管理有限责任公司	广东省粤科创新创业投资母基金有限公司	股权投资基金	新能源汽车动力电池生产装备及其他相关领域的成长型公司	2016/4/21
181	宝利鑫新能源股权投资基金	深圳市滨海基金管理有限公司		股权投资基金	认购宝利鑫新能源开发有限公司增资扩股的相应股权	2016/4/22

续表

序号	基金名称	基金管理人	基金发起人	基金类型	主要投资领域	成立时间
182	元邦七号环保产业投资基金	中投元邦资产管理（北京）有限公司		证券投资基金	国债、国债逆回购、货币型基金，国内沪深证券交易所发行上市的环保类股票、环保类新股申购、沪港通中的环保类港股通投资标的，股指期货、股票期权对冲系统风险	2016/4/22
183	高康节能私募投资基金	高康资本投资管理有限公司		股权投资基金	为节能环保企业的发展提供资金方面的支持，帮助企业成长，最后通过上市、股权转让等方式实现资本收益。在严格控制投资风险的基础上，谋求基金资产的长期稳定增值	2016/4/25
184	湘潭市防洪生态治理工程合伙企业（有限合伙）	湘潭城发财信城镇发展投资管理有限公司	湘潭城乡建设发展集团有限公司	其他投资基金	防洪生态治理工程，以自有资金进行债权投资	2016/4/28
185	元邦7号环保产业证券投资基金	中投元邦资产管理（北京）有限公司		证券投资基金	沪深证券交易所发行、上市的股票（包括上市公司非公开发行股票、新股申购）、沪港通中港股通标的范围内的股票、债券、债券回购、银行存款（包括定期存款、协议存款和其他银行存款）、股指期货、证券公司资产管理计划	2016/4/28
186	商禾（深圳）环保产业投资合伙企业（有限合伙）	北京商禾资产管理有限公司		股权投资基金	定向对新疆胜沃能源开发有限公司进行股权投资，支持其开展40万吨/年电石项目投资、建设和运营	2016/5/11
187	国家电投华北新能源产业基金一号	国家电投集团产业基金管理有限公司		其他投资基金	投向国家电力投资集团公司华北分公司投资的项目	2016/5/17
188	东莞凯诺迈科新能源股权投资基金	东莞市凯诺资产管理有限公司		证券投资基金	基金资金用于认购东莞市莞信彬海投资合伙企业（有限合伙）的有限合伙份额，合伙企业由深圳市彬海投资管理合伙企业（有限合伙）作为普通合伙人发起设立。合伙企业资金用于收购龙川县君和科技发展合伙企业（有限合伙）持有的东莞市迈科科技有限公司股权	2016/5/18
189	海尚新能源产业投资基金	上海海尚金融信息服务有限公司		股权投资基金	拟投资于从事新能源行业未上市企业股权	2016/5/20
190	金奥18号贵州三都人居环境整治建设项目资产管理计划	苏州奥普雷斯资产管理有限公司		其他投资基金	本基金募集资金用于受让项目公司的应收账款收益权，为基金投资者谋求合理的投资回报	2016/5/20

续表

序号	基金名称	基金管理人	基金发起人	基金类型	主要投资领域	成立时间
191	绿色产业（厦门）石墨烯股权投资合伙企业（有限合伙）	上海中财国发股权投资基金管理有限公司	厦门市绿色产业股权投资基金管理有限公司	股权投资基金	本基金专项投资石墨烯导热系列材料相关项目企业的股权或股权收益权	2016/5/23
192	天赋稳赢环保产业并购资产管理计划	上海天赋动力股权投资基金管理有限公司		股权投资基金	本计划资金主要通过认购有限合伙企业的有限合伙份额投资于江西昌九农科化工有限公司，如东南天农科化工有限公司及其他具备上市潜力的环保、生物化工、农科类优质项目公司。有限合伙企业的资金具体用于环保、生物化工、农科类优质项目的股权投资及丙烯酰胺产业链的并购整合	2016/5/23
193	西宁青银开创湟水治理项目管理中心（有限合伙）	五矿（青海）特产产业投资基金管理有限公司		其他投资基金	对西宁市湟水河城区段基础设施建设进行专项投资，通过采取发放委托贷款、投资股权、信托产品、资管计划、债券、其他金融产品等手段，最终将资金投到西宁市湟水河城区段基础设施建设	2016/5/24
194	莞信安盈1号——迈科新能源股权私募基金	深圳前海莞信投资基金管理有限公司		股权投资基金	基金资金用于认购东莞市莞信彬海投资合伙企业（有限合伙）（以下简称合伙企业）的有限合伙份额，合伙企业由深圳市彬海投资管理合伙企业（有限合伙）作为普通合伙人发起设立。合伙企业资金用于收购龙川县君和科技发展合伙企业（有限合伙）持有的东莞市迈科科技有限公司股权	2016/5/26
195	平安阖鼎元邦7号环保产业证券投资基金	上海平安阖鼎投资管理有限责任公司		证券投资基金	本基金投资于监管部门批准发行或上市的金融品种，包括股票（包括创业板）、债券、债券逆回购、银行存款、货币基金、股指期货等	2016/5/27
196	钜洲阿米巴新能源基金	钜洲资产管理（上海）有限公司		股权投资基金	本基金募集资金主要投于由上海阿米巴佰毅管理合伙企业（有限）与上海阿米巴投资管理有限公司作为普通合伙人发起设立的嘉兴阿米巴鸿然创业投资合伙企业（有限合伙）（以下简称“有限合伙企业”）的有限合伙人财产份额	2016/6/3
197	深圳紫金港新能源产业投资企业（有限合伙）	深圳市紫金港资本管理有限公司		股权投资基金	主要投资新能源产业等公司，如天臣新能源等	2016/6/6
198	唐山曹妃甸京冀协同绿色产业投资基金合伙企业（有限合伙）	京冀协同发展示范区（唐山）基金管理有限公司	京冀协同发展示范区（唐山）基金管理有限公司/河北省冀财产业引导股权投资基金有限公司	股权投资基金	在经营范围内从事投资、投资管理及其他与投资相关的活动，促进新兴产业的发展	2016/6/6

续表

序号	基金名称	基金管理人	基金发起人	基金类型	主要投资领域	成立时间
199	深圳市前海和骏新能源投资企业（有限合伙）	深圳前海和骏投资基金管理有限责任公司		股权投资基金	新能源科技行业项目、节能环保行业项目、互联网项目、信息科技项目的投资；股权投资，创业投资，投资咨询	2016/6/7
200	国家电投融和新能源产业基金七号	国家电投集团产业基金管理有限公司		股权投资基金	大柴旦全通畅新能源有限公司股权	2016/6/14
201	上海行略新能源科技合伙企业（有限合伙）	上海诚铧资产管理有限公司		股权投资基金	对新能源产业及其上下游产业、清洁能源以及节能技术行业企业的股权投资	2016/6/20
202	贵阳市吉山二号新能源产业发展基金合伙企业（有限合伙）	贵阳市贵山基金管理有限公司	贵阳市贵山基金管理有限公司/贵阳市科技金融投资有限公司	股权投资基金	围绕贵阳市吉利新能源汽车项目，直接以股权投资方式进行投资，为合伙人取得良好的投资回报	2016/6/21
203	天赋稳赢环保产业并购资产管理计划二号	上海天赋动力股权投资基金管理有限公司		股权投资基金	本计划资金主要通过认购有限合伙企业的有限合伙份额投资于江西昌九农科化工有限公司，如东南天农科化工有限公司及其他具备上市潜力的环保、生物化工、农科类优质项目公司。有限合伙企业的资金具体用于环保、生物化工、农科类优质项目的股权投资及丙烯酰胺产业链的并购整合	2016/6/21
204	中节能华禹（镇江）绿色产业并购投资基金（有限合伙）	中节能华禹基金管理有限公司		股权投资基金	中节能华禹（镇江）绿色产业并购投资基金（有限合伙）募集资金，联合其他投资人组成联合收购体，参与西班牙环保项目的收购（境外收购项目），基金将通过股权转让及增资的方式获得标的公司的股权	2016/6/24
205	钜洲阿米巴新能源基金2期	钜洲资产管理（上海）有限公司		股权投资基金	本基金募集资金主要投于由上海阿米巴佰毅管理合伙企业（有限）与上海阿米巴投资管理有限公司作为普通合伙人发起设立的嘉兴阿米巴鸿然创业投资合伙企业（有限合伙）（以下简称“有限合伙企业”）的有限合伙人财产份额	2016/6/27
206	青岛弥逻华城环保技术管理中心（有限合伙）	上海弥逻资产管理有限公司		股权投资基金	该基金主要用于投资垃圾处理项目，技术公司创新研发了生活垃圾综合处理气化发电技术，实现了垃圾的清洁焚烧和高效能源利用。于2014年在临沂国家高新区建设了300吨/日示范工程项目，全面达到设计指标。核心技术MBC技术填补国内技术空白，已获得国家发明、实用新型专利16项，拥有自主知识产权。本基金拟与技术公司共同建立产业基金投资各地建站，实现投资收益	2016/7/4

续表

序号	基金名称	基金管理人	基金发起人	基金类型	主要投资领域	成立时间
207	长富新能源定增夹层私募基金	长富汇银投资基金管理（北京）有限公司		证券投资基金	本基金募集资金主要用于投资由韬蕴（北京）投资基金管理有限公司作为普通合伙人发起设立的北京韬蕴九号产业投资管理中心（有限合伙）的有限合伙份额。定增项目投资标的公司为："新能源"汽车集团股份有限公司	2016/7/5
208	深圳中泰富新能源股权1号投资基金	深圳前海中泰富资产管理有限公司		股权投资基金	江苏昱星新材料科技股份有限公司股权	2016/7/6
209	开化县金钲新能源投资合伙企业（有限合伙）	浙江金钲投资管理有限公司	开化县交通实业有限公司	股权投资基金	投资符合国家产业政策的新能源分布式屋面光伏电站项目。一期开化长运大厦新南站屋面分布式光伏电站已经完成施工设计	2016/7/6
210	品格环保产业投资契约型基金	拉萨品格投资管理有限公司		股权投资基金	本基金定向投资于商禾（深圳）环保产业投资合伙企业（有限合伙），作为优先级有限合伙人，力求实现基金财产的持续稳定增值	2016/7/7
211	安徽金牛国轩新能源产业投资合伙企业（有限合伙）	西藏鑫茂金牛资产管理有限公司		股权投资基金	主要投资于国家战略性新兴产业领域，重点投资于新能源行业	2016/7/12
212	桐乡博晟新能源投资合伙企业（有限合伙）	北京博宇先锋投资管理有限公司		股权投资基金	（1）太阳能、风能、生物能等新能源产业；（2）机器人、无人机、传感器、增强现实等智能制造产业	2016/7/12
213	前海星辰星耀1号私募投资基金	深圳市前海星辰绿色资本管理有限公司		股权投资基金	证券公司、基金公司、期货公司及其三类子公司发行的资产管理计划（包括劣后级份额）、私募投资基金（包括劣后级份额）、商业银行理财计划	2016/7/13
214	伟星水电产业投资发展（深圳）企业（有限合伙）	深圳市弦丰资产管理有限公司		股权投资基金	水电产业投资	2016/7/13
215	中财环保科技创投基金	中财汇投（北京）基金管理有限公司		创业投资基金	本基金通过股权投资方式定向投资于东莞市欧克水墨有限公司的股权	2016/7/13
216	中靖新能源一号私募投资基金	北京未来能源投资基金管理股份有限公司		股权投资基金	江苏中靖新能源科技有限公司股权投资	2016/7/13
217	宿迁升达新奥致达天然气产业投资合伙企业（有限合伙）	升达新奥清洁能源产业投资基金管理（宿迁）有限公司		股权投资基金	天然气能源企业	2016/7/14

续表

序号	基金名称	基金管理人	基金发起人	基金类型	主要投资领域	成立时间
218	远通道路环保私募基金1号	中建远通高速公路投资基金管理（北京）有限公司		股权投资基金	本基金专注于道路交通环保领域的优质投资项目，通过股权方式参与拥有专利技术的优质标的企业，提供股权融资帮助标的企业快速占领市场，提高市场占有率	2016/7/14
219	厦门谷峰新能源投资合伙企业（有限合伙）	厦门谷峰资产管理有限公司		股权投资基金	厦门新页科技有限公司——新能源行业	2016/7/18
220	横琴元泰民生保腾弘益水务投资基金企业（有限合伙）	珠海元泰投资基金管理有限公司		股权投资基金	水务产业投资及管理、投资咨询。具体投向：用于运城市空港开发区弘益供水有限公司，用于其存量融资及补充流动资金	2016/7/20
221	汇敏环保科技一号股权私募基金	中传福旺（上海）股权投资基金管理有限公司		股权投资基金	国内成长性高的未上市企业	2016/7/20
222	融国环保产业成长1号私募股权投资基金	上海融国投资管理有限公司		股权投资基金	主要投资方式为股权投资，通过多元化、多层次股权投资方式，通过对股权的形式投资到环保相关新兴实体行业中去	2016/7/20
223	上饶市安驰新能源产业中心（有限合伙）	上海雅法资产管理有限公司		股权投资基金	投资于江西安驰新能源科技有限公司	2016/7/20
224	中崄信投——嘉域环保基金1号	中崄信投基金管理（北京）有限公司		股权投资基金	以股权投资的方式投资于嘉域（沧州）环保能源有限公司	2016/7/22
225	重庆荣新环保产业股权投资基金合伙企业（有限合伙）	重庆环保产业股权投资基金管理有限公司	重庆市荣昌区荣新环保产业发展有限公司/重庆环保产业股权投资基金合伙企业（有限合伙）	股权投资基金	主要针对股权投资类企业及国内的生态环保类企业进行股权投资或者PPP合作，业务领域包括但不限于生态资源保护与利用、清洁产品制造与服务、新能源、节能减排、固体废弃物处置、污染治理、环境修复、资源回收再利用、环保第三方服务等多个领域的企业和项目	2016/7/26
226	紫源新能源1号股权私募投资基金	深圳东方云信基金投资管理有限公司		股权投资基金	本基金的投资范围为：云南紫源新能源科技有限公司股权，投资比例为100%	2016/7/28
227	天赋稳赢——环保产业并购私募投资基金三号	上海天赋动力股权投资基金管理有限公司		股权投资基金	本基金资金主要通过认购有限合伙企业的有限合伙份额投资于江西昌九农科化工有限公司、如东南天农科化工有限公司及其他具备上市潜力的环保、生物化工、农科类优质项目公司。有限合伙企业的资金具体用于环保、生物化工、农科类优质项目的股权投资及丙烯酰胺产业链的并购整合	2016/8/2

续表

序号	基金名称	基金管理人	基金发起人	基金类型	主要投资领域	成立时间
228	前海军源·华夏生态环保投资基金1号	深圳市前海军源股权投资基金管理有限公司		股权投资基金	基金投资于贵州汇生林业开发有限公司的股权，用于该公司的现代珍贵用材林产业发展项目——降香黄檀（海南黄花梨）的产业价值链开发及新增种植10万亩降香黄檀（海南黄花梨）	2016/8/3
229	思嘉九鼎东江新能源受益权1号私募投资基金	思嘉投资管理（浙江）有限公司		其他投资基金	本基金用于受让东旭集团有限公司持有的九鼎东江——东旭新能源一号	2016/8/3
230	旗辉新能源成长私募基金	广东旗辉财富投资管理有限公司		证券投资基金	本基金的投资范围包括沪深证券交易所上市交易的股票、债券（包括银行间债券、交易所债券）、优先股、证券回购、存款、公开募集证券投资基金（不包括ETF基金一级市场申购、赎回）、期货、期权、权证、收益互换、保险公司资产管理计划、证券公司资产管理计划、信托计划、基金公司（含基金子公司）特定客户资产管理计划、期货公司资产管理计划、在基金业协会登记的私募基金管理人发行并由具有相关资质机构托管的契约式私募投资基金、银行理财产品。本基金可以参与融资融券交易、港股通交易、新股申购、定向增发，也可以将其持有的证券作为融券标的出借给证券金融公司	2016/8/8
231	安盈环保产业并购私募投资基金	众融财富资产管理（北京）有限公司		股权投资基金	本基金认购资金主要用于投向“北京红石溢和国际投资中心（有限合伙）”有限合伙份额，最终投资于秦皇岛市清青环保设备有限公司的股权	2016/8/9
232	绿城盛世爱康新能源专项投资私募基金	杭州千乘资产管理有限公司		股权投资基金	本基金主要用于受让西藏达孜盛世景投资管理有限公司持有的新疆盛世柏金股权投资合伙企业（有限合伙）有限合伙份额，并通过该合伙企业间接投资于苏州爱康能源工程技术股份有限公司未上市公司股权	2016/8/15
233	招银国际——中通客车新能源产业私募基金	招银国际资本管理（深圳）有限公司		其他投资基金	基金财产直接受让某新能源产业公司应收账款	2016/8/18
234	湖北富鼎凯龙新能源汽车股权投资合伙企业（有限合伙）	富鼎投资管理有限公司		股权投资基金	本有限合伙企业投资于新能源汽车产业链上下游的优质项目，重点投资于具有新能源汽车关键核心技术并可实现产业化的项目	2016/8/24

续表

序号	基金名称	基金管理人	基金发起人	基金类型	主要投资领域	成立时间
235	华禹绿色产业1号私募投资基金	中节能华禹基金管理有限公司		其他投资基金	主要投资于具有稳定收益的金融产品，如债券、委托贷款、信托贷款、货币市场工具、银行存款、资产支持证券以及法律法规和中国证监会允许基金投资的其他金融工具	2016/9/7
236	思嘉九鼎东江新能源受益权2号私募投资基金	思嘉投资管理（浙江）有限公司		其他投资基金	本基金用于受让东旭集团有限公司持有的九鼎东江——东旭新能源二号	2016/9/13
237	元邦7号2期环保产业证券私募基金	中投元邦资产管理（北京）有限公司		证券投资基金	沪深证券交易所发行、上市的股票（包括上市公司非公开发行股票、新股申购）、沪港通中港股通标的范围内的股票、债券、债券回购、银行存款（包括定期存款、协议存款和其他银行存款）、股指期货、证券公司资产管理计划	2016/9/13
238	鹏融财富——骏鑫新能源1号基金	深圳前海鹏融创业财富管理网络股份有限公司		其他投资基金	本基金投资方向为通过基金管理人指定银行向深圳市骏鑫新能源有限公司发放委托贷款作为其生产经营用途	2016/9/18
239	鼎力聚鑫23号私募基金（中水电）	深圳前海鼎力投资基金管理有限公司		其他投资基金	本基金募集资金以委托贷款方式发放给中水电（郑州）投资发展有限公司（以下简称“中水电”），专项用于补充中水电流动资金。	2016/9/19
240	长兴新能源小镇新能投资合伙企业（有限合伙）	浙江华盛达基金管理有限公司		股权投资基金	新能源、制造及锂电池相关产业	2016/9/20
241	思嘉九鼎东江新能源受益权3号私募投资基金	思嘉投资管理（浙江）有限公司		其他投资基金	本基金用于受让东旭集团有限公司持有的九鼎东江——东旭新能源二号	2016/9/30
242	熠信环保专项私募基金1号	熠生投资管理（上海）有限公司		其他投资基金	本基金通过银行委托贷款的形式向晨阳工贸发放贷款，用于补充晨阳工贸流动资金周转	2016/10/4
243	衢州华海新能源科技产业股权投资合伙企业（有限合伙）	浙江千合并购基金管理有限公司		股权投资基金	有限合伙设立的唯一目的为进行单一项目“华海新能源”的投资	2016/10/10
244	启元新能源光伏电站私募投资基金四期	深圳前海启元资本管理有限公司		股权投资基金	本基金主要投资于有限合伙企业和拟挂牌新三板企业股权	2016/10/18

续表

序号	基金名称	基金管理人	基金发起人	基金类型	主要投资领域	成立时间
245	国家电投集团大族新能源私募股权投资基金	国家电投集团产业基金管理有限公司		股权投资基金	以增资入股的形式投资深圳市大族能联新能源科技股份有限公司股权	2016/10/19
246	国家电投融和新能源产业私募投资基金八号	国家电投集团产业基金管理有限公司		其他投资基金	投资于国家电力集团吉林电力股份有限公司与资源方开展的新能源合作开发项目，力求实现基金财产的持续稳定增值	2016/10/31
247	金祥新三板泰金叁号绿色发展基金	河南金祥股权投资基金管理有限公司		证券投资基金	沪深交易所发行、上市的股票（包括上市公司非公开发行股票、新股申购）、新三板挂牌公司股份、沪港通中港股通标的范围内的股票、深港通（如开通）、债券、资产支持证券、债券回购、商业银行理财产品、银行存款（包括定期存款、协议存款和其他银行存款）、融资融券、股指期货、商品期货、国债期货、股票期权、上海黄金交易所上市的合约品种、权证、仅以证券公司为交易对手的收益互换、公募基金、信托计划、证券公司资产管理计划、保险公司资产管理计划、期货公司资产管理计划、基金公司及其子公司特定客户资产管理计划、于基金业协会官方网站公示已登记的私募基金管理人发行的私募基金	2016/11/2
248	富国天启新能源股权投资基金一号	北京富国天启资本管理有限公司		其他投资基金	投向林州重机股份有限公司全资子公司林州重机矿建工程有限公司51%的股权收益权	2016/11/7
249	钜安盛运环保应付账款私募投资基金	钜洲资产管理（上海）有限公司		其他投资基金	本基金募集资金主要用于受让深圳国投商业保理有限公司持有的对安徽盛运环保（集团）股份有限公司的应收账款	2016/11/14
250	信中利新能源及智慧出行产业私募股权投资基金	北京信中利嘉信股权投资管理有限责任公司		创业投资基金	本基金投资于标的合伙企业，资金最终投向新能源及智慧出行产业链上下游优秀企业股权。	2016/11/23
251	常州五星钛信绿色股权投资基金合伙企业（有限合伙）	宁波星邻星投资管理有限公司		股权投资基金	基金投资方向：对成长期、成熟期及Pre-ipo阶段的企业；投资方式：以股权投资为主，配合部分债权投资	2016/11/29
252	湖北高金高投融友环保私募基金	湖北高金投资管理有限公司	湖北高金投资管理有限公司	创业投资基金	本基金投资于湖北高投融友环保产业投资基金合伙企业（有限合伙）有限合伙份额	2016/11/29

续表

序号	基金名称	基金管理人	基金发起人	基金类型	主要投资领域	成立时间
253	三智启明大理水环境产业投资（武汉）合伙企业（有限合伙）	北京三智启明投资基金管理有限公司		股权投资基金	本基金主要投资于大理海东山地新城洱海保护水环境循环综合建设PPP项目及其相关配套项目	2016/12/1
254	誉德绿色发展股权私募基金	深圳市誉德财富管理有限公司		股权投资基金	本基金全部认购资金均用于投资或者受让拟挂牌新三板企业新兴县花田农业投资有限公司的股权	2016/12/1
255	典鼎新能源科技私募股权投资基金	上海典鼎投资管理有限公司		股权投资基金	对动次科技（北京）有限公司股权投资，受让其30%的股权，获取股权收益	2016/12/2
256	无锡雪浪金茂环保产业投资企业（有限合伙）	西藏金缘投资管理有限公司		股权投资基金	以股权投资方式促进环保产业发展，通过在其主营业务对相关领域的带动效应提高基金投资效益，并以专业投资管理为合伙人带来投资回报	2016/12/5
257	银沣环境股权投资基金管理（成都）中心（有限合伙）	银沣股权投资基金管理（上海）有限公司		股权投资基金	股权投资于环保行业企业，重点关注固废处理和水处理两个细分行业	2016/12/5
258	新能源汽车产业并购私募投资基金	众融财富资产管理（北京）有限公司		股权投资基金	本基金全部认购资金均用于【认购北京中汇平安投资中心（有限合伙）LP份额，北京中汇平安投资中心（有限合伙）投资于深圳巴斯巴科技发展有限公司的股权】	2016/12/6
259	宁波梅山保税港区丰盛六合新能源投资合伙企业（有限合伙）	宁波梅山保税港区丰盛六合投资管理有限公司		股权投资基金	符合国家产业发展规划的新能源及新能源汽车等战略性新兴产业	2016/12/8
260	元邦7号6期环保产业私募证券投资基金	中投元邦资产管理（北京）有限公司		证券投资基金	1.国内依法发行上市的股票（包括主板、中小板、创业板上市的股票）、交易所债券、商品期货、股指期货、国债期货、个股期权、港股通交易；2.商业银行理财产品、信托计划、证券公司及其子公司资产管理计划、期货公司资产管理计划、基金公司及其子公司资产管理计划、在基金业协会登记的私募基金管理人发行的并由托管机构托管的私募基金；3.现金、银行存款、货币市场基金；4.法律法规或中国证监会允许基金投资的其他投资品种	2016/12/14
261	泰融新能源私募股权投资基金	泰融基业三版石家庄股权投资基金管理有限公司		股权投资基金	1.现金管理类：现金、银行存款、货币市场基金、其他现金管理类金融产品；2.其他：河北华威新能源科技有限公司股权	2016/12/20

续表

序号	基金名称	基金管理人	基金发起人	基金类型	主要投资领域	成立时间
262	宁波梅山保税港区信控东旭新能源投资合伙企业（有限合伙）	信达金控（宁波）投资管理有限公司		其他投资基金	对合伙人投入的资金进行管理，支持东旭蓝天新能源股份有限公司下属子公司光伏项目建设及运营，向东旭新能源投资有限公司发放委托贷款，实现合伙人资产增值	2016/12/21
263	景裕新能源汽车行业证券投资一号私募基金	杭州丰熙投资管理有限公司		证券投资基金	股票（主板、中小板、创业板、新三板、港股通）、债券（国债、企业债、企业可转债、金融债、政府债、私募债、公募债、融资券、同业存单、债券回购）、基金（证券投资基金、货币市场基金）、期货（商品期货、国债期货、股指期货）、融资融券，权证、银行存款、银行理财、券商资管计划、信托产品、基金专项专户、保险资管计划、期权	2016/12/22
264	南京世浦新能源汽车产业投资基金合伙企业（有限合伙）	深圳市前海中科招商创业投资管理有限公司	江苏省南京浦口经济开发总公司	股权投资基金	新能源、新能源汽车、汽车及上下游相关领域为主，包括但不限于清洁能源、能源互联网、汽车智能化、电池技术、车身材料等	2016/12/26
265	江西竑鼎水电产业私募投资基金	江西金控投资管理中心（有限合伙）	江西省金融控股集团有限公司	其他投资基金	用于江西竑鼎实业集团有限公司水电站技改项目	2016/12/30

附录2 2016年中国绿色金融政策目录

中央层面绿色金融政策清单

序号	类别	日期	名称	文号	单位
1	法律法规	2016/5/26	关于充分发挥审判职能作用为推进生态文明建设与绿色发展提供司法服务和保障的意见	法发〔2016〕12号	最高人民法院
2	法律法规	2016/12/25	环境保护税法		第十二届全国人民代表大会常务委员会第二十五次会议
3	规划方案	2016/3/16	中华人民共和国国民经济和社会发展第十三个五年规划纲要		第十二届全国人民代表大会第四次会议
4	规划方案	2016/6/30	工业和信息化部关于印发工业绿色发展规划（2016—2020年）的通知	工信部规〔2016〕225号	工业和信息化部
5	规划方案	2016/7/28	国务院关于印发“十三五”国家科技创新规划的通知	国发〔2016〕43号	国务院

续表

序号	类别	日期	名称	文号	单位
6	规划方案	2016/10/27	国务院关于印发“十三五”控制温室气体排放工作方案的通知	国发〔2016〕61号	国务院
7	规划方案	2016/11/24	国务院关于印发“十三五”生态环境保护规划的通知	国发〔2016〕65号	国务院
8	规划方案	2016/11/29	国务院关于印发“十三五”国家战略性新兴产业发展规划的通知	国发〔2016〕67号	国务院
9	规划方案	2016/12/20	国务院关于印发“十三五”节能减排综合工作方案的通知	国发〔2016〕74号	国务院
10	综合性政策	2016/2/06	国务院关于深入推进 新型城镇化建设的若干意见	国发〔2016〕8号	国务院
11	综合性政策	2016/3/25	国务院批转国家发展改革委关于2016年深化经济体制改革重点工作意见的通知	国发〔2016〕21号	国务院
12	综合性政策	2016/4/14	关于积极发挥环境保护作用促进供给侧结构性改革的指导意见	环大气〔2016〕45号	环境保护部
13	综合性政策	2016/4/25	中共中央、国务院关于加快推进生态文明建设的意见		中共中央、国务院
14	综合性政策	2016/07/21	关于印发《土壤污染防治专项资金管理办法》的通知	财建〔2016〕601号	财政部 环境保护部
15	综合性政策	2016/08/03	关于印发《大气污染防治专项资金管理办法》的通知	财建〔2016〕600号	财政部 环境保护部
16	综合性政策	2016/8/31	关于构建绿色金融体系的指导意见	银发〔2016〕228号	中国人民银行 财政部 发展改革委 环境保护部 银监会 证监会 保监会
17	综合性政策	2016	G20绿色金融综合报告		G20绿色金融研究小组
18	综合性政策	2016/2/2	关于加快建立流域上下游横向生态保护补偿机制的指导意见	财建〔2016〕928号	财政部 环境保护部 发展改革委 水利部
19	综合性政策	216/12/29	国务院关于全民所有自然资源资产有偿使用制度改革的指导意见	国发〔2016〕82号	国务院
20	绿色债券政策	2016/3/16	关于开展绿色公司债券试点的通知	上证发〔2016〕13号	上海证券交易所
21	绿色债券政策	2016/4/22	深圳证券交易所关于开展绿色公司债券业务试点的通知	深证发〔2016〕206号	深圳证券交易所
22	绿色信贷政策	2016/7/27	关于推行合同节水管理促进节水服务产业发展的意见	发改环资〔2016〕1629号	国家发展改革委 水利部 税务总局
23	绿色信贷政策	2016/8/29	国家发展改革委关于太阳能热发电标杆上网电价政策的通知	发改价格〔2016〕1881号	国家发展改革委
24	绿色信贷政策	2016/8/19	中国农业发展银行光伏扶贫贷款管理办法（试行）		中国农业发展银行

续表

序号	类别	日期	名称	文号	单位
25	绿色基金政策	2016/1/5	关于提高可再生能源发展基金征收标准等有关问题的通知	财税〔2016〕4号	财政部 国家发展改革委
26	绿色基金政策	2016/08/22	国家生态文明试验区（福建）实施方案		中共中央办公厅 国务院办公厅
27	绿色保险政策	2016/8/23	中国保监会关于印发《中国保险业发展"十三五"规划纲要》的通知	保监发〔2016〕74号	保监会
28	绿色产业政策	2016/3/24	关于印发《绿色制造2016专项行动实施方案》的通知	工信部节〔2016〕113号	工业和信息化部
29	绿色产业政策	2016/7/19	工业和信息化部办公厅关于印发高效节能环保工业锅炉产业化实施方案的通知	工信厅节函〔2016〕492号	工业和信息化部办公厅
30	绿色产业政策	2016/9/14	绿色制造工程实施指南（2016—2020年）		工业和信息化部
31	绿色产业政策	2016/12/6	关于印发《环境保护部推进绿色制造工程工作方案》及分工方案的通知	环办科技函〔2016〕2192号	环境保护部办公厅
	绿色产业政策	2016/12/19	建立以绿色生态为导向的农业补贴制度改革方案		财政部 农业部
32	绿色消费政策	2016/2/17	印发关于促进绿色消费的指导意见的通知	发改环资〔2016〕353号	发展改革委 中宣部 科技部 财政部 环保部 住建部 商务部 质监局 旅游局 国管局
33	绿色消费政策	2016/3/24	中国人民银行、银监会关于加大对新消费领域金融支持的指导意见		中国人民银行 银监会
34	绿色消费政策	2016/11/22	国务院办公厅关于建立统一的绿色产品标准、认证、标识体系的意见	国办发〔2016〕86号	国务院办公厅
35	交易政策	2016/1/11	关于切实做好全国碳排放权交易市场启动重点工作的通知	发改办气候〔2016〕57号	国家发展改革委办公厅
36	交易政策	2016/7/28	国家发展改革委关于开展用能权有偿使用和交易试点工作的函	发改环资〔2016〕1659号	国家发展改革委
37	PPP政策	2016/9/24	关于印发《政府和社会资本合作项目财政管理暂行办法》的通知	财金〔2016〕92号	财政部
38	PPP政策	2016/10/11	关于在公共服务领域深入推进政府和社会资本合作工作的通知	财金〔2016〕90号	财政部

地方层面绿色金融政策清单

序号	类别	日期	名称	文号	单位
1	绿色基金政策	2016/1/29	内蒙古自治区人民政府办公厅关于印发环保基金设立方案的通知	内政办发〔2016〕6号	内蒙古自治区人民政府办公厅
2	交易政策	2016/4/22	湖北碳排放权交易中心碳排放权现货远期交易规则		湖北碳排放权交易中心

续表

序号	类别	日期	名称	文号	单位
3	交易政策	2016/4/22	湖北碳排放权交易中心碳排放权现货远期交易履约细则		湖北碳排放权交易中心
4	交易政策	2016/4/22	湖北碳排放权交易中心碳排放权现货远期交易结算细则		湖北碳排放权交易中心
5	交易政策	2016/7/4	浙江省碳排放权交易市场建设实施方案		浙江省人民政府办公厅
6	交易政策	2016/7/19	江西省落实全国碳排放权交易市场建设工作实施方案		
7	交易政策	2016/12/5	关于印发《福建省碳排放权抵消管理办法（试行）》的通知	闽发改生态〔2016〕848号	福建省发展改革委
8	绿色保险政策	2016/7/21	昆明市环境保护局关于印发《昆明市环境保护局关于推行环境污染强制责任保险试点工作的实施方案》的通知	昆环保通〔2016〕215号	昆明市环境保护局
9	综合性政策	2016/7/26	福建省人民政府办公厅关于印发钢铁行业化解过剩产能实施方案的通知	闽政办〔2016〕120号	福建省人民政府办公厅
10	综合性政策	2016/7/28	中共四川省委关于推进绿色发展建设美丽四川的决定		中共四川省委
11	交易政策	2016/8/9	四川省发展和改革委员会关于印发《四川省碳排放权交易管理暂行办法》的通知	川发改环资〔2016〕385号	四川省发展和改革委员会
12	综合性政策	2016/8/25	鼓励工业企业建设分布式光伏发电项目实施方案（试行）		山西省经济和信息化委员会
13	规划方案	2016/9/23	广东省人民政府机关事务管理局 广东省经济和信息化委员会关于印发《广东省公共机构节约能源资源“十三五”规划》的通知	粤府管〔2016〕13号	广东省人民政府机关事务管理局 广东省经济和信息化委员会
14	交易政策	2016/9/26	福建省人民政府关于印发福建省碳排放权交易市场建设实施方案的通知	闽政〔2016〕40号	福建省人民政府
15	综合性政策	2016/12/1	关于河北省水资源税改革试点有关政策的通知	财税〔2016〕130号	财政部 国家税务总局 水利部

附录3 2016年中国绿色金融大事记

1月

2016年1月11日，国家发展改革委办公厅发布了《关于切实做好全国碳排放权交易市场启动重点工作的通知》，旨在协同推进全国碳排放权交易市场建设，确保2017年启动全国碳排放权交易，实施碳排放权交易制度。

2016年1月25日，G20绿色金融研究小组于25日和26日在北京举行了第一次会议。G20成员、嘉宾国和相关国际组织的代表参加了本次会议。中国人民银行副行长陈雨露出席会议并讲话，本次会议讨论了2016年的工作目标及研究计划。

2016年1月27日，上海浦东发展银行股份有限公司于27日至29日在银行间债券市场发行境内首批绿色金融债，发行规模200亿元，债券期限3年，票面利率2.95%，实现国内绿色金融债券从制度框架到产品发行的正式落地。

2016年1月28日，兴业银行股份有限公司在银行间债券市场发行境内首批绿色金融债，发行规模100亿元，债券期限3年，票面利率2.95%，实现国内绿色金融债券从制度框架到产品发行的正式落地。

3月

2016年3月10日，青岛银行股份有限公司在银行间市场发行两个品种总规模40亿元绿色金融债。这是首单城市商业银行绿色金融债。青岛银行也是绿色金融债全面推广期间唯一试点城商行。

2016年3月16日，上海证券交易所发布《关于开展绿色公司债券试点的通知》。4月22日，深圳证券交易所发布《深圳证券交易所关于开展绿色公司债券业务试点的通知》，规范绿色债券发行，强调绿色债券信息披露，鼓励第三方专业评估或认证机构开展对募投项目绿色评估或认证及债券存续期绿色项目的跟踪评估，明确为绿色债券提供“绿色通道”等政策支持，并对被认定为绿色的公司债券进行统一标识“G”标，积极引导交易所绿色债券市场支持绿色产业。

2016年3月21日，G20绿色金融研究小组第二次会议于21日和22日在英国伦敦举行，会议讨论了五个绿色金融领域的初步研究成果，内容包括银行业绿色化、绿色债券市场、机构投资者绿色化、环境风险分析及绿色金融指标体系。

2016年3月24日，工信部印发《绿色制造2016专项行动实施方案》，旨在加快实施绿色制造工程，全面推行绿色制造，构建绿色制造体系。

4月

2016年4月6日，协合风电发行2亿元绿色中期票据，债券期限3年，票面利率6.20%，这是境内首单绿色债务融资工具，也是首单非金融企业绿色债券。

2016年4月12日，G20绿色金融研究小组第三次会议在美国华盛顿举行。中国人民银行和英格兰银行共同主持了会议，联合国环境规划署担任秘书处。会议讨论了拟于7月向G20财长和央行行长会议提交的综合报告初稿。

2016年4月22日至26日，北京汽车发行25亿元绿色企业债，这是境内首单绿色企业债，也是首只在银行间市场和交易所同时上市的绿色债券。

2016年4月23日，2016年中国绿色金融论坛暨中国金融学会绿色金融专业委员会年会在北京召开，约300位绿色金融界的专家就发展绿色金融的几项热点话题展开了热烈讨论。

5月

2016年5月24日，嘉化能源成功发行国内首单绿色公司债，实际发行规模为人民币3亿元，最终票面利率为4.78%。这是全国首单在交易所公开发行的绿色公司债券。

2016年5月24日至25日，新疆金风科技股份有限公司发行了2016年度第一期中期票据，并于5月26日开始在银行间债券市场交易流通。这是银行间债券市场第二支绿色债务融资工具，也是全国首单绿色永续债券，发行规模10亿元，期限为5+N年，发行利率为5%。

2016年5月30日，金砖国家新开发银行副行长Paulo Nogueira Batista在复旦大学出席“上海论坛2016”年会时表示，计划推出第一款以人民币计价的绿色债券。

6月

2016年6月6日，第八轮中美战略与经济对话在北京举行。本轮战略对话中，中美双方就气候变化和能源合作、环保合作等达成多项成果。

2016年6月6日，大兴安岭图强林业局在碳汇造林项目从大兴安岭农业商业银行获得全国首单林业碳汇质押贷款1 000万元，开创了全国林业碳汇金融产品的先河。

2016年6月8日，浙江嘉化能源公开发行的绿色公司债券在上交所上市，成为上交所开展绿色公司债券试点以来首单上市的绿色公司债券。债券上市简称以“G”开头进行特别标识。

2016年6月21日，G20绿色金融研究小组第四次会议在厦门举行。会议由中国人民银行和英格兰银行共同主持。来自G20成员国、嘉宾国及相关国际组织的代表参加了会议，会议讨论并原则通过了《G20绿色金融综合报告》。

2016年6月29日，北京汽车股份有限公司2016年第一期绿色债券在上交所上市交易，债券简称G16京汽1，债券代码147429。这是首只在银行间市场和交易所同时上市的绿色债券。

7月

2016年7月5日，中国银行成功完成境外30亿等值美元绿色债券发行定价，成为国际市场中有史以来发行金额最大、品种最多的绿色债券。其中美元、欧元、人民币发行金额分别为22.5亿美元、5亿欧元、15亿元人民币，期限分别为2年、3年、5年。人民币绿色债券是在美中资机构首笔公开发行的离岸人民币债券，也是迄今规模最大的离岸人民币绿色债券。本次绿色债券还兼具双重“绿色标识”，由安永进行绿色认证，并对相关管理机制和绿色项目进行定量化的绿色评级，获得安永GB-AAA“深绿”评级。

2016年7月18日，新开发银行在中国银行间债券市场发行30亿元人民币绿色金融债券，这是多边开发机构首次发行绿色熊猫债，也是新开发银行在资本市场的首次亮相。

2016年7月22日，领展房地产投资信托基金宣布发行的5亿美元绿色债券，这是首个由香港企业及亚洲房地产企业发行的绿色债券。这批债券已获得超过4倍认购，并于22日在港交所挂牌上市。

2016年7月23日，2016年第三次二十国集团（G20）财长和央行行长会议在成都举行。会议强调了发展绿色金融的重要性，并欢迎G20绿色金融研究小组提出的发展绿色金融的可选措施。

2016年7月28日，国家发展改革委发布《用能权有偿使用和交易制度试点方案》，选择在浙江省、福建省、河南省、四川省开展用能权有偿使用和交易试点。

8月

2016年8月2日，中诚信国际正式发布我国评级行业第一个《绿色债券评估方法》，主要涵盖四个维度：募集资金投向评估、募集资金使用评估、环境效益实现可能性评估与信息披露评估。

2016年8月17日和18日，中国节能环保集团发行两个品种规模总计30亿元绿色公司债。这是首单由央企总部作为发行人的绿色公司债，并通过双绿色认证。

2016年8月22日，中共中央办公厅、国务院办公厅印发《国家生态文明试验区（福建）实施方案》，明确提出了“支持各类绿色发展基金并实行市场化运作”的要求。

2016年8月29日，中国长江三峡集团公司发行两个品种规模总计50亿元绿色公司债。这是2016年单笔发行规模最大的绿色公司债。

2016年8月31日，中国人民银行、财政部等七部委联合发布了全球首部由政府主导的绿色金融政策框架《关于构建绿色金融体系的指导意见》，明确了绿色金融体系概念，并就市场运行和监管制度、绿色金融产品创新以及绿色金融风险防范方面提出了一系列激励措施和约束机制，构建了政府、金融机构、环保企业等多方参与协同的绿色金融政策体系的顶层设计。

9月

2016年9月1日，中国人民银行副行长易纲表示，G20首次讨论绿色金融议题，成立了绿色金融研究小组。分析人士称，这一重大创新凝聚中国智慧，将支持全球加快发展绿色低碳经济。

2016年9月3日，作为G20最重要配套活动的B20工商业峰会在杭州举行，国家主席习近平出席开幕式并发表了题为《中国发展新起点　全球增长新蓝图》的主题演讲。

2016年9月4日至5日，G20峰会在中国杭州召开，中国首次将绿色金融议题引入二十国集团（G20）议程，成立绿色金融研究小组，形成首份《G20绿色金融综合报告》，进一步明确了发展绿色金融的目的、范围以及面临的挑战，为各国发展绿色金融提供了政策参考，为全球经济向绿色低碳转型提供了新的发展思路和创新模式。

2016年9月5日，联合国环境规划署和旗下拥有中国最大移动支付平台“支付宝”的蚂蚁金融服务集团签署战略合作协议，双方将发起成立全球首个金融科技企业的绿色金融联盟。

2016年9月6日，中国金融学会绿色金融专业委员会在上海与联合国环境规划署等八家机构共同举办绿色金融国际研讨会，讨论构建绿色金融体系、发展绿色资本市场、培育绿色投资者，以及开展环境风险管理、强化环境信息和推动地方绿色金融实践等议题。

2016年9月9日，无锡市交通产业集团有限公司获批发行国内首单非上市公司绿色资产支持专项计划——《无锡交通产业集团公交经营收费收益权绿色资产支持专项计划》。

2016年9月13日至14日，北控水务（中国）投资有限公司发行28亿元可续期绿色公司债券，债券期限为5+N年，票面利率为3.63%。这是境内首单可续期绿色公司债。

2016年9月14日，《绿色制造工程实施指南（2016—2020年）》正式发布。

2016年9月29日，由民生银行主导的全国首单央企绿色循环经济资产证券化（ABS）项目——“汇富华泰资管——中再资源废弃电器电子产品处理基金收益权资产支持专项计划资产”正式发行。据悉，该计划发行总金额为5.4亿元人民币，其中优先级规模为5.13亿元人民币，产品期限42个月。

10月

2016年10月8日，G20绿色金融研究小组在美国华盛顿市举行了第五次会议。会议由中国人民银行和英格兰银行共同主持。会议回顾了绿色金融研究小组2016年以来在推动形成全球共识方面取得的重要进展，讨论并初步确定了研究小组明年的主要研究议题。

2016年10月12日，博天环境集团股份有限公司公开发行3+2年期绿色公司债券，发行规模为3亿元，票面利率4.67%。这是首只非上市民营企业公开发行的绿色公司债。

2016年10月25日，武汉地铁集团有限公司发行20亿元“绿色债贷基组合”中期票据。这是银行间市场和国内市场首单包含绿色概念和“债贷基组合”结构设计的债券。通过统筹设计，全面整合债券、贷款、股权基金等资源，对项目资金来源、运用及偿还进行统一管理。

2016年10月31日和11月1日，北京清新环境技术股份有限公司发行10.9亿元绿色企业债，债券期限五年。这是发展改革委发布《绿色债券发行指引》以来，首单由民营上市公司发行的绿色企业债券。

11月

2016年11月3日，中国银行以中国银行伦敦分行为主体在境外发行5亿美元绿色资产担保债券，以中国银行在境内持有的绿色资产作为担保资产池，穆迪予以Aa3评级，与中国主权评级持平。这是中资银行首笔资产担保债券，中资商业银行发行的国际评级最高的境外债券，亚洲首笔兼具“双重绿色属性”的绿色资产担保债券，中资发行人在国际市场发行的唯一具有“中国主权评级”的绿色债券，唯一以“绿色债券”资产池担保发行的绿色债券。

2016年11月7日，上海浦东发展银行承销的银行间市场发行的首单绿色PPN（非公开定向债务融资工具）发行。该融资工具发行人为云南省能源投资集团，发行规模5亿元，期限五年，票面利率3.98%。这是国内首单绿色PPN，也是云南省首单绿色债券。

2016年11月7日，经李克强总理签批，国务院印发《“十三五”控制温室气体排放工作方案》，对碳排放权交易市场的建立、运行和基础支撑的意见提出了明确的部署。

2016年11月9日，世界银行“能效融资创新机制研究”结题研讨会在北京顺利召开。与会领导专家一致认为，充分考虑采用PPP模式，撬动社会资本，在基金架构管理和金融产品设计方面都做了全面分析研究，为下一步利用国际金融组织主权贷款设立绿色能效基金奠定了很好的研究基础和创新探索。

2016年11月18日至22日，交通银行发行两个品种规模总计300亿元绿色金融债。这是国有五大商业银行境内首单绿色金融债券，在国内机构中首单获得穆迪最高等级的绿色债券评估GB1，并创下3年期品种发行利率同期限金融债券的历史新低。

2016年11月22日，国务院办公厅印发了《关于建立统一的绿色产品标准认证、标识体系的意见》，要求按照统一目录、统一标准、统一评价、统一标识的方针，将现有环保、节能、节水、循环、低碳、再生、有机等产品整合为绿色产品，构建统一的绿色产品标准、认证、标识体系，实施统一绿色产品评价标准。

2016年11月22日，全国首单水电行业绿色ABS——华泰资管——葛洲坝水电上网收费权绿色资产支持专项计划成功发行。该项目发行总金额为8亿元，其中优先级规模为7.6亿元，五档评级均为AAA级，产品期限为1～5年。

2016年11月29日，《“十三五”国家战略性新兴产业发展规划》发布，节能环保产业入列其中。

2016年11月29日，盾安控股发行的10亿元三年期绿色中期票据，获得在2016年已发行过并投资过绿色债券的农业银行、浦发银行、青岛银行和兴业银行作为“绿色投资人”积极参与认购，这在国内尚属首例。

12月

2016年12月1日，乌海银行发行5亿元绿色金融债券的申请获得中国人民银行批准。由此，乌海银行成为中国西部地区首家获批发行绿色金融债券的金融机构。

2016年12月5日至7日，中国进出口银行发行10亿元绿色金融债券，债券期限五年，票面利率3.28%。这是政策性银行首单绿色金融债。

2016年12月6日，乌鲁木齐银行发行5亿元绿色金融债，债券期限三年，票面利率3.95%。这是西北五省首单绿色金融债，也是西部地区城商行首单绿色债券。

2016年12月6日，第四届中国责任投资论坛（China SIF）年会在北京举行，本次年会的主题为“绿色金融浪潮中的投资者角色”。与会嘉宾就建立中国绿色投资者网络、绿色债券市场发展、保险资产投资绿色金融以及金融机构绿色投资实践等议题展开深度讨论。

2016年12月7日，江苏省国信资产管理集团在银行间债券市场发行2亿元中期票据，债券期限五年，票面利率3.30%。这是资产管理公司发行的首单绿色债券。

2016年12月9日，江苏南通农村商业银行发行5亿元绿色金融债券，债券期限五年，票面利率4.00%。这是农村商业银行发行的首单绿色金融债。

2016年12月21日，中国农业发展银行通过银行间债券市场公开招标发行60亿元绿色金融债，债券期限三年，票面利率3.79%。这是目前为止境内机构首次通过公开招标方式发行的最大规模绿色金融债。

2016年12月22日，福建省碳排放权交易开市，首日交易额超1 800万元，其中林业碳汇挂牌成交26万吨，福建省因此成为全国首个专门确定林业碳汇抵效排控企业碳排放比例并达到10%的省份。

2016年12月25日，第十二届全国人大常委会表决通过了《环境保护税法》，这是落实“推动环境保护费改税”任务，“落实税收法定原则”制定的第一部推进生态文明建设的单行税法，将排污费制度向环境保护税制平稳转移。

2016年12月26日，以“绿色、创新、发展”为主题，旨在推动绿色金融创新发展，构建中国特色的绿色金融体系，促进经济社会可持续发展的第二届中国绿色金融高峰论坛在北京举行。

2016年12月28日，全国首单生物质发电领域绿色债券——国网节能服务有限公司绿色债务融资工具在中国银行间市场交易商协会成功注册。本期注册金额10亿元人民币，其募集资金将全部用于偿还国网节能下属生物质发电项目贷款，为目前国内首单募集资金全部用于生物质发电领域的绿色债券。

2016年12月29日，国务院《关于全民所有自然资源资产有偿使用制度改革的指导意见》成文，针对土地、水、矿产、森林、草原、海域海岛等6类国有自然资源，提出到2020年，基本建立产权明晰、权能丰富、规则完善、监管有效、权益落实的全民所有自然资源资产有偿使用制度。

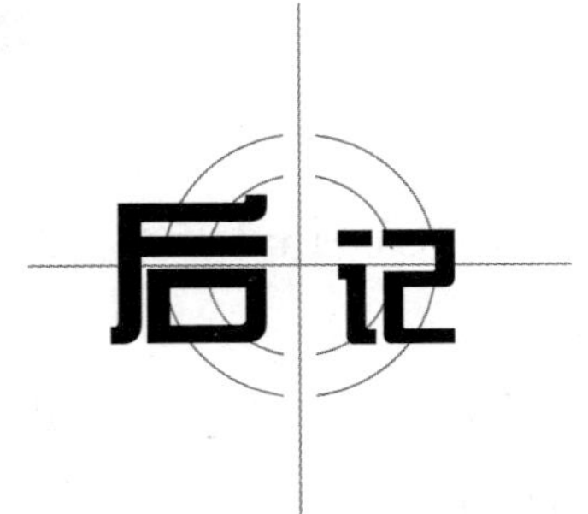

后记

《中国绿色金融发展年度报告》由中国人民大学和中国工商银行共同牵头，并由中国人民大学重阳金融研究院、中国人民大学生态金融研究中心、中国人民大学环境学院、中国工商银行城市金融研究所落实推进，旨在忠实记录中国绿色金融发展历程，深度研究中国绿色金融各个阶段各个领域的重大理论、政策和热点焦点问题，并展望绿色金融未来发展趋势。

《2017中国绿色金融发展报告》得到了北京环境交易所、环境规划院、环保部对外合作中心、中国国际工程咨询公司等的鼎力支持。中国人民大学重阳金融研究院、生态金融研究中心、环境学院、财政金融学院十几位教授、副教授、讲师参加了本年度报告的撰写，更有几十位研究生、博士生参与了数据采集、信息处理等基础性工作。中国工商银行城市金融研究所、信贷与投资管理部、风险管理部展示了商业银行在绿色信贷、绿色债券、环境风险管理、G20和“一带一路”等方面的实践经验与成果。

本报告各章节撰写分工如下：前言：蓝虹；第一章：马中、昌敦虎、石磊；第二章：绿色信贷：张静文、韦巍；绿色债券：张静文、安树民；绿色基金：蓝虹、刘朝晖、蒋红根；绿色保险：王晓霞、昌敦虎、许光清；碳金融：梅德文、王克、李建涛、龚亚珍；第三章：杨荇、邱牧远、冯乾、黄英俊、韦巍；第四章：殷红、马素红、邱牧远、杨荇、乐宇、胡桂斌、吕振艳；第五章：葛察忠、翁智雄；第六章：马骏、宋玮；第七章：殷红、蓝虹、马素红、郭可为、罗宁、刘援、郑竟、袁祥飞、于晓龙；第八章：蓝虹、宋科；第九章：蓝虹；附录1：蒋红根；附录2：曹明弟；附录3：曹明弟。

全文由蓝虹、殷红统稿，由马中、周月秋、王文审校把关出版，并在2017年4月15日召开的2017中国金融学会绿色金融专业委员会年会暨中国绿色金融峰会上发布。

中国人民大学重阳金融研究院
图书出版系列

智库作品系列

书名	作者	出版社	出版时间
看好中国	王文　著	人民出版社	2017年10月
风云激荡的世界——从全球化发展看中国的机遇与挑战	何亚非　著	人民出版社	2017年10月
共建“一带一路”：理念、实践与中国的贡献	刘伟　主编	商务印书馆	2017年9月
金砖国家：新全球化的发动机	王文　刘英　著	新世界出版社	2017年8月
全球治理新格局——G20的中国贡献与未来展望	费伊楠，中国人民大学重阳金融研究院　著	新世界出版社	2017年7月
“一带一路”故事系列丛书（7本6大语种）	刘伟　主编	外文出版社	2017年5月
一带一路：中国崛起的天下担当	王义桅　著	人民出版社	2017年4月
在危机中崛起：美国如何实现经济转型	刘戈　著	中信出版集团	2017年4月
绿色金融与“一带一路”	中国人民大学重阳金融研究院、中国人民大学生态金融研究中心　著	中国金融出版社	2017年4月
破解中国经济十大难题	中国人民大学重阳金融研究院　著	人民出版社	2017年3月
伐谋：中国智库影响世界之道	王文　著	人民出版社	2016年12月
人民币为什么行	王文　贾晋京　编著	中信出版集团	2016年11月
中国—G20（大型画册）	中国人民大学重阳金融研究院　著	五洲传播出版社	2016年8月

G20问与答	中国人民大学 重阳金融研究院　著	五洲传播出版社	2016年8月
全球治理的中国方案	辛本健　编著	机械工业出版社	2016年8月
“一带一路”国际贸易支点城市研究（英文版）	中国人民大学 重阳金融研究院　著	新世界出版社	2016年8月
2016：G20与中国（英文版）	中国人民大学 重阳金融研究院　著	新世界出版社	2016年7月
世界是通的——“一带一路”的逻辑	王义桅　著	商务印书馆	2016年6月
一盘大棋——中国新命运的解析	罗思义　著	江苏凤凰文艺出版社	2016年4月
美国的焦虑：一位智库学者调研美国手记	王文　著	人民出版社	2016年3月
2016：G20与中国	中国人民大学 重阳金融研究院　著	中信出版集团	2016年2月
“一带一路”国际贸易新格局：“一带一路”智库研究蓝皮书2015–2016	中国人民大学 重阳金融研究院　主编	中信出版集团	2016年1月
G20与全球治理：G20智库蓝皮书2015–2016	中国人民大学 重阳金融研究院　主编	中信出版集团	2015年12月
“一带一路”国际贸易支点城市研究	中国人民大学 重阳金融研究院　著	中信出版集团	2015年12月
从丝绸之路到欧亚大陆桥	黑尔佳·策普–拉鲁什，威廉·琼斯　主编	江苏人民出版社	2015年10月
财富新时代——如何激活百姓的钱	王永昌　主编	中国经济出版社	2015年7月
生态金融的发展与未来	陈雨露　主编	人民出版社	2015年6月
构建中国绿色金融体系	绿色金融 工作小组　著	中国金融出版社	2015年4月
“一带一路”机遇与挑战	王义桅　著	人民出版社	2015年4月
重塑全球治理——关于全球治理的理论与实践	庞中英　著	中国经济出版社	2015年3月
金融制裁——美国新型全球不对称权力	徐以升　著	中国经济出版社	2015年1月

大金融与综合增长的世界——G20智库蓝皮书2014–2015	陈雨露　主编	中国经济出版社	2014年11月
欧亚时代——丝绸之路经济带研究蓝皮书2014–2015	中国人民大学 重阳金融研究院　主编	中国经济出版社	2014年10月
重新发现中国优势	中国人民大学 重阳金融研究院　主编	中国经济出版社	2014年8月
谁来治理新世界——关于G20的现状与未来	中国人民大学 重阳金融研究院　主编	社会科学文献出版社	2014年1月

学术作品系列

中国绿色金融发展报告2017	马文　周月秋 王文　主编	中国金融出版社	2018年1月
商业保理发展指南	张燕玲　主编	中国金融出版社	2017年6月
从万科到阿里——分散股权时代的公司治理	郑志刚　著	北京大学出版社	2017年4月
金融杠杆与宏观经济：全球经验及对中国的启示	中国人民大学 重阳金融研究院　著	中国金融出版社	2017年4月
DSGE宏观金融建模及政策模拟分析	马勇　著	中国金融出版社	2017年2月
金融杠杆水平的适度性研究	朱澄　著	中国金融出版社	2016年10月
金融监管与宏观审慎	马勇　著	中国金融出版社	2016年4月
中国艺术品金融2015年度研究报告	庄毓敏　陆华强 黄隽　主编	中国金融出版社	2016年3月

金融下午茶系列

有趣的金融	董希淼　著	中信出版集团	2016年7月
插嘴集	刘志勤　著	九州出版社	2016年1月
多嘴集	刘志勤　著	九州出版社	2014年7月
金融是杯下午茶	中国人民大学重阳 金融研究院　主编	东方出版社	2014年4月